Pat Kirwan mit David Seigerman

SCHAU NICHT AUF DEN BALL

Pat Kirwan mit David Seigerman

SCHAU NICHT AUF DEN BALL

American Football sehen wie ein Profi

riva

Bibliografische Information der Deutschen Nationalbibliothek
Die Deutsche Nationalbibliothek verzeichnet diese Publikation in der Deutschen Nationalbibliografie.
Detaillierte bibliografische Daten sind im Internet über http://d-nb.de abrufbar.

Für Fragen und Anregungen
info@m-vg.de

Wichtiger Hinweis
Ausschließlich zum Zweck der besseren Lesbarkeit wurde auf eine genderspezifische Schreibweise sowie eine Mehrfachbezeichnung verzichtet. Alle personenbezogenen Bezeichnungen sind somit geschlechtsneutral zu verstehen.

6. Auflage 2023

Türkenstraße 89
80799 München
Tel.: 089 651285-0

Die amerikanische Originalausgabe erschien 2015 bei Triumph Books LLC unter dem Titel *Take your Eye off the Ball 2.0.*

Übersetzung: Ronit Jariv
Redaktion: Christoph Hellwig
Umschlaggestaltung: Marc-Torben Fischer, München
Umschlagabbildung: Imago Images, shutterstock/Tickstylestock
Layout: abavo GmbH, Buchloe
Satz: abavo GmbH, Buchloe
Illustrationen im Innenteil: Paul Petrowsky
Druck: GGP Media GmbH, Pößneck
Printed in Germany

ISBN Print 978-3-7423-1003-3
ISBN E-Book (PDF) 978-3-7453-0638-5
ISBN E-Book (EPUB, Mobi) 978-3-7453-0639-2

Wir produzieren nachhaltig
www.m-vg.de

Weitere Informationen zum Verlag finden Sie unter
www.rivaverlag.de
Beachten Sie auch unsere weiteren Verlage unter www.m-vg.de

Inhalt

Vorwort

Pete Carroll

Ich hatte gerade bei den New York Jets angefangen, als ich Pat Kirwan kennenlernte. Das war um 1990 herum und er war damals noch Coach an der Hofstra University. Schon bei unserem allerersten Gespräch merkte ich, dass sein Football-Sachverstand NFL-Niveau hatte. Sein umfangreiches Fachwissen war so wertvoll, dass wir ihn sofort einstellen wollten.

Pat und ich verstanden uns von Anfang an gut. Wir unterhielten uns oft über Football-Konzepte und -Philosophien. Wir waren nicht immer einer Meinung, aber ich respektierte seine Ansichten und seine Fähigkeit, Spieler genau und fundiert zu analysieren und zu begutachten.

Als der Salary Cap eingeführt wurde, setzten Pat und ich uns zusammen, um gemeinsam die neuen Regularien durchzugehen und herauszufinden, was genau dahintersteckte. Wir wollten jedes Detail kennen, um uns gegenüber anderen Franchises einen Wettbewerbsvorsprung zu verschaffen. Pat ist ein absoluter Wettkampftyp – er ist sehr ehrgeizig und will immer gewinnen. Bei den Jets spielten wir oft Basketball zusammen. Er war der Mann in der Zone und Kippy Brown unser vielseitiger Spieler. Beide wussten, dass sie mir den Ball geben mussten (ich passe nur in der Footballsaison). Man kann viel über Menschen lernen, wenn man gegen sie antritt, und es hat immer Spaß gemacht, gegen den Linkshänder Pat zu spielen, der seine spielerischen Schwächen durch Willensstärke kompensierte.

Als ich erst zu New England und später zum USC und dann zu Seattle wechselte, blieben Pat und ich in Kontakt, redeten über Football und tauschten Ideen aus. Er war schon immer eine absolute Koryphäe in Sachen NFL, jemand, dessen Wissen über Spieler, Trainer, Situationen und Trends für mich eine unschätzbare Quelle war und ist. Das gilt vor allem dann, wenn es darum geht, die wirklich wichtigen Eigenschaften eines Spielers einzuschätzen. Ich erinnere mich noch, dass Pat mich während des NFL-Drafts 1999, als ich in New England war, auf Sean Morey aufmerksam machte. Der Receiver von der Brown University hatte eine ganze Reihe von Ivy-League-Rekorden aufgestellt. Aber Pat hatte den Jungen ganz genau durchleuchtet und festgestellt, dass er auch vielseitig, zäh und ehrgeizig war. Pat ließ nicht locker – und schließlich nahmen wir Sean in der siebten Runde. Er schaffte es in den Practice Squad der Pats, wurde später Captain der Special Teams, gewann den Super Bowl mit Pittsburgh und ging 2008 als Special-Teams-Spieler zum Pro Bowl. Sean wäre wahrscheinlich nie gedraftet worden, wenn Pat sich nicht für ihn eingesetzt hätte. Pat war in der Lage, zu erkennen, was in einem Spieler steckt, und ich vertraute ihm so sehr, um den Pick schlussendlich zu machen.

Pat und ich haben das Gespräch über Football, das wir bei den Jets anfingen, eigentlich nie beendet. Wir sind Football-Seelenverwandte, Menschen, die einander blind verstehen und eine besondere Art der nonverbalen Kommunikation entwickelt haben. Dieses Buch hilft dir, ein Footballspiel durch die Augen eines wahren Experten zu sehen.

Vorbemerkungen

Bill Cowher

In den letzten zwölf Spielzeiten habe ich NFL-Spiele nicht mehr von der Seitenlinie, sondern von einem Fernsehstudio aus gesehen. Sobald wir nicht mehr auf Sendung sind, gehen meine Kollegen von *NFL Today* und ich – im Laufe der Jahre gehörten James Brown, Dan Marino, Shannon Sharpe, Boomer Esiason, Tony Gonzalez, Bart Scott und, als Fixpunkt, Pat Kirwan dazu – zum Green Room der CBS Studios in New York und schauen uns sämtliche Spiele des Nachmittags an.

Es ist toll, sich mit diesen Jungs auszutauschen und ihre Sichtweisen auf das Spielgeschehen mitzukriegen. Aber als einziger Coach unter lauter ehemaligen Spielern sehe ich die Dinge naturgemäß oft ganz anders.

Jedes Mal, wenn sie einen schlechten Spielzug sehen, schieben die Ex-Spieler dem Trainer die Schuld in die Schuhe. Ab und zu muss ich sie dann daran erinnern, dass Spieler ein Play auch richtig ausführen müssen. Sie fragen sich: *Was war das denn für ein Call?* und ich erkläre Ihnen, dass jedes Play potenziell gut ist.

Wir respektieren uns alle gegenseitig und verstehen uns sehr gut. Aber wie man sich vorstellen kann, geht es manchmal ziemlich kontrovers zu. Und während ich die Trainer der Liga verteidige, sitzt Pat immer neben mir, schüttelt den Kopf und lacht. Er versteht, in was für einer Zwickmühle ich mit diesen Jungs stecke.

Offiziell arbeitet Pat als »editorial contributor« (redaktioneller Mitarbeiter) bei *NFL Today*. Aber der Wert seines Footballwissens geht weit darüber hinaus.

Das wird niemanden überraschen, der ihn von seiner Sendung auf Sirius NFL Radio kennt oder seine Beiträge auf CBSSports.com oder die ursprüngliche Version von *Take Your Eye Off the Ball* gelesen hat. Pat hat einen einzigartigen Blick auf die NFL, denn er hat in der Liga als Trainer und im Management gearbeitet und kann sowohl mit Spielern als auch mit

Besitzern kommunizieren. Er besitzt einen unglaublichen Einblick ins Geschehen und versteht, warum bestimmte Dinge passieren – ob auf dem Platz oder im Büro.

Viele Menschen sind Footballexperten. Es ist eine komplexe Welt und wir neigen alle dazu, sie zu überanalysieren und noch komplizierter zu machen, als sie ohnehin schon ist. Aber Pat kann die Dinge so gut erklären, dass jeder Fan sie versteht.

Das macht er in seiner Sendung ständig. Leute rufen an und wollen wissen, warum ihr Team dieses oder jenes macht oder nicht, und Pat bringt sie dazu, nachzudenken. Anstatt emotionale Reaktionen zu fördern, bringt er ihnen bei, genau hinzusehen und die Zusammenhänge zu erkennen.

Pat möchte, dass Fans das Spiel, das sie lieben, besser verstehen, um die Komplexität des Spiels noch mehr würdigen zu können. Je mehr man lernt, desto mehr will man wissen.

Und die Fans können nicht genug von der NFL kriegen. Inzwischen wird rund ums Jahr berichtet. Da gibt es die eigentliche Saison, gefolgt von allem, was mit dem Aufbau der Teams in der Offseason zu tun hat. Die Fans interessieren sich für alles. Pats Einzigartigkeit besteht darin, dass er fundiert über sämtliche Aspekte der heutigen NFL informieren kann.

Ich glaube, ein Buch wie dieses kann für Fans enorm hilfreich sein, und ich fühle mich geehrt, das Vorwort für jemanden zu schreiben, den ich so sehr respektiere.

Es gibt so viele Dinge, die man beobachten kann, bevor der Ball gesnapt wird, um das Spiel besser zu verstehen … wenn man weiß, worauf man achten soll. Dieses Buch erklärt, was in der Offseason im Huddle, während eines Spielzugs und im War Room während des Drafts passiert. Es bringt Licht in all die komplexen Vorgänge, die Football zum beliebtesten Sport Amerikas machen.

Einleitung

Was dir bisher alles entgangen ist

Für das ungeschulte Auge ist Football das reine Chaos – eine Ansammlung gut gepolsterter Männer, die in verschiedene Richtungen rennen und überall auf dem Spielfeld gegeneinander krachen. Jeder Snap ist der Startschuss für 22 Spieler, von denen jeder einzelne eine spezifische Aufgabe hat. Das Ganze spielt sich so schnell ab, dass die meisten Fans nur dem Ball folgen – vom Center zum Quarterback, dann weiter zum Receiver oder Runningback und schließlich zum untersten Glied eines zappelnden Menschenhaufens. Sie sehen, wie eine Handvoll Spieler ihren Job machen, während alles andere wie kopfloser Wahnsinn wirkt.

Um Football von einer ganz neuen Warte aus zu sehen, fordere ich dich in diesem Buch heraus, die eiserne Regel zu brechen, die jeder Trainer einem Kind, das zum ersten Mal einen Sportplatz betritt, einbläut. Ich will, dass du dich nicht mehr auf den Ball fokussierst.

Stattdessen möchte ich, dass du siehst, wie Offensive Linemen Blocks ausführen, die ebenso komplex wie intensiv sind. Dass du bemerkst, wie sich der Safety vor dem Snap in die Box schleicht und damit den Quarterback verwirrt, der versucht herauszukriegen, von wo der Druck kommen wird. Du sollst darauf achten, welche Spieler aktiv sind, und vorhersehen, was gleich passieren wird. Sobald du nicht mehr auf den Ball fixiert bist, wirst du erstaunt feststellen, wie viel an Bewegung, Athletik und Taktik du bisher verpasst hast.

Wenn du schon jetzt die Action und Spannung liebst, die American Football bietet, wirst du noch viel begeisterter sein, sobald du das Spiel in seiner ganzen Komplexität erfasst. Dabei ist es keineswegs die Schuld der Fans, dass sie das Beste gar nicht mitkriegen, denn sie wurden darauf programmiert, das Spiel auf eine bestimmte Art zu verfolgen.

Die meisten Fans erleben Football in Form von TV-Übertragungen. Doch so unterhaltsam und technisch ausgefeilt diese heute auch sind, lässt sich das Spiel dabei nur sehr begrenzt vermitteln, denn bei einer Live-Übertragung kann man einfach nicht alles wahrnehmen, was gleichzeitig auf dem Feld abläuft.

Und die Analysten können in den Pausen nicht jeden Spielzug in seiner ganzen Komplexität erklären – in 40 Sekunden kriegt man nicht besonders viel Lehrstoff unter. Nachdem ein Spielzug zu Ende ist, Reaktionen inklusive, bleibt einem Kommentator kaum Zeit, bevor die Offense wieder an der Line of Scrimmage steht und er sein Augenmerk auf das nächste Play richten muss.

Wenn zum Beispiel Eli Manning eine Interception wirft, haben die meisten Kommentatoren keine Zeit, detailliert aufzudröseln, was er an der Coverage der Defense falsch interpretiert hat. Oft müssen sie deshalb auf eine eher nichtsagende Erklärung wie »Das ist einfach Mannings Revolverheld-Mentalität« zurückgreifen – und dem Fan entgeht die Möglichkeit, wirklich etwas über das Spiel zu lernen.

Die Wahrheit ist: Football kann man nicht bei einer Live-Übertragung verstehen lernen. Glücklicherweise haben einige Anbieter wie ESPN, das NFL-Network und der inzwischen eingestellte Sender CNN/Sports Illustrated (wo ich zuerst die Chance bekam, über Blocking und Tackling, den Aufbau von Kadern, kreative Game Plans und all die anderen in diesem Buch behandelten Aspekte zu sprechen und schreiben) Programme entwickelt, mit denen man Spielstrategien und -abläufe genauer unter die Lupe nehmen kann. Das Fernsehen bietet uns zweifellos spannende Live-Übertragungen von Footballspielen, nur die detaillierte Analyse bleibt dabei meist auf der Strecke.

An einer solchen sind aber viele Footballfans interessiert. Hatten Manning und der von ihm anvisierte Receiver die Coverage unterschiedlich interpretiert? Zwang der Druck eines Pass Rushs Manning dazu, den Ball eine Sekunde früher loszulassen als geplant, oder hielt er ihn davon ab, die optimale Wurfposition einzunehmen? Hatte er den Blick zu früh auf sein Ziel gerichtet und damit dem Safety die Möglichkeit gegeben, den Wurf zu antizipieren? Außer bei gelegentlichen nachträglichen Spielanalysen mit Markierung im TV-Standbild sehen Fans meist nur das Ergebnis eines Plays, aber selten das, was dazu führte.

Der Mangel an tiefergehendem Footballverständnis hängt auch mit dem Boom von Fantasy Football zusammen. Ohne Zweifel hat das virtuelle Spiel dem Sport neue Anhänger beschert und dazu beigetragen, dass die NFL zur größten Show im Sport-Universum wurde. Fantasy Football erlaubt Fans, sich aktiv zu beteiligen. Aber er fördert auch eine weitere oberflächliche Seite des Sports – Statistiken. Während die Fans auf die Zahlen starren, die am Bildschirmrand entlanglaufen, verpassen sie das eigentliche Spiel. Sie sehen, dass Arian Foster 1 Yard an Raum gewann; was sie aber nicht bemerkten, war, dass der Defensive End seinen Helm kurz in Richtung der Außenschulter des Offensive Tackle bewegte, wohl wissend, dass Runningbacks darauf geeicht sind, auf solche Signale zu achten, und dass Foster daraufhin wahrscheinlich nach innen rennen würde, wo ein ungeblockter Verteidiger auf ihn wartete. Solche taktischen Finessen laufen praktisch bei jedem Play ab, meist aber unbemerkt von ungeschulten Zuschauern. Fantasy-Football-Manager sind leidenschaftliche Fans; ein Spiel zu sehen, würde ihnen bestimmt noch viel mehr Spaß machen, wenn sie mehr über die inneren Gesetzmäßigkeiten von echtem Football wüssten.

Meine jahrelange Radiosendung auf Sirius NFL Radio hat mich davon überzeugt, dass die Fans mehr über das Spiel wissen wollen, das sie lieben. Ich bekomme ständig Anrufe mit klugen Fragen über bestimmte Matchups, die die jeweiligen Teams beim nächsten Gegner erwarten. Je mehr Einblick die Fans bekommen, desto mehr wollen sie erfahren, von Personalentscheidungen bis hin zur 3-Technique. Um über Football zu reden, muss man weder zu sehr vereinfachen noch in unverständlichen Trainerjargon verfallen.

Viel zu lang war das Gucken eines Footballspiels wie der Besuch in einer fremden Stadt. Wenn du zum ersten Mal mitten in New York oder Tokio stehst, erkennst du zwar ein paar bekannte Sehenswürdigkeiten, fühlst dich aber von den ganzen Sinneseindrücken, die auf dich einprasseln, schnell überfordert. Erst wenn du ein bisschen die Sprache gelernt hast und bestimmte Ecken wiedererkennst, fängst du an, dich wohlzufühlen. Erst dann geht der Spaß so richtig los.

Deshalb liest du dieses Buch. Um zu lernen, wie man ein Footballspiel anschaut und was wirklich auf dem Feld passiert. Und um mehr darüber zu erfahren, was auch außerhalb der Saison während der Free Agency, des Drafts und im Trainingscamp abläuft, wie alles ineinandergreift und aufeinander aufbaut. Mein Ziel ist es, Fans fachkundiger zu machen, damit sie Football noch mehr genießen können als bisher.

Wenn du bereit bist, dich voll auf das Spiel einzulassen, dann lehn dich einfach zurück – aber schau nicht auf den Ball.

1 Die Rasenschachpartie ist eröffnet

So bekommst du einen ersten Überblick über das Geschehen

Bevor wir näher auf Strategien und Formationen sowie Entscheidungen jenseits des Spielfelds eingehen, fangen wir am besten mit einem ganz einfachen Schritt an. Wenn du ein Footballspiel wie ein Coach verfolgen willst, solltest du lernen, dir das Wichtigste zu notieren. Dadurch trägst du dieselben Daten zusammen, die auch den Coaches als Basis für ihr Playcalling dienen. Während des Spielverlaufs kannst du auf diese Weise auch bestimmte Trends erkennen. Du schreibst für jedes Play spezifische Informationen auf: Down, Distanz, Spieler auf dem Feld und Resultat. Dadurch erkennst du leichter, wie die jeweilige Konstellation die Aktion auf dem Platz diktiert, und kannst nachvollziehen, wie Coaches bestimmte Situationen angehen. Kurz gesagt: Du entwickelst ein Spielverständnis, das zu vielen Fans bisher vorenthalten war.

Wer ist auf dem Feld?

Im Football dreht sich alles um Voraussicht. Coaches bauen ihre kompletten Spielpläne auf Tendenzen auf – was sagt die Leistungsbilanz des Gegners darüber aus, wie dieser in bestimmten Situationen reagieren wird?

Um Spielzüge zu antizipieren, muss man zunächst die Spieleraufstellung verstehen. Es reicht nicht aus, zu wissen, dass auf jeder Seite des Balls elf Spieler stehen. Vielmehr gibt die jeweilige Zusammenstellung dieser elf Mann Hinweise darauf, was beim nächsten Play zu erwarten ist.

In der Offense gibt es bei jedem Spielzug fünf Linemen und einen Quarterback, bleiben also fünf variable offensive Positionen. Eine Aufstellung wird pro Spielzug immer durch die Aufstellung der Runningbacks und Tight Ends definiert, und zwar in dieser Reihenfolge. Wenn ein Team zwei Runningbacks und einen Tight End rausschickt, spricht man folglich von einem »21 personnel«. Wenn es einen Back und zwei Tight Ends aufs Feld schickt, handelt es sich um ein »12 personnel«. In beiden Fällen stehen zwei Receiver auf dem Feld. Eine Defense achtet als Erstes darauf, wen die Offense rausschickt. Und genau das solltest du auch tun.

Das Spielerpersonal lässt nämlich auf die Spielstrategie schließen. Wenn zum Beispiel eine 22er-Aufstellung auf dem Feld steht – zwei Runningbacks und zwei Tight Ends – heißt das, dass es nur einen Receiver gibt. Sofort liegt also die Vermutung nahe, dass der Coach einen Laufspielzug ansagen wird. Sobald du erkannt hast, wer aufgestellt wird, kannst du diese Prognose wagen, noch vor dem Ende des Huddles.

Falls du vor Ort im Stadion bist, dann versuch, direkt nach einem Spielzug an der Seitenlinie den Offensive Coordinator auszumachen. Wahrscheinlich steht eine Gruppe von Einwechselspielern neben ihm – der zweite Tight End, der Fullback und der dritte und vierte Receiver –, die alle wissen wollen, wer beim nächsten Play eingewechselt wird. Im Fernsehen ist das natürlich schwieriger, weil die Zeit zwischen den Spielzügen meist mit Zeitlupen-Wiederholungen, Schwenks auf Fans oder Werbung gefüllt wird. Doch sobald sich die Offense aufstellt, kannst du schnell feststellen, welche Positionsgruppen auf dem Platz stehen.

Bei jedem Spiel, das ich mir ansehe – und ich sehe mir jede Woche jedes einzelne Spiel an –, habe ich immer einen Stift und Notizblock zur Hand, um bei jedem Spielzug das eingesetzte Spielerpersonal zu notieren. Ich lege eine sehr simple Tabelle für beide Teams an, in der ich jede mögliche Personalvariante aufliste – von einem leeren Backfield mit fünf Receivern (00 personnel) bis hin zu einem massiven Lineup mit zwei Runningbacks und drei Tight Ends (23 personnel) – und markiere, wie oft jedes Team den Ball geworfen oder mit ihm gelaufen ist. Tab. 1

Personnel	Laufspiel	Passspiel
00		
01		
02		
10		
11		
12		
13		
20		
21		
22		
23		

Schon in der Halbzeitpause kenne ich anhand der Aufstellung das Run-Pass-Verhältnis beider Teams und kann nun die Anpassungen der zweiten Halbzeit antizipieren, die die Coaches gerade – basierend auf ähnlichen Daten wie meinen – in der Kabine diskutieren.

Die wichtigsten Faktoren aufzeichnen

Das Identifizieren der Spieleraufstellung ist ein guter Anfangspunkt, aber es gibt noch weitere Faktoren, auf die du achten musst. Down und Distanz (*down and distance*), zwei Faktoren, die immer Hand in Hand gehen, bestimmen vielleicht am stärksten, welchen Spielzug ein Coach ansagt (und welche Spieler er aufstellt). Ein Coach wird die Optionen für seinen Game Plan normalerweise nach Down und Distanz kategorisieren. So enthält sein Game Plan zum Beispiel vier oder fünf Spielzüge, die im Training gut funktioniert haben, die bei 2nd Downs zwischen 3 und 6 Yards eingesetzt werden können; vier oder fünf Plays, die für 2nd Downs zwischen 1 und 2 Yards geeignet sind, und vier oder fünf Plays für 2nd-and-7 oder länger. Und jeder Spielzug kann mit einer anderen Spieleraufstellung einhergehen.

Während du das Spiel auf diese Weise kategorisierst und dokumentierst, kristallisieren sich bestimmte Tendenzen heraus und der Game Plan erschließt sich dir allmählich. Die Rasenschachpartie ist eröffnet – und wenn du ganz oben in den Rängen schon sehen kannst, was gleich auf dem Spielfeld passiert, dann kann die Defense das erst recht. Der Offensive Coordinator weiß natürlich, dass die Defense ihre Entscheidungen anhand der offenbarten Tendenzen trifft, und muss nun seinerseits austüfteln, welches Play gegen die Defense, die er nun erwartet, am besten funktionieren wird.

Das alles kannst du mit einer einfachen Tabelle für jeden Spielzug festhalten. Es erfordert etwas mehr Arbeit als die Aufstellungstabelle, lässt dich aber tiefer ins Spielgeschehen einsteigen.

Schauen wir uns dazu einen Touchdown Drive der New England Patriots gegen die Cincinnati Bengals in Woche 5 der Saison 2014 an – der eröffnende Drive eines Spiels, das sie letztendlich gewinnen würden. Die Patriots hatten am Montagabend gegen Kansas City überraschenderweise verloren und wiesen nun eine Spielbilanz von 2–2 auf. So lief ihr erster Drive ab:

Team	Zeit	Down & Distance	Field Position	Personnel	Play
Patriots	15:00	1st-10	NE 20	21	LaFell 20-yd von Brady
		1st-10	NE 40	21	Ridley 9-yd run
		2nd-1	NE 49	12	Ridley 7-yd run
		1st-10	CIN 44	12	Wright 30-yd von Brady
		1st-10	CIN 14	11	Brady 6-yd run
		2nd-4	CIN 8	12	Ridley 3-yd run
		3rd-1	CIN 5	22	Develin 0-yd run
		4th-1	CIN 5	22	Brady 4-yd run
		1st-G	CIN 1	22	Brady 0-yd run
		2nd-G	CIN 1	22	Ridley 1-yd run TD

Die Patriots erzielten einen Touchdown, der Drive war also erfolgreich. Es gibt hier aber viel mehr Informationen zu analysieren als nur das Ergebnis.

So zeigte New England zum Beispiel vier verschiedene Aufstellungsvarianten. Sie liefen und passten mit 21er-Personnel. Sie liefen und passten mit 12er-Personnel mit unterschiedlichen Tight-End-Tandems (bei zwei Plays Rob Gronkowski und Michael Hoomanawanui, bei einem Gronkowski und Tim Wright). Tom Brady stand in Shotgun-Position mit 11er-Personnel und ergriff die Möglichkeit, selbst zu laufen. Und sobald sie an der 5-Yard-Line der Bengals waren, setzten sie Guard Jordan Devey als zweiten Tight End ein (mit Hoomanawanui) und liefen vier Mal mit

22er-Personnel. Das wird bei den Defensive Coaches der Bengals ziemliches Kopfzerbrechen ausgelöst haben.

Wissen ist Macht

Ein weiterer entscheidender Faktor ist die Field Position. Fans sollten wissen, dass die Coaches das Spielfeld in fünf Zonen einteilen – die erste Zone läuft von der eigenen Endzone zur 10-Yard-Line; die zweite von der eigenen 11-Yard-Line zur eigenen 49-Yard-Line; die dritte vom Midfield bis zur 31-Yard-Line des Gegners; die vierte ist die Green Zone, die zwischen der 30- und der 20-Yard-Line des Gegners liegt und die letzte Gelegenheit ist, Seam Routes oder tiefe Bälle zu werfen; und die fünfte Zone ist die Red Zone, also die Zone zwischen der 20-Yard-Line und der Endzone. Coaches passen ihre Spielzüge der jeweiligen Position im Feld (*field position*) an.

Was natürlich auch in die Entscheidungen des Coaches einfließt, sind die verbleibende Spielzeit und der Spielstand. Doch diese zwei Faktoren bestimmen eigentlich nur, inwieweit sich das Play-Menü des Trainers reduziert. So wird ein Coach zum Beispiel auf kurze Distanz keine Plays mit 22er-Personnel ansagen, wenn er mit einem Touchdown zurückliegt und nur noch zwei Minuten auf der Uhr sind.

Ein Spiel auf diese Art aufzuzeichnen, lässt dich nicht nur aktiver daran teilhaben, sondern vermittelt dir auch, wie das Trainerteam ein Spiel sieht. Dein Bericht für jeden Spielzug erlaubt dir, einzuschätzen, was in bestimmten Szenarien funktioniert – genau derselbe Bewertungsprozess, den auch die Coaches während des gesamten Spiels abspulen. Ehrgeizige Fans müssen noch nicht mal bis zum Spieltag warten, um anzufangen, diese Informationen zu sammeln. Du kannst bei NFL.com oder auf Team-Websites das Play-by-Play, also die Beschreibung von jedem einzelnen Spielzug vergangener Spiele finden. Mit ein bisschen Arbeit weißt du damit schon im Vorfeld, was von dem Gegner, auf den dein Team am kommenden Spieltag trifft, zu erwarten ist.

Nehmen wir mal an, du bist ein Redskins-Fan und Washington trifft in Woche neun der Saison 2014 auf Minnesota. Du versuchst, ein Gefühl für die Spielweise der Vikings zu bekommen, deren offensive Identität noch in der Findungsphase steckt. Rookie Jerick McKinnon ist in Abwesenheit von Adrian Peterson der Starting Runningback und Rookie-Quarterback Teddy Bridgewater stand bisher nur vier Mal in der Startformation. Wenn du dir nun die drei Spiele der Vikings vor der Begegnung mit den Redskins genauer ansehen würdest – die, in denen Bridgewater und McKinnon in der Startformation standen –, würdest du ein Muster erkennen. In diesen drei Spielen hatte Minnesota ein nahezu ausgeglichenes Run-Pass-Verhältnis bei ihren feststehenden First Downs (also beim Beginn des Ballbesitzes): 18 Laufspiele, 19 Passspiele. Aber bei erspielten First Downs (Conversions während eines Drives) sah die Sache ganz anders aus: 16 Laufspiele, 31 Passspiele. Ein Redskins-Fan, der seine Hausaufgaben gemacht hatte, konnte also genau wissen, was von den Vikings zu erwarten war: ein ausgewogenes Spiel bei feststehenden First Downs (6 Laufspiele, 5 Passspiele), bei herausgespielten First Downs aber eine viel höhere Bereitschaft, Bridgewater einzusetzen (6 Laufspiele, 13 Passspiele).

Ein Footballspiel muss kein Mysterium sein, auf das man nur erstaunt reagieren kann. Die Informationen, die du brauchst, um es zu durchschauen, liegen direkt vor deiner Nase. Du musst nur wissen, wo du hingucken sollst.

Die 168-Stunden-Woche

Einen Game Plan zu entwerfen und einzuüben, ist ein 24-Stunden-Job

Der General, der eine Schlacht gewinnt, stellt in seinem Tempel viele Berechnungen an, ehe die Schlacht geschlagen wird. Der General, der eine Schlacht verliert, stellt im Voraus nur wenige Berechnungen an.

Sun Tzu

Jeder hat einen Plan, bevor er eins in die Fresse kriegt.

Mike Tyson

Es war das erste Play des zweiten Quarters eines Sonntagabend-Spiels, Woche zwölf der NFL-Saison 2014. Die New York Giants führten 7–3 und hofften, bei einem First Down an der 43-Yard-Line der Dallas Cowboys ihre Führung weiter auszubauen.

Eli Manning nahm den Snap vom Center entgegen, täuschte die Ballübergabe zu Rookie-Runningback Andre Williams an und ließ sich ins Midfield fallen. Sein Play-Action-Fake sollte die Defense von Dallas nur so lange erstarren lassen, bis sich ein Receiver freilaufen konnte. Und es funktionierte.

Giants-Receiver Odell Beckham Jr., ein weiterer Rookie, hatte sich weit auf der rechten Seite der Giants-Formation positioniert. Mit einem Stutter Step (drei schnelle Schritte) und einem angetäuschten Lauf hatte sich Beckham einen Schritt von Cowboys-Cornerback Brandon Carr gelöst und flog nun die rechte Seitenlinie entlang. Manning sah ihn sofort.

Manning blickte für einen Moment die Spielfeldmitte entlang, um den Safety innehalten zu lassen, und warf dann einen Pass, der zu einer der berühmtesten Completions in der Geschichte der NFL wurde.

Spektakulär daran war natürlich weniger der Wurf als der Catch – oder vielmehr »The Catch«, wie er sofort in den Sozialen Medien tituliert wurde. Beckham, der so offensichtlich von Carr behindert wurde, dass Flaggen von zwei Richtungen geflogen kamen, streckte seine rechte Hand soweit es nur ging nach oben und hinten – und erreichte gerade noch Mannings Pass. Es war noch nicht mal ein einhändiger Catch: Beckham benutzte nur den Daumen und zwei Finger, um den Ball festzumachen. Der Catch sorgte noch Tage später für Gesprächsstoff.

Ob dies nun der beste Catch aller Zeiten war oder nicht, mag Ansichtssache sein. Unstrittig ist jedoch, dass Beckhams Catch nur einer von vielen an diesem Football-Sonntag war. Beckham selber fing im Spiel zehn Bälle, in dem insgesamt 47 Catches zustande kamen. Dallas gewann das Spiel übrigens noch.

In Woche zwölf der NFL-Saison 2014 gab es 1938 Snaps. Ob man nun Beckhams Meisterfang hervorhebt oder den 9-Yard-Touchdown von Derek Carr zu James Jones, der Oakland den ersten Saisonsieg bescherte, oder den 3-Yard-Touchdown-Lauf von LeGarrette Blount bei seinem ersten Carry seit er wieder bei New England unter Vertrag stand: Jede dieser Aktionen ist nur ein einziges Element in der Play-by-Play-Welt der NFL.

Im Laufe eines NFL-Spiels werden rund 130 Plays gespielt, Special Teams nicht mitgerechnet. Und während die Fans schnell und gern das Playcalling kritisieren, wissen die wenigsten, wie viel Zeit und Detailbesessenheit hinter jeder Entscheidung steht, die ein Coach im Laufe eines Spiels trifft.

Ein Game Plan entsteht

Das Playbook eines Trainers kann um die 1000 Spielzüge enthalten – so ziemlich alles, was er jemals in einem Spiel einsetzen würde. Jede Bomb, jeder Blitz, jedes Blocking steckt da irgendwo drin, zusammen mit jedem Trickspiel und jedem Goalline-Szenario. Jeder ausgerufene Spielzug entstammt dieser allumfassenden Bibel, die jeder Coach ständig ergänzt und überarbeitet und von Trainerjob zu Trainerjob mitnimmt.

Der Prozess, dieses Playbook auf Game Plans für einzelne Spiele herunterzubrechen, setzt eigentlich ein, sobald die vorherige Saison endet. Coaching-Teams verbringen den größten Teil der Monate Januar (falls sie nicht in den Playoffs stehen) und Februar damit, kritische Selbstanalyse zu betreiben, zu evaluieren, was sie in der gerade abgelaufenen Saison gut und weniger gut gemacht haben, und zu entscheiden, was sie für die kommende Saison behalten oder ändern wollen.

Ich kenne einen Assistenztrainer, der in der Offseason 2015 einen Monat lang sechs Stunden täglich die Defense von Seattle studierte. Er tat dies teilweise, weil sein Team 2014 gegen die Seahawks spielte, aber auch, weil er wusste, dass es in der Liga Teams gab, die Aspekte der Seattle-Defense in ihre eigenen Pläne integrieren würden, denn die Cheftrainer von Jacksonville und Atlanta waren zu der Zeit ehemalige Defensive Coordinators der Seahawks. Dieser Coach wollte auf die Konzepte vorbereitet sein, die in Kürze vielleicht die NFL beherrschen würden.

Gleichzeitig müssen sich die Trainer in dieser Phase auf den Start der Free Agency und den Draft vorbereiten. Der Personalplan nimmt langsam Gestalt an, basierend auf dem, was sich der Coach für die nächste Saison vorgenommen hat. Er wird Spieler ins Visier nehmen, die zu seinem Konzept passen. Du kannst Gift darauf nehmen, dass sich das Playbook für 2012 von Offensive Coordinator Mike McCoy veränderte, als die Broncos Peyton Manning unter Vertrag nahmen. Diese frühen Entscheidungen bilden das Fundament des späteren übergeordneten Game Plans.

Während sich die Zusammenstellung der Mannschaft und ihre Persönlichkeit durch Free Agency und Draft verändert, wird der Game Plan ständig verfeinert. Im Verlauf von Organized Team Activities (OTAs) und Minicamps tüfteln die Coaches am Playbook und identifizieren die Spielzüge, die am besten zu dem Team passen, mit denen sie am Ende arbeiten müssen. Sie versuchen, die Stärken, die sich herauskristallisieren, zu maximieren, die offensichtlichen Baustellen zu eliminieren und die zukünftigen Matchups vorherzusehen. Der Coaching-Staff trifft sich jeden Tag nach dem Training, um das Für und Wider jedes vorstellbaren Spielzugs zu diskutieren. Die Ansammlung dieser Spielzüge wird schließlich zum Playbook für die anstehende Saison und geht vor dem 15. Juni zum Drucker, um daraus die physischen Bücher herzustellen. Der Coach ist nun für ein Jahr an seine Spielphilosophie gebunden.

Vom Playbook auf den Platz

Sobald das Playbook offiziell zu Papier gebracht wurde, muss es den Spielern eingetrichtert werden.

Ein Coach wird einen Summercamp-Trainingsplan erstellen und jedes einzelne Element aus dem Playbook mit seinem Team trainieren. Vieles davon wird von der vorherigen Saison übernommen worden sein (ein echter Vorteil für Teams mit nur minimaler Veränderung des Kaders), einiges hat man schon im Frühjahr trainiert und alles wird in der Preseason wiederholt. Aber in den etwa 55 Trainingseinheiten des Summercamps – von Schnelldurchgängen (Walkthroughs) bis hin zu Doppelsessions – wird jedes Play einstudiert. Was ein Team im Sommer einübt, bestimmt zum größten Teil, was es in der Spielsaison machen wird; danach lässt sich das Repertoire nicht mehr dramatisch verändern.

In der letzten Woche der Preseason ist es dann langsam an der Zeit, den Game Plan für das erste Spiel der regulären Spielzeit zu entwerfen. Der Coach schaut sich den Gegner an und stellt vielleicht fest, dass er auf eine 4-3-Defense treffen könnte. Also durchforstet er sein Playbook nach Spielzügen, die seiner Meinung nach gegen ein 4-3 funktionieren; plötzlich ist das Playbook um die Hälfte geschrumpft.

Danach schaut er sich seinen Kader an. Stellen wir uns vor, dass er zwei Rookies in der Startformation hat und drei erfahrene Free Agents, die aber noch immer sein System lernen. Daran angepasst grenzt er das Playbook noch weiter ein, auf etwa 100 Plays – nur kann er natürlich in der Woche vor dem Spiel nicht 100 Plays trainieren. Die Zeit reicht bei vier oder fünf Einheiten inklusive Walkthroughs und Einzelübungen nur für etwa 40 Plays. Mehr nicht. Und auf diesen 40 Spielzügen baut der Game Plan auf.

Einige Trainer widersprechen dieser Zahl vielleicht. Coaches, die eine West Coast Offense spielen lassen, werden dir sagen, dass sie jede Woche 250 Spielzüge in ihren Game Plan integrieren. Das stimmt, wenn man sämtliche Formationen mitzählt, von denen ein und dasselbe Play ausgeht. Wenn sie zum Beispiel ein bestimmtes Play aus einer I-Formation heraus, mit nur einem Back, einem Split oder sogar einem leeren Backfield spielen, zählen sie das als vier verschiedene Plays.

Als Nächstes setzt sich der Coach mit seinem Quarterback zusammen und bespricht mit ihm das ganze Spektrum möglicher Spielzüge. Der Quarterback gibt seinen Input – welche Plays ihm am meisten zusagen, welche er hasst und welche er seinen Teamkollegen noch nicht zutraut. Dieses Feedback eliminiert vielleicht ein Viertel der verbliebenen Spielzüge. Am Ende bleiben circa 30 oder 35 Plays übrig, aus denen der Game Plan für ein einzelnes Spiel besteht. Auf einem Blatt Papier, dem Play-Call-Sheet, werden diese nach Down und Distanz sortiert – circa fünf

First-Down-Plays, sieben Plays für 2nd Downs zwischen 3 und 6 Yards usw. Die 60 bis 65 Spielzüge, die ein Team an einem Spieltag im Schnitt auf den Platz bringt, stehen alle auf diesem Play-Call-Sheet.

Die besten Trainer stutzen ihre Game Plans mehr zurecht, als die Fans gemeinhin vermuten, aber sie vermeiden dabei das Risiko, vorhersehbar zu sein. Ein Coach kann leicht von zu viel Informationen überwältigt werden – der klassische Fall von Paralyse durch Analyse. Wenn er nicht aufpasst, wird er sich ein bisschen auf alles vorbereiten, was nur irgendwie auf dem Platz passieren könnte, anstatt sich auf die wahrscheinlichen Tendenzen des Gegners zu konzentrieren und darauf, seine Stärken auszuhebeln. Wenn ein Coach von einem Gegner ein bestimmtes Verhalten in den letzten vier Spielen nicht gesehen hat, wird er in der Regel auch nicht speziell dafür trainieren.

Ich will damit nicht andeuten, dass ein Game Plan schlicht sein sollte. Vielmehr muss er clever sein und beim direkten Aufeinandertreffen von eigenen und gegnerischen Spielern Mann gegen Mann (*matchups*) fürs eigene Team Vorteile generieren. Matchups sind nämlich das, worauf es in der NFL ankommt.

Es ist sehr wichtig für einen Trainer, die Spielzüge zu identifizieren, die er am wahrscheinlichsten einsetzen wird, damit er keine kostbare Zeit damit verplempert, an etwas zu arbeiten, was sich im anstehenden Spiel nicht auszahlt (außerdem hassen Spieler es, Plays zu trainieren, die sie nie benutzen). Am Spieltag zählt nämlich nicht das, was der Coach weiß, sondern das, was die Spieler wissen. Oder, wie der ehemalige Spieler und Coach Marty Schottenheimer zu sagen pflegte: »Wenn du in Not bist, denk an die *Spieler*, nicht die *Spielzüge*.«

Eine typische Arbeitswoche

Der fertige Game Plan muss nun also bei den Akteuren eingeführt werden. Das geschieht während der Trainingswoche. Viele Fans wissen nicht, dass es in der NFL so etwas wie einen »typischen« Trainingstag nicht gibt. Jeder Tag hat einen anderen Schwerpunkt und andere Übungseinheiten.

Montag

Abgesehen von der Eröffnungswoche geht das Team montags den Game Plan der vorherigen Woche durch. Die Spieler sehen sich Videomaterial an und werden vom Ärzteteam behandelt. Die Coaches erhalten von den Ärzten erste Hinweise darauf, welche Spieler eingeschränkt sind und wer verletzungsbedingt ausfallen wird – alles Informationen, die den Game Plan beeinflussen.

Am Abend wird sich der Advance Scout (der die Gegner analysiert) mit dem Staff der Offensive und der Defensive treffen und ihnen seine Sicht auf den kommenden Gegner darlegen. Der Scout wird die Tendenzen des Gegners – basierend auf dessen letzten vier Spielen – aufzeigen. Ich war sowohl für die Tampa Bay Buccaneers als auch für die New York Jets zwei Jahre lang als Advance Scout tätig, und das Erste, was ich in meinem wöchentlichen Bericht immer aufschlüsseln musste, waren die Aufstellungen. Ich briefte die Coaches hinsichtlich der Tendenzen, die mir aufgefallen waren. Zum Beispiel: Wenn der Gegner zwei Backs im Backfield hat, laufen sie zu 80 Prozent mit dem Ball; wenn sie drei Receiver haben, werfen sie zu 80 Prozent. Dadurch bekommen die Coaches ein grobes Bild davon, welche Spielweise der Gegner bevorzugt.

Dann analysiert der Advance Scout die Audibles des gegnerischen Quarterbacks. Zum Beispiel: Von den 100 Audibles, die er in den letzten vier Spielen angesagt hat, waren 80 Passspiele. Das verrät dem Coach, dass der Gegner im Huddle ein Laufspiel ansagt und dieses an der Line of Scrimmage in einen Pass ändert, sobald der Quarterback in deiner Defense etwas sieht, das ihm nicht gefällt. Diese Information bringt deinen Defensive Coordinator vielleicht auf die Idee, eine Coverage so zu tarnen, dass diese den gegnerischen Quarterback dazu bringt, an der Line den Spielzug zu einem Pass zu ändern, für den deine Defense dann bereit ist. Oder vielleicht will er, dass die gegnerische Offense beim Laufspiel bleibt. Dann sorgt er dafür, dass seine zwei Safetys hoch oben im Feld stehen bleiben. In jedem Fall ist die Defense nun besser auf das, was kommt, vorbereitet.

Ein guter Advance Scout wird Formations-Tendenzen aufdecken. Vielleicht stellt der Gegner seine Receiver kompakt auf. Der Scouting-Bericht wird sehr spezifisch aufführen, dass das gegnerische Team in einer bestimmten Down-and-Distance-Situation, mit einer bestimmten Aufstellung in einer bestimmten Feldposition den Ball zu 90 Prozent zu dem kleinsten Receiver im Pulk warf.

Solche Tipps sind entscheidend, um einen auf einen spezifischen Gegner maßgeschneiderten Game Plan zu entwerfen. Als Pete Carroll noch Cheftrainer der Jets war, sagte er immer zu mir: »Okay, ich gehe jetzt die

Secondary coachen. Ich muss ihnen sagen können, was hier abläuft.« Also suchte ich nach den relevantesten Informationen, die er den Defensive Backs geben konnte. Vielleicht fand ich zum Beispiel heraus, dass in 90 Prozent aller Fälle der erste Read des Quarterbacks vom Runningback wegführte – was bedeutet: Wenn ein versetzter Runningback (*offset back*) im Spiel war, wollte der Quarterback meist zuerst auf die dem Runningback entgegengesetzte Spielfeldseite werfen. Der Cornerback auf der Seite, wo der Runningback nicht steht, weiß dann, dass er wahrscheinlich den bevorzugten Receiver covert, und der Safety auf dieser Feldhälfte kann sich darauf konzentrieren, vorherzusehen, wo der Pass hingehen könnte.

Genauso wichtig wie das Herausarbeiten von Tendenzen des Gegners ist es, die eigenen zu erkennen. Denn diese wird der Gegner natürlich auch analysieren, und ein Coach muss sicherstellen, dass sein Game Plan nicht vorhersehbar wird.

Montags lassen die Trainer ihre eigenen Tendenzen aus den letzten drei Spielen Revue passieren. Ein Coach fragt dann vielleicht: »Liegen wir 50-50 in Run-Pass bei First Downs?« Falls er feststellt, dass sie öfter gelaufen sind, wenn sie sich mit zwei Runningbacks aufgestellt hatten, wird er das vielleicht ändern. Basierend auf dieser Montags-Evaluation werden die First-Down-Calls am Sonntag um mehr Ausgeglichenheit bemüht sein.

Coaches müssen natürlich auch wissen, wie sie die ganzen Informationen über Tendenzen, die sie erhalten, richtig auswerten. Eine Analyse der letzten drei Spiele eines Teams ergibt vielleicht, dass dieses im Schnitt beim First Down respektable 4,0 Yards per Carry an Boden gewonnen hat. Doch wie kam es zu diesem Durchschnittswert? Hat der Back bei jedem Carry um die 4 Yards gemacht, was für seine Konstanz spricht? Oder hat er in einer Woche gegen einen schwachen Gegner 6 Yards per Carry erzielt, in der zweiten Woche aber nur 4 Yards und im letzten Spiel gegen eine starke Defense lediglich 2 Yards?

Dienstag

Am Montagabend fangen die Trainer an, sich Cut-ups anzusehen – Filmausschnitte über ihren Gegner, geordnet nach Faktoren wie Personalaufstellung, Down and Distance und anderen Spielsituationen – und diese Sessions gehen meist bis in die frühen Morgenstunden des Folgetages.

Die Trainerteams der Offense und Defense treffen sich am Dienstagmorgen getrennt, und die Assistant Coaches briefen den Rest des Staffs darüber, welche Erkenntnisse sie bei der Filmanalyse gewonnen haben. So könnte ein

Coach zum Beispiel sagen: »Wenn Nr. 43 an der Line of Scrimmage steht, blitzt er in 90 Prozent aller Fälle.« Der Offensive Coordinator wird sich diesen Hinweis notieren und später an seinen Quarterback weitergeben.

Als Nächstes hat der Line Coach das Wort. Ihm ist vielleicht aufgefallen, dass der Nose Tackle näher am Tight End steht, wenn er einen Lauf zur stärker besetzten Seite (*strong side*) erwartet. Wieder verändert der Coordinator den Game Plan entsprechend: Wenn der angesagte Spielzug »16 Boss« zur starken Seite ist und sich der Nose in diese Richtung orientiert, wird der Quarterback den Ball an den Runningback auf der schwachen Seite (*weak side*) geben.

Am Dienstag haben die Spieler »frei«, das heißt, sie sind nicht auf dem Platz oder in Meetings. Aber viele kommen trotzdem aufs Gelände, um sich entweder behandeln zu lassen oder zusätzliche Videos anzusehen.

Währenddessen legen die Coaches endgültig fest, welche circa 35 Spielzüge sie am Spieltag in ihren Plan integrieren. Das bestimmt dann den Trainingsplan für den Rest der Woche.

Mittwoch

Das Mittwochstraining legt den Schwerpunkt auf alle Spielzüge, die sich der Coach für First und Second Downs zurechtgelegt hat. Diese werden mit allen erdenklichen Aufstellungs-Varianten trainiert und gegen alle Formationen, die vom Gegner zu erwarten sind.

Neben den Hauptspielzügen beinhaltet der Game Plan auch eine Liste von Audibles, die der Quarterback einsetzen kann, wenn er an der Linie steht und sieht, dass der im Huddle angesagte Spielzug von der gegnerischen Defense gut verteidigt zu sein scheint. Diese Liste ist erheblich kürzer als die mit den regulären Plays. Einigen Quarterbacks – zum Beispiel Tom Brady oder früher auch Peyton Manning, um nur zwei zu nennen – steht an der Line of Scrimmage die gesamte Offense zur Verfügung, aber die meisten Coaches begrenzen die Anzahl der Audibles, die der Quarterback ansagen darf. Als Coach Bill Parcells bei den Jets Quarterback Vinny Testaverde trainierte, hatte er meistens gar kein Audible-System implementiert. Er wusste, dass Vinny einen starken Arm hatte und meistens eine Pass-Antwort auf jede Defense an der Linie fand (beim Audible-System geht es hauptsächlich darum, Laufspiele in Pässe zu ändern). Vinny reichte den Ball also entweder an Curtis Martin weiter oder ließ sich zurückfallen und warf, wenn Bill es ihm sagte.

Heutzutage können Teams in der NFL angesichts der vielen Möglichkeiten einer Defense nicht ohne ein Audible-System auskommen. Und auch diese Plays werden im Laufe der Woche trainiert.

Q: Wer ist eher für den übergeordneten Game Plan verantwortlich, der Head Coach oder die Koordinatoren?

A: Normalerweise hat sich ein Head Coach auf der einen oder anderen Seite des Balls hochgearbeitet. Tom Coughlin kam von der Offense, Pete Carroll von der Defense. Oft stellen die Cheftrainer den Game Plan für die Seite auf, die ihnen am meisten liegt und bei der sie sich am besten auskennen, und überlassen den Koordinatoren den Game Plan für die andere Seite. Natürlich präsentieren diese dem Head Coach alle ihre Ideen im Detail, bevor sie übernommen werden.

Einige Head Coaches entwerfen den Game Plan und sind auch gleichzeitig die Playcaller. Sean Peyton gewann auf diese Weise den Super Bowl XLIV. Er erstellte den Game Plan, und der Koordinator war dafür verantwortlich, dass die Spieler ihn einübten.

Nach dem Training trifft sich der Coaching Staff, um alles durchzugehen, was während des Trainings passiert ist, und anzusprechen, was sie bisher noch nicht bedacht hatten: Warum haben wir Probleme, ihren Zone Blitz zu blocken? Warum kümmert sich keiner um den Safety, wenn er in der Box ist?

Es werden Korrekturen an den First- und Second-Down-Varianten vorgenommen und dann geht es an die Vorbereitung der Spielzüge für Third Downs.

Am Mittwoch sollten außerdem Fantasy-Football-Manager anfangen, sich die Verletzungsmeldungen anzusehen und zu prüfen, wer nicht mittrainiert hat. Wenn ein junger Spieler am Mittwoch nicht trainiert, könnte sich das auf seinen Einsatz bei First und Second Downs auswirken. Außer bei sehr erfahrenen Spielern – die ihre Aufgaben kennen, auch wenn sie diese in der Woche nicht trainieren konnten – ziehen Trainer lieber mit Jungs in die Schlacht, mit denen sie in der Woche arbeiten konnten.

Donnerstag

Ab 9 Uhr sitzen die Spieler in Besprechungen und gehen die Trainingseinheiten vom vorherigen Tag mit ihren Position Coaches durch. Sie sehen sich Videos vom Mittwochstraining an und nehmen, zuerst im Besprechungsraum und später auf dem Platz, Korrekturen vor.

Danach werden die Third Down Plays eingeübt. Bis zur Mittagspause am Donnerstag werden die Spieler dann die Spielzüge trainiert haben, die wahrscheinlich 90 Prozent des Game Plans ausmachen.

Für die Coaches geht es nach dem Training genauso weiter wie am Mittwoch – sie sehen sich die Videos vom Training an und bewerten alles, was sie bisher gemacht haben. Die meisten Trainerteams stellen sich dieselben Fragen: Auf was für Probleme stoßen wir? Haben wir genug Optionen für den Third Down oder brauchen wir noch ein paar zusätzliche Plays?

Danach müssen sie das Training für die Situationen vorbereiten, die am Freitag eingeübt werden – Goalline- und Kurzdistanz- (*short yardage*) Situationen sowie die Two-Minute Offense.

Freitag

Der Tag beginnt, wie schon der Donnerstag, um 9 Uhr mit einer Auswertung des Vortagestrainings und dem Korrigieren und Justieren der Third-Down-Spielzüge.

Dann geht es raus auf den Platz, um noch einige spezielle Spielzüge zu trainieren. Die Trainingseinheiten am Freitag sind kürzer als die 90-minütigen Sessions am Mittwoch und Donnerstag. Außerdem tragen die Spieler freitags keine Pads.

Was am Freitag eingeübt wird, überschneidet sich möglicherweise zum Teil mit Spielzügen, die am Third-Down-Donnerstag trainiert wurden. Coaches bereiten für den Two-Minute Drill sechs oder sieben Spielzüge vor – vielleicht auch weniger, wenn der Quarterback jung, unerfahren oder neu im Team ist. Diese Plays sind oft Ableger der einstudierten Audibles und eine Mischung aus Lauf- und Passspiel.

Ich habe oft gesagt, dass Two-Minute Drills so wichtig sind, dass sie jeden Tag trainiert werden sollten. Egal ob ein Team gerade in der Offensive oder der Defensive ist: Die letzten zwei Minuten beider Spielhälften sind oft die entscheidenden des ganzen Spiels. Aber oft wird kostbare Trainingszeit damit verschwendet, Lösungen für jedes mögliche Szenario einzuüben.

Zunehmend klagen Coaches über zu wenig Trainingszeit. Je komplexer das Spiel wird, desto mehr muss man einstudieren – und das dank des Collective Bargaining Agreements von 2011 in weniger Zeit als je zuvor. Die Anzahl der Trainingseinheiten mit Pads ist zudem in der gesamten regulären Saison auf 14 begrenzt. Es gibt heutzutage einfach weniger Zeit, den Spielern etwas beizubringen, als früher. So reicht die Zeit kaum aus, um einen Quarterback, der aus einer Spread Offense im College kommt, zu einem Pocket Passer in der NFL zu machen. Und auch andere Positionen sind betroffen. Man sehe sich nur die ganzen 110 Kilo schweren Edge Rusher an, die im College Spielmacher waren, sich in der NFL aber schwertun. Das liegt daran, dass viele von ihnen im College nur eine Sache gut konnten – sie waren Speed Rusher, die nie einen zweiten oder dritten Pass Rush Move entwickeln mussten. Dee Ford hatte zum Beispiel in seiner letzten Saison in Auburn 10,5 Sacks und war der MVP des Senior Bowl 2014. Aber als Rookie bei den Chiefs gelangen ihm nur 1,5 Sacks in 16 Spielen. Es fehlt die Zeit, diese anderen zusätzlichen Moves zu unterrichten und langsam zu entwickeln.

Auch deshalb ist das Sommertraining so wichtig. Dort werden manche Dinge eingeübt, die vielleicht in der ganzen Saison nie wieder auf dem Trainingsplan stehen. Sobald ein Spielzug einmal im Training implementiert wurde, müssen die Spieler ihn im Grunde draufhaben. So könnten die Coaches zum Beispiel im Laufe des Sommers zehn Trickspielzüge trainieren. In Woche 14 der regulären Saison beschließen sie dann vielleicht, den Halfback-option-Pass einzusetzen. Wenn die Zeit nicht reicht, diesen in der Woche vor dem Spiel nochmal zu trainieren, zeigt der Coach vielleicht ein Video der ein oder zwei Durchgänge, die man davon im Sommer gemacht hat, und das muss dann als Vorbereitung reichen.

Neben dem ganzen Training vor Ort sollte sich eigentlich auch jeder Spieler während der ganzen Woche zu Hause vorbereiten. Tim Ryan, ehemaliger Offensive Lineman und mein alter Partner bei *Movin' the Chains* von Sirius NFL Radio, sagte immer, dass er, wenn er heute noch spielen würde, den Defensive Line Coach um Filmausschnitte von jedem Laufspiel des Gegners aus der gesamten Saison sowie jedem Sack seines direkten Gegenübers bitten würde. Jeder Spieler kann seinen eigenen Scouting Report erstellen und sich überlegen, wie er seinen individuellen Matchup gewinnen kann. Aber, wie T-Rock beklagt, nutzen nicht genug Spieler die Vorteile der modernen Technologie; stattdessen spielen sie zu Hause *Madden*.

Q: Was sind die Hauptaufgaben eines Position Coaches?

A: In der Regel wird der Koordinator der Defense oder Offense den Game Plan im Team-Meeting vorstellen und dann ist es Sache des Position Coaches, seinen sieben oder acht Jungs zu vermitteln, was der Game Plan von ihnen verlangt.

Darüber hinaus sind die Position Coaches auch an den Anpassungen beteiligt, die während des Spiels an der Seitenlinie vorgenommen werden. Wenn zum Beispiel der Defensive Coordinator beschließt, den Strong Side Linebacker auf einen Blitz zu schicken, argumentiert der Position Coach für Linebacker vielleicht, dass das zwar theoretisch der richtige Plan sei, der Linebacker aber in der vergangenen Woche zwei Blitz Calls verpasst habe und deshalb momentan dazu nicht in der Lage sei. Dieser Input ist extrem wertvoll.

Und schließlich müssen Position Coaches beim Draft Experten für ihre Positionsgruppe sein. Der Linebacker-Coach weiß, in welche Richtung das Team steuern will, und wird alle Linebacker eines Draft-Jahrgangs ausfindig machen, die das können, was das Team gerade braucht.

Eine weit verbreitete fälschliche Ansicht ist die Vorstellung, dass Position Coaches die Position, die sie trainieren, auch selbst mal gespielt haben müssen – und zwar auf hohem Niveau. Clyde Christensen hat zwar North Carolina Mitte der 1970er als Quarterback zum Peach and Liberty Bowl geführt, aber das ist nicht entscheidend, um Andrew Lucks Position Coach zu sein. Matt Patricia ist ungefähr 1,70 Meter groß und wiegt 80 Kilogramm, hat einen Abschluss in Luftfahrttechnik vom Rennsselaer Polytechnic Institute und arbeitete als Assistant Offensive Line Coach, bevor er bei den Patriots der Linebacker-Coach wurde. Den Spielern ist egal, dass Patricia ihre Position nie selbst gespielt hat (tatsächlich spielte er im College Center und Guard). Sie wollen von ihrem Coach nur nützliche Tipps wie diesen: Wenn ein Gegner seinen Guard-Center-Split öffnet, folgt immer ein Draw-Play. Patricia machte seinen Job so gut, dass er nach fünf Spielzeiten als Linebackers Coach und einer als Safetys Coach in New England zum Defensive Coordinator befördert wurde.

Samstag

Die Spieler sind bereits um 8 Uhr morgens auf dem Teamgelände, um das Freitagstraining Revue passieren zu lassen und Korrekturen vorzunehmen. Falls Zeit dafür ist, wird der Coach vielleicht einen besonderen Spielzug durchlaufen lassen, den er aus der Mottenkiste gezogen hat, aber es ist keine intensive Trainingseinheit. Sie dauert etwa 45 Minuten, die Spieler tragen Jogginghosen, Familienangehörige sind anwesend und es herrscht generell ziemlich viel Trubel.

Wenn ein Auswärtsspiel ansteht, gehen die Spieler nach dem Training unter die Dusche und steigen dann in den Bus, der sie zum Flughafen fährt. Bei einem Heimspiel gehen die Spieler nach Hause und finden sich bis 20 Uhr im Mannschaftshotel ein.

Das Team trifft sich Samstagabend wieder; eine der letzten Gelegenheiten für den Head Coach, den Spielern nocheinmal bestimmte Dinge einzubläuen oder eine motivierende Ansprache zu halten. Danach steht das Personal der Special Teams im Fokus – ein Bereich, in den der Head Coach wahrscheinlich in der Woche nicht involvert war.

In Anwesenheit aller wird der Special Teams Coach eine bestimmte Einheit aufrufen – zum Beispiel das Punt Coverage Team. Jeder Starter dieser Gruppe steht auf, und der Special Teams Captain zählt durch, um sicherzustellen, dass elf Männer stehen. Dann lässt der Coach einen Spieler sich setzen und dessen Ersatzspieler muss aufstehen. Diese Übung dient dazu, die spontanen Auswechslungen zu simulieren, die im Laufe eines Spiels vorkommen. Du würdest nicht glauben, wie viele Jungs das nicht hinkriegen.

Nehmen wir an, Johnson ist der Backup für sowohl Jones als auch Smith in den Special Teams. Jones verletzt sich, also muss Johnson seinen Platz einnehmen. Das bedeutet, dass jemand anderes auf der Depth Chart (der Spielerliste) nun bereit sein muss, Smiths Platz einzunehmen, falls dieser sich verletzen sollte. Jones setzt sich, Johnson steht auf. Smith setzt sich … und der nächste Spieler in der Reihe sollte jetzt wissen, dass er aufs Feld muss. Trainer nutzten den Samstagabend, um potenziellen Ersatzspielern klarzumachen, wen sie zu ersetzen haben. Und trotzdem: Wie oft sieht man jede Woche, dass ein Coach ein Timeout verbraten muss, weil er eine Special Teams Unit rausschickt und plötzlich nur zehn Mann auf dem Platz stehen?

Danach ziehen sich Offense und Defense in separate Räume zurück, wo sie sich irgendwelche Videos ansehen. Diese können inspirierend sein (zum Beispiel die zehn besten Spielzüge aus der laufenden Saison – die natürlich Teil des aktuellen Game Plans sind) oder funktional, also eine weitere Unterrichtseinheit zur Auffrischung des Trainings der zurückliegenden Woche.

Bis zu diesem Zeitpunkt hatten die Spieler die Gelegenheit, einen bestimmten Spielzug im Unterrichtsraum zu besprechen, ihn beim Training ein oder zwei Mal tatsächlich zu spielen, das Training Revue passieren zu lassen und anschließend vielleicht noch ein oder zwei Mal durchzusprechen. Mehr nicht. Wenn aber am Samstagabend ein Spieler aufgefordert wird zu erklären, was er zu tun hat, wenn der Nose Tackle näher an der Strong Side steht, dann hat er besser die richtige Antwort parat. Mehr Zeit sich vorzubereiten gibt es einfach nicht.

Q: Wie haben sich Coaches auf Donnerstagabend-Spiele eingestellt?

A: Seit es in der NFL Donnerstagabend-Spiele gibt, müssen die Trainer damit leben, dass ihre Arbeitswoche deutlich verkürzt ist, wenn ihr Team an einem Donnerstag spielt. Sie müssen mit den Spielern am Montag und Dienstag den Game Plan durchgehen und am Mittwoch den Goalline-Walkthrough machen. Vor Auswärtsspielen, zu denen die Teams fliegen müssen, gibt es nur zwei Walkthroughs.

Die Trainer haben erkannt, dass ihr Game Plan für das Donnerstagsspiel zu umfangreich war. Viele haben ihn daraufhin vereinfacht, anstatt die Arbeit einer vollen Woche in drei Tage zu quetschen.

Wie der Game Plan sich am Spieltag entwickelt

Am Spieltag wird der Plan in die Tat umgesetzt – durch die Strategie des Playcalling. Und wie du dir vielleicht vorstellen kannst, ändert sich der Game Plan im Verlauf eines Spiels ständig.

Fans ist vielleicht gar nicht klar, dass die erste Entscheidung eines Spiels im Münzwurf besteht. Bis zur Saison 2008 galt es als logisch, dass das Team, das den Münzwurf gewann, sich für Ballbesitz entschied (es sei denn, es hatte eine herausragende Defense). Doch als die NFL beschloss, dass Coaches diese Entscheidung auf die zweite Halbzeit verschieben (*defer*) durften, eröffnete sich eine weitere Möglichkeit für taktische Überlegungen.

Ein Coach muss sich folgende Fragen stellen: Spielen wir auswärts? Ist mein Quarterback unerfahren? Falls ja, vertagt der Coach seine Entscheidung vielleicht auf die zweite Hälfte. Dahinter steckt die Logik, dass jedes Team in der ersten Spielhälfte etwa sechs Angriffsserien haben wird. Im Laufe dieser Serien wird der defensive Game Plan des Tages aufgedeckt. Eine Mannschaft hat möglicherweise ein paar Vorteile, wenn sie in der ersten Spielhälfte erst einmal so viele Informationen wie möglich sammelt und die Coaches in der Halbzeitpause darauf reagieren und entsprechende Anpassungen vornehmen. Zur zweiten Halbzeit ist sie also besser vorbereitet als in den Anfangsserien eines Spiels.

Wenn dein Team endlich auf dem Platz steht, wird es anfangen, den Plan umzusetzen. Trainer, die eine West Coast Offense bevorzugen, arbeiten die ersten 15 Spielzüge gern schriftlich aus, so wie Bill Walsh in den glorreichen Tagen der San Francisco 49ers. Die Spieler wissen, was kommt, sie kennen die Plays und werden diese 15 Spielzüge auf Teufel komm raus abspulen.

Ziel ist es, in den ersten ein oder zwei Serien so viele Informationen wie möglich zu sammeln. Die Coaches schicken ständig andere Personalvarianten aufs Feld, weil sie sehen wollen, wie sich die Defense gegen jede davon aufstellt. Nachdem sie 15 verschiedene Matchups gesehen haben, suchen sie etwa fünf aus, die ihnen am vorteilhaftesten erscheinen, und bringen diese Spielzüge vier oder fünf Mal im Laufe des Spiels an. Am Ende des ersten Quarters ist der Game Plan für den Rest des Spiels dann angepasst und spezifischer auf die tatsächlichen Matchups ausgerichtet.

Während des Spiels sitzen einige Coaches in Aussichtskabinen (*booths*). Diese Booth oder Quality Control Coaches sind dafür zuständig, zu bewerten, was funktioniert, aufzuzeichnen, welche Möglichkeiten sich bieten, und zu bewerten, ob das Playcalling den Game Plan widerspiegelt. Anfang der 1990er-Jahre füllte ich vier Saisons lang diese Rolle bei den Jets aus.

Nehmen wir an, der Game Plan sieht eine perfekte Balance zwischen Lauf- und Passspiel beim First Down vor. Der Booth Coach wird dem Offensive Coordinator Bescheid geben, wenn das Playcalling in eine Richtung kippt. Es muss also niemand zur Halbzeit in die Kabine gehen und dem Head Coach mitteilen, dass das 50-50-Ziel nicht erreicht wurde. Auch wenn das Team beim First Down erfolgreich mit dem Ball gelaufen ist, sollte es sich an den Game Plan halten – damit sich zum Beispiel in diesem Fall die Defense nicht auf ein Laufspiel beim First Down einstellen und diesen unterbinden kann.

Der Booth Coach kennt den Game Plan. Er weiß, was sich der Head Coach und die Koordinatoren vorgenommen haben. Nun sitzt er da oben, das Playcall Sheet vor sich, und hakt ab, wie oft sie jeden Spielzug einsetzen. Der Game Plan hält immer mehrere Plays für jede Down-and-Distance-Situation bereit, und so notiert der Booth Coach zum Beispiel, welches der etwa sieben Plays in der 2nd-and-5-Rubrik bereits angesagt wurde und mit welchem Ergebnis.

Q: Wenn zwei miteinander vertraute Gegner aufeinandertreffen, berücksichtigen sie dann ihre lange Geschichte oder erstellen sie ihren Game Plan nur basierend auf den letzten vier Spielen des Gegners?

A: Wenn ein Team viele Veränderungen erlebt hat – einen neuen Trainer oder den Verlust von mehreren Schlüsselspielern – bringt der Blick auf vergangene Begegnungen nicht besonders viel. Seitdem hat sich einfach zu viel verändert.

Wenn sich allerdings zwei Teams wirklich sehr gut kennen, dann ziehen sie definitiv ihre ganze gemeinsame Vergangenheit in Betracht. Wenn zum Beispiel Peyton Manning gegen die Patriots spielte, ließ er sicher nochmal alles Revue passieren, was er persönlich bisher gegen Bill Belichick erlebt hatte, ob bei den Broncos oder den Colts. Er wollte auf alles vorbereitet sein, was Belichick gegen ihn auffuhr – auch wenn es etwas war, das die Patriots seit Mannings Tagen in Indianapolis nicht mehr gezeigt hatten. Und Bill wiederum wollte natürlich einen Blitz finden, den er noch nie gegen Peyton eingesetzt hatte.

Als ich bei den Jets war, sichteten wir für unseren Scouting Report jedes einzelne Spiel, das wir je gegen Dan Marino gespielt hatten. Wir sahen, was wir bei Kälte gegen ihn gemacht hatten, in Miami, bei Nacht usw. Daraus filterten wir dann die Kriterien heraus, die für die nächste Begegnung mit ihm relevant waren.

Manche Coaches lassen Videos von den Tendenzen der gegnerischen Trainer erstellen. Dann wird vielleicht ein Assistenztrainer gebeten, sich am Mittwoch jeden jemals eingesetzten Trickspielzug des Gegners anzusehen. Der Assistenztrainer wird nach Hinweisen suchen, die dem Head Coach sagen, wann solch ein Trickspielzug möglicherweise auftaucht: zum Beispiel meistens beim Third Down auf kurze Distanz und immer in der gegnerischen Spielfeldhälfte. Ihm fällt vielleicht auf, dass der gegnerische Trainer jeden Trickspielzug nur einmal pro Jahr einsetzt und dass er in dieser Saison bereits den End-around und den Flea Flicker verwertet hat. Jede noch so kleine Information kann helfen.

Die Variablen, die das Playcalling im Laufe eines Spiels beeinflussen, sind endlos. Deshalb muss sich der Game Plan dem Geschehen auf dem Platz anpassen. Nehmen wir an, wir sind bei 2nd-and-5 und der Coach hat sieben Spielzüge in der dazu passenden Rubrik auf dem Playcall Sheet. Um die richtige Auswahl zu treffen, sollte er unter anderem die folgenden Aspekte berücksichtigen:

- Wir sind bei diesem Down-and-Distance bereits mit dem Ball gelaufen, haben ihn aber noch nicht geworfen. Sollten wir uns an dieser Stelle über unser Lauf-Pass-Verhältnis Gedanken machen?

- Die ersten zwei Mal, in denen wir in dieser Down-and-Distance-Situation waren, hat die Defense einen Blitz gestartet. Welcher dieser sieben Plays würde am besten gegen einen Blitz funktionieren?
- Unser startender Tight End wurde in der letzten Serie verletzt. Welches dieser sieben Plays sollten wir meiden, bis er wieder auf dem Platz steht?
- Die meisten unserer Optionen für diese Down-and-Distance-Situation sind darauf ausgelegt, ihren besten Pass Rusher aus dem Spiel zu nehmen. Aber dieser Spieler steht nun an der Seitenlinie. Gibt es Spielzüge, die wir zu unseren Optionen hinzufügen sollten, um seine Abwesenheit auszunutzen.
- Ist das Wetter ein Faktor? (Hall-of-Fame-Coach Marv Levy hatte zum Beispiel immer besondere Spielzüge für die Wintertage parat, an denen das Wetter in Buffalo ein Spiel beeinflussen konnte.)
- Wie lange dauert das Spiel noch? (Die meisten Fans wissen, dass die Teams ein Zwei-Minuten-Paket für das Ende jeder Halbzeit vorbereiten, aber es gibt auch ein Vier-Minuten-Paket. Beim Two-Minute-Paket geht es in erster Linie darum, die Uhr anzuhalten; Ziel des Four-Minute-Pakets ist es hingegen, die Uhr runterlaufen zu lassen, indem man *in bounds*, also im Spielfeld bleibt.

Letztendlich wollen Trainer auf den Spielzügen aufbauen, die gut funktionieren. Sie können dann Variationen davon entwickeln und eine Defense verunsichern.

Es ist schwer, sequenziell zu denken, bevor etwas erwiesenermaßen funktioniert. Erst nachdem ein Quarterback bei einem Shallow Cross (einer flachen Kreuz-Route) seinen Receiver gefunden hat, fängt er an, darüber nachzudenken, was man später im Spiel damit anfangen könnte. Vielleicht überlegt er, diesen Pass zu werfen, bis die Defense ihn stoppt, oder ein Draw Play zu machen und damit eine ungeordnete Defense zu treffen, die eine Shallow Cross Route antizipiert hat.

So entwickelt sich ein Schachspiel, bei dem Teams immer nach Matchup-Vorteilen suchen und den Kontrahenten vor die Herausforderung stellen, den nächsten Spielzug vorherzusehen. Eine Methode, wie ein Spieler erkennen kann, was funktioniert, besteht darin, Fotos zu studieren, wenn er vom Platz geht. Von jedem einzelnen Spielzug werden nämlich zwei Fotos gemacht – eins direkt vor dem Snap und das andere, wenn der Quarterback den Ball weiterreicht oder (bei einem Passspielzug) wenn er die

Nicht-Wurf-Hand vom Ball nimmt (das ist ein Signal, dass er sich entschieden hat, wohin er den Ball wirft).

Das erste Bild erinnert den Quarterback daran, was er vor dem Snap zu sehen glaubte. Das zweite Bild zeigt, ob er die Defense richtig gedeutet hat und ob seine darauffolgende Entscheidung die richtige war.

Wenn ein Quarterback beim Betrachten der Fotos unzufrieden wirkt, hat er darauf wahrscheinlich etwas anderes gesehen als zuvor auf dem Platz.

Von diesen Fotos lässt sich viel lernen. Die Defense hat bei jedem Spielzug irgendeine Schwäche. Manchmal zeigt sich diese auf den Bildern und kann später ausgenutzt werden.

Früher machte ich diese Bilder alle von meiner Aussichtskabine aus und dann brachte ein Läufer sie runter zu den Coaches unten am Spielfeld. Einmal spielten die Jets in Denver und nach einem Sprint runter zum Platz klappte der Läufer wegen der Höhenlage zusammen. Pete Carroll rief zu mir hoch, wo denn die Bilder blieben, während der Junge auf der Bank saß und Sauerstoff inhalierte. Da entdeckte ich ein Mädchen auf den Rängen, die mit ihrer Familie da war und ein Shirt mit dem Logo eines örtlichen Highschool-Laufteams trug. Ich fragte ihren Vater, ob seine Tochter 100 Dollar verdienen und so viel NFL-Equipment, wie sie tragen konnte, mitnehmen wolle. Sie wollte und ich stellte sie auf der Stelle ein, um die Fotos zu Pete und Bruce Coslet runterzubringen.

Q: Ändern Teams ihre Terminologie, wenn sie gegen ehemalige Spieler antreten, die ihr System kennen?

A: Coaches verbringen viel weniger Zeit damit, sich auf so etwas einzustellen, als die meisten Fans gemeinhin denken. Als Minnesota 2009 gegen Green Bay spielte, kannte Brett Favre alles, was Aaron Rodgers ansagte. Wenn »Blue« zu Favres Zeiten bei den Packers ein Dummy Call, also ein Call ohne Bedeutung war, dann musste er nur die ersten paar Mal abwarten, bei denen Rodgers »Blue« ansagte, um festzustellen, ob das immer noch der Fall war. Falls ja, lag die Herausforderung darin, den Spielern auf dem Platz diese Information so rechtzeitig zu geben, dass sie noch darauf reagieren konnten. Informationen, die zu spät kommen, können einen Verteidiger paralysieren, da er dann nachdenkt, wenn er eigentlich schon reagieren müsste.

Erstaunlicher finde ich, wenn ein neuer Trainer kommt und eine komplett neue Terminologie mitbringt. Die muss er nun den 30 Jungs der Defense einbläuen, anstatt dass er das lernt, was diese schon kennen, und es in sein Playbook integriert. Coaches lassen Spieler selten den leichten Weg gehen; sie zwingen das Team fast immer, sich an sie anzupassen. Die Coaches müssen logische Wortassoziationen finden, die sich die Spieler leicht merken können. Bei den Jets verwendeten wir die Namen von Planeten als Blitz Calls. »Mars« bedeutete zum Beispiel, dass der mittlere Linebacker blitzen würde.

Deshalb finden Coaches es oft hilfreich, erfahrene Spieler aus allen Bereichen mitzubringen, wenn sie einen neuen Job antreten. Wenn sie dann eine neue Terminologie einführen, gibt es im Team Spieler, die diese Sprache bereits beherrschen und ihren neuen Mannschaftskameraden »übersetzen« können.

Anpassungen zur Halbzeit

Der Coach wird in der Halbzeitpause meist als Erster unten in der Kabine sein und dort auf der Tafel die Statistiken aus der ersten Halbzeit präsentieren:

1st-and-10: 7 Run, 6 Pass. Run-Durchschnitt: 3,2; Pass-Durchschnitt 11,0 pro Completion.

2nd-and-3–6: 1 Run, 6 Pass. Run-Durchschnitt: 5,5; Pass-Durchschnitt 6,0 pro Completion.

Ziel ist es, den Coaches genug Material zu liefern, damit sie zum einen wissen, was sie in der zweiten Halbzeit ändern müssen, und zum anderen den Spielern sagen können, was funktioniert und was nicht. Manche Koordinatoren halten nichts von allzu komplizierten Anweisungen in der Halbzeit und beschließen zum Beispiel, dass jeder Spielzug, mit dem in der ersten Halbzeit 4 Yards gewonnen wurden, in der zweiten Hälfte erneut zum Einsatz kommt. Wenn du das Spiel wie in Kapitel 1 besprochen nachhältst, solltest du erahnen können, was in der Pause hinter verschlossenen Türen besprochen wird.

Natürlich haben die meisten Trainer in der ersten Hälfte noch nicht ihr ganzes Pulver verschossen. Es sollte immer ein paar Plays für diverse Down-and-Distances geben, die das Team noch nicht gezeigt hat. Diese kommen in der zweiten Hälfte zum Zuge.

Die Koordinatoren schreiben daraufhin neue Playcall Sheets und füllen jede Rubrik mit neuen Spielzügen. Wichtig ist es dabei, den Game Plan nicht komplett umzuschreiben. So entscheidet sich der Coaching-Staff vielleicht für drei neue Plays; wenn es mehr sind, besteht die Gefahr, zu viele Spieler zu verwirren und zu verunsichern. Die Koordinatoren teilen ihre Anpassungen dann den anderen Coaches mit.

Das alles passiert in ungefähr vier Minuten.

Danach treffen sich die Spieler mit ihren Position Coaches und werden zu den Veränderungen gebrieft. Das dauert ungefähr zwei Minuten und dann müssen sie schon wieder raus aufs Feld und diese ganzen Informationen umsetzen. Das Team, das mit dem besten Game Plan ins Spiel gegangen ist – und das die besten Anpassungen in der Pause vornimmt – ist meist dasjenige, das am Ende gewinnt.

Wenn ein Call alles entscheidet

Oft laufen die ganze Arbeit und Zeit und Strategie, das ganze harte Training, das man investiert hat, auf einen einzigen Spielzug hinaus, der über Sieg oder Niederlage entscheidet.

Im Extremfall gipfeln sogar die Anstrengungen der ganzen Saison in einem Play, zum Beispiel dem letzten Play eines Super Bowls. Genau das passierte am Ende von Super Bowl XLIX.

Wir erinnern uns: Seattle stand beim 2nd Down auf der 1-Yard-Linie der New England Patriots und lag bei 26 verbliebenen Sekunden und einem Time Out mit vier Punkten zurück. Russell Wilsons Pass wurde vom ungedrafteten Rookie-Corner Malcolm Butler intercepted. Game over. Saison aus und vorbei. Seattles Versuch, zwei aufeinanderfolgende Super Bowls zu gewinnen, war damit krachend gescheitert.

Der Aufschrei war groß. Die 114 Millionen Fans vor den Bildschirmen fragten sofort lautstark: »Was hat er sich nur dabei gedacht?« (Die Social-Media-Kanäle explodierten förmlich mit derselben Frage, allerdings weit weniger taktvoll formuliert.) Dabei wurde nicht so sehr Wilsons Wurf in Frage gestellt als vielmehr die Entscheidung, in dieser Situation überhaupt den Ball zu werfen.

Und was hatte er sich dabei gedacht? Jetzt, wo du schon etwas darüber weißt, wie Game Plans entworfen und Plays angesagt werden, wollen wir uns den meistdiskutierten Call in der Geschichte der NFL mal näher ansehen.

Letztendlich waren Pete Carroll und Offensive Coordinator Darrell Bevell zu der Ansicht gelangt, dass die Seahawks mit einem Passspiel in dieser Situation die beste Chance zum Punkten hatten. Aber warum?

Welche Informationen hatten die Coaches von Seattle bis zu diesem Zeitpunkt zusammengetragen? Sie waren im Spiel bis dahin fünf Mal in der Situation 2nd- oder 3rd-and-2 gewesen. Zweimal, als die Seahawks in der ersten Hälfte bei 3rd-and-2 waren, hatten sie Marshawn Lynch mit dem Ball laufen lassen. In der ersten Serie wurde er ohne Raumgewinn gestoppt; spät im zweiten Quarter erzielte er einen 3-Yard-Touchdown. Im dritten Quarter gab es drei ähnliche Situationen: 3rd-and-1 (Lynch ohne Raumgewinn gestoppt), 2nd-and-1 (Lynch 3 Yards gelaufen) und 3rd-and-2 (Wilson wirft eine Incompletion). Es gab bis zum letzten Play also vier Short-Yardage-Situationen, in denen ein Laufspiel ausgerufen wurde; zweimal war Lynch erfolgreich, zweimal wurde er gestoppt.

Das könnte man eine uneindeutige Datenlage nennen. Es gab zumindest keine Lösung, die sich zwingend anbot.

Es musste allerdings auch die Aufstellung der Patriots bedacht werden. New England schickte vier defensive Linemen, vier Linebacker und drei Cornerbacks aufs Feld – sie waren also eindeutig darauf vorbereitet, ein Laufspiel zu stoppen. Normalerweise lässt sich die Defense nicht in die Karten gucken, bevor die Offense ihr Personal aufs Feld schickt. Doch Bill Belichick war hier nicht zu hastig, sondern er wollte sozusagen den Daumen auf die Waage legen und Seattle ermutigen, nicht mit Lynch zu laufen. Die drei Corners suggerierten den Seahawks, dass der Second Down wohl der beste Zeitpunkt für einen Pass sei.

Ein Wurf von der 1-Yard-Linie ist in der heutigen NFL kein bisschen unkonventionell. Teams entwerfen typischerweise Plays, bei denen der Quarterback entweder bis zur Grenze oder zum Ende der Endzone wirft, und er ist dazu angehalten, entweder einen Touchdown zu erzielen oder den Ball wegzuwerfen. Eine Incompletion wäre kein Problem; fünf oder sechs Sekunden würden dabei zwar von der Uhr runterlaufen, aber Seattle hätte immer noch genug Zeit für zwei weitere Plays. Mit noch einem Time Out könnten sie Lynch sogar beim Third Down mit dem Ball laufen lassen und die Uhr anhalten, falls er nicht punktet. Aber wenn du beim Second

Down mit dem Ball läufst und nicht in die Endzone kommst, musst du dein letztes Time Out verbraten. Und die ganze Welt weiß, dass du beim nächsten Spielzug werfen musst.

Q: Passen Coaches ihren Game Plan an das jeweilige Schiedsrichter-Team an?

A: Absolut. Das ist eine der Aufgaben des Quality-Control-Coaches. Er sieht sich jedes in der Saison gepfiffene Foul an und notiert, wer geflaggt wurde, wie die Spielsituation war und welcher Offizielle die Entscheidung traf. Dadurch gewinnt er sehr hilfreiche Erkenntnisse über jeden einzelnen Schiedsrichter und seine Art, bestimmte Situationen zu bewerten. So könnte zu Beispiel in den vergangenen zwei Wochen ein bestimmter Unparteiischer zehn Holding Calls gemacht haben, von denen neun gegen den Left Tackle gingen, und davon wiederum acht bei Laufspielzügen auftraten.

Ich weiß noch, dass wir vor Super Bowl XLV bei ***Movin' the Chains*** mit einer ganzen Reihe von Trainern sprachen und mit ihnen allen über Walt Andersons Team diskutierten. Jeder einzelne wies darauf hin, dass Chad Brown der Umpire sein würde. Den kannten alle und alle wussten, dass Chad Brown Holdings pfeift. Das war für beide Coaching-Staffs eine wichtige Information, die auch an die Spieler weitergegeben werden musste. Die Spieler wollen diese Informationen – und wenn ein Coach sie ihnen nicht liefert, macht er seinen Job nicht richtig.

Es gibt für Coaches auch Mittel und Wege, die Offiziellen im Vorfeld zu beeinflussen. So können sie zum Beispiel ein Video an das Büro der NFL schicken und auf einen bestimmten Aspekt hinweisen, der in einem anstehenden Spiel wahrscheinlich auftreten wird. Nehmen wir an, ein Team bereitet sich auf eine Begegnung mit den Cowboys vor und der Back Judge im Schiedsrichter-Team ist derjenige, der in der Liga die meisten Pass Interferences pfeift. Ein Coach dieses Teams könnte dann der Liga ein Video von Dez Bryant [dem damaligen Wide Receiver der Cowboys, Anm. d. Ü] schicken, auf dem zu sehen ist, wie Bryant Cornerbacks wegdrückt, damit die Unparteiischen das im Blickfeld haben. Zumindest könnte sich dadurch in den Köpfen der Referees der Gedanke festsetzen, dass ein Kontakt unten im Feld nicht automatisch bedeutet, dass der Verteidiger schuld ist.

Als ich bei den Jets war, schickten wir jedes Mal, wenn wir gegen Buffalo spielten, ein Video über den Offensive Tackle Howard Ballard ein. Nach der Saison verschickten wir einmal ein Video mit 100 Clips, auf denen Ballard jemanden regelwidrig festhält. Wenn wir dadurch nur einen Call zu unseren Gunsten in der richtigen Situation bekamen, hat sich die ganze Arbeit gelohnt.

Alle Informationen zusammen – Personal, vorherige Resultate, Down-and-Distance, Feldposition, Time Outs, die Uhr – ließen nur eine Schlussfolgerung zu: ein Passspiel.

Während die Seahawks ihren Spielzug kalkulierten, stand Belichick ebenfalls vor einer großen Entscheidung: Sollte er die Seahawks punkten lassen? Rückblende auf die letzte Minute von Super Bowl XLVI: New England führte mit 17:15 gegen die Giants, die den Ball auf der 6-Yard-Linie der Patriots hatten. Belichick beschloss, Ahmad Bradshaw punkten zu lassen – was dieser auch tat, obwohl er in der letzten Sekunde noch versuchte abzubremsen, dann aber in die Endzone fiel, anstatt die Uhr weiterlaufen zu lassen. So gelangte der Ball wieder in die Hände von Tom Brady, der noch genug Zeit hatte, die Pats in den Field-Goal-Bereich zu führen. Ein Coach würde nie erwägen, den Gegner punkten zu lassen, wenn er nicht einen Quarterback wie Brady hat.

Der Unterschied hier war nur, dass die Seahawks im Gegensatz zu den Giants einen Touchdown brauchten. Ein Field Goal aus kurzer Distanz würde nicht reichen. Außerdem ist es ein Riesenunterschied, ob du noch eine Minute oder 20 Sekunden Zeit hast. Also benutzte Belichick nicht einen seiner zwei noch verbliebenen Time Outs. Und er ließ Seattle nicht ohne Weiteres einen Touchdown erzielen. Vielmehr würde er die Seahawks zwingen, gegen seine Defense anzutreten.

Seattle schickte ein 11er-Personnel raus – drei Receiver, einen Tight End und Lynch rechts von Wilson versetzt, der in der Shotgun-Formation hinten stand. Alle drei Receiver stellten sich auf der rechten Seite in einer Bunch-Formation auf und alle drei Cornerbacks der Patriots folgten ihnen. Wide Receiver Doug Baldwin bewegte sich zur linken Seite der Formation und Cornerback Darelle Revis ging mit. Damit blieben auf der rechten Seite noch zwei Receiver gegen Brandon Browner, New Englands erfahrenen Zwei-Meter-Cornerback, und Butler, gegen den Jermaine Kearse zwei Plays zuvor einen unvergesslichen akrobatischen Catch auf dem Rücken gemacht hatte, der Seattle in den 10-Yard-Bereich brachte. Als Baldwin sich bewegte, wechselte Lynch auf Wilsons linke Seite.

Zu diesem Zeitpunkt sind die Seahawks mit dem Matchup zufrieden. Die zwei Receiver stehen hintereinander, Kearse vor Ricardo Lockette, genauso wie die Cornerbacks der Patriots. Browner steht an der Line of Scrimmage; Butler steht 2 Yards tief in der Endzone. Das ist das vielleicht entscheidende Detail.

Nun läuft der Spielzug wie geplant ab. Kearse wird sofort von Browner gestoppt. Lockette macht einen Schritt nach vorn und zieht dann nach innen. Butler antizipiert seine Route und rennt dorthin, wohin Wilson den Ball für Lockette werfen wird. Weil er hinter Browner steht, kann er nicht von dem Pulk gestoppt werden. Der Spieler, den die Seahawks für sich als Matchup-Vorteil identifiziert haben – der Rookie-Cornerback, der kurz zuvor einen spektakulären Catch zuließ – hat nun freie Bahn zum Ball.

Der Rest ist Geschichte.

Was lässt sich also abschließend über den Playcall sagen?

Zunächst einmal solltest du einsehen, dass es sinnlos ist, rückblickend zu sagen: »Sie hätten ein Laufspiel ansagen sollen.« Keine Entscheidung in diesem Spiel ist so einfach. In der Hitze des Gefechts hätte ich damals wohl getippt, dass sie mit Lynch laufen. Es ist natürlich leicht, jetzt zu behaupten, dass Lynch gepunktet hätte, aber das weiß niemand mit Sicherheit. Was wir wissen, ist, dass die vorliegenden Informationen eine brauchbare Pass-Gelegenheit andeuteten. Viele Menschen sind inzwischen zu diesem logischen Schluss gekommen – darunter auch Belichick, der hinterher zugab, dass er bei drei Downs und einem Timeout in dieser Situation ebenfalls ein Passspiel angesagt hätte.

Die vielleicht konstruktivere Frage lautet: War dieser spezielle Passspielzug für die Situation perfekt?

Es wäre besser gewesen, wenn Lockette eine Alternative gehabt hätte. Sobald er sah, dass Butler auf seiner Route lag, hätte er abstoppen und nach außen ziehen sollen wie Wes Welker. Oder Wilson hätte Lockettes Route ändern können. Die Seahawks haben den Spielzug danach sicher angepasst. Wenn die Cornerbacks hintereinanderstehen, sollte der äußere Receiver eine Pivot Route laufen.

Vielleicht hätte Chris Matthews auf dem Platz stehen sollen. Er hatte zwar vor diesem Spiel noch keinen einzigen NFL-Pass gefangen, war aber gegen New England mit vier Catches für 109 Yards und ein Touchdown der führende Receiver. Außerdem ist er knappe zwei Meter groß. Man hätte einen Back-shoulder Fade spielen können – so wie bei dem Touchdown in den letzten sechs Sekunden der ersten Halbzeit gegen Butler.

Oder vielleicht hätte Wilson nicht im Shotgun stehen sollen. Wenn du einen Spielzug mit schnellem Pass spielst, muss der Ball die Hände des Quarterbacks verlassen, sobald er den Snap bekommt und in Wurfstellung geht. Im Shotgun bekommt man aber nicht immer die Schnürung des Balles (*laces*) zu fassen – und ohne Laces wirfst du nicht so akkurat. Wenn man den Ball aber direkt hinter dem Center aus seinen Händen entgegennimmt, greift man die Laces auf jeden Fall. Und bei einem so athletischen Spieler wie Wilson besteht immer die Möglichkeit eines Sneaks.

Oder was wäre gewesen, wenn Seattle nicht die Receiver gestaffelt und Baldwin in Bewegung gesetzt, sondern stattdessen sein Backfield geleert und fünf Receiver verstreut hätte? Die drei Corners wären gegen die Receiver gegangen, aber die Seahawks hätten sehen können, ob ihnen das Matchup von Lynch und Tight End Luke Willson gegen Defensive End Chandler Jones und Linebacker Jamie Collins gefällt. Man darf nicht vergessen, dass Lynch 31 Yards auf einer Sluggo Route machte – einer Slant-and-Go-Route, die für einen Running Back eher selten ist –, die Seattle zur Two-Minute Warning bis an die Mittellinie brachte.

Die vielleicht größte Frage ist, was passiert wäre, wenn Wilson, anstatt sich auf die rechte Seite des Felds zu fokussieren, nach links geschaut hätte. Auf dieser Seite des Platzes hatte Revis Baldwin gestellt und Collins deckte Willson, der ihn zur hinteren Ecke der Endzone führte.

Aber da war ja noch Lynch, der eine Arrow Route zur linken Seite der Endzone lief und von Jones nicht ausreichend attackiert wurde.

Ironischerweise wäre eine Ballübergabe an Lynch vielleicht doch der richtige Call gewesen – aber nicht mit einem Lauf, sondern mit einem Pass. Wilson hätte den Ball über Lynchs Kopf werfen können, wo er entweder gefangen worden oder incomplete wäre; bei Letzterem hätte Seattle immer noch ein Third Down mit etwa 20 Sekunden auf der Uhr und ein Time Out gehabt.

Dass der tatsächliche Call anschließend bis ins Kleinste seziert wurde, ist durchaus berechtigt. Aber nicht wegen der emotionalen Reaktion, die er bei empörten Fans weltweit ausgelöst hat. Es handelte sich um eine Football-Entscheidung, basierend auf footballerischen Überlegungen, getroffen im entscheidenden Augenblick des größten Matches der Welt, bei dem die zwei besten Coaches des Spiels und die zwei besten Teams der Liga in einem Schwergewichtskampf Kopf an Kopf lagen. Wenn Seattle punktet, ist Pete ein Genie und wird in die Hall of Fame aufgenommen. Wenn die Pats sie stoppen – was sie taten – ist es ein schrecklicher Call und die ganze Welt stinksauer auf ihn. So fragil ist das alles.

Wie man sieht, gibt es so etwas wie eine einfache Entscheidung nicht.

Der härteste Job im Sport

Was ein Quarterback wirklich macht

Er kriegt den Ruhm. Er kriegt die Frauen. Er kriegt den fettesten Vertrag, die meisten Werbeverträge und die ganze Aufmerksamkeit. Er steht bei jedem Spiel im Fokus der Fans. Es gibt in der Welt des Sports – oder vielleicht sogar in jeder anderen Branche außer der Filmindustrie – keinen Job mit höherem Profil als NFL-Quarterback.

Das ist der Grund, warum Footballfans so fixiert auf den Quarterback sind.

Es ist die wichtigste Position auf dem Platz. In allen Sportarten.

Die Gründe, warum sich der Quarterback von allen anderen unterscheidet, haben nichts mit seinen physischen Aufgaben zu tun. Es geht um weit mehr als bloße Armstärke oder die Fähigkeit, eine enge Spirale zu werfen oder einen punktgenauen Pass zu platzieren (*thread the needle*). Es geht vielmehr um alles, was passiert, *bevor* der Quarterback den Ball loslässt. Touchdowns lassen die Fans jubeln; die Fähigkeit, eine unglaubliche Menge an Informationen zu verarbeiten, macht einen Touchdown aber erst möglich.

Vorbereitungszeit

Die Arbeit eines Quarterbacks fängt früher in der Woche an als die aller anderen Spieler. Wenn der Rest des Teams am Mittwoch reinkommt, um den Game Plan für Sonntag zu lernen, kennt der Quarterback diesen schon in- und auswendig. Am Montag hat er wahrscheinlich mit dem Coaching Staff besprochen, was er im kommenden Spiel gerne machen würde. Am

Dienstag, während der Plan Gestalt annimmt, hat er mit den Coaches viele weitere Unterredungen.

Wenn das Freitagstraining zu Ende ist, wird der Quarterback eine aktive Rolle – im Fall der wirklich großen Quarterbacks sogar eine maßgebliche Rolle – beim Formen des Game Plans gespielt haben. Er ist dann ein Experte für die Aufstellungen und Tendenzen des Gegners und wird die Aufgaben aller Spieler in seiner Offense genauestens kennen. Kein anderer Spieler wird einen so guten Überblick darüber haben, was funktioniert und was nicht.

Im Laufe der Woche haben die offensiven Spieler jede nur erdenkliche Down-and-Distance-Situation trainiert, die auf sie zukommen könnte. Die Coaches haben genug Videos der gegnerischen Defense gesehen, um ein Gespür für die Tendenz des Gegners in diversen Situationen zu haben. Mit diesen Tendenzen im Hinterkopf bestimmen die Coaches – oft mit dem Input des Quarterbacks – vier oder fünf Erfolg versprechende Spielzüge für jedes Down and Distance. Am Spieltag sind sich Quarterback und Trainer darüber einig, welche Plays zum Beispiel bei 2nd-and-5 funktionieren könnten.

Es werden Playcalling-Optionen – darunter potenzielle Audibles – für jede Down-and-Distance-Situation erstellt, mit zusätzlichen Variablen je nach Spielstand, verbleibender Zeit, Feldposition, Wetter und diversen anderen mitentscheidenden Faktoren.

Schon wenn es nur darum ginge, all diese Informationen im Kopf zu behalten, wäre der Job des Quarterbacks der mental anspruchsvollste im Sport. Aber es gibt noch jede Menge weiterer Überlegungen und Unwägbarkeiten, die er beachten und auf die er vorbereitet sein muss.

Da wären zum Beispiel Verletzungen. Die Atlanta Falcons hatten in der Saison 2014 in Woche 17 noch die Chance, es in die Playoffs zu schaffen, obwohl sie eine Bilanz von 6-9 hatten. Atlanta musste nur Carolina besiegen, um die NFC South zu gewinnen und sich für die Playoffs zu qualifizieren. Eine der größten Unwägbarkeiten bei der Vorbereitung für dieses Alles-oder-nichts-Heimspiel war jedoch die Gesundheit von Wide Receiver Julio Jones.

Drei Wochen zuvor hatte sich Jones in einem Spiel, in dem er mit 259 Receiving Yards einen Falcons-Rekord aufgestellt hatte, eine Hüftverletzung zugezogen. Dadurch verpasste er das Spiel gegen Pittsburgh in Woche 15 (eine Niederlage) und auch mehrere Trainingstage, bevor er in den Kader zurückkehrte, um in Woche 16 gegen New Orleans zu spielen.

Während sich die Falcons auf das Saison-Finale vorbereiteten, konnte Jones wieder drei Tage nicht mittrainieren. Dass er letztendlich spielen konnte, änderte nichts an der Tatsache, dass der erfahrene Quarterback Matt Ryan auf die sehr wahrscheinliche Möglichkeit vorbereitet sein musste, ohne einen der besten Receiver der Liga gegen die Panthers antreten zu müssen. Wenn sich ein Quarterback gerade auf das wichtigste Spiel des Jahres vorbereitet, macht das seine Aufgabe nicht gerade leichter.

Ein Quarterback muss verstehen, wie jeder nur erdenkliche Faktor die Offense beeinflussen kann, lange bevor er am Sonntag aus dem Tunnel herausläuft.

Playcalling

Die ganze taktische Vorbereitung wird am Spieltag auf den Platz gebracht. Dann muss die Theorie bei vollem Tempo den Praxistest bestehen.

Auf dem Platz fängt der eigentliche Job des Quarterbacks an, sobald ein Spielzug zu Ende ist und die Uhr für den Snap des nächsten läuft. Es beginnt im Huddle, wo der Quarterback den Spielzug ansagt, den die Coaches ihm übermittelt haben (nur wenige QBs sagen heutzutage ihre eigenen Plays an). Normalerweise erhält er diese Information über den Ohrstöpsel in seinem Helm. Wenn man ihn zur Seitenlinie blicken sieht, heißt das, dass er den Call nicht bekommen hat und nun schaut, welches Personal aufs Feld läuft. Es gibt zwar einen Personnel Coach, der dafür verantwortlich ist, die richtigen Spieler auf den Platz zu schicken, aber der Quarterback muss das überprüfen und auch darauf achten, welche spezifischen Spieler zum Einsatz kommen. Vielleicht wird ihm klar: Wir haben in der letzten Serie unseren Starting Tight End verloren und er ist noch nicht wieder einsatzbereit. Dann muss der Quarterback den Ersatz-Tight-End fragen: »Kennst du deine Aufgabe?« Manchmal muss er den Spieler an Ort und Stelle briefen, falls dieser nicht ausreichend vorbereitet ist.

Die Terminologie des Playcallings ist ein Code, dessen Dechiffrierung für Fans interessant ist. Zuerst wird die Formation angesagt. Damit wissen alle im Wesentlichen, wo sie sich aufstellen müssen.

Nehmen wir an, ein 21er-Personnel (zwei Backs, ein Tight End, zwei Receiver) kommt raus und der Call lautet »I Weak Right«.

Das »I« sagt dem Tailback, dass er 6,5 Yards hinter dem Quarterback steht.

ROUTE TREE

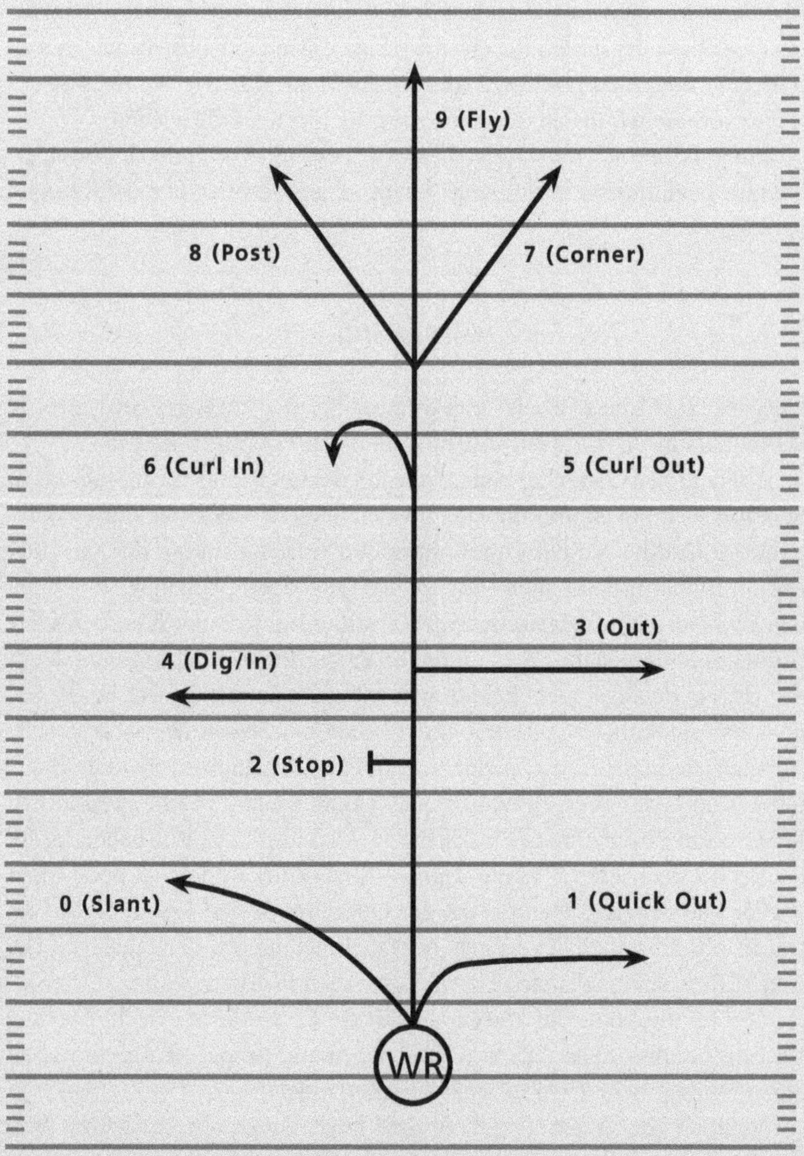
9 (Fly)
8 (Post)
7 (Corner)
6 (Curl In)
5 (Curl Out)
3 (Out)
4 (Dig/In)
2 (Stop)
0 (Slant)
1 (Quick Out)
WR

»Weak« sagt dem Fullback, dass er sich zur B-Gap auf der Weak Side (der Seite gegenüber vom Tight End) hin versetzt positionieren soll. Bei diesem Spielzug wird sich der Tight End auf »Right« aufstellen.

Wenn nur ein Tight End auf dem Platz steht, ist der X-Receiver der Split End auf der »schwachen«, der Weak Side und der Z-Receiver positioniert sich als Flanker auf der Tight-End-Seite.

Mit drei Wörtern – I Weak Right – werden fünf Spieler positioniert.

Weiterhin gibt der Playcall an, ob es sich um ein Lauf- oder Passspiel handelt. Bei einem Laufspiel wird die Ansage kommunizieren, welche Lücke (*gap*) der Angriffspunkt ist. In einem traditionellen Nummerierungssystem sind die Lücken auf der rechten Seite gerade und die auf der linken ungerade. Die Zahl steigt von innen nach außen in Richtung Seitenlinie. Das bedeutet: Die Lücke zwischen Center und Left Guard ist 1, die Lücke zwischen Left Guard und Left Tackle ist 3, die Lücke zwischen Center und Right Guard ist 2 usw.

Darüber hinaus hat jedes Mitglied des Backfield seine eigene Nummer: Der Quarterback ist 1, der Tailback 2, der Fullback 3. Die Ansage »25 Zone« würde bedeuten, dass der Tailback (2) die 5er-Lücke (links neben dem Left Tackle) angreift.

Auch die Receiver bekommen ihre Route-Informationen über den Playcall. Wie du auf dem (ursprünglich vom legendären Chargers-Coach Don Coryell erstellten) Baumdiagramm auf Seite 52 sehen kannst, bekommt auch jede Route eine Nummer. Ein Quarterback wird die Receiver-Routen von links nach rechts ausrufen. Ein Playcall »I Weak Right 819« sieht zum Beispiel vor, dass der X-Receiver eine 8er-Route läuft (Post), der Y-Receiver (in dieser Formation der Tight End) eine 1 (Quick Out) und der Z-Receiver eine 9 (Fly).

Q: Ist es leichter, einem Rookie die Terminologie beizubringen oder einem erfahrenen Spieler, der aus einem anderen System kommt?

A: Das hängt ganz von der Intelligenz des Quarterbacks ab. Boomer Esiason konnte jede Terminologie in etwas umwandeln, das er schon kannte. Er sah zum Beispiel im Playbook einen Spielzug namens »Purple Eagle« und erfasste gleich, dass dieser identisch war mit einem Spielzug, den er als »Blue Diamond« kannte. Viele Jungs sind dazu aber nicht in der Lage.

»I WEAK RIGHT BOOT RIGHT 819 FULLBACK OPPOSITE«

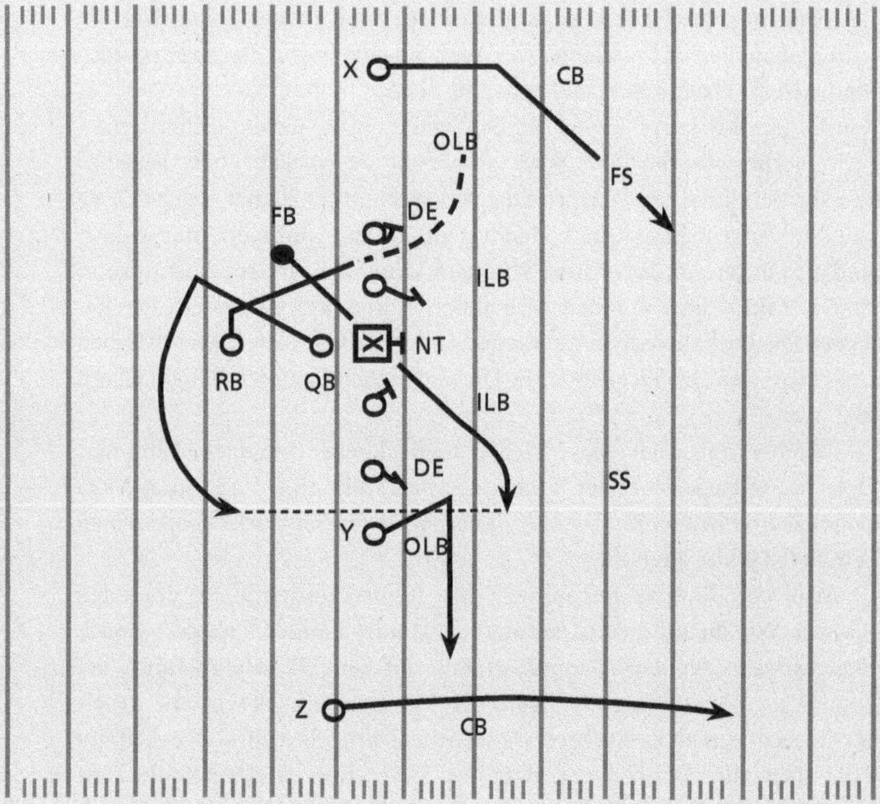

1. In einer »I«-Formation steht der Runningback 6,5 Yards hinter dem Quarterback. »Weak« sagt dem Fullback, dass er sich zur B-Gap auf der Weak Side (der Seite gegenüber vom Tight End) hin versetzt positionieren soll. Der Tight End stellt sich »Right« (rechts) auf. Der Z-Receiver bleibt auf der starken Seite; der X-Receiver positioniert sich auf der schwachen Seite.
2. »Boot Right« sagt den Linemen, wohin sich der Quarterback bewegen wird.
3. »819« dirigiert die Receiver von links nach rechts: Der X-Receiver läuft eine 8 (Post), der Y-Receiver – in dieser Formation der Tight End – eine 1 (Quick Out) und der Z-Receiver eine 9 (Fly).
4. »Fullback Opposite« sagt dem Fullback, dass er durch die Linie brechen und dann auf die seiner ursprünglichen Position gegenüberliegenden Seite laufen soll.

Deshalb ist für mich die wichtigste Eigenschaft eines Quarterbacks seine Intelligenz. Kein Spieler schlägt eine Defense nur mit einem starken Arm und flinken Beinen. Danach achte ich auf die Genauigkeit. Ein Quarterback musste zuerst einmal wissen, wohin mit dem Ball, und dann muss er ihn genau dort auch platzieren. Das machte Joe Montana so einzigartig. Außerdem kommt es auf einen schnellen Release an, also die Geschwindigkeit, mit der der Ball losgelassen wird. Wenn der Quarterback die Coverage zwar lesen kann, sein Release aber technisch unsauber ist, hat der Gegner Zeit, Routen abzupassen und sich optimal zu positionieren. Und auch die Körpergröße ist ein wichtiger Faktor. So haben seine 2,01 Meter Joe Flacco am Anfang seiner Karriere oft gerettet, da er davon profitierte, über das Chaos vor sich hinwegsehen zu können.

Wenn ich mir den perfekten modernen Quarterback backen könnte, würde ich das Gehirn von Drew Brees nehmen, die Genauigkeit von Tom Brady und den Release und die Größe von Peyton Manning.

Wenn noch ein Runningback ins Spiel kommen soll, wird die Route mit Wörtern statt mit Zahlen angesagt. Der Call, der ansagt, dass sich der Fullback durch die Line zur gegenüberliegenden Seite vorarbeitet, würde »I Weak Right 819 Fullback Opposite« lauten. Wir nehmen noch ein Bootleg vom Quarterback dazu und haben dann »I Weak Right Boot Right 819 Fullback Opposite«. Dieser Spielzug ist auf Seite 54 als Diagramm dargestellt.

Jetzt bist du dran. Wenn du willst, dass der Split End eine Corner Route läuft, der Tight End eine Curl in der Mitte des Felds, der Z eine Post und der Tailback eine Swing Route, wie würde dann der Playcall lauten?

Genau: »768 Tailback Swing«.

Fühlst du dich schon bereit, die Plays der Offense anzusagen?

Aber das ist nur die Art, wie wir Old-School-Typen der East Coast es machen. Die offensive Terminologie der West Coast ist anders, zumindest im Hinblick auf das Passspiel. West-Coast-Coaches wollen, dass ihre Quarterbacks *jede* Route mit Begriffen ausrufen. Der Spielzug, über den wir gerade gesprochen haben, würde dann »I Weak Right X Fly Y Stop Z Curl Fullback Free« lauten. Ich persönlich finde, dass das viel zu lang ist – sich das alles zu merken, kann einen jungen Quarterback förmlich paralysieren. Zu viele Wörter bieten zu viele Gelegenheiten, Fehler zu machen. Ich ziehe es vor, mit der kleinstmöglichen Menge an Wörtern der größtmöglichen Anzahl an Leuten zu sagen, was sie zu tun haben.

Head Coach Jon Gruden verwendet häufig sehr komplizierte Wortgebilde, um die Spielzüge anzusagen. Bei Trainern, die Routen lieber mit Zahlen ansagen, wäre »939« aus einer I-Formation zum Beispiel eine Kombination aus 9er-Route, 3er-Route und 9er-Route von drei Receivern. Aber bei Gruden hieße das vielleicht »Shift to I, Z Motion, Strong Curl, Flat Swing«.

Eine solche Terminologie kann meiner Meinung nach zu Problemen führen. Man darf nicht vergessen: Im Idealfall sollten einem Team noch 15 Sekunden auf der Uhr bleiben, nachdem der Spielzug angesagt, der Huddle aufgelöst und sich alle an der Linie aufgestellt haben, damit der Quarterback noch genug Zeit hat, die Defense zu lesen, eine Entscheidung zu treffen und diese allen Mitspielern in der Offense mitzuteilen.

Das ist einer der Gründe, warum Gruden erfahrene Quarterbacks bevorzugte (er gewann Super Bowl XXXVII mit Brad Johnson, einem Quarterback, der nur fünf Jahre jünger als er selbst war). Er brauchte jemanden, der die Sprache der Offense bewältigen konnte (von der anschließenden Ausführung ganz zu schweigen). Jungen Spielern war das zu viel. Deshalb gelang es ihm in Tampa Bay nie, einen jungen Quarterback aufzubauen.

Pre-snap Read: die mentale Phase

Doch zurück zum Quarterback im Huddle. Manchmal wird kein spezifischer Spielzug ausgerufen, sondern einer von drei »Check«-Varianten: ein Check-with-me-Run (ein Lauf auf die eine oder andere Seite), ein Check-with-me-Pass (einer von zwei möglichen Passspielzügen) oder ein Check-with-me-at-the-line (entweder ein Lauf oder ein Pass).

Wenn alle in Position sind und sich der Quarterback ein Bild von der Defense gemacht hat, wird er den Spielzug ausrufen, der seiner Meinung nach das beste Matchup für das dargebotene Bild ist.

Nehmen wir an, der Call ist »I Weak Right« mit 21-Personnel und Check-with-me-Run. Die Offense stellt sich in Formation auf und der Quarterback – manchmal mit Hilfe des Centers – lokalisiert die zwei Safetys. Der Strong Safety steht auf der Seite des Tight End und der Free Safety auf der Seite des X-Receivers. Der Quarterback will nun sehen, welcher Safety in die Box stürmen wird, um den Run zu stoppen. Also wird er eine Fake Cadence rufen und so tun, als würde er jede Sekunde den Ball snappen, um einen Hinweis darauf zu bekommen, welche Seite der Defense den zusätzlichen Spieler hat. Sobald er dies weiß, ruft er einen Spielzug auf die entgegengesetzte Seite aus. Wenn also der Free Safety runtergelaufen kommt, ruft der Quarterback »Check-24! Check-24!« und der Lauf geht zur B-Gap auf der rechten Seite – der 2er-Back in die 4er-Lücke. Wenn er »Check-23! Check-23!« ruft, verlagert sich das Spiel nach links.

Die schlechte Nachricht ist, dass Defenses heutzutage sehr gut darin sind, ihre Deckungsstrategie (*coverage*) zu verbergen. Das erste Mittel der Defense, einen Quarterback unter Druck zu setzen, ist, ihn zu verwirren, also so lang wie möglich zu verbergen, was sie vorhat, sodass der Quarterback die Defense nicht richtig lesen kann. Dieser muss dann mit seiner Cadence herumspielen, in der Hoffnung, dass sich die Defense noch irgendwie verrät.

Der Quarterback sucht nach jedem noch so kleinen Hinweis, der ihm anzeigt, was die Defense im Schilde führt. Er muss herausfinden, wie viele Spieler gleich auf ihn zustürmen, um zu wissen, ob er genug Blocker hat, die diese in Schach halten können. Im Idealfall hat er durch die vielen Stunden an Filmanalyse kleine Dinge bemerkt, die die einzelnen Spieler in bestimmten Situationen machen.

Und natürlich muss ein Quarterback auch die Informationen mit einfließen lassen, die er im Verlauf des Spiels gesammelt hat. Während er sich die Defense anschaut, denkt er vielleicht: *Jedes Mal, wenn wir in I-Formation sind, bringen sie den Strong Safety in die Box. Welche Möglichkeiten eröffnen sich mir dadurch? Soll ich jedes Mal werfen? In Richtung des Strong Safety laufen? Oder von ihm weg?*

Unser Quarterback steht also an der Linie und sucht nach Hinweisen, um zu entscheiden, in welche Richtung er bei seinem Check-with-me-Run mit dem Ball laufen soll. In der Regel wird er herausfinden, von welcher Seite ein Safety angestürmt kommt, und dann in die andere Richtung laufen. Ein paar Sekunden nachdem er die Defense gelesen hat, erkennt er aber, dass sich diese zu einer massiven Run-Defense aufgestellt hat. Er sieht ein, dass bei einer solchen Aufstellung ein Passspiel besser wäre. Nun muss er den Spielzug komplett ändern.

Tick. Tick. Tick.

Ein Quarterback hat nicht unendlich viele Optionen in seinem Audible-Paket. Ein so intelligenter Quarterback wie Peyton Manning hat das gesamte Offense-Playbook im Kopf. Aber es geht nicht nur darum, was Peyton weiß, sondern darum, was seine *Mitspieler* wissen. Er muss berücksichtigen, wer mit ihm auf dem Platz steht und was diese Spieler wissen, bevor er einen neuen Spielzug ansagt. Audibles sind davon bestimmt und begrenzt, welche Spieler gerade auf dem Platz stehen. Das ist der Grund, warum Kontinuität beim Personal für den Erfolg eines Footballteams so wichtig ist.

Q: Wie kann ein Coach den Wechsel vom College zur NFL für junge Quarterbacks erleichtern?

A: Bestimmte Routen können einem jungen Quarterback helfen, indem sie den Bereich des Spielfelds, das er im Blick haben muss, einschränken. Ein Team kann drei Receiver gebündelt auf einer Seite aufstellen – zum Beispiel auf der rechten Seite, wo sich ein rechtshändiger Quarterback am wohlsten fühlt. Und einen Back und einen Tight End links, sodass der Quarterback genug Schutz auf seiner »blinden« Seite hat. Die drei Receiver laufen dann schnelle Cross-Routen und der junge Quarterback muss sie nur fixieren und sehen, wer zuerst offen ist.

Unter bestimmten extremen Umständen wird ein Trainer am Beginn der Karriere eines jungen Quarterbacks das Playbook zusammenschrumpfen. Genau das tat Ron Rivera, als Cam Newton nach Carolina kam. Wegen des damaligen Lockouts [Spieler wurden von März bis Juli 2011 wegen Dissens über grundsätzliche Arbeitsbedingungen von den Teameignern vom laufenden Betrieb ausgeschlossen, Anm. d. Ü.] hatte der neue Coach Rivera vor dem Trainingscamp keine Gelegenheit, mit dem Rookie Newton zu arbeiten. Rivera war so schlau, mit einer Seite aus dem Playbook von Auburn (Cams College) zu starten. Während des ersten Trainingscamps fütterte er ihn dann sozusagen löffelweise mit Plays, von denen Rivera wusste, dass Newton sie ausführen konnte, und baute seine Offense um diese Konzepte herum auf.

In den meisten Fällen wird der Quarterback auf die vier oder fünf Spielzüge auf dem Playcall-Blatt zurückgreifen, die bei dem anstehenden Down and Distance die besten Erfolgschancen gegen die wahrscheinliche Defensivaufstellung des Gegners bieten. Natürlich muss sich der Quarterback auch vergegenwärtigen, was die Defense das letzte Mal in ähnlicher Situation gemacht hat. Und auch wenn die Uhr tickt, muss er darauf achten, dass seine Offense unvorhersehbar bleibt.

Bei einem Check-with-me-Pass werden die Routen von der Anzahl der Schritte bestimmt, die der Quarterback bei seinem Wurf macht. Wenn er beim Lesen der Defense einen Blitzer sieht, ruft er »30-30-30«, wodurch er seine Receiver wissen lässt, dass er vor dem Wurf drei Schritte (*three-step drop)* machen wird und sie ihre Three-step Routes laufen müssen. Wenn der Quarterback »50-50-50« ruft, macht er fünf Schritte und die Routen der Receiver sind entsprechend länger.

Wahrscheinlich denkst du jetzt: *Wenn ich zu Hause vor dem Fernseher oder im Stadion die Zahlen höre und weiß, welche Lücke der Angriffspunkt für ein Laufspiel ist oder welche Route ein Receiver laufen wird, weiß die Defense das dann nicht auch?*

Stimmt genau. Das ist der Grund, warum so viele Teams für Checks und Audibles ein Farbsystem benutzen.

Als ich Offensive Coordinator an der Hofstra University war, wechselten wir jedes Quarter die »heiße« Farbe und manche NFL-Teams machen das immer noch. Wir verwendeten Rot, Weiß, Blau und Schwarz und je nach dem Quarter, in dem sich das Spiel gerade befand, bedeutete das Ausrufen dieser Farben eine Änderung des Spielzugs.

Teams haben ein Blatt mit diesen »hot« Audibles. Wenn der Quarterback an der Linie die heiße, also aktuell relevante Farbe ansagt, ändert er den Spielzug zu einem der Plays auf dieser durchnummerierten Liste. Nehmen wir an, dass im dritten Quarter Blau die heiße Farbe ist. Wenn der Quarterback etwas wie »Red-22 Check Check White-30« ansagt, ändert sich nichts. Der Call war nur eine Tarnung, denn er hat nie die heiße Farbe genannt.

Wenn die Spieler aber »Red-22 Check Check Blue-23 Blue 23« hören, weiß die Offense, dass es ein Audible geben wird. Die erste Zahl ist vielleicht ein Dummy-Signal oder kommuniziert den Snap Count. »Blue-23« signalisiert der Offense, dass sich der Spielzug ändert, dass der Snap Count bei 2 liegt und der neue Spielzug die Nr. 3 der aktuellen Audible-Liste ist.

Wenn der Quarterback den Spielzug an der Linie ändert, muss sich auch die Protection ändern. Bei etwa der Hälfte aller NFL-Teams macht der Center die Protection Calls. Natürlich sind manche darin besser als andere. Als er bei den Colts spielte, konnte Center Jeff Saturday mit nur noch zwei Sekunden auf der Uhr einen Protection Change machen. Das maximierte die Zeit, die Peyton Manning hatte, um eine Defense einzuschätzen und eine entsprechende Entscheidung zu treffen.

Als sich Saturday zu Beginn der Saison 2008 verletzte, blitzten die Gegner Manning logischerweise häufiger als zuvor. Die Colts waren sich nicht sicher, dass Rookie Jamey Richard so zuverlässig wie Saturday die richtigen Protection Calls machen würde; deshalb fiel diese Aufgabe dann in Mannings Zuständigkeitsbereich.

Q: Welcher Art von Defense steht ein Quarterback in der Regel am liebsten gegenüber?

A: Ein »Read«-Quarterback, also einer, der eine Defense gut lesen kann, möchte einen Blitz sehen. Dan Marino hoffte regelrecht, dass Verteidiger ihn blitzen würden. Er sah den Blitz kommen, er erkannte, wo die Defense einen Mann weniger hatte, und er bestrafte sie dafür gnadenlos.

Jüngere Quarterbacks wollen keinen Blitz sehen, denn sie würden ihn vielleicht nicht erkennen oder sich vom Protection Change verwirren lassen. Trent Dilfer erzählte mir, dass er in jüngeren Jahren einen Blitz nicht antizipieren konnte und ständig umgenietet wurde. Später wusste er, wo sein »heißer« Receiver war, sobald er den Blitz kommen sah, und war damit aus dem Schneider.

Unser Quarterback hat also den Spielzug verändert und der Center die Protection. Um die Sache noch zu verkomplizieren, sieht der neue Spielzug einen Receiver in Bewegung (*in motion*) vor. Der Quarterback will, dass der Ball gesnapt wird, sobald der Receiver in Motion an einem bestimmten Punkt anlangt (dieser Punkt liegt für jedes Play woanders). Verschiedene Receiver bewegen sich mit unterschiedlichen Geschwindigkeiten, der Quarterback muss also wissen, wer auf dem Platz steht und wie dies das Timing der Motion beeinflusst. Als bei den Lions mitten in der Saison 2014 Wide Receiver Calvin Johnson ausfiel, bekamen Golden Tate und Corey Fuller eine neue Rolle zugewiesen. Ein solcher Wechsel verändert nicht nur die Art, wie die Routen gelaufen werden oder das Timing zwischen Quarterback und Receiver, sondern auch den Zielpunkt (*motion landmark*), weil Tate oder Fuller diesen vielleicht einen Tick langsamer oder schneller als Johnson erreichen.

Um den Receiver in Motion zu setzen, ruft der Quarterback under Center (direkt hinter dem Center) weiter Signale aus. Falls das Team auswärts spielt, ergeben sich zusätzliche potenzielle Schwierigkeiten, vor allem in der Halle, denn der Lärm der Zuschauer erschwert die verbale Kommunikation oft oder lässt sie gar nicht zu. Erreicht der Call des Quarterbacks den Center, die Guards und auch die Tackles, wenn das Team im Superdome von New Orleans an der eigenen Goalline steht? Wenn diese Tackles die Cadence des Quarterbacks nicht hören können, kennen sie nicht den Snap Count. Und verlieren damit den leichten Vorteil, den diese Information ihnen gegenüber den Pass Rushers verschafft.

Darüber hinaus muss ein Receiver, der den Quarterback nicht hören kann, ein Auge darauf haben, wann sich der Ball bewegt, was bedeutet, dass er sich nicht voll auf die Coverage konzentrieren und diese entsprechend interpretieren kann. Vielleicht gelingt es dem Defensive Back dadurch, den Receiver direkt an der Linie zu blocken. Hier macht sich der Heimvorteil am deutlichsten bemerkbar.

Manchmal hat der Quarterback keine andere Wahl, als sich auf einfache Ansagen zu beschränken. Boomer Esiason benutzte die Wochentage als Signale. Wenn er »Monday! Monday! Monday!« brüllte, bedeutete das: »Geht in Position. Wir snappen den Ball beim ersten Ausruf und führen den Spielzug aus, den ich im Huddle angesagt habe.«

Bis der Quarterback all diese Informationen aufgesaugt und analysiert hat, ist die Uhr fast abgelaufen. Er hat nun seine Pre-Snap-Checkliste abgearbeitet und ist bereit für den Snap. Und der ist ja schließlich ein Kinderspiel, oder?

Der Snap: die Phase der physischen Umsetzung

Wer denkt, dass die Übergabe des Balls vom Center zum Quarterback praktisch von allein klappt, darf sich auf zahlreiche Fumbles freuen. Gute Teams unterschätzen nie, wie wichtig der Snap ist.

NFL-Teams werden zunehmend dazu gezwungen, etwas so Grundlegendes wie den Snap zu trainieren, weil es vielen jungen Quarterbacks, die frisch vom College kommen, an bestimmten Grundlagen fehlt. Sie haben im College so oft im Shotgun gestanden, dass sie kaum Erfahrung mit einem Snap under Center haben. Und auch für die Center ist das ein Problem, denn auch sie sind an die Shotgun-Formation gewöhnt. Früher haben Quarterbacks und Center ihren Austausch vor einem Spiel vielleicht mal kurz geprobt, doch inzwischen muss diese Interaktion auf NFL-Niveau regelrecht neu gelernt werden. Und wir wissen ja nun, wie wenig Zeit man in der NFL fürs Lernen hat.

Bis zu diesem Zeitpunkt war der Job des Quarterbacks eine rein mentale Angelegenheit. Sobald der Ball gesnapt ist, trifft die mentale Seite auf die physische.

Wenn ein Laufspiel angesagt wurde, muss der Quarterback den Ball ordnungsgemäß zum Running Back bringen und nach der Übergabe (*handoff*) auch noch einen Pass antäuschen (*fake*) – darin war Brett Favre besonders gut. Diese Fakes nach dem Handoff sind entscheidend, denn sie können einen Verteidiger so lange einfrieren, dass der Back durch eine Lücke durchbricht.

Bei einem Passspiel muss der Quarterback so schnell wie möglich die Coverage der Defense erkennen. Eli Mannings Entwicklung in dieser Hinsicht ist besonders auffällig. Am Anfang seiner Karriere hatte er noch Probleme damit, Coverages vollständig zu erkennen, und warf den Ball oft an die falsche Stelle. Das führt zu Interceptions. Je mehr Erfahrung ein Spieler sammelt, desto besser kann er die Defense lesen und als Folge davon auch bessere Entscheidungen treffen.

Es war für Fans leicht zu erkennen, wann Eli einen guten Überblick hatte – dann nämlich, wenn er sich von seinem ersten Receiver abwendete und stattdessen nach einem zweiten oder dritten Read den Ball zu Wide Receiver Rueben Randle oder seinem Tight End oder jemandem, der nicht das primäre Ziel war, warf.

Q: In der Postseason der Broncos auf dem Weg zum Super Bowl XLVII erhielt Peyton Mannings Ansage »Omaha« an der Line of Scrimmage viel Beachtung. Um was ging es da?

A: Manning verwendete »Omaha« als Code, der nicht geknackt werden konnte.

Die Bedeutung von »Omaha« änderte sich jede Woche. Eine Woche konnte es bedeuten: »Es gilt das Play, das ich im Huddle angesagt habe«, in der nächsten vielleicht: »Snap den Ball beim nächsten Laut.«

Natürlich versuchen Mannschaften immer, die Codes der gegnerischen Quarterbacks zu entziffern. Wenn sie hören, dass einer 21 Mal »Red« ruft und jeder darauffolgende Spielzug nach rechts geht, ziehen sie daraus ihre Schlussfolgerungen. Wenn Manning 18 Mal »Omaha« rief, folgte darauf neun Mal ein Pass und neun Mal ein Lauf. Man konnte ihn nicht knacken.

Um Mannings Signal dechiffrieren zu können, hätte man alle Faktoren berücksichtigen müssen. Wo stand er während der Ansage? Wie viel Zeit verging zwischen Call und Snap? Und auch wenn man den Code geknackt hätte, wäre es in der darauffolgenden Woche nicht hilfreich gewesen, denn dann hat »Omaha« wieder etwas anderes bedeutet. Manning wusste, dass die Mikrofone an der Seitenlinie alles aufzeichneten und gegnerische Mannschaften über seine Signale einen Scouting Report erstellten. Und natürlich war er schlau genug, sicherzugehen, dass das dem Gegner absolut nichts brachte.

Keiner liest nach dem Snap eine Coverage so gut wie Drew Brees. Von 2010 bis 2014 ließ sich Brees fast 3300 Mal für einen Pass zurückfallen und wurde nur bei etwa jedem 23. Versuch gesackt, obwohl die Offensive Line der Saints zu der Zeit nicht als besonders stark galt. Zum Vergleich: Jay Cutler wurde in derselben Zeitspanne bei jedem zwölften Wurfversuch gesackt. Brees fällt schnelle Entscheidungen – eine wichtige Fähigkeit in einer Welt, in der Quarterbacks, die den Ball zu lange festhalten, während sie die Defense zu entschlüsseln versuchen, häufig auf dem Rücken landen.

Ein Quarterback in der Pocket muss zudem wissen, wo sich sein Abwurfpunkt (*launch point*) befindet, und diesen auch einhalten, denn die Offensive Line stellt sich darauf ein. Sie kann zwar verschiedene Arten der Protection einsetzen, aber immer nur im Hinblick auf den Punkt, an dem sie ihren Quarterback weiß. Trainiert wird das, indem man eine Attrappe an den betreffenden Punkt stellt und die O-Line drumherum Protections üben lässt. Junge oder ungenaue Quarterbacks, die nicht am Launch Point bleiben, verursachen den Zusammenbruch der Protection. Wenn ein Quarterback direkt hinter dem Center werfen soll, stattdessen aber einen halben Meter nach links abdriftet und hinter dem Guard steht, gibt es ein Protection-Problem.

Manchmal müssen Quarterback und Trainer den Realitäten ins Auge sehen und einen Launch Point festlegen, der möglichst weit entfernt vom besten Pass Rusher des Gegners liegt. So wird der Launch Point zum Beispiel nach rechts verschoben, weil der Left Tackle den gegnerischen Linebacker Justin Houston nicht blocken kann. Man gibt damit zwar offen zu, dass der Offensive Lineman nicht gut genug ist, seinen Gegenspieler in den Griff zu kriegen, aber man löst das Problem auch, weil der Quarterback damit mehr Raum zwischen sich und den aggressivsten Pass Rusher der Liga bringt und folglich mehr Zeit hat, den Ball loszuwerden, bevor Houston ihn erreicht.

Ein Quarterback muss auch die Fluchtwege (*escape lanes*) kennen und wissen, wo er bei bestimmten Protection-Varianten nicht hindarf. Bei einem echten Pocket-Quarterback liegt der Launch Point an der Mittellinie und der Fluchtweg würde durch die A- und B-Gaps gehen. Ben Roethlisberger muss zum Beispiel aufpassen, wenn der Left Tackle den Defensive End nach außen schiebt. Ben hat ein Gespür dafür, wie er es beim Einzug in die Super Bowls XLIII und XLV bewiesen hat. Doch sein natürlicher Impuls besteht darin, außen am Left Tackle vorbei zu entkommen. Wenn sich dieser Tackle allerdings hochstehend gerade Elvis Dumervil entgegenstellte, wäre es von Roethlisberger fatal gewesen, dorthin zu laufen, um dem Druck auszuweichen. Stattdessen hätte er zuerst nach innen und dann erst nach außen ziehen müssen. Sonst wäre er genau dahin gelaufen, wohin die Protection den Verteidiger abdrängte.

Während der mentalen Pre-Snap-Phase erinnert eine Uhr, die *play clock*, den Quarterback ständig daran, wie viel Zeit er noch hat. An der Linie starrt er auf die riesigen Ziffern in der Endzone. Doch nach dem Snap läuft eine andere Uhr – eine, deren Nichtbeachtung schwerwiegendere Konsequenzen hat als eine Strafe für Spielverzögerung.

Dan Marino spricht häufig darüber, dass die innere Uhr das wichtigste Hilfsmittel des Quarterbacks ist. Der Spieler muss einen Zeitmesser in seinem Kopf haben, der ihn wissen lässt, wie lang der Spielzug dauert. Die großen Quarterbacks haben Schweizer Präzisionswerkzeuge im Hirn, die bei jedem Spielzug mitlaufen.

Diese innere Uhr kommt vor allem beim Passspiel zum Tragen. Es gibt winzige Unterschiede in der Art, wie Receiver die gleichen Passrouten-Muster (*patterns*) laufen, und der Quarterback muss all diese individuellen Nuancen berücksichtigen, sobald die Receiver auf ihren Routen starten.

Diese Uhr sagt dem Quarterback auch, wann es an der Zeit ist, bei einem Spielzug eine andere Option zu wählen und zum nächsten potenziellen Receiver überzugehen (*progression read*). Jede Störung der Routen-Verläufe – zum Beispiel, dass der Receiver an der Linie geblockt wird und die Routentiefe modifizieren muss – kann das Timing des Spielzugs beeinflussen. Manche Teams trainieren mit einem Buzzer, damit der Quarterback ein Gespür für das Timing entwickeln kann. Drei Sekunden nach dem Snap ertönt der Buzzer und erinnert den Quarterback daran, dass er, falls er den Ball noch immer in Händen hält, wahrscheinlich gerade gesackt wurde.

Eine weitere Schwierigkeit ist, dass die Receiver nicht immer dort sind, wo der Quarterback sie erwartet. Die meisten Teams verwenden Option Routes – optionale Routen, bei denen der Receiver lesen kann, wie er gedeckt wird, und dann (nach Beginn des Spielzugs) die entsprechende Route wählt. Dafür müssen Quarterback und Receiver natürlich auf einer Wellenlänge sein.

Nehmen wir an, die Falcons sagen im Huddle einen Spielzug an, der eine Option-Route für Julio Jones enthält. Jones entscheidet also je nach Deckung, welche Route er läuft. Wenn Matt Ryan hochschaut und sieht, dass sich der Cornerback an Jones' Außenschulter aufstellt, denkt er vielleicht, dass dies eine Slant-Route erfordert. Oder vielleicht steht der Corner 7 Yards von der Line of Scrimmage entfernt, was eine Fade-Route sinnvoll macht. Ryan und Jones müssen die Coverage gleich interpretieren; sonst besteht die Gefahr einer Incompletion oder Interception.

Q: Welche Position neben dem Quarterback ist für einen neuen Spieler im Team am schwersten zu lernen?

A: Der mittlere Linebacker ist der Quarterback der Defense, er muss also die meisten Informationen verarbeiten. Er muss die Fronts (Zahl der Defensivspieler in der Box), die Stunts (ungewöhnliche Defensive-Rushes) und alle Blitz Calls kennen. Er muss die Terminologie beherrschen, die der Cheftrainer, der Defensive Coordinator und seine Mitspieler benutzen. Wenn ein Team einen Middle Backer aus einem anderen Spielsystem holt, muss es darauf gefasst sein, dass es eine ganze Weile dauert, bis dieser die neue Sprache beherrscht.

Ein Team bezeichnet zum Beispiel eine bestimmte Personnel-Aufstellung mit der Zahl 11 (ein Tight End und ein Runningback), während ein anderes Team dasselbe Orange nennt (O wie »one«, also ein einzelner Tight End). Bei einem Team heißen Aufstellungen mit drei Receivern »trips«, bei einem anderen »treys«. Das sind scheinbar nur kleine Details, aber der Spieler muss dafür eine komplett neue Football-Sprache lernen.

Manche Spielzüge sehen vor, dass drei oder vier Receiver Option Routes laufen. Dabei muss der Quarterback viele Faktoren berücksichtigen und das, während er von der Defensive unter Druck gesetzt wird. Kurz gesagt: Ein Quarterback muss eine schier endlose Menge an Informationen verarbeiten, bevor er auch nur einen einzigen Pass vollendet.

Wenn er es bis hierhin geschafft hat, muss er nur noch in Wurfstellung gehen und den Ball werfen.

Unter idealen Bedingungen (und du kannst dir inzwischen ja denken, wie oft die herrschen) wirft der Quarterback in Schrittstellung mit Gewicht auf dem Vorderfuß. In vielen Fällen muss er jedoch den Ball aus einer alles andere als idealen Position abfeuern.

Marino sagt mir immer dasselbe: »Wenn ich für ein NFL-Team mit einem Quarterback trainieren würde, müsste er mir 100 Würfe vom hinteren Fuß zeigen.« Zu viele Scouts bewerten es negativ, wenn ein Quarterback-Anwärter das Gewicht auf den hinteren Fuß verlagert. Dabei ist das in einer zusammenbrechenden Pocket eine wichtige Fähigkeit.

Endlich ist der Quarterback bereit, das zu tun, was die meisten Menschen als seine Hauptaufgabe ansehen: den Ball zu werfen. Er zieht den viel bewunderten Arm zurück und setzt zu der Wurfbewegung an, die auf Postern an Schlafzimmerwänden unzähliger Fans der nächsten Generation im ganzen Land verewigt ist.

4 Wie läuft's denn so?

Das Laufspiel in der heutigen NFL

Entgegen landläufiger Meinung ist das Laufspiel in der NFL von heute nicht tot. Ja, wir leben in einer Welt, in der pro Spiel 45 Pässe geworfen werden (2014 waren 58 von 100 Offensivspielzügen Pässe). Wo Runningbacks nicht in der ersten Runde gedraftet werden – 12 von 13 der 2014 gedrafteten Backs, die mehr als 1000 Yards erliefen, wurden in der zweiten Runde oder später gedraftet.

Das Laufspiel ist ein Eckpfeiler jeder Offense in der NFL und wird für immer mehr Teams die Art von Power-Laufspiel, die früher einmal die Liga beherrscht hat. Der große Back erlebt seit einigen Jahren bei den fortschrittlichen Trainern ein großes Comeback.

Werfen wir einen Blick auf die besten zehn Runningbacks der Saison 2014: Abgesehen von dem kleinen Justin Forsett, der nur 1,73 Meter groß und 89 Kilogramm leicht ist, war der Rest im Durchschnitt 1,82 Meter groß und 100 Kilogramm schwer. Die heutigen Backs haben ungefähr die gleiche Statur wie die Top-Ten-Rusher aus dem Jahr 1974, einer Gruppe, zu der so große Backs wie Larry Csonka, Franco Harris, John Riggins und Sam »Bam« Cunningham gehörten.

Die Dinosaurier sind zurück. Und warum auch nicht?

Das Power-Laufspiel schien auf jeden Fall im Super Bowl XLIX für Seattle und New England zu funktionieren, die mit Marshawn Lynch (1,80 Meter, 98 Kilogramm) und LeGarrette Blount (1,83 Meter, 113 Kilogramm) gegeneinander anrannten.

Ich behaupte schon seit Jahren, dass weniger kräftige Defense-Spieler, die den Pass eher durch Schnelligkeit als durch Körpermasse verteidigen, wunderbare Möglichkeiten für Power Football schaffen. Du willst als Coach einen 111 Kilo schweren Defensive End gegen mich einsetzen, jemanden, der den Quarterback mit Geschwindigkeit überwältigt? Oder einen 107-Kilo-Linebacker? Dann kontere ich mit 109-Kilo-Runningback Le'Veon Bell.

Das gilt vor allem dann, wenn die Defense auf 11er-Personnel und Spread Formations ausgerichtet ist. Wenn eine Offense drei Wide Receiver rausschickt, kontert die Defense mit ihrem Nickel (Formation mit fünf Defensive Backs), woraus sich eine Secondary mit drei Cornerbacks und zwei Safetys ergibt. Wie hätte wohl ein Team wie Pittsburgh das Matchup eingeschätzt, Bell im Backfield und der 116 Kilogramm schwere Tight End Heath Miller an der Linie gegen eine Defense mit einem zusätzlichen schnellen Corner und einem großen schweren Linebacker weniger auf dem Platz?

Spieler müssen nicht so groß wie Bell sein, um als großer Runningback zu gelten. Alles über 98 Kilogramm – idealerweise eher 100 – ist ein großer Back. Adrian Peterson (98 Kilogramm) ist einer. Genauso wie Matt Forte (99 Kilogramm) und Ryan Mathews (100 Kilogramm). Auch die zwei Runningbacks, die im Draft von 2015 in der ersten Runde ausgewählt wurden – Todd Gurley (1,85 Meter, 101 Kilogramm) und Melvin Gordon (1,85 Meter, 98 Kilogramm) – sind große Backs.

»Big Backs« haben viele Vorteile. Man kann sie schwer tackeln – und da heutzutage das Tackling ohnehin auf einem niedrigen Niveau ist und man im Sommer keine Doppeleinheiten mehr hat und in der Saison nur wenig Trainingssessions mit Pads, um an Grundlagen zu arbeiten, ist es eine noch größere Herausforderung, einen 1,85 Meter großen, 108 Kilogramm schweren Ballträger wie Jeremy Hill zu stoppen.

Und diese großen Backs greifen auch Verteidiger an. Sie sind aggressive Läufer im Stil von Walter Payton. Sie stecken ein und teilen aus. Lynch ähnelt Payton in dieser Hinsicht sehr. Wenn er weiß, dass er nicht entkommen kann, rennt er geradewegs auf den Verteidiger zu, senkt die Schulter und nietet ihn um. Er sucht regelrecht den Kontakt, geht bewusst in den Zweikampf und denkt dabei: *Du tackelst mich nicht. Ich walze dich nieder und renne an dir vorbei.* Lynch ist außerdem beidfüßig, kann sein Gewicht beliebig von einem Fuß auf den anderen verlagern. Das können nur wenige.

Teams entscheiden sich aus vielen Gründen für das Power-Laufspiel. Man führe sich nur vor Augen, wie ein großer Back die Offensive Line unterstützen kann – sogar beim Passspiel.

Aaron Rodgers wurde 2012 ganze 51 Mal gesackt. Und wie gingen die Packers ihre Protection-Probleme im Draft von 2013 an? Sie wählten

Offensive Tackle David Bakhtiari, der in seinen ersten beiden Spielzeiten in Green Bay in jedem Spiel in der Startaufstellung stand. Zwei Runden vor Bakhtiari nahmen sie aber Runningback Eddie Lacy, und zwar mit der ausdrücklichen Absicht, ihre O-Line zu schützen. Lacys bloße Anwesenheit auf dem Platz und die Androhung eines Power-Laufspiels veränderte die Art und Weise, in der Defenses die Packers angingen, und nahm gewaltig Druck von einer O-Line, die nicht gut genug war, um ein ganzes Spiel lang für Rodgers' Pässe zu blocken.

Die potenzielle Bedrohung durch ein Laufspiel ist fast so wichtig wie das Laufspiel selbst. Man sehe sich nur Dallas in der Saison 2014 an. Defenses konnten ihre Coverage nicht einfach auf Dez Bryant zurollen lassen, sondern sie mussten auch DeMarco Murray mit einkalkulieren. Es war kein Zufall, dass Bryants Monster-Saison (88 Receptions, 1320 Yards, 16 TDs) Hand in Hand mit Murrays Karrierehoch ging (mit 1845 Rushing Yards führend in der Liga). Und warum gaben die Colts wohl so viel für Trent Richardson auf [einen First-Round-Pick, Anm. d. Ü]? Weil sie wussten, wie wichtig es war, Andrew Luck mit dem Drohen eines Power-Laufspiels zu unterstützen. Falscher Spieler, aber die richtige Idee.

Trainer lieben das Laufspiel, weil es relativ simpel zu installieren ist und danach das ganze Jahr über im Großen und Ganzen gleichbleibt. Es benötigt nicht die wöchentlichen Anpassungen des Game Plans, die das Passspiel mit sich bringt. Zieht man den notorischen Mangel an Trainingszeit in Betracht und bedenkt, dass Trainer mit geringstmöglichem Zeitaufwand die maximale Wirkung erzielen wollen, erscheint das Laufspiel als attraktive Variante.

Wer das Laufspiel regelrecht *liebt*, sind defensiv ausgerichtete Cheftrainer. Nach der Saison 2014 gab es sieben offene Head-Coach-Stellen. Sechs davon gingen an Trainer mit einem defensiven Hintergrund. Man konnte erwarten, dass ein Team wie Buffalo mit Rex Ryan mehr mit dem Ball laufen würde – deshalb holten sie auch Runningback LeSean McCoy.

Und das Beste: Das Power-Laufspiel kann das größte Gefälle zwischen den NFL-Teams ausgleichen – die Qualität des Quarterbacks. Es gibt nur eine Handvoll wirklich hochklassiger Quarterbacks in der Liga und nur wenige kommen durch den Draft hinzu. Teams ohne einen Top-Quarterback können mit den anderen nur schwer mithalten. Washington nahm Robert Griffin III 2012 mit dem zweiten Draft Pick und musste ein paar Jahre später zugeben, dass das Team ohne Laufspiel nicht gewinnen kann. Cleveland draftete Johnny Manziel und erkannte ziemlich schnell: *Wir müssen mit dem Ball laufen, er kann nicht werfen.* Wie viele Erstrunden-Quarterbacks wurden zu früh aufs Feld geschickt, ohne ein gutes Laufspiel um sie herum, und scheiterten kläglich, weil sie nicht gegen eine Defense ankamen, die nur aufs Passspiel ausgerichtet war?

Es gibt viele Gründe für Russell Wilsons frühen Erfolg, aber man sollte nicht unterschätzen, wie wichtig Pete Carolls geduldiger Ansatz dabei war. Wilson musste den Ball in seiner Rookie-Saison nur 393 Mal werfen. Im zweiten Jahr warf er 407 Pässe, im dritten Jahr 452 – und erreichte in beiden letzteren den Super Bowl. Wilson warf in drei Spielzeiten weniger Pässe als Matthew Stafford normalerweise in zweien wirft. Wieso konnte Pete so geduldig sein? Weil er einen Back wie Lynch hatte.

Und wenn man das Glück hat, einen beweglichen Quarterback zu haben? Umso besser. Dann haben die Verteidiger nicht nur wegen des Power-Runningbacks Angst, den Passer aggressiv zu attackieren, sondern sie müssen auch einen Mann als »Spion« gegen den möglicherweise ausbrechenden Quarterback einsetzen. Wilson kommt an die Linie und sieht acht Verteidiger in der Box, aber er weiß, dass es eigentlich nur sieben sind. Die Gefahr eines Bootlegs oder einer Read Option bindet einen Verteidiger. Gegen sieben Mann in der Box kannst du ein Laufspiel machen.

Der defensive Spion muss sich zurückhalten, bis er sicher ist, dass Wilson den Ball an Lynch übergibt. Und dann ist er schon nicht mehr in der Position, Lynch anzugreifen.

Das Backfield

Ein weiterer Grund – und zwar kein unerheblicher – für Teams, sich auf das Laufspiel zu fokussieren, ist seine Bezahlbarkeit.

Für ein spitzenmäßiges Passspiel bezahlst du 20 Millionen Dollar pro Saison für deinen Quarterback, 10 Millionen Dollar für deinen Top-Receiver und nochmal 10 Millionen für deinen Left Tackle. Das macht zusammen 40 Millionen Dollar oder anders gesagt 28 Prozent deines Salary Caps.

Hier liegt ein weiterer Grund für den Erfolg der Seahawks. Du hast erheblich mehr Flexibilität, wenn dein Quarterback im Jahr 600.000 Dollar verdient. Das hat sich natürlich mittlerweile geändert, aber bis es soweit war, schafften sie es immerhin zu zwei Super Bowls.

Die gute Nachricht ist, dass du für das Laufspiel nicht so viel auf den Tisch legen musst. Nicht wenn du keinen First-Round-Vertrag bezahlen musst.

Le'Veon Bell verdiente erst nach Ablauf seines Rookie-Deals, also nach den ersten vier Spielzeiten, 1 Million Dollar pro Saison. Man wird kaum eine bessere Investition finden als einen Spieler, der mehr als 2000 Yards macht und unter einer halben Million Dollar verdient, die Summe, die Pittsburgh ihm in seiner zweiten Saison bezahlte.

DeMarco Murray unterschrieb zum Beispiel bei Philadelphia als Free Agent einen Fünfjahresvertrag über 40 Millionen Dollar, aber nicht bevor die Cowboys – die seinen Vertrag 2014 nicht verlängerten – 392 Carries (449 Touches insgesamt) aus ihm rausgeholt hatten. Die Geschichte zeichnet ein ziemlich unschönes Bild davon, was mit Backs nach 300-Carry-Spielzeiten passiert.

Die Verpflichtung von jungen, preiswerten Runningbacks ist nicht nur ein gerade angesagter Trend in der NFL, sondern vielmehr eine sportliche und finanzielle Notwendigkeit. Anfang der 2000er boten Teams noch 29-jährigen Backs lukrative Verträge an. Nur um dann nach ein oder zwei Spielzeiten einen nicht mehr produktiven Spieler an der Backe zu haben.

Früher bekamen die meisten Runningbacks in ihrer gesamten Laufbahn drei Verträge. Heutzutage unterschreiben die meisten ihren zweiten und letzten Deal mit 26 (Murray wurde ein paar Wochen, bevor er bei den Eagles unterschrieb, 27). Wenn der Spieler den Vertrag komplett erfüllt und danach noch immer Sprit im Tank hat, findet er *vielleicht* noch irgendwo einen Minimal-Deal mit Leistungsboni. Der Markt ist eindeutig härter geworden. Keiner ist mehr bereit, einen gut verdienenden Runningback, der sportlich auf dem absteigenden Ast ist, auf der Gehaltsliste zu halten.

Früher wurden Backs nach ihrer bisherigen Leistung bezahlt. Heute werden Verträge auf Basis der vorhersehbaren Produktion eines Spielers geschlossen. Und das ist, ehrlich gesagt, aus Teamsicht auch sinnvoll.

Ein gutes Beispiel für diesen Ansatz war die schwierige Entscheidung, vor der San Diego nach der Saison 2007 stand. Hinter Runningback LaDanian Tomlinson lag gerade eine weitere sehr erfolgreiche Spielzeit – 1474 Yards und 15 Touchdowns am Boden plus 60 Catches für 475 Yards und weitere drei Touchdowns in der Luft. Aber Tomlinson war 28 Jahre alt und hatte noch eine Vertragslaufzeit von vier Jahren – ein Deal, der zum Zeitpunkt der Vertragsunterzeichnung der beste war, den ein Runningback je bekommen hatte.

Seiner Spielweise war in keiner Weise anzusehen, dass er seinen Zenit überschritten haben könnte. Aber die Chargers hatten Michael Turner im Kader und schätzten dessen Potenzial so hoch ein, dass sie ihn mit dem Franchise Tag belegten und ihm als Tomlinsons Ersatzmann 2,35 Millionen Dollar zahlten. Der General Manager A. J. Smith musste eine Entscheidung treffen: entweder weiter auf Tomlinson setzen, der wahrscheinlich noch zwei starke Saisons spielen konnte, oder sich von dem beliebten Spieler trennen und Turner zum Back Nr. 1 zu machen.

Am Ende behielten die Chargers Tomlinson und verloren Turner in der Free Agency an Atlanta (Turner erlief in seiner ersten Saison bei den Falcons 1699 Yards und erzielte 17 Touchdowns). Und Tomlinsons Produktionsrate fiel 2008 um vorhersehbare 21 Prozent. In der Saison 2009 – als 30-jähriger Back – begann er, verletzungsbedingt Spiele zu verpassen, und kam nur auf 730 Yards. Die Chargers trennten sich danach von ihm und er bekam von den New York Jets einen dieser relativ unlukrativen Deals. Obwohl er in seiner ersten Saison bei den Jets gesund und zeitweise wiedererstarkt wirkte, beendete der 31-jährige Tomlinson die Saison 2010 mit den wenigsten Carries seiner Karriere und war eindeutig nicht mehr die beständige spielentscheidende Kraft, die er bei den Chargers gewesen war.

Und so erging es nicht irgendeinem Runningback, sondern einem Spieler, der 2017 in die Hall of Fame aufgenommen wurde.

Viele andere Teams hätten sich vielleicht anders entschieden. Der langjährige General Manager der Colts Bill Polian versuchte zum Beispiel immer, der abfallenden Leistungskurve des Runningbacks voraus zu sein. Er beschäftigte Marshall Faulk fünf Spielzeiten lang in Indianapolis, gab ihn aber nach seiner besten Saison (1319 Yards in 1998) an die Rams ab und ersetzte ihn durch Edgerrin James, den vierten Pick im NFL-Draft 1999. James wurde Offensive Rookie des Jahres und in sieben Saisons bei den Colts viermal zum Pro Bowl gewählt, aber Polian ließ ihn als 27-jährigen Free Agent gehen und ersetzte ihn 2006 mit Erstrunden-Pick Joseph Addai. In seiner Rookie-Saison erlief Addai mehr als 1000 Yards und Indianapolis gewann den Super Bowl. Sobald Addai verletzungsanfällig wurde, opferte Polian einen Erstrunden-Pick für Donald Brown. Polian hat eindeutig ein gutes Gespür dafür, wann man sich von einem älteren Back verabschieden muss, auch wenn dieser immer noch Topleistungen bringt.

Bessere Backs ausbilden

Ein Faktor, der diese »Jugendbewegung« möglich gemacht hat, ist die Tatsache, dass Rookie Runningbacks frisch vom College noch nie so startklar waren wie heute. Und das hängt mit der Entwicklung des College-Footballs zusammen.

Früher beobachteten Scouts einen College-Runningback in einer Option Offense und konnten dabei nur wenig über sein Potenzial als NFL-Spieler erfahren. Sie sahen Teams in Wishbone-Formation, in denen sogar die Receiver weniger als zehn Catches hatten. Backs, die regelmäßig Bälle fingen, gab es nicht.

Heutzutage spielen praktisch alle College-Mannschaften eine Variante von Offensiv-Football auf höchstem Niveau, und die Backs, die aus dem College kommen, haben schon Erfahrung mit den Systemen, die in der NFL gespielt werden. Chris Johnson hatte zum Beispiel in East Carolina 125 Receptions – nur 13 weniger als Darrius Heyward-Bey in Maryland, und der war ein Erstrunden-Pick als Receiver.

Als die Spread Offense beliebter wurde, spielten viele College-Backs als Wide Receiver und lernten das Matchup-Spiel, dass auf NFL-Niveau so wichtig ist. Das konnte man zum Beispiel in Matt Fortes erster Saison in Chicago erkennen. Die Bears positionierten ihn als X-Receiver und warfen ihm einen Back-shoulder Fade zu – und er wusste, was zu tun war und wie man den Defensive Back dazu bringt, seine Hüften zu drehen. Das ist ein ziemlich komplexer NFL-Receiver-Move und Forte hatte ihn im College gelernt. Er war der beste Spieler der Tulane University in einem Team, das jede Woche zurücklag; er war also fast gezwungen, Receiver-Skills zu entwickeln, um an den Ball zu kommen.

Die meisten College-Teams verwenden zudem die von Alex Gibbs verbreitete Raumdeckung (*zone blocking*), die inzwischen in der NFL vorherrscht, sodass Scouts die laufstarken Backs besser erkennen können. Und dank Pete Carolls Einfluss während seiner Zeit an der University of Southern California setzen immer mehr College-Defenses NFL-Blitz-Pakete ein, sodass das Unterbinden eines Blitzes inzwischen auch zur College-Ausbildung eines Runningbacks gehört.

Unterm Strich kann man sich heutzutage also ein viel klareres Bild davon machen, ob ein Back aus dem College NFL-tauglich ist. Es dauert nicht mehr drei Jahre, bis ein Spieler endlich bereit ist für einen Einsatz im

Third Down, so wie es früher der Fall war. Die Backs von heute bringen bereits alles mit, was nötig ist, um auch in der NFL erfolgreich zu sein.

College-Trainer hören das zwar nicht gern, aber der NFL wäre es am liebsten, wenn Runningbacks vom College abgingen, bevor sie sich zu sehr verausgabt haben. Terrance West kam mit 413 Carries, 2519 Yards und 41 Touchdowns von Towson zu den Browns – erzielt allein in seinem dritten College-Jahr.

Wenn ein 20- oder 21-jähriger Student NFL-Format zeigt, würde die NFL es bevorzugen, wenn er am Draft teilnimmt, bevor sein Körper die Spuren von weiteren 300 Tackles trägt. Wenn ein Runningback als 22-jähriger Senior (vier Jahre College) die Uni verlässt, hat er körperlich schon so viel durchgemacht, dass die Wahrscheinlichkeit einer langen NFL-Karriere nicht allzu groß ist.

Das Leben des Backs erleichtern

Ein Weg, um die »Haltbarkeitsdauer« eines Runningbacks zu verlängern, besteht darin, das Backfield in ein »zweiköpfiges Monster« zu verwandeln.

Mannschaften haben immer schon ihre Backs rotiert, um die Belastung auf mehrere Schultern zu verteilen; sie gehen die Sache heute allerdings anders an.

Erinnert sich noch jemand an das kurzlebige »Thunder and Lightning«-Backfield von 2000 und 2001? Ron Dayne und Tiki Barber waren stilistisch so verschieden, dass die Giants hofften, mit ihnen auf ganz unterschiedliche Arten Defenses auszuhebeln. Doch obwohl sie es in Daynes Rookie-Jahr zum Super Bowl schafften, sehen die meisten Menschen »Thunder and Lightning« als Flop – zumindest so, wie die Giants sie einsetzten.

Das Problem war, dass Daynes Spiel so eindimensional war, dass die Giants ihre Calls und Aufstellungen extra auf ihn abstimmen mussten. Sobald eine Defense Dayne im Backfield sah, wusste sie, dass die Giants nur eine begrenzte Anzahl von Spielzügen aufbieten konnten, und stellte sich entsprechend dazu auf. Das Resultat: Dayne – der beste Rusher in der Geschichte der Division I, als er die University of Wisconsin verließ – erwies sich als leicht zu verteidigen.

Basierend auf dieser Erfahrung der Giants machte sich die Erkenntnis breit, dass man mit einem großen, schwerfälligen Back für Power-Einsätze und einem wieselflinken Back für Third Downs nicht mehr gewinnen kann. Die alte Formel hat ausgedient. Teams dürfen nicht mehr so berechenbar sein. Die Fähigkeiten der zwei Spieler, die sich die Einsätze im Backfield teilen, müssen sich teilweise überschneiden, um gegnerische Defenses zu überraschen.

Die Steelers gewannen Super Bowl XL mit dem Prototyp einer guten Runningback-Paarung, auch wenn dies mehr durch Zufall als mit Absicht geschah. 2005 befand sich Jerome Bettis im letzten Jahr seiner Karriere. Er teilte sich die Carries fast 50-50 mit Willie Parker, einem ungedrafteten Free Agent in seiner zweiten Saison. Bettis und Parker besaßen zwar unterschiedliche Stärken und Laufstile, aber es stellte sich heraus, dass sie in der Offense der Steelers austauschbar waren. Defenses konnten anhand des aufgestellten Spielers keine Rückschlüsse auf den Spielzug ziehen, was Pittsburgh einen riesigen Vorteil verschaffte.

Das heißt nicht, dass ein Team zwei Klone im Backfield will. Eine Offense braucht Vielseitigkeit, nur dürfen die zwei Spieler nicht so unterschiedlich sein, dass ihre Aufstellung die Offense vorhersehbar macht. Green Bay hatte ein solches Duo ab 2013 mit Eddie Lacy und James Starks, Seattle 2014 mit Lynch und Robert Turbin, Pittsburgh in der ersten Hälfte der Saison 2014 mit Bell und Blount. Als sie Blount im November gehen ließen, stellten sie fest, dass Dri Archer (1,73 Meter, 78 Kilogramm) nicht dieselben Plays ausführen konnte. Wenn ein Team zwei Spieler hat, die mit demselben Personnel und denselben Formationen effektiv mit dem Ball laufen können, und man beide in denselben Down-and-Distance-Situationen einsetzen kann, dann besitzt dieses Team einen taktischen Vorteil.

Genau das dachte auch Chip Kelly, als er 2015 Murray und Mathews als Free Agents nach Philadelphia holte. LeSean McCoy verfrachtete er dafür nach Buffalo, zum Teil, weil er das Gefühl hatte, McCoys Laufstil sei undiszipliniert, eher instinktiv als zuverlässig. In Murray und Mathews hatte Kelly zwei große, disziplinierte, gradlinig vorwärts stürmende Läufer, die die geplante Lücke finden.

Wenn die Carries auf mehrere Schultern verteilt werden, verschleißen sich die Backs natürlich auch nicht so schnell. Vorbei sind die Tage, als ein Arbeitstier von einem Back in jedem Spiel 25 Carries hatte. Sogar als er 2014 in der NFL der führende Rusher war, kam Murray im Schnitt nur auf 24,5 Carries pro Spiel. Als Adrian Peterson 2012 2097 Yards erlief, gelang ihm das mit weniger als 22 Carries pro Spiel. Die meisten Spitzen-Backs in der Liga liegen im Durchschnitt bei 20 Touches insgesamt – also Rushing-Versuche *und* Receptions. Ich bin der Meinung, die Zielmarke für herausragende Backs sollten 300 Ballberührungen insgesamt pro Saison sein – 275 Carries, 25 Catches. Diese Verringerung der Belastung bedeutet weniger Hits, was zu gesünderen Backs und einer längeren Karriere auf Spitzenniveau führen dürfte.

Allerdings reicht es nicht, die Anzahl der Carries, die ein Back im Laufe der Saison hat, zu verringern. Vielmehr muss seine Arbeitsbelastung auch jede Woche strategisch organisiert werden.

2013 hatte Marshawn Lynch 301 Carries, die zweitmeisten in der Liga. 2014 waren es 280. Über die gesamte Saison gesehen bedeutet das 1,3 Rushing-Versuche weniger pro Spiel, was zunächst nicht besonders relevant zu sein scheint. Es lohnt sich aber, einmal genauer zu betrachten, wie Lynch in der regulären Spielzeit eingesetzt wurde.

Er eröffnete die Saison mit 20 oder mehr Carries in zwei der ersten drei Spiele der Seahawks. Carroll hatte keine Bedenken, ihn zu sehr zu belasten, weil Seattle in Woche vier eine Bye Week hatte. Nach der Bye hatte Lynch in vier aufeinanderfolgenden Spielen 18 oder weniger Carries. Das war Absicht: Seattle hatte nun fast die Hälfte der Saison hinter sich und sein Arbeitstier Lynch fünf Wochen mit relativ geringer Belastung.

So war Lynch frisch für die härtere zweite Saisonhälfte, in der er sechs Mal mindestens 20 Carries in sieben Wochen hatte. Er beendete die Saison mit zehn Versuchen gegen Arizona in Woche 16, 14 gegen St. Louis in Woche 17. Dann kam eine Bye in der ersten Woche der Playoffs. Die letzte Strecke mit geringerer Belastung garantierte, dass Lynch für die wichtigsten Spiele fit war; im NFC-Championship-Sieg über Green Bay lag seine Produktion bei 25-157-2 (25 Carries, 157 Yards, 2 Touchdowns), und gegen New England im Super Bowl bei 24-102-1.

Carroll steuerte Lynchs Saison nicht mit Blick auf die Gesamtstatistik, sondern abschnittsweise. In manchen Spielen setzt man so einen Spieler mehr ein (zum Beispiel wenn man gegen einen Top-Quarterback spielt und diesen im Zaum halten muss), in anderen schont man ihn etwas – und sorgt dafür, dass er in der Postseason noch fit ist. Dieser clevere Einsatzplan für einen Schlüsselspieler könnte Schule machen.

Back ist nicht gleich Back

Erst wenn der Runningback im Ballbesitz ist, zeigen sich die Unterschiede in Fähigkeiten und Stil wirklich. Defenses müssen immer wissen, mit was für einem Spielertyp sie es zu tun haben. Ein Team kann für jeden Back »16 Boss« (ein Off-Tackle-Lauf nach rechts) ansagen, wird den Spielzug aber unterschiedlich gestalten, je nachdem, ob der Ballträger ein Front Side Runner oder ein Cutback Runner ist.

Ein Front Side Runner läuft unbeirrt geradeaus das Feld runter, als würde er auf Schienen in die Defense reinfahren. Wenn ein Play zur rechten Seite angesagt ist, rennt er zur rechten Seite und versucht dort, an einem Tackle vorbeizukommen. Ein Cutback Runner besitzt hingegen die Fähigkeit, mitten im Lauf zu stoppen und abrupt die Richtung zu wechseln. So kann er sowohl den Blockern vor sich folgen als auch plötzlich eine Lücke ansteuern, die sich auf der anderen Seite der Defense auftut. Wenn eine Defense gegen die Bengals spielte, erwarteten sie bei einem 11er-Personnel unterschiedliche Herausforderungen, je nachdem, ob Jeremy Hill oder Gio Bernard der einzige Back im Backfield war. Hill ist ein Front Runner, die Verteidigung könnte also einen zusätzlichen Safety auf die Playside stellen. Die Back-Side-Verteidiger – Spieler, die auf der anderen Seite aufgestellt sind (also der, in die der Spielzug nicht läuft) – werden versuchen, so schnell wie möglich nach vorne zu laufen, weil sie nicht damit rechnen müssen, dass Hill plötzlich die Richtung wechselt und in die von ihnen hinterlassene Lücke läuft. Gegen Bernard wiederum könnten Teams den Backside Safety ansetzen, in der Hoffnung, dass Bernard die Richtung wechselt und gegen einen ungeblockten Verteidiger rennt.

Nicht viele Backs können beide Stile effektiv auf den Platz bringen, und diejenigen, die dazu in der Lage sind, stellen die Defense vor gewaltige Probleme. Als er noch jünger und gesund war, konnte San Franciscos Frank Gore alles. Bei einem Play rannte er mit voller Kraft – Pads unten und die Beine immer in Bewegung – direkt in den A-Gap (zwischen Center und Guard) und brach durch die Line. Direkt im nächsten Play rammte er dann den Fuß in den Boden und wechselte im Lauf die Richtung, weg von den machtlosen Verteidigern, die auf einen weiteren Power Run eingestellt waren.

Die meisten Teams haben so einen vielseitigen Back nicht, sondern eher einen von jeder Sorte, sodass eine Defense aus der Formation bestimmte Schlüsse ziehen kann.

Nehmen wir zum Beispiel an, die Chiefs hatten einen Back in der I-Formation, direkt hinter dem Quarterback. Ein Back in der I-Formation gilt nicht als wahrscheinlicher Passempfänger, weshalb die Defense keinen Mann extra für ihn abstellen wird.

Als Nächstes sollte die Defense – und auch du als Zuschauer im Stadion oder zu Hause – darauf achten, welcher Back auf dem Platz steht. War es Knile Davis, versuchte die Defense, die A-, B- und C-Gaps zu schließen, um ihn im Backfield zu halten. Der Vorteil der I-Formation besteht darin, dass der Back etwa drei oder vier Schritte lang Fahrt aufnehmen kann und gegen die Line in vollem Tempo anrennt. Ein großer Back wie Davis verlor Energie, wenn er gezwungen war, anzuhalten und dann wieder loszulegen, wodurch die Defense ihn ausschalten konnte. Sogar ein eher schmächtiger Linebacker oder Defensive Back konnte einen 103-Kilo-Mann wie Davis tackeln, wenn er im Grunde genommen stillstand. Ein Auto, das in der Mitte der Straße anhält, kann dir nichts anhaben; wenn es sich bewegt, überfährt es dich.

Stand aber Jamaal Charles in der I, war die Situation eine ganz andere. Charles neigte nämlich dazu, die Richtung zu wechseln und die Defense zu verladen, um die Line zu passieren. Er übernahm den Ball vom Quarterback und versuchte mit seinen ersten drei Schritten, die Defense davon zu überzeugen, dass er nach rechts laufen würde. Wegen seiner Schnelligkeit musste sich auch die Defense möglichst schnell in Bewegung setzen. Sobald die Verteidiger in vollem Tempo auf diese Seite zustürmten, wechselte Charles dann die Richtung und überflügelte sie. Die Verteidigung musste ihn also dazu zwingen, in eine Richtung zu rennen und zum Front Side Runner zu werden. Gegen einen Cutback Runner ist es für Backside-Verteidiger entscheidend, ihren Gap zu sichern, denn der Runner lauert nur darauf, dass sich ein Verteidiger von seiner Position entfernt und so für den Runner eine Lücke entsteht.

Wieder anders ist die Situation, wenn der Back entweder versetzt (*offset*) hinter den Tackles oder im B-Gap (zwischen Guard und Tackle) steht. Von dieser Position aus gilt er für die Defense als potenzieller Passempfänger. Auch in diesem Fall ist es genauso wichtig, die individuellen Fähigkeiten des Spielers zu kennen, wie das Personnel. Wenn Charles versetzt aufgestellt ist, könnte er einen Draw laufen oder vom Backfield aus in die Flat-Zone rennen, wo ein Outside Linebacker oder Corner ihn decken muss. Diese hybriden Backs im Stil von Reggie Bush erzeugen für Defenses Matchup-Probleme, weil Coaches kreativ sind und immer wieder neue Wege finden, um ihnen den Ball zu geben – Screens, Swing Passes, Reverses etc. Wenn aber Davis der versetzte Back ist, besteht eher nicht die Gefahr, dass er einen Pass fängt. Er läuft zwar vielleicht mit dem Ball, ist aber wahrscheinlich nur eine Ablenkung bei einem Passspiel oder an der Protection beteiligt.

Ein Spieler wie Davis, der keine wirkliche Bedrohung als Receiver darstellt, kann trotzdem in Pass-Situationen nützlich sein. Große Backs können wichtiger Bestandteil eines Pass-Blocking-Plans sein, da sie es in der Pass Protection mit einem Defensive End aufnehmen können. Ein großer Back muss vielleicht einen blitzenden Backer oder Defensive Back abwehren. Oder er hilft erst, den End zu chip-blocken, und läuft dann seine Route.

Natürlich ist es eine Sache, den Pass Rusher zu chippen, aber eine ganz andere, zu wissen, welchen Spieler man ganz allein blocken muss.

Q: Lassen großartige Backs ein System gut aussehen oder formen gute Systeme großartige Backs?

A: Viele Leute meinen, das Zone Scheme der Broncos sei der Grund dafür, dass sie Jahr um Jahr gute Runningbacks haben. Aber so einfach ist das nicht. Clinton Portis wechselte zum Beispiel zu einem anderen System nach Washington und war dort immer noch ein verdammt guter Spieler.

Backs sind nie effektiv, wenn sie keine hervorragende O-Line vor sich haben. Dallas hatte nur etwa drei Laufspielzüge, die sie für Emmitt Smith einsetzten, aber er spielte hinter einer fantastischen Offensive Line. Und man sehe sich nur an, wie produktiv DeMarco Murray 2014 hinter einer Cowboys-Line mit Tyron Smith, Travis Frederick und Zack Martin (drei Erstrunden-Picks) war.

Ein Laufspielzug ist dann erfolgreich, wenn der Back am ersten Verteidiger vorbeikommt. Jede Defense ist darauf ausgerichtet, einen Mann mehr in der Box zu haben als die Offense Blocker hat. Wenn ein Back es schafft, dass der erste Verteidiger den Tackle verpasst, bindet das den zusätzlichen Verteidiger. So erzielt man einen entscheidenden Vorteil.

Den Quarterback beschützen

Es ist nicht der Mangel an technischen Fähigkeiten oder dem Willen zu blocken, der es für junge Backs (vor allem Rookies) so schwer macht, bei offensichtlichen Pass-Situationen zum Einsatz zu kommen. In solchen Situationen geht es vielmehr darum zu verstehen, wo der Druck herkommt, und die entsprechenden Anpassungen im Rhythmus mit der O-Line vorzunehmen.

Stellen wir uns eine Shotgun-Formation entweder mit 11er-Personnel (ein Runningback, ein Tight End und drei Receiver) oder 10er-Personnel (ein Runningback, kein Tight End, vier Receiver) vor. Die fünf offensiven Linemen und der Back sind für die Pass Protection verantwortlich. Meist arbeiten der Back und der Center zusammen. Wenn der Back versetzt steht, wird der Center in der Regel die entgegengesetzte Richtung blocken. Wenn der Back also nach rechts versetzt steht, werden Center, Left Guard und Left Tackle die linke Seite blocken, während Back, Right Guard und Right Tackle die rechte Seite blocken.

Nehmen wir nun an, dass die Defense auf der Seite des Runningbacks einen Blitzer in den A-Gap schickt. Wenn der Center nach links geht, wie vorgesehen, wird der Blitzer freie Bahn zum Quarterback haben und der versetzte Back wird nicht schnell genug sein, um ihn mit voller Wucht zu treffen. Also ruft der Center einen Wechsel (*switch*) aus und nimmt es selbst mit dem Blitzer auf. Das bedeutet, dass der Back nun den Raum ausfüllen muss, in den der Center vorstoßen sollte. Wenn der Runningback diese Änderung des Blocking-Plans nicht mitkriegt, wird das Team auf der rechten Seite vier Blocker haben und auf der linken nur zwei, was für den Quarterback zum Problem wird.

Ein anderes Szenario: Die Offense stellt sich mit 11er-Personnel auf, mit einem nach rechts versetzten Back und einem Tight End neben dem linken Tackle. Dem Tight End fällt auf, dass der äußere Linebacker auf seiner Seite an der Line of Scrimmage steht, er fordert also, dass die Blocking Protection in seine Richtung rutscht. Das bedeutet, dass der Tackle nach links rutscht, um es mit dem Blitzer aufzunehmen, der Guard nach links rutscht, um den Gegenspieler des Tackles zu übernehmen, und der Center ebenfalls nach links rutscht, um den Gegenspieler des Guards zu empfangen. Aber was, wenn die Defense auch einen Blitzer auf den A-Gap andeutet? Wen muss der Back dann blocken? Wenn der Center rutscht, stoppt der Back den Blitzer im A-Gap. Wenn die Line nicht nach links rutscht, ist der Runningback für den blitzenden Linebacker auf der starken Seite zuständig. Aber was, wenn der Tight End in der Linie bleibt, um zu blocken? In diesem Fall muss der Back erkennen, dass er nun ein Free-release Receiver ist – was bedeutet, dass er sofort in seine Hot Route läuft, ohne irgendjemanden zu blocken.

PASS-BLOCKING-STRATEGIEN FÜR DEN RUNNINGBACK

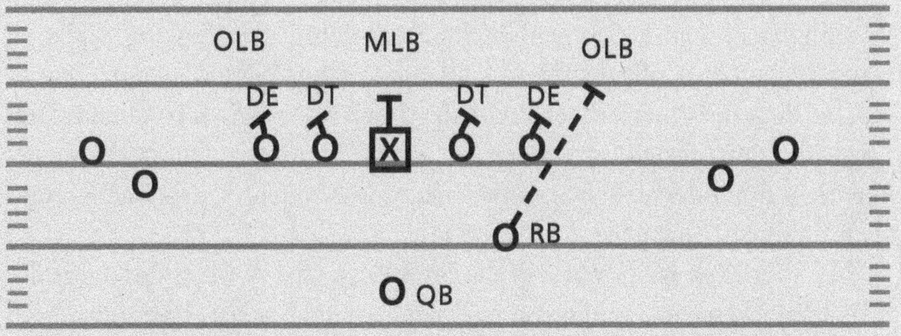

»3-by-3«: Center, Left Guard und Left Tackle blocken Verteidiger auf der linken Seite; Runningback, Right Guard und Right Tackle blocken Verteidiger auf der rechten Seite.

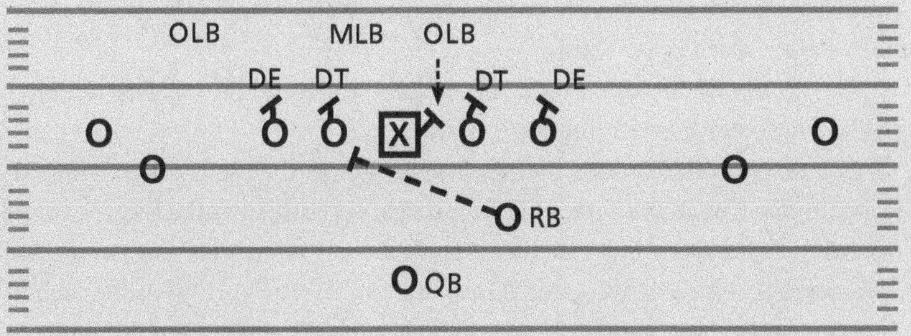

»3-by-3 Opposite«: Center und Runningback tauschen Zuständigkeiten, meist wegen eines Blitzes.

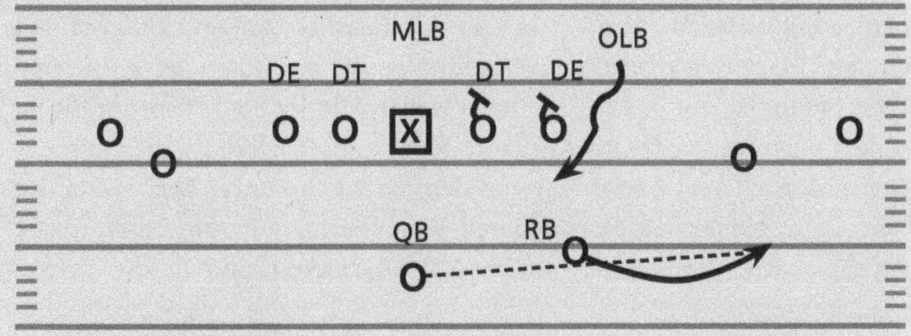

»Scat«: Der Runningback ist »free to release« und dient als Hot Receiver gegen den Blitz.

Wie unschwer zu erkennen, gibt es zahlreiche Kombinationen, die einen jungen Runningback verwirren können. Deshalb setzen viele Teams für solche Situationen am liebsten erfahrene Spieler ein. An der Uni haben Runningbacks keine Gelegenheit, außergewöhnliche Pressure Calls zu trainieren, da die College Offenses auf einem schnellen Pass-Angriff basieren, bei dem der Quarterback meist so schnell wie möglich zu seinem First Read, also dem designierten Receiver wirft. Die meisten Quarterbacks gehen nicht fünf oder sieben Schritte zurück, was bedeutet, dass Backs – und auch Linemen – nie so lang blocken müssen.

Ein alter Hase weiß, wann er die Front Side, den A-Gap oder die andere Seite blocken muss und wann er einen Free Release hat. Hier macht sich Erfahrung bezahlt. Und deshalb will ein jüngerer Quarterback am liebsten einen Spieler auf dem Platz haben, der ihn als erfahrener Blocker auf den Füßen hält. Tom Brady hingegen hat mit einem Rookie vielleicht keine Probleme; er kümmert sich selbst um den Blitzer und will lieber einen Back haben, der fangen kann.

Sobald der Back seine Blocking-Aufgabe erkannt hat, muss er die physische Phase der Pass Protection meistern.

Die meisten Backs sind kleiner als die Jungs, die sie blocken müssen, weshalb der Cut Block – der die Beine des Verteidigers attackiert – meist die beste Option ist. Ein Cut Block funktioniert allerdings nur, wenn der Quarterback einen Three-step Drop macht. Wenn er fünf oder sieben Schritte zurückgeht, hat der Verteidiger genug Zeit, wieder auf die Füße zu kommen und seinen Weg Richtung Quarterback fortzusetzen.

Wenn der Quarterback weiter zurückgeht, wird der Back versuchen, den Rusher nach außen zu drängen. Dies tut er, indem er sich so nach innen positioniert, dass der Verteidiger nur an seiner Außenschulter vorbei an den Quarterback kommt. Wenn ihm dies gelingt, kann der Back seine Füße benutzen, um den Rusher noch weiter von der Pocket abzudrängen, sodass dieser entweder ins Aus läuft oder dem Quarterback die Gelegenheit gibt, nach vorne zu gehen und dem Druck auszuweichen. Wenn der Back dem Rusher keinen gangbaren Weg über außen zum Quarterback aufzeigt, wird der Rusher ihn frontal attackieren und in die Pocket zurückdrängen.

Oft ist der Back genauso Ziel eines Pass Rushers wie der Quarterback. Darüber habe ich mich oft mit Brian Westbrook unterhalten. Im Laufe seiner neunjährigen NFL-Laufbahn wurde Westbrook bei einem Passspiel immer vom Gegner geblitzt. Das gegnerische Team hatte einen Linebacker, dessen einzige Aufgabe es war, Westbrook niederzurammen und damit auszupowern. Wenn ein Verteidiger den Quarterback dabei zu einem überhasteten Wurf verleitet oder ihn sogar sackt, umso besser. Das vorrangige Ziel dieses Blitzers ist es jedoch, den Back fertigzumachen. Spieler wie Westbrook oder Darren Sproles, die als Receiver eingesetzt werden, wollen einen Blitzer mit der Innenschulter blocken, bis zwei zählen und dann lossprinten, um für einen Screen Pass offen zu sein. Das geht aber nicht, wenn der Verteidiger ihn bis zur Gesichtsmaske blitzt und ihn davon abhält, seine Route zu laufen.

Mut zur Lücke

Obwohl Runningbacks ein wichtiger Bestandteil des Passspiels sind, ist es doch ihre vorrangige Aufgabe, mit dem Ball zu laufen. Es gibt mehrere Aspekte, auf die man achten kann, wenn man herausfinden will, warum ein Lauf erfolgreich war oder nicht.

Der erste ist der Angriffspunkt. Der Back weiß, wo der Ball die Line of Scrimmage passieren soll, und er will die Linie mit breiter Brust überqueren. Wenn zum Beispiel der Spielzug ein Off-tackle Run nach rechts ist, liegt der Angriffspunkt beim C-Gap, an der rechten Schulter des rechten Tackles vorbei.

Noch während er vor dem Snap in seiner Ausgangsposition steht, wird der Back anfangen, die Defense zu lesen. Er muss dabei die gesamte Formation scannen, von links nach rechts und wieder zurück. Manchmal starrt ein Back den Angriffspunkt an und gibt dem »Mike« (dem Middle Linebacker) damit unabsichtlich einen Hinweis. Backs müssen wie Pokerspieler agieren und darauf achten, der Defense nicht mit Blicken etwas zu verraten.

Wenn der Ball gesnapt wurde, macht der Back seinen ersten Schritt – den »Read«-Schritt –, bei dem er versucht, Hinweise darauf zu finden, ob der geplante Angriffspunkt offen oder ob ein Verteidiger inzwischen in die Lücke vorgestoßen ist. Ein Schlüssel dafür ist der Helm des Blockers, der ihn in die Lücke führen soll.

Das kannst du auch zu Hause sehen – achte einfach auf den Helm des Lead Blockers, wenn er den Defender aufs Korn nimmt. Wenn sich sein Helm an der äußeren Seite des Verteidigers befindet, ist die Lücke offen und der Back läuft weiter zur Außenseite seines Blockers in diesem

Off-tackle Run. Wenn sich der Helm des Lead Blockers aber inwärts vom Verteidiger befindet, muss der Back nach innen in die B-Gap (zwischen Guard und Tackle) ziehen.

Jetzt kannst du das nächste Mal, wenn ein Run an der Line of Scrimmage scheitert, besser erkennen, woran es lag. Vielleicht hörst du vom Kommentator so etwas wie: »Wow, die können diese Jungs einfach nicht blocken«, aber das ist nicht unbedingt korrekt. Wenn der Tackle den Defensive End nach außen abdrängt (der Helm des Tackles ist dann inwärts vom Mann, den er blockt) und der Back weiter nach außen läuft, rennt er direkt in den Verteidiger hinein. Das ist dann die Schuld des Backs. Wenn jedoch der Back die Hinweise richtig interpretiert und nach innen in die B-Gap zieht, nur um festzustellen, dass der Defensive End den Tackle genau dorthin geschoben hat, dann ist schlechtes Blocking die Ursache für den Misserfolg.

Manchmal wird ein cleverer Verteidiger von einem Blocker in Schach gehalten, ist aber noch in der Lage, seinen Helm kurz nach außen zu bewegen und damit den Runner zu täuschen und ihn nach innen zu treiben. Inmitten dieser ganzen Unruhe auf der Line of Scrimmage kann schon das kleinste Ablenkungsmanöver einen Spielzug beeinflussen. Man muss allerdings sagen, dass ein Run meistens aus einem von zwei Gründen misslingt: entweder weil der Back das Blocking am Angriffspunkt falsch gelesen hat oder weil das Blocking von der Defense ausgehebelt wurde.

So funktioniert es zumindest mit Teams die Zone Blocking spielen. In einer Angle Blocking Offense muss der Back nicht das Blocking seiner O-Line lesen, sondern seine Aufgabe besteht einzig und allein darin, zum Angriffspunkt zu gelangen. In Kapitel 6 gehe ich näher auf die unterschiedlichen Blocking Schemes ein. An dieser Stelle möchte ich nur darauf hinweisen, dass durch die zunehmende Wiederbelebung des G-Power in der NFL (ein Spielzug, bei dem der Rusher hinter einem Pulling Guard herläuft) der Back zum Angriffspunkt stürmt und es die Aufgabe aller anderen ist, ihre Gegenspieler zu blocken. Wenn die Lücke nicht offen ist und der Back gegen die Wand läuft, sollte man das nicht ihm anlasten.

Ebenfalls wichtig ist, wie bestimmte Laufspiele eingesetzt werden, um später im Spiel andere Spielzüge einzuführen. Wenn ein Team eine ganze Reihe von Inside Zone Plays laufen lässt, dann vielleicht, um später mit einem »Dip« Play zu überraschen. Bei einem Dip macht der Back zuerst einen Schritt nach innen, strafft die Schultern und suggeriert damit einen Lauf nach innen. Doch dann zieht er plötzlich nach außen und erwischt durch diesen Richtungswechsel den Guard auf dem falschen Fuß. Der Back wechselt nicht die Richtung, weil er gesehen hat, dass die Angriffslücke zu ist, sondern das ist Teil des Plans. Der Dip kann für einen Front Side Back wie Jeremy Hill funktionieren – weil die Defense davon ausgeht, dass er auf seiner Innenbahn bleibt – genauso wie für einen Cutback-Spieler wie Gio Bernard oder für Chris Johnson, der zu Anfang seiner Karriere jeden Gegner außen überholen konnte.

Mit dem anderen Outside Run – dem Toss – kann man ebenfalls spätere Spielzüge vorbereiten. An und für sich ist der Toss aus der Mode gekommen, weil Defenses heutzutage schnell sind und der Toss am besten gegen einen großen, schweren Verteidiger funktioniert, der seinen Gegner an der Line of Scrimmage überwältigen, aber nicht besonders gut rennen kann. Im Spiel von heute kann man mit dem Toss in der Regel nur ein paar Yards gewinnen. Sein wahrer Wert liegt darin, die Defense zu verunsichern und sie dazu zu bringen, den Toss bei ihrem Read als Möglichkeit in Betracht zu ziehen. Der Quarterback kann den Toss dann antäuschen, mit einem Bootleg in die entgegengesetzte Richtung laufen und den Tight End anspielen, der das Feld weg von den Verteidigern kreuzt.

Einen Hit einstecken

Ganz gleich, über welche Art von Laufspiel wir reden, haben alle eines gemeinsam: Der Runningback wird höchstwahrscheinlich mit einem Gegenspieler in Kontakt kommen. Backs werden mehr als jeder andere Spieler getackelt und die Teams suchen deshalb nach Jungs, die Spaß an der Brutalität haben, die diese Position mit sich bringt. Sie werden kurze Karrieren haben, aber auf dem Platz sehr effektiv sein.

Solche Spieler sind im Grunde genommen Linebacker mit Ball. Sie können extrem beschleunigen, haben kräftige Hüften, kommen mit den Pads tief runter und sind im Augenblick des Zusammenpralls der Tackler. Sie haben nur zufällig auch noch den Ball.

Ironischerweise sind es nicht die Zusammenpralle mit voller Kraft, bei denen es am häufigsten zu einem Fumble des Ballträgers kommt. Die meisten werden von dem Verteidiger verursacht, der nach dem ersten Kontakt dazukommt. Der erste Spieler, der den Ballträger stellt, ist der Tackler; der zweite löst den Ball.

Ein Runningback muss den Ball beschützen, indem er die Ballspitze schützt und sie sich in die Achselhöhle steckt. Seine Arme bewegen sich, wenn er läuft, und wenn der Ball aus der Achselhöhle herauskommt, kann man ihn herausschlagen. Gute Defenses üben das Bälle freischlagen täglich.

Eine weitere wichtige Fähigkeit für einen Back besteht darin zu wissen, wann ein Spielzug vorbei ist. Damit meine ich nicht, dass er sich fallen lässt oder ins Aus läuft, um Kontakt zu vermeiden; wer so spielt, besteht nicht lang in der NFL. Aber ein Back, der weiß, dass ihm alle Wege versperrt sind, muss den Ball von oben aus der Achselhöhle nehmen und mit beiden Händen fest an die Brust drücken, dann die Schulter senken und den Ball so beschützend zu Boden gehen.

5 Ein guter Fang

Receiver müssen mehr können als gut fangen

In der heutigen NFL ist das Passspiel nicht nur eine das Tempo wechselnde Alternative zum Laufspiel, wie das bei Offenses vor einer Generation noch der Fall war. Im modernen Football macht das Passspiel im Wesentlichen die Offense aus.

1978 spielten 26 der insgesamt 28 Teams in der Liga mehr Läufe als Pässe. Und das mit Quarterbacks wie Dan Fouts, Roger Staubach, Terry Bradshaw, Bob Griese und Fran Tarkenton – alle Hall of Famers. 2014 liefen nur *vier* der 32 NFL-Teams öfter mit dem Ball als dass sie ihn warfen.

Der Run bereitet heutzutage nicht mehr den Pass vor, sondern Pass folgt auf Pass. Immer mehr Cheftrainer kommen von der Offensive und werden aufgrund ihrer Expertise beim Passspiel angestellt. Und die meisten Plays werden von Koordinatoren bestimmt, die auf Pässe geeicht sind. Keine Position profitiert davon mehr als der Receiver.

Wide Receiver (auch Wideouts genannt) sind in der NFL inzwischen sogar größere Stars als die Quarterbacks. Einige der größten Namen im Football – zum Beispiel Calvin Johnson und Dez Bryant – sind Receiver. Und auch einige der schillerndsten Persönlichkeiten des Sports. Wideouts gelten als Diven, mit Super-Fähigkeiten und dazu passenden Super-Egos.

Sportler, die heute Receiver sind, hätten in den 1960er- und 1970er-Jahren nicht Football gespielt, sondern Basketball. Dann änderte die NFL ihre Regeln und schränkte die Möglichkeit einer Defense, Receiver zu decken, empfindlich ein. Das ließ das Passspiel aufblühen und machte Football für einige großartige Athleten attraktiv.

Mehr Pässe bedeuteten auch mehr Bedarf an Pass-Empfängern. Das 21er-Personnel (zwei Runningbacks, ein Tight End und zwei Receiver), das früher die vorherrschende Offensiv-Aufstellung in der NFL war, wurde durch ein 11er-Personnel (ein Back, ein Tight End und drei Receiver) ersetzt.

Vielen Fans ist nicht ganz klar, dass die Receiver im Passspiel ganz unterschiedliche Rollen haben. Keiner muss sich einfach nur freilaufen. Vielmehr hat jeder Receiver spezifische Aufgaben, die von unterschiedlichen Spielertypen übernommen werden.

Fangen wir mit dem Receiver Nr. 1 an.

Ich würde behaupten, dass die meisten Teams gar keinen Nummer-1-Receiver haben – eine Waffe, die von der Defense besonders gecovert wird. Wenn eine Defense einen echten Nummer-1-Receiver deckt, ist es für den Quarterback viel leichter, einen klaren Pre-Snap Read zu bekommen.

Wer ist ein echter Nummer-1-Receiver? Wir reden hier von Spielern wie Johnson und Bryant, Julio Jones und A. J. Green, Demaryius Thomas und Alshon Jeffery. Davon gibt es definitiv keine 32 in der NFL; jedes Team hat natürlich seinen führenden Receiver, aber nicht alle haben eine Nummer 1.

Wir sollten von Receivern also nicht in Kategorien von erster, zweiter und dritter Option sprechen, sondern lieber so, wie sie in der Strategie der Offense benannt sind – als X-, Z- und Slot Receiver (der Y-Receiver ist übrigens der Tight End).

Die oben erwähnten Spieler sowie Receiver wie Randy Moss, Terrell Owens und Larry Fitzgerald findet man alle auf der Position des X-Receivers. Diese Jungs sind die Crème de la Crème unter den Receivern, die wahren Stars. Sie sind groß – meistens mindestens 1,90 Meter – stark und schnell mit fantastischer Sprungkraft. Während des atemberaubenden Wegs der Arizona Cardinals zum Super Bowl XLIII witzelte Bill Cowher, dass es völlig egal sei, ob man Fitzgerald auf dem ganzen Platz doppelt decke oder nicht, da er einen Meter über seinem Kopf *immer* offen sei.

Der Z-Receiver ist meist etwas kleiner und muskulöser. Er stellt sich auf derselben Seite wie der Tight End auf. Er muss ein guter Blocker sein, weil Laufspiele häufiger zu seiner Seite – der Strong Side – kommen als zur Seite des X-Receivers und er oft den Strong Safety, der auf seiner Seite positioniert ist, übernehmen muss.

Der Z wird auch oft in Motion gesetzt und ist Bestandteil vieler Zwei-Mann-Laufmuster, entweder mit dem Tight End oder aus dem Slot neben dem X. Das bedeutet, dass er seine Routen basierend auf der Route des anderen Receivers verändern muss. Wenn zum Beispiel der Tight End eine Corner Route läuft, läuft der Z eine Curl. Wenn der Tight End eine

Quick Out läuft, läuft der Z dahinter eine Dig. Meistens wird er flache Cross Routes laufen, schnelle Pässe fangen und dann seine unverzichtbaren Runningback-Skills im offenen Feld einsetzen.

Der Z-Receiver hat auch einige längere Routen, er braucht also Tempo, um eine 25-Yard-Out-Route, eine tiefe Post oder eine Go Route zu laufen. Noch wichtiger sind aber seine Zähigkeit und Wendigkeit, mit denen er eine Reverse effektiver läuft als ein Spieler, der besser auf die X-Position passt.

Jede Receiver-Position ist anders, genauso wie die Mentalität der Männer, die sie ausfüllen. Um Z-Receiver ist es in der Öffentlichkeit wesentlich ruhiger als um X-Receiver. Sie wissen, dass sie auf dem Platz ergänzende Komponenten sind und mehr »Drecksarbeit« als die Divas leisten müssen. Sie verstehen, dass ihre Effektivität eine direkte Folge der Bedrohung ist, die der X für die Defense darstellt. Sie kennen ihre Rolle und wissen, dass die Offense den X in Szene setzen will. Und sie wissen, wo sie wann auf dem Feld zu sein haben, damit die Kombinations-Routen funktionieren. Für diesen Job braucht es einen gewissen Grad an Reife, wie zum Beispiel Golden Tate sie in seiner ersten Saison bei den Lions zeigte, wo er neben X-Receiver Calvin Johnson spielte. Es ist kein Zufall, dass Tate gleich 1000 Yards machte. Ein Top-Receiver kommt auch dem Z zugute, weil dieser die gesamte Deckung auf sich zieht. Reggie Wayne genoss diesen Vorzug in seinen frühen Jahren bei den Colts, als sich die Deckung auf Marvin Harrison konzentrierte. Anquan Boldin nutzte bei den Cardinals die Lücken aus, die Verteidiger hinterließen, während sie mit Larry Fitzgerald beschäftigt waren.

Die Position des Slot Receivers hat in der jüngeren Vergangenheit am meisten an Bedeutung gewonnen. Vor über einem Jahrzehnt war der dritte Receiver ein Backup. Alle benutzten ein 21er-Personnel und der dritte Receiver kam nur selten auf den Platz. Heutzutage haben praktisch alle den Fullback gestrichen und den Slot Receiver als dritte Waffe eingeführt. Die Position ist inzwischen so wichtig, dass sie die Defense zu einer Auswechslung zwingt, sobald dieser dritte Receiver aufgestellt wird. Wenn zum Beispiel ein Spieler wie Wes Welker aufs Feld kam, kam auch der Slot Cornerback (auch Nickel Cornerback genannt) rein und der »Will« oder Weak Side Linebacker ging raus. Die bloße Anwesenheit des Slot Receivers verändert das Spiel.

Der Slot Receiver läuft meist Option oder Pivot Routes (Route mit abruptem Richtungswechsel) und ist oft unter 1,80 Meter (Welker misst 1,75

Meter; Wayne Chrebet, der prototypische Slot Receiver, ist 1,78 Meter groß). Manchmal setzen Teams auch größere Receiver im Slot ein, um gegen Nickel Corner, die im Hinblick auf Größe und Fähigkeiten Mismatches in Punkto Größe zu kreieren. Meistens ist der Slot Receiver jedoch ein zäher, cleverer kleinerer Spieler mit Schnelligkeit und Wendigkeit. Weitere Beispiele sind Randall Cobb oder T. Y. Hilton oder Julian Edelman und Danny Amendola, die Welkers alte Rolle in New England übernahmen.

Der Slot-Spieler steht meist auf der Weak Side, wo er von der Aufmerksamkeit profitiert, die der X erhält. Die Patriots der Jahre 2007 bis 2009 waren das perfekte Beispiel für ein Team mit einem Spitzen-Tandem als X- und Slot Receiver. Randy Moss lief das Feld weit runter und zog den Corner mit sich, bis dieser vom Safety abgelöst wurde. Welker reagierte auf die Coverage, lief eine 10-Yard-Out-Route und nutzte den Raum, den die Defense aufgab. Wenn die Defense einen Linebacker nach außen schiebt, um mit dem X zu helfen, oder den Nickel in dessen Richtung schickt, springt der Slot-Receiver nach innen. Seine Routen sind Reaktionen auf die Gelegenheiten, die sich im Spielablauf bieten, und ein cleverer Slot Receiver kann sich in jedem Play freilaufen. Deshalb fing ein Spieler wie Welker über 100 Pässe pro Jahr.

Der Slot Receiver ist auch der Hot Receiver, der Notfallplan für den Quarterback bei einem Blitz. Bei einem 11er-Personnel hat eine Offense maximal sieben Blocker. Teams, die weg vom Tight End blitzen, schicken den Slot Cornerback. Sobald der Slot Receiver die Blitzer los ist, dreht er sich um und sucht den Ball.

Der nächste Schritt wird sein, dass Teams zwei Slot Receiver aufstellen; einen kleineren, um Pivot Routes zu laufen, und einen größeren als tiefe Gefahr, so wie Jerry Porter früher in Oakland. Man stelle sich nur die Mismatches vor, die sich daraus ergeben würden. Wenn eine Defense nur einen Slot Corner im Kader hat, bekommt der zweite Slot Receiver das günstigere Matchup. Wenn die Defense zwei Slot Corner hat und beide 1,75 Meter groß sind, entsteht auf der Seite mit dem größeren Slot Receiver ein Matchup-Vorteil; wenn beide Slot Corner größer sind, ergibt sich für den kleineren, schnelleren Slot Receiver ein Vorteil.

Eine Aufstellung mit zwei Slot Receivern würde Teams zugutekommen, die keinen Tight End wie Antonio Gates haben, der eine große Gefahr darstellt. Offenses, die einen solchen Spieler haben, können bei 3rd-and-6 im 11er-Personnel bleiben. Für die anderen könnte aber ein 10er-Personnel – vier Wides und darunter ein Slot an beiden Seiten – die bessere Option sein.

Die ultimative Waffe

Jimmy Graham ist ein Tight End.

Er spielte an der University of Miami Tight End, wurde als Tight End in die NFL gedraftet und war als Rookie 2010 meistens der Backup für Jeremy Shockey, den Tight End der Saints. 2011 wurde er der Starting Tight End von New Orleans und der erste Tight End in der Geschichte des Teams, der über 1000 Receiving Yards in einer Saison machte. Er trat seine erste Reise zum Pro Bowl als Tight End an und erhielt seine erste All-Pro-Auszeichnung – ja, genau – als Tight End. Wenn die Saints Besprechungen der einzelnen Positionsgruppen abhielten, ging Graham zum Meeting der Tight Ends.

Doch als die Saints ihn nach der Saison 2013 mit dem Franchise Tag belegen wollten, wollte Graham plötzlich als Wide Receiver gesehen werden. Und das, obwohl er sich auf seinem eigenen Twitter-Account Tight End nannte.

Ein Schiedsgutachter entschied letztlich, dass Graham ein Tight End sei, dem das Honorar eines Tight Ends – nicht das Spitzengehalt eines Wideouts – zustünde. 2014 machte das einen Unterschied von circa 5 Millionen Dollar jährlich aus.

Für mich gab es da nie einen Zweifel. Sobald mir John Pollard von STATS LLC sagte, dass Graham 2013 in 69,3 Prozent aller Fälle nicht von einem Cornerback gedeckt wurde, bestätigte sich für mich das, was alle bereits wussten: Jimmy Graham ist ein Tight End. Er wurde 29,4 Prozent der Zeit von einem Linebacker gecovert und kein Linebacker deckt je einen Wideout in der NFL.

Wie sich Graham und seine Generation von Tight Ends nennen, ist letztlich unerheblich. Hauptsache wir erkennen, was sie wirklich sind: Spiele-Entscheider, Game Changers. Die hybriden Tight Ends der heutigen NFL – Spieler, die einen Front-Seven-Verteidiger blocken können und in der Coverage Matchup-Probleme kreieren, die ihre Quarterbacks ausnutzen – haben dem offensiven Football eine neue Dimension hinzugefügt.

Es gab schon immer Tight Ends, die fangen konnten – siehe Mike Ditka, John Mackey und Dave Casper –, aber davon fand sich in der Liga pro Saison nur eine Handvoll. 1983 waren die Top drei Passempfänger Tight Ends: Todd Christensen, Ozzie Newsome und Kellen Winslow. Aber das war eher ein flüchtiger Trend als ein Hinweis auf die Zukunft. Tight Ends waren historisch betrachtet immer Zwitterwesen: eine Art sechster

Offensive Lineman und Gelegenheits-Receiver, mit Skills aus beiden Welten, aber in keiner wirklich zu Hause.

Dann kam Shannon Sharpe. Als seine Büste in der Hall of Fame in Canton eingeweiht wurde, war jedem klar, welches Potenzial in der Position des Tight Ends steckt. Es reichte nicht länger aus, im Kader einen Tight End zu haben, der blocken konnte, und einen weiteren, der fangen konnte. Jetzt wollte man Spieler, die in Personalunion zu beidem fähig waren.

Heutzutage kann ein Tight End der beste Freund des Quarterbacks sein – eine große Anspielstation, der wie ein Wide Receiver Routen läuft und fängt und wie ein Lineman blockt. Diese Kombination erzeugt potenziell das größte Matchup-Missverhältnis.

Ein Paradebeispiel ist Rob Gronkowski. Jeder weiß, was er 2011 als Receiver für Werte aufstellte (90 Catches, 1327 Yards, 17 Touchdowns – die letzten beiden Zahlen waren NFL-Rekorde für Tight Ends). Aber er war genauso effektiv als Blocker. Wenn die Patriots ihn dicht am Tackle aufstellten, war er dort genauso gut wie wenn er als Passempfänger rauslief.

Wen konnte eine Defense gegen einen Spieler wie Gronkowski aufstellen? Mit seinen 1,99 Meter und 120 Kilogramm konnte er jeden Safety überwältigen, jeden Linebacker hinter sich lassen und jedem Nickel Corner entwischen.

Die schlechte Nachricht für Defenses: Gronkowski war nicht mehr die Anomalie, die Sharpe damals war. 2011 waren sechs der besten 17 Passfänger Tight Ends (Graham, Gronkowski, Brandon Pettigrew, Tony Gonzalez, Aaron Hernandez und Jason Witten). Bei 17 Teams – mehr als der Hälfte der Liga – fing der Tight End mehr Pässe als der zweite Wide Receiver. Bei sechs der acht besten Passing-Offensiven in der Liga war ein Tight End entweder der führende oder der zweitbeste Passempfänger. Ganz klar spielen Tight Ends zunehmend eine wichtige Rolle beim Pass-Angriffsspiel und zwar nicht nur in Teams mit einem hochkarätigen Tight End, obwohl es von diesen mehr gibt als je zuvor.

Eine solche Waffe zu haben, ist zweifellos ein Vorteil für einen Quarterback, und zwar nicht nur in Form einer großen, zuverlässigen Anspielstation. Nehmen wir an, ein Team entscheidet sich für ein 11er-Personnel. Wenn man einen dritten Wide Receiver aufstellt, dann kontert die Defense normalerweise mit einer Nickel-Aufstellung, meist in Form eines dritten Cornerbacks. Dieser fünfte Defensive Back ersetzt einen Linebacker, weil das 11er-Personnel der Defense andeutet, dass sie eher einen Pass als einen Run zu erwarten hat. Die Defense setzt also einen Cornerback für jeden Wide Receiver ein und lässt einen Safety den Tight End bewachen – ein besseres Matchup für die Defense als es ein Linebacker wäre.

Auch wenn sie keine großen Blocker sind, bringen hochkarätige Tight Ends wie Graham enorme Vorteile beim Laufspiel. Die Seahawks holten ihn von vorneherein mit der Absicht, ihn in 21er- oder 22er-Personnel-Aufstellungen einzusetzen. Gegen eine Aufstellung mit zwei Backs wird der gegnerische Strong Safety gezwungen, in die Box zu rutschen, und sobald er das tut, läuft Graham an ihm vorbei. Schon die potenzielle Gefahr, die von Graham ausgeht, kann den Safety davon abhalten, zur Box aufzurücken.

Aber was, wenn dieser Tight End auch blocken kann wie einst Gronkowski? Die Offense positioniert ihn in der Nähe des Tackles und auf einmal ist die Defense im Nachteil. Jetzt hätten sie lieber ihren Linebacker auf dem Platz, um gegen den Lauf zu verteidigen. Matchup-Vorteil für die Offense.

Nun wird hoffentlich klar, in was für eine Zwickmühle ein multidimensionaler Tight End eine Defense bringt. Was sollte eine Defense machen, wenn sie sah, dass Pittsburgh ein 11er-Personnel auf den Platz schickte? Wenn sie einen Nickel Corner aufstellte, ließen die Steelers Tight End Heath Miller an der Linie und schickten Runningback Le'Veon Bell mit dem Ball los gegen eine Defense mit fünf Defensive Backs. Wenn die Defense den Strong Linebacker in der Box hielt, um gegen den Lauf zu verteidigen, ging Miller nach außen und der Linebacker musste mit ihm gehen. Das verursachte mehrere Probleme. Zum einen hat ein Linebacker die Box verlassen, die Steelers konnten also immer noch ein Laufspiel aufziehen. Und falls sie passen wollten, war Miller ein zu guter Routen-Läufer, als dass der Linebacker mit ihm mithalten konnte. Die Defense konnte ihn stattdessen von einem Strong Safety bewachen lassen, doch in diesem Fall konnte die Steelers-Offense den Ball immer noch zu Miller laufen lassen, der beim Blocken seines Gegenspielers im Vorteil war.

Es handelt sich für die Defense um einen klassischen Konflikt. Miller dominierte entweder deinen Linebacker im Passspiel oder deinen Safety im Laufspiel. In beiden Varianten hieß es wieder: Matchup-Vorteil für die Offense.

Die bloße Anwesenheit eines solchen Tight Ends macht es für den Quarterback viel leichter, die Defense in seinem Pre-Snap Read einzuschätzen und den richtigen Spielzug anzusagen. Tight Ends, die sowohl blocken als auch fangen können, kreieren überall auf dem Platz vorteilhafte Matchups. Und nun stell dir vor, du hast zwei von der Sorte.

Wenn du zwei Jungs kriegen kannst, die gute Blocker sind und auch als Passempfänger eine Gefahr darstellen, die bereit sind, gelegentlich als Fullback ins Backfield zu gehen und ein Power Play zu machen, dann hast du in deiner Offense die hybriden Spieler, die du brauchst, um im modernen Football zu gewinnen. Bill Belichick startete diesen Trend als er sowohl Gronkowski und Aaron Hernandez im Team hatte. Bill hatte in seine Defense Joker eingebaut, die überall spielen konnten. Also war es nur folgerichtig, dass er solche Joker auch für die Offense erfand.

Q: Was ist wichtiger für einen Receiver: Tempo oder gute Hände?

A: Ein Receiver muss in allererster Linie den Ball fangen.

Natürlich stellt eine hohe Geschwindigkeit eine Defense vor Probleme. Ein Receiver, der eine potenzielle vertikale Gefahr darstellt, kann tiefe Routen antäuschen und damit weiter vorne die Deckung aufbrechen.

Aber wie mir der verstorbene Wide Receiver Chip Myers immer sagte, bringt Tempo einem Receiver nur bedingt Vorteile. Spieler mit hoher Grundgeschwindigkeit nach vorne können diese beim plötzlichen Richtungswechsel nicht halten. Einem Defensive Back wird ein schneller Receiver zunächst davonlaufen. Wenn er aber auf der 20-Yard-Route die Richtung wechseln will, bremst er ab und der Verteidiger kann aufholen.

Mit einem präzise werfenden Quarterback kann eine Offense flache Cross-Routen laufen, für die keine Spitzenzeiten nötig sind. Jerry Rice, der beste Receiver aller Zeiten, war nicht 1,95 Meter groß und rannte die 40 Yards nicht in 4,3 Sekunden. Er war 1,88 Meter groß und hatte eine Zeit von 4,5 Sekunden. Aber er lief perfekte Routen und hatte richtig gute Hände.

Cincinnati machte es New England nach und fand seine zwei hybriden Tight Ends in der ersten Draft-Runde: Jermaine Gresham und Tyler Eifert.

Detroit besaß in Brandon Pettigrew zwar bereits einen hervorragenden Tight End, der in drei aufeinanderfolgenden Spielzeiten über 100 Mal angespielt wurde, sie holten mit ihrem Erstrunden-Pick 2014 aber nicht einen Receiver (den viele als dringenden Bedarf ansahen), sondern Eric Ebron.

Wenn du ein 12er-Personnel mit zwei solchen Tight Ends spielen kannst, hat die Defense ein gewaltiges Problem. Die defensiven Trainer wissen nicht, wie sie diese Tight Ends nennen sollen (und unterstreichen damit vielleicht Grahams Argument). Ist einer ein Receiver und der andere ein Blocker? Und welcher macht was? Bleiben beide in der Box? Oder gehen beide raus?

Ein hybrider Tight End an beiden Enden der Offensive Line zwingt eine Defense dazu, die Front (die Spieler in der Box) ausgewogen zu gestalten, denn es lässt sich nicht bestimmen, welche Seite die starke und welche die schwache ist. Eine 12er-Aufstellung erleichtert jungen unerfahrenen Quarterbacks das Leben, denn es ist durch sie einfacher, vor dem Snap eine Defense zu lesen.

Coverage lesen

Man hört oft, wie wichtig es ist, dass ein Quarterback die Coverage, also die Deckung der Verteidigung lesen kann, aber ein Receiver muss dies genauso gut können. Was nützt es schließlich, wenn der Quarterback Angriffspunkte in der Defense erkennt, aber der Spieler, dem er den Ball zuwirft, dies nicht so sieht?

Früher liefen Receiver einfach die Routen, die ihnen zugeteilt wurden. Die großen Dallas-Teams der frühen 1990er-Jahre sagten »408« an – was eine 4er-Route für den X-Receiver (Michael Irvin), einer 0er-Route für den Y-Receiver (Tight End Jay Novacek) und eine 8er-Route für den Z-Receiver (Alvin Harper) bedeutete. Irvin lief also 15 Yards nach innen, Novacek lief eine flache Cross Route, Harper eine Post und Quarterback Troy Aikman ging seinen Progression Read durch und versuchte herauszukriegen, welche Route die beste Chance hatte, die Coverage zu schlagen, die er in der Defense erkannte. Der nächste Spielzug war dann »804« – Irvin lief die Post, Novacek die flache Cross und Harper die In Route. Unterm Strich liefen die Spieler den Spielzug wie geplant und im Huddle angesagt.

Q: Was ist für Receiver frisch aus dem College die größte Herausforderung in der NFL?

A: Meistens der Release. Manche erfolgreiche College-Receiver kommen in der NFL noch nicht mal von der Line of Scrimmage weg. Sie standen noch nie großen schweren Cornerbacks gegenüber, Jungs, die 1,85 Meter groß und 90 Kilogramm schwer sind und 180 Kilogramm stemmen können. Sie haben überhaupt nicht die Chance, die Coverage zu lesen (eine weitere große Herausforderung), weil sie voll und ganz damit beschäftigt sind, aus der Startposition rauszukommen.

Dieser Ansatz verhindert Verwirrung unter den Spielern, hat aber den Nachteil, dass man in letzter Sekunde sichtbare Schwächen in der Defense nicht ausnutzen kann. Deshalb haben sich Offenses dahin entwickelt, dass Receivern für ihre Routen mehrere Optionen zur Auswahl stehen. Das Prinzip bleibt gleich – auch heute noch muss bei einer 408 der X-Receiver die 4er-Route laufen usw. Aber er hat nun verschiedene Optionen, basierend auf der Coverage, die er und der Quarterback an der Line of Scrimmage erkannt haben. Er könnte eine 15-Yard-In-Route laufen, eine Stop, eine Quick Slant oder Takeoff Route – je nachdem, was er als beste Option sieht, um eine bestimmte Coverage auszuhebeln. Und *jede* Coverage hat ihre Schwachstellen.

Es gibt drei Grund-Coverages, die jede Defense einsetzt. Jede davon unterbindet bestimmte Laufwege der Offense und lässt dafür andere zu.

»Off and soft« bedeutet, dass sich ein Cornerback zurückfallen lässt, möglicherweise in eine Cover 3 Zone (drei defensive Backs verteidigen jeweils ein Drittel des Felds tief), wodurch sich Routen unterhalb der Coverage eröffnen können.

»Off and inside« ist eine abgeschwächte Form der Manndeckung. Sie verhindert schnelle Innenrouten wie den Slant, den Jerry Rice so gut beherrschte, lädt aber zu schnellen Out-Routen ein – die für den Quarterback schwieriger zu werfen sind.

PASSSPIEL GEGEN »OFF AND SOFT«-COVERAGE

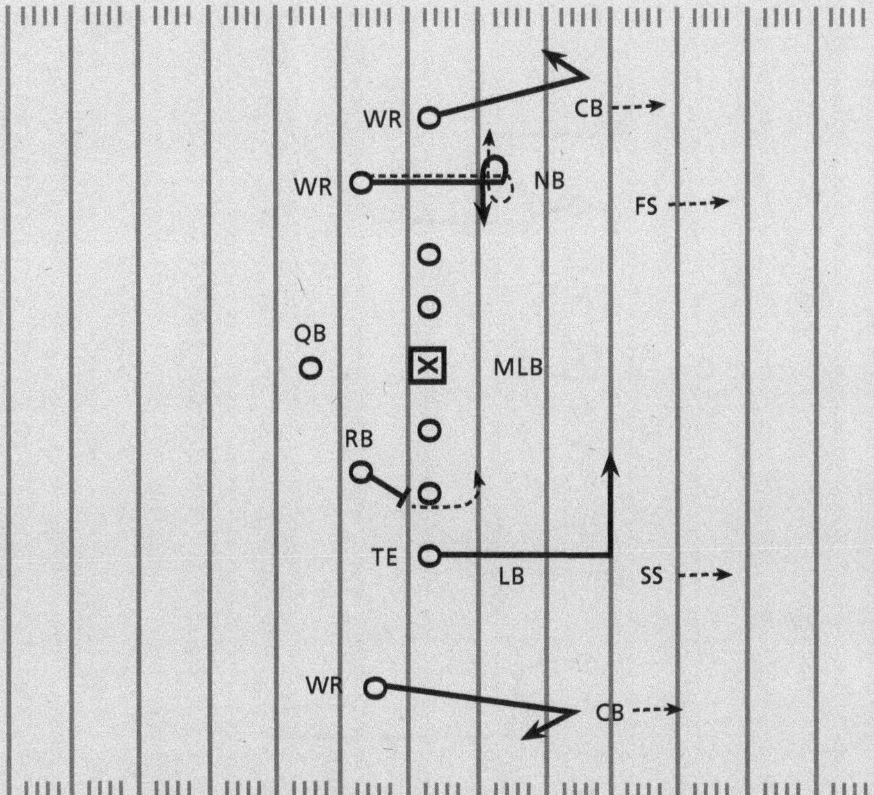

Wenn die Cornerbacks beim Snap rückwärtslaufen, ändern die Receiver tiefe Routen zu Außenrouten. Der Tight End splittet die Safetys auf und versucht, den mittleren Linebacker auf sich zu ziehen. Der Slot Receiver kann eine Pivot Route laufen; der Runningback ist frei und kann nun lossprinten, falls es keinen Blitz gibt.

PASSSPIEL GEGEN »OFF AND INSIDE«-COVERAGE

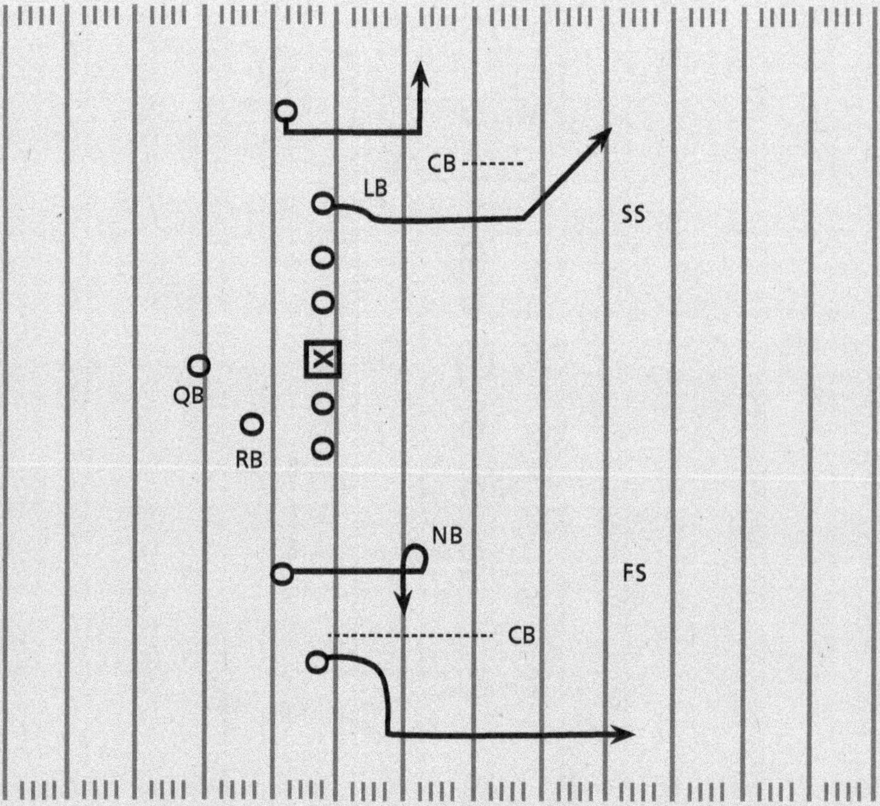

Dan Marino war berühmt dafür, gegen diese Coverage eine Out Route zu werfen. Er ist der Meinung, dass heutzutage nicht genug Quarterbacks dies tun. Ich erinnere ihn dann daran, dass nicht viele Quarterbacks einen solchen Wurfarm wie er haben.

Q: Wie wichtig ist es, dass ein Receiver blocken kann?

A: Auch heute, wo das Laufspiel an Bedeutung verloren hat, laufen Teams immer noch etwa 25 Mal pro Spiel mit dem Ball. Receiver können also entscheidend zum Erfolg eines großen Runs beitragen.

Zuerst müssen sie herausfinden, wen sie blocken sollen – das können sie aber erst beim Snap. Guards und Tackles wissen, wen sie bei einem Power Run blocken müssen, aber Receiver müssen spontan entscheiden, ob sie sich einem Cornerback, einem Safety oder jemand anderem in den Weg stellen.

Dann müssen sie den Block über einen längeren Zeitraum aufrecht halten – Receiver sind für die längsten Blocks überhaupt im Spiel verantwortlich. Ein Guard blockt den Verteidiger vor sich, seine Arbeit ist im Wesentlichen getan, wenn der Back eine Sekunde später über die Linie läuft. Ein Receiver muss hingegen gegebenenfalls über das ganze Feld hinweg bei seinem Mann bleiben.

Am wichtigsten ist jedoch, dass Receiver die richtige Einstellung zum Blocken haben. Zu viele Divas in der NFL sind schon angesäuert, wenn ein Laufspiel ausgerufen wird. Manchmal wird im Huddle ein Passspiel angesagt und der Receiver rennt in freudiger Erwartung los. Doch dann ändert der Quarterback das Play Call an der Linie zu einem Laufspiel … und so mancher Receiver ist stinksauer. Zum Blocken gehört vor allem auch die Bereitschaft zu blocken.

Eine Press-Coverage ist die klassische Manndeckung (oder zumindest so nah dran, wie die heutigen NFL-Regeln über Körperkontakt mit einem Receiver es zulassen). Der Cornerback stellt sich dabei an der Innenschulter des Receivers auf, zwingt den Receiver dadurch, nach außen zu laufen, und dreht sich dann um und läuft innen neben seinem Mann her. Eine Variante der Press-Coverage ist Press Bail, was bedeutet, dass sich der Cornerback so aufstellt, als wolle er pressen, aber vor dem Snap nach außen rutscht.

Vor dem Snap hält der Receiver Ausschau nach Hinweisen auf die Ausrichtung des Corners. Aber dieser will möglicherweise Receiver und Quarterback hinters Licht führen, indem er so tut, als würde er eine bestimmte Coverage spielen, aber in Wirklichkeit eine andere plant. Das Austricksen des Gegners ist in der NFL ein beliebtes Spiel auf beiden Seiten.

Erst beim Post-Snap Read kann der Receiver wirklich erkennen, was der Defensive Back vorhat. Wenn sich der Cornerback 7 oder 8 Yards von der Line of Scrimmage entfernt an der Außenschulter des Receivers aufgestellt hat, sieht das für den Receiver wie »off and soft« aus. Aber sicher kann er sich da erst nach dem Snap sein, wenn er sieht, wie der Cornerback rückwärtsgeht und ein Deep-Coverage-Verhalten zeigt. Der Receiver muss dann sofort entscheiden, ob er eine Post oder tiefe Curl Route läuft oder etwas vor der tiefen Coverage. Diese Entscheidung hängt aber auch noch von einem weiteren Faktor ab – dem Drop des Quarterbacks, auf den ein Receiver immer achten muss.

Wenn der Spielzug einen Three-step Drop verlangt, der Quarterback also drei Schritte nach hinten geht, weiß der Receiver, dass er sich für eine kurze Route wie Slant, Fade oder Stop entscheiden muss. Bei einen Seven-step Drop hingegen funktioniert die Slant-Route nicht, da der Receiver schon das Feld überquert hat, bevor der Quarterback bereit zum Wurf ist.

Fans, die von den Rängen oder auf dem Sofa zusehen, sollten folgende Faustregel im Kopf haben: Die Anzahl der Schritte, die ein Quarterback nach hinten geht, entspricht normalerweise der Hälfte der Schritte, die ein Receiver machen kann, bevor der Ball sein Ziel erreicht. Wenn der Quarterback in einen Seven-step Drop geht, hat der Receiver 14 Schritte zur Verfügung. Er könnte also 14 Schritte das Feld runter und dann eine Skinny-Post oder Stop-and-go Route laufen. Oder neun Schritte nach vorne, dann die nächsten drei zur Post und die letzten zwei zurück in eine Curl. Wenn sein Quarterback drei Schritte zurückgeht und der Receiver eine »Off and soft«-Coverage liest, könnte er mit sechs Schritten eine Stop-Route laufen, die ihm etwa 10 Yards Platz verschafft und bei der er nach dem Fang nur einen Mann abwehren muss.

Viele Faktoren bestimmen, für welche Route sich ein Receiver entscheidet, aber der Post-snap Read ist der Schlüssel. Ein Cornerback hält vor dem Snap vielleicht 9 Yards Abstand zum Receiver und deutet damit eine »Off and soft«-Coverage an. Wenn er aber beim Snap nicht rückwärtsgeht, bleibt er auf der unteren Route, in die er den Receiver hineinlocken will. Wenn der Receiver diesen ersten Post-Snap-Hinweis ignoriert, läuft er eine Stop Route und wird von der Defense gestoppt, sobald der Ball ankommt. (Die richtige Entscheidung in dieser Situation wäre eine Route nach vorne, vorbei am Cornerback, der auf der unteren Route lauert.) Es gibt unzählige Beispiele für talentierte Receiver mit schlechter Post-Snap-Einschätzung. Eli Manning musste am Anfang seiner Karriere viele unnötige Sacks bei Three-step Drops einstecken, weil sein Receiver Nummer 1, Plaxico Burress, bei seinen Option Routes die falschen Entscheidungen traf.

Der X-Receiver ist derjenige, der sich bei einer Press-Coverage Sorgen machen muss. Cornerbacks können Z- oder Slot Receiver nicht pressen, weil sich diese nicht an der Line of Scrimmage aufstellen. Man presst den X, um den größten und kräftigsten Receiver davon abzuhalten, sauber von der Linie loszukommen, und um das Timing zu stören, das er und der Quarterback brauchen, damit Receiver und Ball zur selben Zeit am selben Punkt ankommen. Viele Rookie-Receiver kommen in ihrem ersten NFL-Trainingscamp an und denken, dass sie der nächste große X-Mann sein werden, nur um festzustellen, dass sie gegen die Press Coverage eines guten NFL-Corners gar nicht erst von der Linie weg und in ihre Route kommen.

In der Red Zone hat der X es fast ausschließlich mit Press Coverage zu tun. Ein klassischer X wie Randy Moss kam damit bestens zurecht; er lief gegen einen pressenden Cornerback oft eine Fade Route und gewann den Zweikampf jedes Mal mit seinen Augen. Ein Cornerback ist darauf geeicht, auf die Reaktionen des Receivers zu achten; wenn sich dessen Augen weiten oder er seine Hände zum Passempfang bewegt, fährt der Corner seine Hände aus, um den Ball wegzuschlagen. Neben all seiner Athletik war Moss' größtes Plus sein Poker Face. Seine Augen verrieten nichts, und er hob nie die Hände, bis der Ball direkt über ihm war.

Der Corner weiß nicht, wann der Ball unterwegs ist, und kann ihn deshalb nicht stoppen.

Achte also immer darauf, wie sich der Cornerback zum X-Receiver aufstellt. So kannst du erahnen, welche Route der Receiver vielleicht wählt. Und beobachte dann den Drop des Quarterbacks, denn die Anzahl seiner Schritte schränkt die Routen-Optionen ein. Wenn es zu einer Incompletion kommt, weil der Quarterback an eine Stelle wirft, sich der Receiver aber an einer anderen befindet, besitzt du wahrscheinlich genug Informationen, um festzulegen, welcher Spieler die falsche Entscheidung getroffen hat.

Ein guter Fang

Wie du siehst, ist die Position des Receivers viel komplexer, als die meisten Fans denken. Verschiedene Receiver haben unterschiedliche Aufgaben und es braucht dafür mehr Strategie als den alten Sandkastenspruch »Go long«, also einfach so weit wie möglich nach vorne zu preschen.

Q: Warum ist die Fade Route in der Red Zone so beliebt?

A: Weil es die einzige Route ist, für deren Deckung eine Defense nur einen Mann abstellen kann. Vielleicht kommt spät noch ein zweiter dazu, aber größtenteils sieht der Quarterback ein Eins-zu-Eins-Matchup, idealerweise mit einem großen Receiver.

Sobald eine Offense eine Fade Route in Gang bringt, eröffnen sich auch viele andere Optionen. Nehmen wir zum Beispiel an, dass der Quarterback die Fade Route zum Z-Receiver auf der Tight-End-Seite des Platzes wirft. Wenn sich der Safety darauf einlässt, läuft der Tight End direkt im nächsten Spielzug eine Seam Route. Der Quarterback lässt sich zurückfallen und beobachtet den Safety: Wenn dieser auf seiner Position bleibt und den Tight End deckt, wirft der Quarterback die Fade; wenn der Safety nach außen geht, wirft er die Seam Route.

Ein Aspekt der Receiver-Position hat sich aber nicht verändert, seit im Jahr 1906 der Vorwärtspass eingeführt wurde. Die wichtigste Fähigkeit eines Receivers ist die, den Ball zu fangen.

Und wie alles andere auf dem Footballplatz, hört sich das wesentlich leichter an, als es ist.

Es gibt bestimmte Mechanismen, die beim Fangen des Balls grundlegend sind: Ausstrecken, fangen, festmachen und drehen.

Q: Hat die Spread Offense beeinflusst, wie sich Receiver im College entwickeln?

A: Die gute Nachricht ist: Durch die Ausweitung des Passspiels im College sind nun mehr Receiver daran gewöhnt, den Ball häufig zu fangen. Im Draft-Jahrgang 2015 gab es einige Kandidaten mit 100 Catches pro Saison, die vielleicht sogar 180 bis 190 Mal angespielt wurden. Und 2014 war das Jahr mit den produktivsten Rookie-Receivern in der Geschichte der NFL.

Aber die Schattenseite ist, dass die Mehrheit dieser Zuspiele auf Quick Routes in Verbindung mit Three-step Drops und Roll-out-Pässen erfolgen. College-Receiver laufen keine Routen, die zu den Seven-step Drops passen, die Quarterbacks in der NFL noch immer machen. Sie kennen nicht den kompletten Routen-Baum und entwickeln bei den wenigen Routen, die sie laufen müssen, auch keine besondere Cleverness.

Beim heutzutage in der NFL so häufig eingesetzten 11er-Personnel bieten sich für die vielen produktiven Receiver frisch vom College zahlreiche Einsatzmöglichkeiten an. Doch was diese Jungs können, ist ironischerweise oft durch die extrem offensiven Systeme eingeschränkt, die ihnen diese hohen Ballfangquoten überhaupt erst ermöglichten.

Um einen Ball zu fangen, muss ein Receiver nicht nur die Arme ausfahren, sondern auch die Finger. Wenn es regnet, fällt auf, dass sie sich nicht so weit strecken, sondern den Körper als dritten Kontaktpunkt für den Ball benutzen, wodurch sie bei rutschigen Bedingungen mehr Kontrolle haben. Sobald der Ball mit den Händen Kontakt hat, muss der Receiver ihn an den Körper drücken und sichern (*possession*). Dann muss er den Ball so am Körper platzieren wie ein Runningback. Erst wenn der Ball gesichert ist, kann sich der Spieler wieder zum Ende des Feldes drehen und versuchen, wertvollen Raum zu gewinnen. Wie oft hört man einen Kommentator sagen: »Er läuft mit dem Ball, bevor er ihn gesichert hatte.« Wenn sich ein Receiver dreht, um loszulaufen, bevor der Ball gesichert ist, kann das leicht zu einer Incompletion oder einem Fumble führen.

Ausstrecken, fangen, festmachen und drehen – hört sich einfach an, oder? Trotzdem werden jeden Sonntag von den besten Receivern mit den besten Händen in der NFL Bälle fallengelassen. Wenn du verstehst, was alles zu einem Fang dazugehört, kannst du dir die Wiederholung von einem Drop ansehen und feststellen, welcher Teil des Prozesses schiefgelaufen ist.

Schauen wir uns zum Beispiel Kelvin Benjamin an. Einer der Kritikpunkte an ihm, als er frisch von der Florida State kam, war, dass er dazu neigte, fangbare Bälle fallenzulassen. In seinem Rookie-Jahr 2014 bestätigte Benjamin Carolinas Entscheidung, ihn in der ersten Runde zu wählen; er hielt den Mannschaftsrekord für die meisten Receptions, die meisten Receiving Yards und die meisten Touchdowns von einem Rookie. Aber er hatte auch die meisten Drops.

Ein objektiver Beobachter könnte sich Wiederholungen von Benjamins Drops ansehen und feststellen, mit welcher Phase des Fangprozesses er Probleme hatte. Streckte er die Arme nicht weit genug aus, wodurch Defensive Backs den Ball wegschlagen konnten? Waren seine Finger nicht genug ausgestreckt, um den Ball zu empfangen? War er schlampig beim Festmachen, sodass der Ball rausrutschte, bevor er ihn gesichert hatte?

Wonach ich im Draft suche, sind nicht Receiver, die die einfachen Catches machen, sondern diejenigen, die auch einen nicht perfekten Wurf fangen. In der heutigen NFL gibt es viele nicht perfekte Quarterbacks, die den Ball 40 Mal pro Spiel werfen. Daraus ergeben sich jede Menge schlecht platzierte Würfe.

Ich achte auf den Fang-Radius eines potenziellen Kandidaten, nicht auf seine Maße (Armlänge und Handgröße), und suche auf Film Beispiele für im College gefangene Bälle, die unabsichtlich zu weit oder zu kurz geworfen wurden. Amari Cooper wurde ein Erstrunden-Talent, indem er die Bälle eines nicht draftbaren Quarterbacks fing. Jordan Matthews wurde der Spieler mit den meisten Receptions aller Zeiten in der SEC (Southeastern Conference) – und das, obwohl nicht gerade ein Andrew Luck ihm in Vanderbilt die Bälle zuwarf.

Tolle Receiver können für den Erfolg eines Quarterbacks ausschlaggebend sein. Oder glaubst du, Taj Boyd hätte an der Clemson University fast 12.000 Yards geworfen, wenn er nicht DeAndre Hopkins und Sammy Watkins mit ihrem enormen Fang-Radius als Receiver gehabt hätte?

Man bedenke nur, was es für Eli Manning bedeutete, wenn er sah, wie Odell Beckham Jr. einhändige Catches trainierte. Das gab ihm Vertrauen in seinen Receiver. Wenn ein Quarterback dieses Vertrauen nicht hat, wird er zur nächsten Option in seiner Progression übergehen, sobald er erkennt, dass ein Defensive Back einem Receiver auf den Fersen ist. Aber wenn Eli sah, dass Beckham gedeckt war, dachte er: *Ich werfe den Ball dahin, wo nur er ihn kriegen kann.* Er glaubte an Beckhams Fang-Radius und war bereit, ihn mit Pässen anzuspielen, die er niemals zu einem durchschnittlichen Receiver geworfen hätte.

Auf die Linie achten

Warum die Offensive Line so wichtig ist

Wenn man einen Raum betritt, in dem sich ein Offensive Lineman der NFL befindet, wird man diesen sofort ausfindig machen. Aber wenn fünf davon auf dem Platz stehen, bleiben sie seltsamerweise meist völlig unbemerkt. Wir reden hier von ungefähr 725 Kilo Lebendgewicht mitten im Geschehen. Und trotzdem achten zu viele Footballfans nie darauf, was an der O-Line passiert.

Paul Alexander, langjähriger Offensive Line Coach der Cincinnati Bengals, vergleicht seine Linemen mit einem Geheimdienst. »Wir sorgen für Sicherheit und Personenschutz«, sagt er, wohl wissend, dass es einen ganz besonderen Grad an Uneigennützigkeit braucht, um bei jedem einzelnen Spielzug Kopf und Körper für seinen Mitspieler hinzuhalten.

Offensive Lines waren erfolgreich, wenn ein Runningback einen großen Tag hat oder das Trikot des Quarterbacks sauber bleibt, aber sie ernten dafür nur wenig Ruhm in der Öffentlichkeit. Wenn man sie doch mal bemerkt, dann meist, weil sie drei Sacks zugelassen haben … auch wenn einer davon den Quarterback auf einem Bootleg erwischte, ein anderer bei einem Safety-Blitz kam und ein dritter, als der Linebacker die Pocket zum Einsturz brachte, während er den Runningback überrollte. Und wenn Hollywood mal einen Film über einen Offensive Lineman produziert, wie *Blind Side – Die große Chance*, geht es eher um das Drama in seinem Privatleben als um seinen Job auf dem Platz.

Aber die meisten Fans verstehen eben nicht besonders viel vom Line Play, das zu kompliziert ist, um innerhalb einer TV-Übertragung vom Kommentator erklärt zu werden. Hinzu kommt, dass es keine Statistiken gibt, die die individuelle Leistung eines Linemans wirklich auswerten (weshalb man sie beim Fantasy Football auch nicht berücksichtigen kann).

Fangen wir damit an, die einzelnen Positionen vorzustellen, von denen jede teilweise unterschiedliche Fähigkeiten benötigt und unterschiedliche Aufgaben hat.

Das Lineup

Left Tackles werden aus einem Grund so gut bezahlt: weil sie ganz allein den Pass Rusher blocken können (*pass block*). Das ist die Hauptaufgabe des Mannes, der die blinde Seite des Quarterbacks beschützt. Wenn er auch den Run blocken, also den Weg für den Runningback freimachen kann, ist das ein Bonus. Aber vor allem geht es darum, gegen den besten Pass Rusher des Gegners anzutreten.

Left Guards müssen eine Kombination aus Beweglichkeit und Kraft haben. Der Spieler muss der beste Puller sein, um den Angriffspunkt bei einem G-Power Run zu etablieren. Als Alan Faneca bei den Steelers spielte, ließen sie 80 Prozent ihrer Laufspielzüge hinter ihm laufen. Aber ein Guard muss beim Passspiel auch ein Blocker sein. Gegen eine 4-3-Defense ist sein direkter Gegenspieler ein Defensive Tackle; eine 3-4-Defense könnte den Defensive End näher an den Nose Guard rücken, wo er in den Zuständigkeitsbereich des Guards fällt. Der siebenmalige Pro Bowler Steve Hutchinson von den Vikings war der Prototype eines Guards, wie sich ihn ein Trainer erträumt.

Der Center ist das Gehirn der Offensive Line, meist ist er derjenige, der die Protection Schemes an der Line of Scrimmage ansagt. Aber er muss auch kräftig genug sein, um einen Nose Tackle abzuwehren, ohne bei einer Frontalattacke gegen seinen Quarterback geschoben zu werden, und agil genug, um notfalls auch einen Linebacker abzufangen. Im Idealfall ist der Center in der Lage, die Protection Calls anzusagen und, je nach den Bedürfnissen des Teams, mindestens eine dieser physischen Anforderungen zu erfüllen. Jahrelang stand jedes Team der NFC South innerhalb seiner Division ausschließlich 4-3-Defenses gegenüber, sie brauchten also alle einen Center, der einen Linebacker abfangen konnte. Aber ein Team wie Cincinnati hatte es in der AFC North nur mit 3-4-Defenses zu tun. Wenn man 2014 Cheftrainer der Bengals war, brauchte man also einen Center, der in sechs Spielen gegen 150 Kilogramm schwere Jungs wie Steve McLendon, Brandon Williams und Phil Taylor bestehen konnte.

Die zwei Guard-Positionen haben mehr gemeinsam als die Tackles, aber der rechte Guard muss nicht so schnell sein wie der linke, weil er seltener pullen, also weiter entfernte Verteidiger blocken muss. Das liegt daran, dass die meisten Teams den Tight End auf der rechten Seite aufstellen und ihre Power Runs über diese starke Seite laufen lassen.

Wie der Right Guard muss auch der Right Tackle in erster Linie ein kraftvoller Run Blocker sein. Natürlich freut sich sein Team, wenn er auch gegen den Pass blocken kann, aber bei Passspielzügen können ihm sowohl der Tight End als auch der Runningback helfen. Wenn ein Team aber im Laufspiel keinen Angriffspunkt findet, muss es sich auf lange Third Downs und unsichere Pass-Situationen einstellen.

Q: Warum haben Center im Schnitt längere Karrieren als andere Linemen?

A: Erfahrung ist für Center sehr wichtig. Sie sind die Quarterbacks der Offensive Line, sagen alle Protection Calls und kurzfristigen Anpassungen an. Ein erfahrener Spieler, der das kann, ist für einen Line Coach Gold wert. Und er wird deshalb aufs Feld rausgeschickt, solange er noch aus eigener Kraft laufen kann.

Hilfreich im Hinblick auf die Langlebigkeit ist auch, dass der Aktionsradius von Centern relativ klein ist. Sie müssen nicht oft pullen, also nicht viel laufen. Das mindert den Verschleiß.

Die Colts wollten Jeff Saturday nicht mal für ein Spiel auf die Bank setzen. Nachdem die Jets Nick Mangold 2006 in der ersten Draftrunde gewählt hatten, stand er in 141 seiner ersten 143 Spiele in der Startformation. Alex Mack spielte für die Browns von 2009 bis zum fünften Spiel der Saison 2014 jeden einzelnen Snap, bis er sich in Woche Sechs das Bein brach. Wenn ein Team einen guten Center hat, wird es ihn so lange einsetzen, wie es irgendwie geht.

In Kapitel 8 werde ich den Explosivitäts-Faktor erklären, mit dem man bestimmen kann, welche Spieler der Front Seven der Defensive athletisch genug sind, um an der Line of Scrimmage Zweikämpfe zu gewinnen. Und auch bei den individuellen Positionen der O-Line kommt es auf ganz bestimmte Fähigkeiten an.

Für Tackles ist zunächst einmal die Armlänge wichtig. Als Tackle musst du es schaffen, den Verteidiger zu greifen, bevor er dich packt. An Phil Loadholt gefiel den Vikings im Draft von 2009 neben anderen Eigenschaften vor allem seine Armlänge von 93 Zentimetern – die längste aller Linemen in diesem Jahrgang.

Armlänge ist für innen stehende Linemen auch wichtig, aber bei Guards und Centern ist es wichtiger, welche Zeit sie im Short Shuttle erreichen, einer Übung, bei der es um generelle Beweglichkeit und die Seitwärtsbewegung geht. Es ist leicht zu sehen, warum die Bills der Meinung waren, dass Andy Levitre die nötigen Pulling Skills haben würde, um Left Guard zu spielen, als sie ihn 2009 drafteten – er lief den Short Shuttl in 4,52 Sekunden, wesentlich schneller als die meisten anderen Guards des Drafts. Levitre stand in jedem Spiel seiner ersten sechs NFL-Spielzeiten in der Startformation.

Der Draft ist normalerweise ein guter Indikator für die Prioritäten, die Teams bei ihrer O-Line setzen. Left Tackles gehen zuerst weg, gefolgt von Right Tackles, Left Guards, Center und Right Guards. Man könnte sogar sagen, dass der dritte Tackle im Kader eines Teams wichtiger ist als der Right Guard. Dieser dritte Tackle muss nämlich als Swing Tackle flexibel in beiden Tackle-Positionen einsetzbar sein. Er muss sowohl aus einer rechtshändigen wie aus einer linkshändigen Startposition herausspielen können und landet bei einem Short-Yardage-Spiel möglicherweise sogar als Tight End. Und weil er nicht sehr oft zum Einsatz kommt, wollen Teams erfahrene Spieler als Swing Tackle, weil diese auch mit weniger Wiederholungen beim Training ihre Leistung auf dem Platz bringen.

Ich kann mir gut vorstellen, dass es in Zukunft eine neue Lineman-Rolle geben könnte: den situationsbedingten Tackle. Die Offensive Line ist (vom Quarterback abgesehen) die einzige Position, die nicht mit situationsbedingten Auswechslungen operiert. Warum nicht einen erfahrenen Spieler mit Skills und Spielintelligenz, der aber vielleicht nicht mehr die Ausdauer für 65 Snaps hat, als Pass-Block-Spezialist einsetzen? Man stelle sich nur vor, was das für einen Spieler wie Walter Jones bedeutet hätte, Seattles Hall-of-Fame-Tackle. Am Ende der Saison 2009 mussten die Seahawks den Tatsachen ins Auge sehen: Jones hatte gerade eine Verletzung hinter sich und seine große Karriere näherte sich ihrem Ende. Aber was, wenn sie Jones zu ihrem designierten Pass-Blocker gemacht hätten? Er wäre nur bei Passspielzügen zum Einsatz gekommen, vielleicht 30 Mal pro Spiel, während ein jüngerer Tackle bei den Run Downs aufs Feld geschickt worden wäre. Mannschaften wechseln ständig Pass Rusher ein, warum also nicht auch den Spieler, der diese blockt?

Zone Blocking gegen Angle Blocking

Teams benutzen zwei Laufspiel-Schemen: Zone Blocking und Angle Blocking. Welches von beiden dein Team gerade einsetzt, erkennst du am schnellsten, wenn du deinen Blick auf die Guards richtest. Wenn der Guard pullt, ist es Angle Blocking, wenn nicht, dann ist es Zone Blocking.

Die meisten Teams verwenden tatsächlich eine Kombination aus beidem. Im Folgenden möchte ich aber zunächst kurz die Unterschiede erklären.

Zone Blocking

Das Zone Blocking wurde in der modernen Ära des Footballs von Alex Gibbs populär gemacht, der das Konzept einführte, als er Mitte der 1990er-Jahre bei Denver als Offensive Line Coach angestellt war. Anstatt dass jeder Lineman vor dem Snap zugeteilt bekommt, wen er blocken soll, erarbeitete Gibbs eine Art Choreografie für die ganze Line und wies die Spieler an, sich gemeinsam in die Richtung zu bewegen, in die der Run geht. Ein Lineman blockte nun also nicht mehr den Verteidiger, der sich vor dem Snap vor ihm aufstellte, sondern einfach den Spieler, der gerade in der Zone auftauchte, auf die er sich zubewegte.

Gibbs' Konzept war eine Reaktion auf die ganzen Bewegungen in der Defense, bevor der Ball gesnapt wurde. Die Offensive Linemen versuchten herauszufinden, für wen sie verantwortlich waren, der Ball wurde gesnapt – und dann war der Verteidiger nicht da. Also verschob Gibbs die gesamte Line in die eine oder andere Richtung und ließ sie einen Post-snap Read Step machen. Die Linemen ließen die Defense nach Lust und Laune herumlaufen und griffen dann einfach denjenigen an, der gerade vor ihnen stand.

Der Zone Scheme löste das Problem, in der Box gegen acht Verteidiger anrennen zu müssen. Gibbs überlegte, welcher Verteidiger am weitesten vom Runningback entfernt war (und somit den geringsten potenziellen Einfluss auf den Spielzug hatte), und beschloss, diesen Spieler nicht zu blocken.

Das Konzept erforderte schnelle, kleinere Linemen, Spieler, die häufig unter 135 Kilogramm wogen, aber der Erfolg sprach für sich: In den neun Spielzeiten zwischen 1995 und 2003 war Denver sieben Mal unter den Top Five der besten Rushing Teams. Dabei war es fast egal, wer für die Broncos mit dem Ball lief; Gibbs' System half in fünf Jahren vier Runningbacks, über 1100 Yards zu machen (Terrell Davis, Olandis Gary, Mike Anderson und Clinton Portis).

INSIDE ZONE BLOCKING

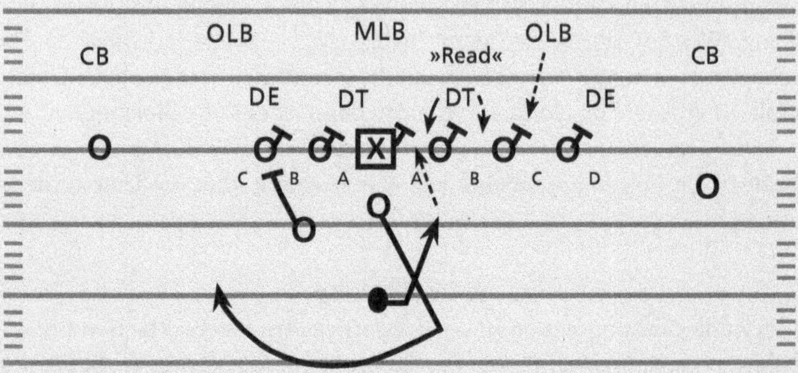

Die Linemen gehen einen Schritt nach rechts und blocken den Verteidiger, der in ihrer Lücke auftaucht.

OUTSIDE ZONE BLOCKING

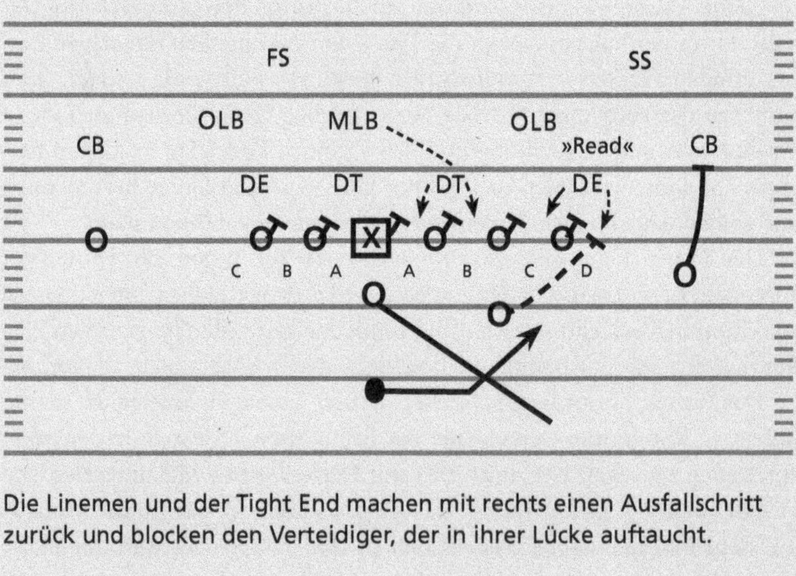

Die Linemen und der Tight End machen mit rechts einen Ausfallschritt zurück und blocken den Verteidiger, der in ihrer Lücke auftaucht.

Bevor Gibbs 2004 nach Atlanta wechselte, hatten die Falcons ein eher mittelmäßiges Lauf-Angriffsspiel (*rushing attack*). Er verbrachte drei Spielzeiten dort (eine als Line Coach, zwei als Berater) und in allen dreien war Atlanta in der Liga führend beim Rushing.

Es war aus diversen Gründen ein revolutionäres System. Zum einen war Gibbs der erste Line Coach, der das Laufspiel vollständig kontrollierte. Niemand anderes durfte die Runningbacks coachen; seine Philosophie bestand darin, einen disziplinierten Back zu finden, der genau dorthin rannte, wo man ihn hinschickte. Gibbs teilte den Broncos mit, dass er keine Backs brauchte, die in der ersten Runde gedraftet wurden (Davis, Denvers bester Rusher aller Zeiten, war ein Sechstrunden-Pick), sondern mit Spielern zufrieden war, die genau das machten, was er ihnen sagte.

Natürlich haben sich Defenses im Laufe der Jahre angepasst und sind inzwischen bestens darauf vorbereitet, ein Zone Scheme zu stoppen. Die Defenses fingen an, aus der Statur der Linemen, die Zone Schemes spielten, einen Vorteil zu ziehen, weil die Linemen oft nicht groß genug waren, um effektiv Pässe zu blocken. Sogar Gibbs selber begann, sein Konzept auszuweiten und nahm in seinen zwei Spielzeiten bei den Houston Texans auch einige Angle-Blocking-Prinzipien mit auf, bevor er 2010 zu den Seattle Seahawks ging.

2011 kam dann Tom Cable nach Seattle und baute dort ein stärker körperbetontes, angreifendes Zone Scheme auf. Er wollte den großen, schweren Jungs die Grundlagen des Zone-Blockings beibringen, was ihm auch gelang.

Bevor er New England verließ, erzählte mir Defensive Tackle Vince Wilfork, dass er von Seattles Zone Scheme besonders beeindruckt war. Er sagte, er habe schon vielen Zone Schemes mit raffinierten Blockern gegenübergestanden und das Problem in der Regel gelöst, indem er den jeweiligen Blocker, der in seiner Lücke auftauchte, kurzerhand mit einem Forearm Shiver außer Gefecht setzte. So viel zum Thema Raffinesse. Aber dieser Ansatz funktionierte nicht gegen Seattles Zone-Run-Blocker.

Natürlich verliert man an Geschwindigkeit, wenn man auf Körpermasse setzt. Ein Team mit schweren Zone-Blockern ist in der Pass Protection anfällig für Speed Rusher. Da hilft es dann, einen mobilen Quarterback wie Russell Wilson zu haben, der aus der Pocket ausbrechen kann. Trotzdem wurde Wilson in seinen ersten drei Spielzeiten 119 Mal gesackt.

Angle Blocking

Ein traditionelles Zone Scheme lässt die Defense den ersten Schlag setzen und reagiert darauf mit einem Gegenschlag. Beim Angle Blocking geht man hingegen als Erster zum Angriff über. Linemen machen beim Angle Blocking keinen Read Step, sondern stattdessen das, was sie am liebsten tun – Mann gegen Mann den Spieler vor sich bekämpfen. Bei diesem Power Scheme muss der Runningback auch nicht am Angriffspunkt die Defense lesen, denn die Linemen führen ihn mit einem Pulling Lineman (meist einem Guard) zu der Lücke, durch die er laufen soll.

Die Jets nahmen 2008 Free Agent Alan Faneca unter Vertrag, um ein Angle Blocking Scheme zu etablieren. In seiner zweiten Saison in New York hatten die Jets bereits die beste Rushing Offense der NFL und Faneca war ein wesentlicher Bestandteil des Erfolgs.

Wenn ein Team G-Power spielt (eines der häufigsten Laufspielzüge in einem Angle Blocking Scheme), passiert im Wesentlichen Folgendes: Der Center blockt den ersten Verteidiger zu seiner Linken und ersetzt damit effektiv den Left Guard, der nach rechts zieht. Der Right Guard übernimmt dann den ersten Verteidiger zu seiner Linken und ersetzt damit den Center, und der Right Tackle blockt den ersten Verteidiger zu seiner Linken und ersetzt damit den Guard. Alle blocken »down«, also weg vom Angriffspunkt.

Der linke Guard zieht nach außen (*pull*) und rennt in Abstimmung mit dem Fullback zum Angriffspunkt, wo der Ball die Line of Scrimmage überqueren soll. Da sich der Fullback näher an diesem Punkt befindet, ist er dafür verantwortlich, den Defensive End zu lesen. Wenn der End das macht, was man ihm beigebracht hat, und sich mit dem Right Tackle nach innen bewegt, wird der Fullback das Außenbein des Ends blocken und der Pulling Guard macht einen Power Sweep um ihn herum. Wenn der End außen bleibt, nimmt der Fullback die Position des Right Tackles ein und blockt den Linebacker und ein Guard wie Alan Faneca setzt den End außer Gefecht.

Der Runningback kann den Linemen auch helfen, ihre Blocks zu setzen. Wenn ein Team G-Power Right spielt, kann der Back einen schnellen Jab Step mit seinem linken Fuß machen, wenn er den Ball bekommt (also in die entgegengesetzte Richtung von der beabsichtigten Laufrichtung). Jeder Defender, der den Back liest, bewegt sich dann auch in diese Richtung und bietet dem Offensive Lineman eine perfekte Gelegenheit, im Winkel auszuscheren, sobald der Verteidiger dem Back folgt, der nun nach rechts

ANGLE BLOCK (SWEEP)

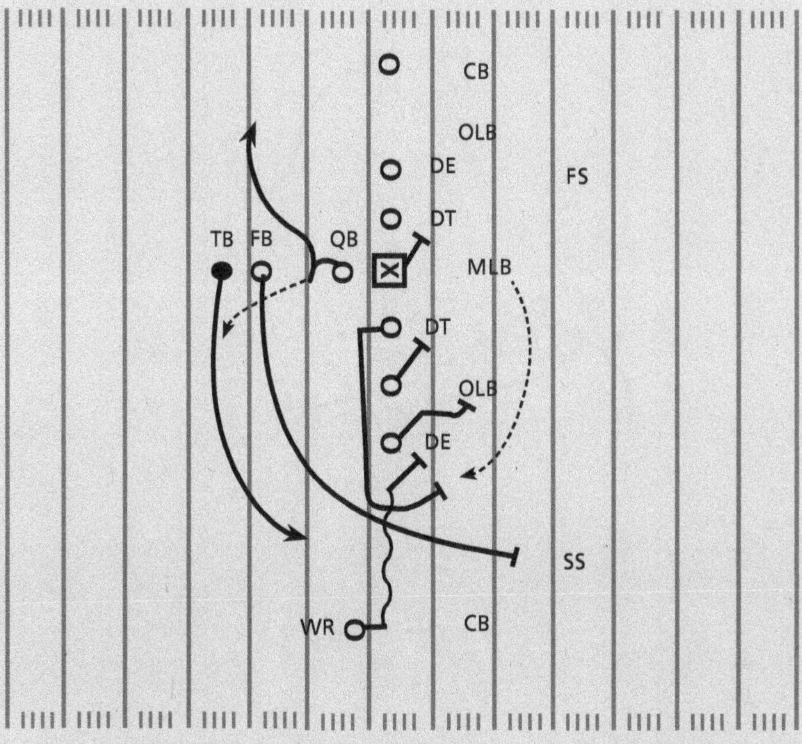

In einem Angle Blocking Scheme blocken die Offensive Linemen nach innen. Im dargestellten Spielzug blockt der Right Tackle den DT, der Tight End den OLB, der Receiver in Motion blockt den DE und der Right Guard zieht nach rechts und stellt den MLB.

G-POWER

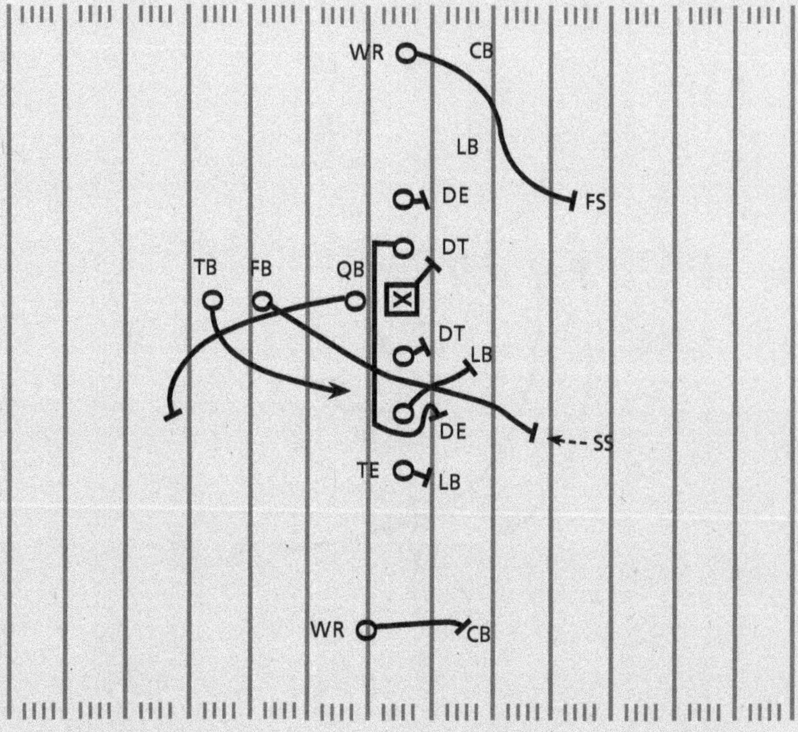

Center, Right Guard und Right Tackle setzen ein Angle Blocking um, wodurch der Left Guard nach rechts zieht und den Runningback führt. Alan Faneca hat diesen Spielzug im Laufe seiner Karriere perfektioniert und damit viel Geld verdient.

läuft. Dieser kleine Verzögerungsschritt kann dem Guard genug Zeit verschaffen, um vor dem Back zu laufen, weil es sinnlos ist, wenn der Runningback vor dem Guard am Angriffspunkt ist.

Q: Hat das Übergewicht von Spread Offenses im College eine Auswirkung darauf, wie gut Linemen auf die NFL vorbereitet sind?

A: Um diese Frage zu beantworten, braucht man sich nur die Spitzengruppe des NFL-Draft-Jahrgangs 2013 anzusehen. Es war ein Jahrgang ohne potenziellen Franchise-Quarterback (E. J. Manuel ging in der Mitte der ersten Runde weg; Geno Smith war als insgesamt 39. Pick der zweite ausgewählte QB) und da es so wenige vielversprechende Spieler auf den als anspruchsvoll geltenden Positionen gab, wurden in den Top Ten zwei Offensive Guards ausgewählt.

Drei der ersten vier ausgewählten Spieler waren jedoch Tackles: Eric Fisher wurde zuerst auserkoren, Luke Joeckel als zweiter, Lane Johnson als vierter. Diese Entscheidungen wurden positiv als verantwortungsvolle und sichere Picks gewertet.

Aber wie sicher sahen diese Picks nach ihren ersten zwei Spielzeiten in der Liga aus, als Fisher, Joeckel und Johnson zusammen 40 Sacks in 79 Spielen zugelassen hatten?

Ihre schwierige Eingewöhnung in die NFL ist symptomatisch für ein viel größeres Problem. Offensive Linemen nehmen im Spread-Offense-lastigen College fast immer eine Two-point Stance ein und blocken 110 Kilogramm schwere Speed Rusher. Im College haben ihre schnellen Füße dafür vielleicht ausgereicht. Aber in der NFL müssen sie einen 125-Kilo-Mann wie James Harrison allein aufhalten und werden mit Volldampf in den Quarterback hineingeschoben, den sie eigentlich beschützen sollen. Wer möchte schon die blinde Seite seines Quarterbacks für 40 Snaps pro Spiel in die Verantwortung eines sich noch entwickelnden Tackles legen?

Die Spread Offense besteht vorrangig aus schnellen Pässen zum ersten Read des Quarterbacks. Wie oft musste ein Left Tackle aus der Uni einen Block drei Zähler lang halten, lang genug für den Quarterback, um seinen dritten Read zu finden?

Und dabei ist Pass Protection das, was sie am besten beherrschen. Sogar die besten Tackle-Kandidaten sind keine voll ausgebildeten Run Blocker, vor allem nicht für ein Power Zone Blocking Scheme. Es handelt sich eher um raffinierte Spieler als um Dampfwalzen. Die NFL-Teams setzen sie als Left Tackles ein und lassen Power Plays nach rechts laufen, sodass sie auf der Cutback-Seite nicht angreifbar sind. Aber was, wenn sich die Defense auf diese starke Seite verschiebt und der Back hinter dem unerfahrenen Left Tackle herlaufen muss?

Es war noch nie so riskant, sich im Draft in den Top Ten für einen Tackle zu entscheiden. Wie schon bei Quarterbacks und Wide Receivern ist es zunehmend schwerer geworden, die Erfolgschancen für einen Tackle zu prognostizieren, der aus einer College Spread Offense kommt.

Viele Mannschaften setzen beide Schemes ein, so wie früher die großen Buffalo Bills-Teams unter Marv Levy. Die Bills bevorzugten gegen 3-4-Defenses Zone Blocking und gegen eine 4-3-Front Angle Blocking. Auch heute noch haben manche Teams bestimmte Vorlieben, aber sie verwenden alle beide Konzepte, um sich ein Maximum an Unberechenbarkeit zu bewahren.

Worauf du achten solltest

Ganz gleich, welches Blocking Scheme dein Team bevorzugt: Aus der Offensive Line lässt sich so einiges erschließen.

Da ist zuallererst die Stellung (*stance*) der Linemen. Wenn die Tackles in einer Three-point Stance stehen, kannst du dich auf einen Laufspielzug einstellen (es sei denn, Down und Distanz legen etwas anderes nahe). Wenn sie eine Two-point Stance einnehmen, ist die Wahrscheinlichkeit groß, dass ein Pass oder Draw folgt.

Wenn du die Stance nicht erkennen kannst, während die Linemen an der Line of Scrimmage stehen, achte auf die Höhe ihrer Helme nach dem Snap. Wenn die Helme nach oben gehen, folgt wahrscheinlich ein Pass – oder ein Draw, der ja darauf basiert, einen Pass vorzutäuschen.

Wenn du im Stadion bist und relativ nah am Spielfeld sitzt, kannst du vorhersehen, was kommt, indem du einfach deine Ohren spitzt. Pass Blocking geht relativ ruhig vonstatten, man hört nicht, wie Pads und Helme zusammenkrachen.

Wenn du sehen willst, wo die meisten individuellen Blocks erfolgreich sind oder versagen, beobachte den Spieler, der in der Spielsequenz den dritten Schritt macht. Normalerweise macht der Offensive Lineman den ersten Schritt. Verteidiger sind in der Regel schneller als Offensive Linemen, was aber dadurch wettgemacht wird, dass die O-Line den Snap Count kennt und der Verteidiger nicht (wie bereits erwähnt, minimiert sich dieser Vorteil bei Auswärtsspielen vor lauten Zuschauermengen).

Während der Lineman seinen Read Step macht, macht der Verteidiger seinen ersten Schritt. Um erfolgreich zu sein, *muss* der Blocker nun den nächsten Schritt machen, denn wenn der Verteidiger schnell genug ist, um den dritten Schritt in der Sequenz zu machen, wird er als Erster seine Hände auf dem Gegner platzieren können und ist damit in einer guten Position, um den Blocker in die Pocket zu schieben. Es ist deshalb essenziell, dass der Offensive Lineman diesen dritten Schritt macht und aus einer stabilen Körperhaltung heraus den Kontakt herstellt, wenn er erfolgreich blocken will. (Wenn zwei Spieler aufeinandertreffen, wird einer von beiden stabiler stehen als der andere. Dieser Spieler hat viel bessere Chancen, die Position zu halten und den Zweikampf zu gewinnen.)

Achte vor dem Snap auch darauf, wohin der Center schaut. Er macht wahrscheinlich die Protection Calls. Versuch also zu sehen, was er sieht, zum Beispiel wie viele Verteidiger in der Box sind und geblockt werden müssen.

Der Center hat auch den besten Pass Rusher des Gegners im Blick. Wenn die Green Bay Packers früher Julius Peppers von einer Seite auf die andere verschoben, versuchte der Center des gegnerischen Teams, ihn immer im Auge zu behalten. Wenn der Game Plan eine Slide Protection hin zu Peppers vorsah, wusste der Center dann, ob er die Line nach rechts oder links rutschen lassen sollte.

Q: Müssen Offensive Linemen intelligenter sein als Defensive Linemen?

A: Defensive Linemen müssen entweder lesen und reagieren oder angreifen. Offensive Linemen hingegen müssen zuerst diagnostizieren, was die Defensive zeigt, die richtigen Protection Calls machen und diese Änderungen dann umsetzen. Diese Anpassungen sind der entscheidende Unterschied in der Arbeitsbeschreibung der beiden Linemen-Gruppen.

Ich gebe nicht allzu viel auf den Wonderlic-Test, aber Offensive Linemen schneiden dabei generell besser ab als jede andere Positionsgruppe – und zwar mit Abstand. Außerdem absolvieren Offensive Linemen meist die gesamten vier Collegejahre. Von den 366 Erst- und Zweitjahresstudenten, die sich zwischen 2011 und 2015 für die NFL-Drafts anmeldeten, waren nur 30 (8,1 Prozent) Offensive Linemen.

Wenn Center und Quarterback auf die Defense zeigen, versuchen sie, den Middle Linebacker (auch »Mike« genannt) zu lokalisieren, um dann festzulegen, wer für welchen Verteidiger verantwortlich ist. Dabei muss der ausgewiesene Middle Linebacker gar nicht unbedingt auf dem Platz stehen, oder Mike- und Will- (Weakside) Linebacker haben die Plätze getauscht, um zu kaschieren, was sie vorhaben. Center und Quarterback legen also eigentlich fest, wen sie bei einem ganz bestimmten Spielzug als Mike betrachten, woraus sich dann die Blocking-Zuordnung ergibt. So ist zum Beispiel der Runningback zuständig für den Verteidiger, der sich außen von demjenigen aufstellt, der als Middle Linebacker ausgemacht wurde.

Wenn du siehst, dass der Center so auf die Defense zeigt, kannst du eigentlich mit einem Passspiel rechnen. Aber immer mehr Center und Quarterbacks legen sichtbar den Mike fest und spielen dann doch einen Laufspielzug – dabei den Vorteil ausnutzend, dass die Verteidigung ebenfalls einen Pass erwartet. Ben Roethlisberger zum Beispiel liebt diese Taktik, die besonders bei Second-Down-Situationen nützlich ist.

Ob ein Guard oder Tackle einen guten oder schlechten Tag erwischt hat, erkennst du daran, wie lang er seine Schultern parallel zur Line of Scrimmage halten kann. Wenn du siehst, wie ein Lineman von einem Verteidiger gedreht wird oder sich beim Snap zurückfallen lässt, könnte das ein Hinweis darauf sein, dass er dem Spieler, den er zu blocken versucht, nicht gewachsen ist. Das sollte der Offense signalisieren, dass jetzt die Zeit für einen Draw Block oder Trap Block gegen diesen Verteidiger gekommen ist. Bei einem Draw Block lässt der Guard seinen Mann feldaufwärts am Ballträger vorbeigehen. Bei einem Trap Block tut der Guard, der dominiert wird, so, als würde er seinen Verteidiger blocken, rutscht dann aber zu einem anderen Verteidiger rüber oder gibt sich vermeintlich geschlagen. Der andere Guard kommt dann von der gegenüberliegenden Seite und ersetzt den ersten Guard, womit er den Verteidiger überrascht und in eine Falle tappen lässt (*trap*). Das ist ein hervorragendes Mittel, um aggressive Defensive Tackles auszubremsen.

Wenn du im Stadion möglichst viel von der taktischen Aufstellung mitkriegen willst, solltest du dir einen Platz hinter der End Zone kaufen, von wo man den besten Blick auf die Action im »Schützengraben« hat. Was aus der traditionellen TV-Perspektive nicht möglich ist: Aus der End Zone heraus kannst du die »Splits« an der Line beobachten – die Lücken zwischen den Tackles und Guards, den Guards und dem Center und dem Tackle und Tight End. Diese Spieler stehen in der Regel etwa drei Fuß (90 Zentimeter) voneinander entfernt, aber Teams verändern ihre Splits, um Matchup-Vorteile zu erzielen, Anpassungen vorzunehmen oder eine Schwachstelle in der Defense aufzudecken.

Wenn dir auffällt, dass auf der ganzen Linie die Splits enger werden, ist das ein Zeichen dafür, dass eine eindringende Defensiv-Front verhindert werden soll. Die O-Line verkleinert die Lücken, damit die Verteidiger schwerer durchkommen. Wenn die Splits durchgängig weiter werden, bereitet sich die Line auf eine Two-gap Defense vor, bei der jeder Lineman mehr Raum bekommt, für den er verantwortlich ist.

Auch wenn es nur um 15 Zentimeter mehr zwischen jedem Spieler geht, kann dies entscheidend sein. Wenn der Guard 15 Zentimeter weiter vom Center abrückt und der Tackle 15 Zentimeter weiter vom Guard, muss sich der Edge Rusher 30 Zentimeter weiter außen positionieren – vielleicht gerade genug, dass er den Quarterback nicht erreicht.

Oft sieht man auch ungleichmäßige Lücken. Guard und Center haben dann vielleicht einen Abstand von 90 Zentimetern, Guard und Tackle aber nur 60 Zentimeter. Das ist ein ziemlich guter Hinweis darauf, dass ein Laufspiel ansteht, bei dem Guard und Tackle zusammen irgendeinen Kombinations-Block ausführen werden.

Q: Wie kann eine Offense das Laufspiel befördern, wenn das Team keinen erstklassigen Runningback im Kader hat?

A: Das Team muss sich voll und ganz auf das Laufspiel einlassen. Die Bengals waren 2009 das beste Beispiel dafür. In den vorangegangenen Spielzeiten drehte sich bei ihnen alles um Carson Palmer und das Passspiel, aber 2009 wurden sie zu einem herausragenden Running-Team und gewannen die AFC North, indem sie alle sechs Spiele gegen ihre Divisions-Rivalen gewannen.

2012 lag der Prozentsatz der Laufspielzüge von Dallas bei 35,8 Prozent. Die Cowboys drafteten Center Travis Frederick 2013 und liefen danach bei 45,8 Prozent aller Snaps mit dem Ball. Dann kam Guard Zack Martin ins Team – der einzige Rookie, der es 2014 in die All-Pro-Auswahl schaffte – und erhöhte den Prozentsatz der Laufspielzüge sogar auf 50 Prozent. Dallas gewann übrigens 2014 die NFC East.

Natürlich werden viele Trainer versichern, dass ihnen das Laufspiel wichtig ist, aber ich würde den Wahrheitsgehalt dieser Behauptung mit zwei einfachen Fragen testen:

Bist du bereit, beim Second Down mit dem Ball zu laufen, wenn du beim ersten Down mit einem Laufspielzug null Yards erzielt hast?

Sagst du einen Laufspielzug an, wenn du sieben Punkte zurückliegst?

Wenn die Antwort auf beide Fragen ja lautet, dann ist das Team voll und ganz aufs Laufspiel eingestellt. Das bedeutet nicht unbedingt, dass man die meisten Rushing Yards in der Liga erzielen will, sondern nur, dass man in den Köpfen der gegnerischen Trainer als Team mit potenzieller Laufspiel-Bedrohung wahrgenommen wird.

Beobachte den Split zwischen Tight End und Tackle und die Auswirkung auf die Defense, wenn der Tight End immer weiter nach außen rückt. Der Tight End fängt vielleicht mit einem drei Fuß (circa 90 Zentimeter) weiten Split an und hat den »Sam« oder Strong Side Linebacker an der Außenschulter. Beim nächsten Spielzug ist er schon bei vier Fuß und schließlich bei fünf Fuß und steht dem Linebacker direkt gegenüber. Diese leichte Verschiebung kann dem Tight End die Möglichkeit geben, den Sam bei einem Toss zur starken Seite auszuhebeln.

Wenn der Tight End als Wide Receiver außen steht, richte deinen Blick auf den Sam Backer, weil genau das auch der Quarterback tut. Wenn der Sam mit dem Tight End nach außen geht, besteht die Möglichkeit, auf diese Seite einen Run zu machen. Wenn er zwischen dem Tight End und dem

Tackle bleibt, weißt du, dass es sich um eine Zone Coverage handelt. Wenn der Sam wieder nach innen in die Box läuft, hat der Tight End gegen den Safety die Gelegenheit, einen Pass zu fangen.

Was sich unter den schwersten Jungs auf dem Feld abspielt, ist zwar subtil, kann aber große Auswirkungen haben. Du solltest sie also immer im Blick haben.

7

Wer rastet, rostet

Die Spirale der Innovationen dreht sich immer weiter

Die Wildcat Offense brach wie aus dem Nichts über die NFL herein und eroberte sie im Sturm.

Es war der 21. September 2008. Die Miami Dolphins traten in Foxborough gegen die New England Patriots an. Die Patriots hatten 21 Spiele lang nicht verloren – damals die längste Siegesserie aller Zeiten in der regulären Saison.

Sechs Mal hatte Miami-Trainer Tony Sparano Quarterback Chad Pennington als Wide Receiver aufgestellt und Runningback Ronnie Brown hatte den Snap vom Center aus der Shotgun-Position heraus angenommen. Bei *vier* dieser sechs Plays hatten die Dolphins Touchdowns erzielt – drei durch Runs von Brown und einen durch einen Pass von Brown. Sparano erzielte seinen ersten Sieg als Head Coach und dieser Sieg war es letztendlich, der Miami über New England den Gesamtsieg in der AFC East brachte.

Als die Carolina Panthers zwei Spielzeiten zuvor an Heilig Abend zwölf Spielzüge aus einer Wildcat Formation heraus gemacht hatten, fiel das niemandem groß auf. Aber als Miami – mit Offensive Coordinator Dan Henning, der 2006 noch der Offensive Coordinator der Panthers gewesen war – die Taktik gegen Bill Belichick auspackte, nahm die ganze NFL Notiz davon.

Innerhalb eines Jahres hatten 22 Teams mit irgendeiner Art von Wildcat Formation experimentiert.

Die Wildcat war nie nur eine Spielerei oder ein Trick-Spielzug, obwohl viele Analysten sie als solche bezeichnet haben. Sie war vielmehr von Anfang an ein erlaubter Spielzug, der für eine Defense Matchup-Probleme erzeugen konnte.

2010 schrieb ich über die Wildcat, dass sie einen festen Platz in der NFL-Offense haben könne, wenn sie sich weiterentwickele. Vor allem, wenn Teams regelmäßig aus dieser Formation heraus Pässe spielen würden (was bedeutet, dass jemand anderes als der Starting Quarterback wirft). Sie würde niemals ein Grundpfeiler der Offense sein, niemals der bevorzugte Knockout-Schlag eines Teams, sondern höchstens ein Gegenschlag, obwohl sie unerfahrenen oder ineffektiven Quarterbacks einen nützlichen Kurzzeitschutz gewähren konnte.

Letztlich starb die Wildcat den Tod, der alle Lebewesen erwartet, die sich nicht anpassen. Die Defensive Coaches taten das, was Bill Cowher vorhergesehen hatte – sie blitzten den Punkt, an dem sich die beiden Backs entweder für die echte oder die vorgetäuschte Ballübergabe trafen. Und sie hörten auf, den als Wide Receiver aufgestellten Quarterback zu decken, weil die Teams nicht geneigt waren, diesem den Ball zuzuwerfen (das wäre für den Spieler, der die übrigen 99 Prozent der Offense einleitet, ein zu großes Risiko gewesen).

Die Wildcat beging die Kardinalsünde jeder Offensivstrategie: Sie wurde vorhersehbar. Und wenn das passiert, gehen Trainer zur nächsten Idee über.

Trotzdem gibt es gute Gründe, warum die Wildcat für kurze Zeit so populär war. Ihre virale Verbreitung und kurze Lebensdauer hat damit zu tun, dass beim Football die innovativen Köpfe auf beiden Seiten des Balls ständig versuchen, sich gegenseitig zu überbieten. Und jeder dadurch hervorgebrachte neue Trend hat nur ein einziges Ziel: günstige Matchups zu kreieren.

Ein ewiges Schachspiel

In den 1960er-Jahren liefen die meisten NFL-Teams beim First und Second Down mit dem Ball und hofften, zum 3rd-and-4 zu kommen. (Mein Freund und langjähriger Offensive Line Coach Bob Wylie sagt immer: »Alle Trainer wollen in einer 3rd-and-4-Welt leben.«) In dieser Down-and-Distance-Situation konnten sie dann entweder laufen oder passen – und vor allem die Defense im Ungewissen lassen.

Dann kam die AFL mit ihren waghalsigen Bomber-Quarterbacks und die Karten wurden neu gemischt. Viele junge Trainer, die in der NFL keine Jobs bekamen, landeten in der AFL und mussten dort nicht nach den alten

Regeln spielen. Sie hatten keine Angst zu werfen was das Zeug hielt, ganz gleich, bei welcher Down and Distance.

Nach dem Zusammenschluss der beiden Ligen mussten sich vor allem die Defenses weiterentwickeln und die Coaches suchten händeringend nach Ideen, um First- und Second-Down-Pässe zu verteidigen. Dick LeBeau, einer der besten Defensive Coordinators der NFL, war damals ein Pro-Bowl-Cornerback und sah die Zukunft offensiver Strategien voraus. Als er Trainer wurde, dachte er sich neue Wege aus, um den Quarterback unter Druck zu setzen – inklusive des Zone Blitz, auf den ich in Kapitel 9 näher eingehen werde. LeBeau erkannte, dass er gegen den Pass verteidigen und den Lauf stoppen musste, also beschloss er, bei frühen Downs zu blitzen. Wenn ein gegnerisches Team in der I-Formation stand und einen guten Blocking Tight End hatte, ließ LeBeau von der starken Seite blitzen – wenn das Team ein Laufspiel ausrief, liefen die Spieler in den Blitz rein; und wenn sie sich für einen Play-Action-Pass entschieden, stürmte jemand mit vollem Tempo auf den Quarterback zu. Hinter dem Blitz ließ LeBeau eine Bump-and-Run-Coverage spielen, wie er sie selbst schon in den 1960ern unter einer Three-deep Zone gespielt hatte. Das Ergebnis: Wenn der Blitz den Quarterback nicht erwischte, würde eine Completion nur zu einem geringen Raumgewinn führen.

In diesem Moment erschien Bill Walsh auf der Bildfläche. Er nahm die kleinen Raumgewinne gern mit, nur wies er seine Receiver an, nach dem Fang zu laufen. Der legendäre Raymond Berry erzählte mir, dass er und Johnny Unitas damals Out-Routen gegen den Blitz liefen. Walshs Neuerung bestand darin, dass er seine Receiver stattdessen Slants gegen blitzende Defenses laufen ließ. Auf diese Weise liefen Walshs Receiver, wenn sie den Ball gefangen hatten, in die Mitte der Defense und nicht ins Aus.

Jerry Rice wurde mit dieser Slant Route für Walshs 49ers zum Hall of Famer. San Francisco schickte Rice von einer Seite des Felds auf eine Slant und ließ dann einen anderen Receiver (Freddie Solomon oder John Taylor) und Tight End Brent Jones auf der anderen Seite flache Cross-Routen laufen – eine bei 5 und eine bei 11 Yards. Ganz gleich, woher der Blitz kam: Joe Montana warf einfach in die andere Richtung und irgendjemand war auf jeden Fall offen.

Das ist ein vereinfachtes Beispiel dafür, wie sich die Dinge in der NFL verändern, aber es zeigt ziemlich gut, wie sich das Schachspiel weiterentwickelt. Die Defense findet Lösungen für die Probleme, vor die die Offense sie stellt, die Offense denkt sich daraufhin etwas Neues aus usw. Als das

Passspiel (unterstützt von Regeln, die Mann-gegen-Mann-Verteidigung einschränkten) in den 2000er-Jahren immer komplexer wurde, reagierten die Defenses mit kleineren und schnelleren Spielern.

Und wieder war die Offense am Zug.

Ein neuer QB-Typus?

In den ersten Minuten des Drafts von 2012 erreichte die NFL ihren nächsten Wendepunkt.

Mit dem ersten Pick entschied sich Indianapolis für Andrew Luck, einem Modell der nächsten Generation in der klassischen Quarterback-Produktlinie. Luck war mit allen Features ausgestattet, die man sich für einen NFL-Quarterback nur wünschen konnte: Er konnte Defenses lesen, Spielzüge an der Line of Scrimmage ausrufen, alle Würfe ausführen, sogar wenn nötig laufen. Er kam mit so viel Vorschusslorbeeren in die Liga, dass die Colts sogar bereit waren, sich von Peyton Manning zu trennen und die Schlüssel an den Rookie zu übergeben.

Doch während Luck noch die Hände von NFL-Commissioner Roger Goodell schüttelte, fing die Menge in der Radio City Music Hall an, nach dem nächsten »Big Thing« zu rufen. Sie skandierten »R-G-3«, Spitzname von Robert Griffin III und die perfekte Markenbezeichnung für ein stromlinienförmiges, futuristisches Quarterback-Modell.

Die Traditionalisten waren alle für Luck, aber es gab eine Welle der Innovationslust, die viele ergriff und davon träumen ließ, was ein Athlet wie Griffin in der NFL erreichen könne. Schließlich hatten sie in der Saison zuvor bereits einen Vorgeschmack davon geboten bekommen.

Q: Woran ist die Run-and-Shoot Offense gescheitert?

A: Sie hat sich nicht gehalten, weil sie den Quarterback nicht beschützen konnte. Abgesehen von Warren Moon wurden Quarterbacks im Run-and-Shoot verschlissen. Diese Teams setzten selten einen Tight End ein, weshalb sie an den Seiten durchlässig wurden und Pass Rusher ihre Quarterbacks niedermähen konnten.

Sie verursachte indirekt auch Probleme bei den Special Teams. Um den zusätzlichen Receiver im Kader zu haben, verzichteten Teams entweder auf einen Tight End oder einen Fullback. Die zweiten und dritten Tight Ends und Fullbacks sind aber für die Special Teams wichtige Faktoren. Wenn ein Team diese durch drei 1,75 Meter große, 73 Kilogramm schwere Receiver ersetzen muss, kann es keine Return Units mehr stoppen.

Cam Newton warf als Rookie für Carolina 4051 Yards und brach damit den von Peyton Manning aufgestellten Rookie-Rekord (Luck gelang dies ein Jahr später). Er warf für 21 Touchdowns (der drittbeste je von einem Rookie erzielte Wert).

Aber es gab noch eine andere Dimension. Newton rannte für 706 Yards, was ihn in neun anderen Teams zum führenden Rusher gemacht hätte, darunter die zwei, die im Super Bowl XLVI spielten. Er erzielte 14 Touchdowns mit seinem Laufspiel, ein weiterer Rekord für einen Rookie-Quarterback; LeSean McCoy war der einzige Spieler in der gesamten Liga, der 2011 mehr Punkte herauslief. Newton war ein so dominanter Läufer, dass er (wie Panthers Cheftrainer Ron Rivera mir schon oft bestätigt hat) als Rookie praktisch Carolinas Running Game in der Red Zone war. Und das in einem Team, das DeAngelo Williams und Jonathan Stewart im Backfield hatte.

Kein anderer Spieler in der Geschichte der NFL – egal ob Rookie, alter Hase oder Hall of Famer – hat jemals in einer Spielzeit für mehr als 4000 Yards geworfen und hat 500 Yards und zehn TDs erlaufen. Angesichts Newtons sensationeller Saison ist durchaus nachvollziehbar, dass manche Beobachter Griffin als den nächsten Schritt auf dem Weg in eine strahlende Zukunft sahen.

Griffin elektrisierte die Fans von Anfang an. Er beendete seine erste Saison mit 3200 Passing Yards, 815 Rushing Yards, 27 Touchdowns und einem Quarterback Rating von 102,4 – dem bis dato besten aller Zeiten für einen Rookie.

Er beendete seine Rookie-Saison aber leider auch auf dem OP-Tisch. Griffin riss sich bei Washingtons Playoff-Niederlage gegen Seattle das Außenband im rechten Knie. Die Verletzung kostete ihn die Offseason, die so wichtig gewesen wäre, um sich als Quarterback weiterzuentwickeln. Das Knie verheilte, aber Griffins Spiel erholte sich nie wieder richtig und am Ende seiner dritten NFL-Saison fragten sich die meisten Redskins-Fans, warum Griffin nicht mehr wie Luck sein konnte.

Der ganze Hype um die Möglichkeit eines Running Quarterbacks kam und ging auch wieder innerhalb der Spielzeit 2012. Man erkannte, dass Newton keinen Trend lostreten würde, sondern dass er ein Unikat war: ein 1,98 Meter großer, 111 Kilogramm schwerer Spieler, der Hits einfach besser als Griffin und andere mobile Quarterbacks – bis hin zu Johnny Manziel – einstecken konnte.

Aber auch bei Newton wurde klar, dass Carolina mit ihm nicht im offenen Feld gewinnen konnte. Der erste dieses angeblich neuen Quarterback-Typus' musste mehr wie die alten Modelle werden: Jungs, die aus der Pocket heraus Spiele mit ihren Armen gewinnen konnten.

Read Option

Ironischerweise wurde im Draft von 2012 in Sachen Quarterback tatsächlich das Modell der Zukunft ausgewählt. Aber nicht an erster oder zweiter oder achter Stelle (als Miami Ryan Tannehill wählte). Als sich Seattle in diesem Jahr mit dem 75. Pick für Russell Wilson entschied, erwartete niemand, dass dieser 1,80 Meter große Werfer das Bindeglied zwischen den zwei unterschiedlichen Spielphilosophien werden würde.

Pete Carroll hatte nicht geplant, dass Wilson die Read Option einsetzt. Aber im Training, als sich die Seahawks auf ein Spiel gegen San Francisco mit seinem jungen, athletischen Quarterback Colin Kaepernick vorbereiteten, brachte Wilson sie so gut an, dass Carroll und Offensive Coordinator Darrell Bevell beschlossen, sie in ihre offensive Spielidee zu integrieren.

Das Konzept der Read Option ist ziemlich gradlinig. Der Quarterback steckt den Ball in den Bauch des Runningbacks und liest dann den letzten Verteidiger an der Line of Scrimmage. Wenn dieser Verteidiger auf den Runningback zustürmt, zieht der Quarterback den Ball zurück und macht sich selbst auf zum Rand der Line, der inzwischen vom Verteidiger geräumt wurde. Wenn der Verteidiger aber an der Line bleibt, hat er sich als Contain-Player identifiziert, der außen an der Line bliebt, um zu verhindern, dass der Quarterback ausbricht. In diesem Fall vollendet der Quarterback die Ballübergabe zum Back.

Im Gegensatz zur Wildcat oder der Run-and-Shoot Offense hat sich die Read Option als nachhaltig erwiesen, da sie in einer uralten offensiven Strategie wurzelt: dem Laufspiel.

Ein Spieler wie Wilson profiliert sich in der Read Option nicht dadurch, dass er den Ball behält, sieben Yards gutmacht und unberührt ins Aus läuft. Sondern er wählt diese Option, weil die Gefahr, dass er selbst mit dem Ball laufen könnte, die Defense einen kurzen Moment einfriert, was sein Runningback (Marshawn Lynch) gnadenlos ausnutzen kann.

Tatsächlich würde die Offense am liebsten ein echtes Laufspiel aufziehen und nur damit drohen, dass der Quarterback den Ball behält. Die Defense muss dadurch jemanden für den Quarterback abstellen, wodurch die Run Blocker in der Überzahl sind.

Ich habe oft mit Wilson darüber gesprochen und er sagt, dass es sein Ziel ist, Lynch mindestens in 80 Prozent der Fälle den Ball zu geben. Manchmal übergibt er den Ball auch, wenn der End nach unten stürmt, nur damit die Defense nicht das Gefühl hat, sie könne den Seahawks diktieren, was diese mit dem Ball machen.

Die Read Option enthält auch die Möglichkeit zu passen. Wenn du einen Quarterback wie Wilson hast, der den Ball aus dem Bauch des Backs ziehen und beim Laufen werfen kann, besitzt du eine neue Dimension, die eine Defense unter Druck setzt. Der Quarterback bedroht die Flanke mit einem Run, aber er kann drei Schritte machen und dann den Ball zu einem Receiver werfen. Eine Defense kann nicht gleichzeitig gegen den Quarterback als Ballträger, den Inside Run und den Rollout Pass verteidigen. Das ist die nächste Dimension, in die die Wildcat nie vorstieß.

Die Shotgun-Formation

Ein weiterer Faktor, der den Erfolg der Read Option ausmacht, ist, dass der Quarterback sie entweder aus der Shotgun- (sieben Yards hinter dem Center) oder der Pistol-Formation (vier Yards) heraus startet. Von seinem Startpunkt in beiden Formationen aus ist der Post-snap Read einfacher als bei einem traditionellen Laufspielzug direkt hinter dem Center. Wenn der Quarterback direkt hinter dem Center (*under center*) steht, nimmt er den Snap, dreht dem Verteidiger den Rücken zu und reicht den Ball an den

Back, ohne sehen zu können, was die Defense nach dem Snap (*post-snap*) macht. Diese könnte eine Million Dinge tun, um die Konstellation zu ändern, die der Quarterback vor dem Snap (*pre-snap*) gesehen hat. In der Shotgun oder Pistol hingegen behält der Quarterback die Defense ständig im Blick.

Früher machten sich die NFL-Teams Sorgen, dass Quarterbacks frisch vom College keine Erfahrung under Center hatten. Heute nicht mehr. Die Liga hat sich an die neuen Talente angepasst, denn 2014 waren die Top 32 Quarterbacks bei 74 Prozent ihrer Passversuche in der Shotgun aufgestellt. Nur ein Spieler warf öfter under Center als aus der Shotgun: Joe Flacco, der sich mit seinen 1,98 Meter nicht nach hinten fallen lassen muss, um im Gewusel vor sich Passwege zu erkennen. Philip Rivers stand zum Beispiel bei 95 Prozent seiner Pässe in der Shotgun.

Die NFL ist heute eine Shotgun-Liga. Das gilt sogar für die Trainer, die von der West Coast Offense geprägt sind. Bill Walsh hat mir mal gesagt, dass er seinen Quarterback niemals in die Shotgun stellen würde. Inzwischen stehen sie alle da, egal welche Offensiv-Taktik sie spielen.

Es gibt aber immer noch einige Situationen, in denen die Aufstellung under Center Sinn macht, vor allem bei Goalline-Situationen, wenn man mit einem potenziellen Quarterback Sneak drohen will.

Clevere Coaches versuchen inzwischen, beide Konzepte zu integrieren. Defenses hassen es, im Laufe des gesamten Spiels mit beidem rechnen zu müssen. Die Offense kann zum Beispiel den Quarterback under Center aufstellen und die Defense zu einem bestimmten Call verleiten. Dann kann sie den Quarterback in die Shotgun verschieben und eine Read Option ins Spiel bringen und die Defense muss sich eine neue Strategie überlegen.

Im Schachspiel namens Football ist nun die Defense am Zug.

Warum 7 nicht gleich 7 ist

Die wesentlichen Unterschiede zwischen 3-4- und 4-3-Defenses

Die wichtigste Entscheidung, die Mike Tomlin auf dem Weg traf, der die Pittsburgh Steelers letztlich zu einem weiteren Super-Bowl-Gewinn führen würde, war seine erste.

Tomlin wurde im Januar 2007 als Head Coach in Pittsburgh verpflichtet. Vorher war er Defensive Coordinator in Minnesota gewesen und die Vikings hatten unter ihm 2006 die beste Run Defense der NFL.

Einige Jahre zuvor hatte Tomlin als Defensive Backs Coach in Tampa Bay gearbeitet. Die Bucs hatten sowohl 2002 als auch 2005 die am besten bewertete Defense der Liga; gekrönt wurde ihre Leistung vom Sieg im Super Bowl XXXVII, wo ihnen fünf Interceptions gelangen, von denen sie drei zu Touchdowns verwandelten.

Und so wechselte ein Mann, der auf der Höhe der Tampa-2-Defense mit ihrer 4-3-Front zum Coach reifte, zu einem anderen Team und baute dort eine weitere dominante Defensive auf, wieder mit einer 4-3-Front. Als Tomlin angeheuert wurde, um Bill Cowher in Pittsburgh zu ersetzen, kam er zu der Überzeugung, dass es nicht gelingen würde, die 3-4-Front, die die Steelers unter Cowher über ein Jahrzehnt lang gespielt hatten, umzukrempeln. Der Kader, den er übernommen hatte, war auf ein 3-4-System ausgerichtet. Auf ein 4-3 umzustellen, mit dem er vertrauter war und das ihm wahrscheinlich mehr lag, hätte zerstört, was die Steelers über die Jahre aufgebaut hatten, und die Defense mindestens für zwei Spielzeiten zurückgeworfen.

Die Entscheidung, in einem 3-4-System zu bleiben, hätten viele andere Trainer nicht getroffen oder überhaupt – vor allem aufgrund ihrer Egos – treffen können. Aber es war die richtige Entscheidung, wie die sechste Lombardi-Trophäe der Steelers bestätigen sollte.

Viele Fans fragen sich: Was ist denn eigentlich der Unterschied? 3+4 und 4+3 ergeben doch beide 7, oder?

Naja, nicht so ganz.

Tatsächlich unterscheiden sich diese zwei Defensive-Fronten grundlegend – von der dahinterliegenden Spielphilosophie bis hin zum benötigten Personal.

Arbeitsbeschreibungen: 3-4

Vor nicht allzu langer Zeit gab es nur eine Handvoll Teams in der NFL, die mit einer 3-4-Front operierten (drei Linemen und vier Linebacker). Doch genau wie Bill Walshs West Coast Offense die Liga im Zuge des Erfolgs von San Francisco eroberte, wurde die 3-4-Front zunehmend beliebter, während Trainer zusahen, wie Bill Parcells (ihr primärer Architekt), die Patriots und die Steelers ihre Trophäensammlungen erweiterten.

Anfang der Saison 2015 – Rex Ryan war nach Buffalo gewechselt und Denver und Chicago hatten mit Wade Phillips und Vic Fangio neue Defensive Coordinators – konnte über die Hälfte der NFL-Teams eine 3-4-Defense einsetzen.

Bei einer 3-4-Defense stehen mehr Spieler in einer Two-point Stance, was bedeutet, dass sie sich besser an die immer häufiger auftretenden originellen Offenses anpassen können und besser auf einen Quarterback in der Shotgun mit leerem Backfield eingestellt sind. Da nur drei Spieler mit ihrer Hand am Boden stehen, kann ein 3-4-Team von überall Druck aufbauen. Tim Ryan, ehemaliger Defensive Lineman und mein alter Partner bei *Movin' The Chains*, drückt es so aus: »Die Offense weiß nicht, wer auf sie zukommt und von wo.« Es verwirrt die Offensive Linemen, die versuchen, ihre Protection-Zuständigkeiten zu identifizieren.

Die Aufgabe der Defensive Line in einem 3-4 besteht darin, nicht ins Backfield vorzudringen, sondern so viel von der Offensive Line wie möglich zu bearbeiten und die Linebacker zu befreien, damit diese Plays machen können. Jeder Lineman ist für zwei Lücken verantwortlich – der Nose Tackle für die A-Gaps zwischen Center und Guard auf beiden Seiten, die Defensive Ends für die B-Gaps (zwischen Guard und Tackle) und C-Gaps (außerhalb der Tackles). Dafür braucht ein Team große, starke Defensive Linemen mit langen Armen. Das perfekte Beispiel sind die Patriots von 2001 bis 2008, die ihre Defensive Line mit Erstrunden-Draft-Picks

GRUNDAUFSTELLUNG 3-4

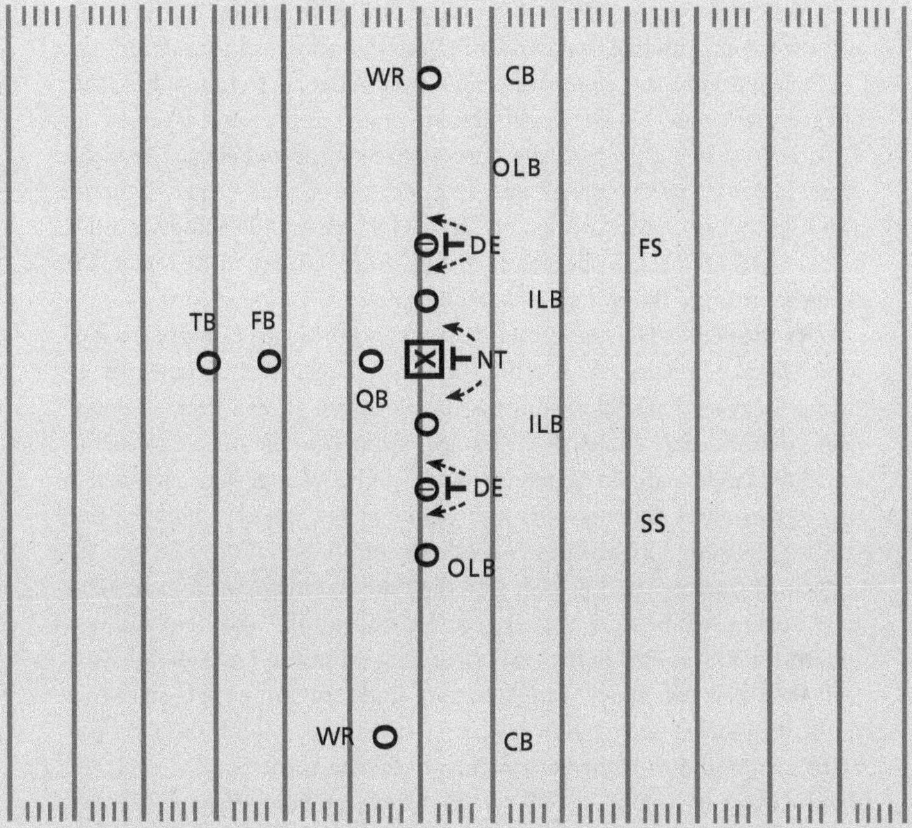

In einer 3-4-Defense stehen der Nose Tackle und die Defensive Ends direkt gegenüber vom Center und den Offensive Tackles. Wenn der Nose Tackle ein Double Team auf sich zieht, sind die Inside Linebacker frei, um zu tackeln.

bestückten, die alle mindestens 1,88 Meter groß waren. Die Front Three müssen die Hände auf die Offensive Linemen legen und zusehen, dass diese ihre Arme nicht zum Blocken freikriegen. Sie müssen stark genug sein, um nicht beiseitegeschoben zu werden, und groß genug, um über die O-Line hinwegzusehen und den Ballträger im Backfield zu lokalisieren.

Es fängt damit an, einen Nose Tackle zu finden, der ein Double Team auf sich zieht; eine 3-4-Defense funktioniert am besten, wenn sie einen der Guards dazu zwingt, dem Center bei jedem Spielzug zu helfen. Der ideale Nose Tackle ist zwischen 1,88 und 1,93 Meter groß und wiegt annähernd 160 Kilogramm. Spieler wie Haloti Ngata (1,93 Meter, 154 Kilogramm), B. J. Raji (1,88 Meter, 153 Kilogramm), und Vince Wilfork (1,88 Meter, 147 Kilogramm) sind dafür die perfekten Beispiele.

Der ideale 3-4-Defensive End ist ein Typ wie Calais Campbell – 2,03 Meter lang, 136 Kilogramm schwer und mit langen Armen gesegnet. Er dringt nicht ins Backfield vor, muss also über den großen Tackle hinweg, gegen den er aufgestellt ist, den Ballträger sehen können. Als Arizona 2008 und 2009 zweimal direkt hintereinander die NFC West gewann, standen in den Reihen ihrer Defense zwei mustergültige 3-4-Spieler: Campbell und Carnell Dockett (1,93 Meter, 129 Kilogramm).

Mit Ausnahme von J. J. Watt sind die Ends in einem 3-4-System keine Pass Rusher wie beim 4-3. Diese Spieler müssen ihr Ego dem Konzept unterordnen, was eine bestimmte Mentalität erfordert. Ein 3-4-Defensive End stellt sich gegenüber vom Tackle auf und seine Aufgabe besteht eher darin, die Blocker von den Linebackern fernzuhalten, als ins Backfield vorzudringen und dort Unheil anzurichten. Manche Spieler sind einfach von ihrer Anlage her nicht so selbstlos und könnten zum Problem werden, wenn man sie bittet, eine untergeordnete Rolle zu spielen (siehe zum Beispiel Albert Haynesworth bei seinem unrühmlichen kurzen Gastspiel in Washington). Sie wissen, dass Ends heute in der NFL für Sacks bezahlt werden. In einer 4-3-Defense kriegen die Ends die Sacks. In einer 3-4 kriegen die Backers die Sacks, die Ehre und die Knete.

Die Outside Linebacker nehmen in der 3-4-Defense die wahre Glamour-Position ein. Sie sind die Top-Pass-Rusher im Stil von Lawrence Taylor (der die Position während seiner Hall-of-Fame-Karriere revolutionierte), Rickey Jackson, Andre Tippett und Kevin Greene. Jungs wie Elvis Dumervil, Von Miller und das einstige Duo aus Kansas City – Justin Houston und Tamba Hali, die in ihren vier ersten Saisons zusammen 86,5 Sacks erzielten – sind die prototypischen 3-4-Linebacker der heutigen Zeit.

Spieler, die schnell genug sind, um von den Seiten her Druck zu machen, kräftig genug, um zu tackeln, und athletisch genug, um auch Pass Coverage zu spielen.

Die Patriots stellten ihre Line aus Draft Picks zusammen, aber ihre Outside Linebacker fanden sie auf dem Free-Agency-Markt – Typen wie Rosevelt Colvin, Mike Vrabel und Adalius Thomas, die alle schon im College herausragende Defensive Ends waren. Da nur sehr wenige Collegeteams ein 3-4-System spielen, suchen NFL-Coaches immer nach eher klein geratenen College Ends mit Pass-Rushing-Skills, aber nicht unbedingt dem großen, schweren Körper eines traditionellen Linemans. Bei individuellen Workouts testen sie die Beweglichkeit eines Kandidaten, werfen ihm Bälle zu, um seine Hände zu beurteilen, und achten darauf, ob er athletisch genug ist, um die Hüften zu öffnen. Wenn sie die geforderte Athletik haben, finden viele gute Rush Ends aus dem College in der NFL ihren Platz als Outside Linebacker in einem 3-4-System.

Eine 3-4-Defense braucht zwei Inside Linebacker – am besten zwei unterschiedliche Spielertypen. Einer muss gegen den Guard auf der Strong Side spielen. Der Strong Inside Backer sollte idealerweise ein 1,90 Meter großes, 110 Kilogramm schweres Powerpaket sein, das einen Guard in Schach halten kann (ein gutes Beispiel ist David Harris von den Jets). Der Weak Inside Linebacker – der sich auf derselben Seite wie der Split End postiert – kann etwas kleiner sein, weil der Guard auf der Weak Side ihn weniger in Anspruch nimmt, wodurch er mehr freien Raum hat, um zu laufen und zu tackeln (das klassische Beispiel ist Baltimores ehemaliger Superstar Ray Lewis).

Arbeitsbeschreibungen: 4-3

Im Gegensatz zur 3-4- bietet die 4-3-Front kaum Überraschungsmomente. Wenn sich die Defense nicht gerade in einer Fire-Zone-Blitz-Situation befindet (worauf ich im nächsten Kapitel eingehe), weiß die Offense, was sie erwartet – die vier defensiven Linemen werden mächtig Druck machen. Wenn sie fünf Offensive Linemen mit einer Vier-Mann-Line in Schach halten kann, ist das für die Defense ein großer Vorteil, da dann sieben Mann maximal fünf Receiver decken.

Wer wissen will, wonach NFL-Teams suchen, wenn sie eine Defensive Line für ein 4-3 aufbauen wollen, braucht nur einen Blick auf die

GRUNDAUFSTELLUNG 4-3

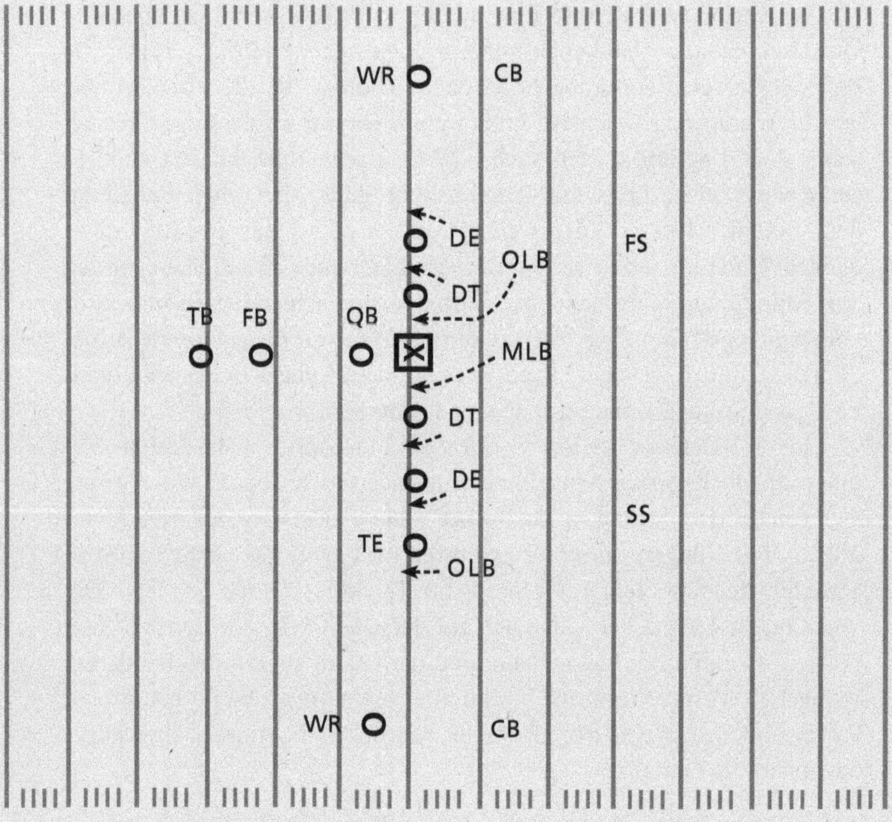

In einer 4-3-Defense ist jeder Spieler für eine Lücke verantwortlich. Die Verteidiger wechseln oft ihre Lücken, um die Offense zu verwirren.

Minnesota Vikings zu werfen, die 2008 und 2009 die NFC North gewannen, mit Kevin Williams (1,96 Meter, 141 Kilogramm) und Pat Williams (1,91 Meter, 144 Kilogramm) als Tackles und Jared Allen (1,98 Meter, 122 Kilogramm) und Ray Edwards (1,96 Meter, 122 Kilogramm) als Ends. Diese vier Jungs hatten die Größe und die Schnelligkeit, um ins Backfield vorzudringen und eine Offense auszuhebeln.

Im Gegensatz zum Nose Tackle im 3-4 sind die zwei Tackles im 4-3 darauf ausgerichtet, die Linie zu durchbrechen. Einer positioniert sich gegenüber von einem Guard, der andere versetzt zum Center. Mit ihrem schnellen ersten Schritt versuchen sie, in die ihnen zugedachte Lücke zu kommen, unter die Pads des Centers oder Guards, der sie blockt, zu greifen und die Linie zu durchstoßen. Niemand war darin so gut wie Warren Sapp in seiner Blütezeit. Und die Rams wählten Aaron Donald im Draft 2014 an 13. Stelle, weil sie in ihm potenziell einen solchen Spieler sahen.

Kleinere Interior Linemen sind im 4-3-System weniger eine potenzielle Schwachstelle als bei 3-4. Als die Jets Dewayne Robertson (1,86 Meter, 140 Kilogramm) 2003 mit dem insgesamt vierten Pick auswählten, spielten sie unter Herm Edwards eine 4-3-Defense. Als Eric Mangini kam und sofort auf 3-4 umstellte, war Robertson verloren. Als Nose Tackle war er zu klein, um den Überblick zu haben. Und wenn die Ballträger durch den A-Gap kamen, konnte er seine Blocker nicht abschütteln, um diesen zu stoppen, weil seine Arme nicht lang genug waren. Außerdem zog er kein Double Team auf sich, was für einen Nose Tackle eine Todsünde ist. Schließlich wurde Robertson nach Denver getraded, wo er zum 4-3-System der Broncos beitrug ... bis diese nach der Saison 2008 zu einem 3-4-System wechselten. Danach wurde Robertson freigestellt.

Die Ends im 4-3 sind natürlich die Pass Rusher und stellen sich an den Außenschultern der Tackles auf. Sie sind etwas leichter und wesentlich schneller als ihre Pendants im 3-4, da sie sowohl mit Tempo als auch mit Kraft Druck ausüben müssen. Ob Jared Allen, Robert Quinn (1,93 Meter, 118 Kilogramm), Jason Pierre-Paul (1,96 Meter, 126 Kilogramm) oder Cameron Wake (1,91 Meter, 119 Kilogramm): Diese Rush Ends sind die Stars der Defense. Sie bringen Resultate, kosten aber entsprechend viel, weshalb viele General Manager inzwischen zu der Überzeugung gelangt sind, dass es preiswerter ist, einen Kader mit 3-4-Spielern zu bestücken.

Die Gruppe der Linebacker im 4-3 besteht aus drei unterschiedlichen Positionen: »Mike« (Mitte), »Will« (Weak Side) und »Sam« (Strong Side). Besonders am Mike kann man sehen, wie unterschiedlich die zwei Systeme sind. Vergleiche die Innen-Dreiecke in jedem System: Im 4-3 steht ein kleinerer, schnellerer Linebacker hinter zwei schlankeren, schnelleren Tackles; im 3-4 spielt ein großer, dicker Nose Tackle vor zwei großen Inside Backers.

Der Mike Backer im 4-3 ist eher klein und schnell, da er öfter in die Coverage gehen muss, vor allem tief in die Mitte bei einer Cover 2. Beim 4-3 hat der Mike zwei Tackles vor sich, die zwei oder drei Blocker in Schach halten, er ist also frei, um zum Ball zu laufen. Zach Thomas (1,80 Meter, 110 Kilogramm) war in seiner Zeit bei den Dolphins ein tolles Beispiel dafür, wie auch London Fletcher (1,78 Meter, 111 Kilogramm) im Laufe seiner 16-jährigen Karriere. Carolinas Luke Kuechley (1,91 Meter, 108 Kilogramm), der Defensive Rookie des Jahres 2012, ist zwar größer als die meisten Mike Backer, aber ein mustergültiges Beispiel dafür, wie die Position idealerweise gespielt werden soll.

Der Will Backer ist ebenfalls ein kleinerer, schnellerer Spieler, der von einer Seitenlinie zur anderen laufen kann. Ein Team kann ihn hinter einem der Defensive Tackles verstecken und damit praktisch garantieren, dass der Gegner keinen Blocker auf ihn ansetzt, weshalb die Position einen kleineren Spieler verträgt. Jemand wie Tampa Bays Lavonte David (1,85 Meter, 106 Kilogramm), der in seinen ersten drei NFL-Spielzeiten 429 Tackles setzte, hätte in einer 3-4-Front keinen Platz.

Der Sam Backer hat ein bisschen etwas von einem Hybriden. Auf der Strong Side ist er meist der größte und kräftigste Linebacker, er könnte also wahrscheinlich auch Outside Linebacker im 3-4 spielen. Er muss robust genug sein, um den Tight End (oder sogar den Right Tackle) in Schach zu halten, wenn Offenses ihre Power Plays auf ihn ansetzen, aber er muss auch agil genug sein, um den Tight End zu decken, wenn der Safety gegen den Lauf in die Box geht. Junior Seau war während seiner zwölf Pro-Bowl-Spielzeiten der perfekte Sam Backer. Oakland sah in Khalil Mack (1,91 Meter, 114 Kilogramm) ähnliche Fähigkeiten, als sie ihn 2014 mit dem fünften Pick insgesamt auswählten.

Die richtigen Puzzlestücke finden

Als ich 2009 in Mobile, Alabama, war, um beim Training vor dem Senior Bowl zuzusehen, erregte ein Spieler besonders viel Aufsehen: B. J. Raji, ein Defensive Tackle vom Boston College. Mir fiel sofort auf, dass er einen unglaublichen Antritt hatte, sehr schnell in seine Lücke preschen konnte und ins Backfield vordrang.

Vor dem Draft sprach ich mit Raji über die beiden Defensivsysteme. Ich fragte ihn, ob er im letzten Play des Spiels lieber Two-Gap gegen den Center spielen oder frei durch die Linie brechen würde. Seine Antwort war eindeutig: »Ich will meine Schnelligkeit nutzen, um loszusprinten und die Linie zu durchbrechen.« Das zeigte mir, dass er der ideale Kandidat für ein 4-3-Team sein würde, das einen Tackle brauchte.

Raji wurde schließlich 2009 von Green Bay gedraftet, die ihn als Eckpfeiler für ihre Umwandlung von 4-3 zu 3-4 wollten. Sie sahen ihn als Nose Tackle, obwohl er etwas klein war (1,88 Meter) und seine herausragende Eigenschaft – seine Schnelligkeit – dort gar nicht zum Tragen käme.

Der Übergang zu einem anderen Defense-System gelang den Packers bestens. In einer Saison waren sie sowohl die beste Defense gegen das Laufspiel als auch die zweitbeste Defense insgesamt und in der darauffolgenden gewannen sie dann den Super Bowl. Raji tat sich als Rookie noch schwer und wechselte ständig zwischen Nose Tackle und Defensive End, aber im zweiten Jahr stand er in allen 16 Spielen in der Startformation und hatte von allen Nose Tackles die meisten Sacks in der NFL. Letztlich entwickelte er sich zu einem Pro-Bowler und Schlüsselspieler der Green-Bay-Defense.

Nicht jeder Spieler passt in jedes System. Raji war schnell genug, um in einem 4-3 zu spielen, aber er wog auch 153 Kilogramm – perfekt für einen Nose Tackle. Glenn Dorsey wurde dagegen von den Chiefs an fünfter Stelle insgesamt gedraftet, um Tackle in ihrer 4-3-Defense zu spielen. Aber als sie zu einer 3-4-Front wechselten, war Dorsey (1,85 Meter, 135 Kilogramm) zu klein, um Nose Tackle zu spielen, und wechselte zur Position des Defensive Ends.

Oft eignet sich ein Spieler besser für ein bestimmtes System als für ein anderes. Deshalb können zwei Trainer beim Senior Bowl oder bei der NFL Combine nebeneinanderstehen und denselben Spieler beobachten und trotzdem zu völlig unterschiedlichen Schlüssen kommen.

Vor dem NFL-Draft 2010 waren alle elektrisiert vom Potenzial eines Defensive Tackles aus Nebraska namens Ndamukong Suh. Mit einer Größe von 1,93 Meter war er vielseitig genug, um in beiden Systemen spielen zu können. Aber mit einem Gewicht von nur 136 Kilogramm war er eher wie Tommie Harris als wie Kris Jenkins gebaut und schien daher eher ein 4-3-Tackle als ein 3-4-Nose zu sein. Die Lions wählten Suh mit ihrem zweiten Pick und installierten ihn in ihrer 4-3-Front. 2010 wurde er zum Rookie des Jahres gewählt. Fünf Jahre später unterzeichnete er bei Miami einen Free-Agent-Deal über garantierte 60 Millionen Dollar, der ihn zum bis dahin höchstbezahlten Nicht-Quarterback-NFL-Spieler aller Zeiten machte. Wer weiß, wie sich die Dinge entwickelt hätten, wenn er zwei Picks später nach Washington gegangen und dort in der neuen 3-4-Front der Redskins hätte spielen müssen.

Ganz gleich, welches System ein Team einsetzen will: Es gibt zwei zuverlässige Faktoren, anhand derer man das Potenzial eines Kandidaten an der NFL-Defensiv-Front einschätzen kann.

Der Explosivitäts-Faktor

Wenn du dir vor dem Draft online potenzielle Draft-Szenarien ansiehst und Berichte von Combine und individuellen Pro Days liest, wirst du zunehmend unter einem ganzen Berg von Zahlen begraben – den Messdaten eines Spielers. Maße und Daten über Größe, Gewicht, Bankdrücken (*bench press*), Short-shuttle Drill, 40-Yard-Dash und eine ganze Menge weiterer Kategorien. Einzeln betrachtet hat keine dieser Zahlen besonders viel Aussagekraft. Aber wenn du sie in die richtige Formel einsetzt, erhältst du ein besseres Bild über die Leistungsfähigkeit eines Athleten.

Vor einigen Jahren habe ich eine Formel kreiert, mit der man den Explosiv-Quotienten von Spielern der defensiven Front Seven und von Offensive Linemen messen kann:

BANKDRÜCKEN (Anzahl der Wiederholungen bei 102 Kilogramm) + STRECKSPRUNG + WEITSPRUNG AUS DEM STAND = EXPLOSIVWERT

Sobald der Ball gesnapt ist, gehen die Front Seven und die Offensive Line in den Nahkampf und ein Trainer muss projizieren können, wer athletisch genug ist, um diese Grabenkämpfe zu gewinnen. Diese Formel zeigt mir, wie explosiv ein Spieler ist, und ob er in der Lage ist, zu schieben und zu rutschen und in Position zu kommen, um Plays zu machen.

Ein Kandidat mit einem Explosivwert von 70 oder mehr weckt mein Interesse. Ein Spieler mit so hohem Explosivwert wird eine ordentliche Anzahl an Zweikämpfen an der Line of Scrimmage für sich entscheiden und ist athletisch genug für die NFL.

In der ersten Ausgabe dieses Buchs hatten wir uns die Explosivwerte von elf defensiven Linemen und Linebackern angesehen, die in der ersten Runde des Drafts von 2009 ausgewählt wurden. Wir verwiesen auf die sensationellen Explosivwerte von Spielern wie Brian Orakpo (81,3), Brian Cushing (75,0) und B. J. Raji (73,6). Wir stellten fest, dass Tyson Jackson, der dritte Pick insgesamt, einen ziemlich schlechten Wert hatte (57,0), was bei den Chiefs-Fans Anlass zur Sorge sein konnte. Letztlich wurde Jackson nie zu einem so entscheidenden Spieler, wie man es sich von einem Nummer-3-Pick erhofft.

Vergleichen wir damit Dontari Poe, den Kansas City 2012 mit dem elften Pick wählte. Poes Combine-Werte brachten ihm einen Explosivwert von 81,25 ein. Poe wurde nach seiner zweiten Saison bei den Chiefs zu seinem ersten Pro Bowl eingeladen.

In den ersten zwei Runden des NFL-Draft 2014 wurden 18 Front-Seven-Spieler ausgewählt, von denen zwölf alle drei Tests bei der Combine absolvierten. Sieh dir die Zahlen dieser zwölf an. Wessen Werte stechen heraus?

Spieler	Position	Team	Bankdrücker	Strecksprung	Weitsprung	Explosivwert
Jadeveon Clowney	DE	HOU	21	37,5	10-4	68,9
Khalil Mack	LB	OAK	23	40	10-8	73,8
Anthony Barr	LB	MIN	15	34,5	9-11	59,5
Aaron Donald	DT	STL	35	32	9-8	76,7
Ryan Shazier	LB	PIT	25	42	12-10	77,8
Marcus Smith	LB	PHI	23	35	10-1	68,0
Demarcus Lawrence	DE	DAL	20	34,5	9-5	63,8
Ra`Shede Hageman	DT	ATL	32	35,5	9-6	77,0
Kyle Van Noy	LB	DET	21	32,5	9-4	62,8
Trent Murphy	LB	WAS	19	35,5	9-10	64,3
Timmy Jernigan	DT	BAL	27	29,5	8-6	65,0
Kony Ealy	DE	CAR	22	31	9-6	62,5

Bei aller Spekulation darüber, warum Michael Sam, der Defensivspieler des Jahres 2013 in der SEC (South Eastern Conference), erst in der späten siebten Runde gedraftet wurde: Ein Blick auf seinen Explosivwert (52,0) sagt einem eigentlich schon alles, was man wissen muss.

Der Explosivwert sollte nicht allein entscheidend sein bei der Bewertung eines Kandidaten, aber wenn er besonders hoch ist (J. J. Watt 81,0) oder besonders niedrig (Dante Fowler jr., 60,8), dann ist das ein Grund, um einen Kandidaten nochmal genauer unter die Lupe zu nehmen.

Die Formel ist tatsächlich besonders hilfreich, um in den hinteren Runden nach verborgenen Rohdiamanten zu suchen. Wenn du siehst, dass Arkansas Defensive End Trey Flowers einen Explosivwert von 74,5 hat, schaust du dir vielleicht Filmausschnitte über ihn an.

Q: Wie lange dauert es, ein Team von einem 4-3- auf ein 3-4-System umzustellen oder umgekehrt?

A: Wenn ein Team clever vorgeht, dürfte das zwei Jahre dauern. Nehmen wir an, die Mannschaft wechselt von 4-3 zu 3-4, wie Atlanta und Tennessee es vor der Spielzeit 2014 taten und Buffalo, Chicago und Denver es für 2015 planten. Vielleicht haben drei der Front-Seven-Startspieler die nötigen Skills für ein 3-4-System, was bedeutet, dass das Team vier neue Spieler für die Front Seven braucht. Diese kann es in zwei Drafts und einer Free-Agent-Periode beschaffen. Das kostet zwar um die 40 Millionen Dollar, aber das ist eine andere Frage.

Das größere Problem besteht darin, geeignete Spieler zu finden. Als die meisten NFL-Teams noch 4-3 spielten, hatte ein 3-4-Team wie die Steelers wenig Konkurrenz beim Verpflichten der passenden Spieler. Sobald aber die halbe Liga ein 3-4 spielte, waren alle auf der Suche nach einem massigen Nose Tackle, und es wurde schwerer, die besten Spieler für dieses System an Land zu ziehen. Wenn wir irgendwann den Punkt erreicht haben, an dem 17 bis 18 Teams 3-4 spielen, sind die Teams, die beim 4-3 bleiben, wieder im Vorteil.

Im Draft 2009 wählte Houston Connor Barwin in der zweiten Runde. Manche Teams wären vielleicht skeptisch gewesen, denn Barwin war ursprünglich ein Tight End, der im College erst eine Saison als Defensive End gespielt hatte. Aber Barwins Explosivwert (72,3) ließ jemanden in Houston aufhorchen. Jeder, der aus dem Stand 102 Zentimeter hoch springen kann, ist ein explosiver Athlet. Und nach zwei eher mittelmäßigen Saisons zu Anfang seiner NFL-Karriere (in der ersten war er Backup für Mario Williams, in der zweiten verletzt), legte er innerhalb von vier Jahren zwei Spielzeiten mit doppelstelliger Zahl an Sacks hin.

Der Produktivitäts-Faktor

Natürlich ist Explosivität nur ein Teil der Bewertung. Ich möchte auch Beweise dafür sehen, dass ein Spieler Plays macht. Dafür habe ich eine einfache Formel entwickelt:

SACKS + TACKLES FÜR BALLVERLUST/ANZAHL DER EINSÄTZE = PRODUKTIVITÄTS-WERT

Spieler	Sacks	TFB	Spiele	Faktor
Jadeveon Clowney	24	47	37	1,92
Khalil Mack	28,5	75	49	2,11
Anthony Barr	23,5	41,5	27	2,41
Aaron Donald	29,5	66	51	1,87
Ryan Shazier	14	44,5	39	1,50
Marcus Smith	24	32	36	1,56
Demarcus Lawrence	20	34	23	2,35
Ra'Shede Hageman	10	24	45	0,76
Kyle Van Noy	26	62	52	1,69
Trent Murphy	32,5	52,5	42	2,02
Timmy Jernigan	8,5	25	40	0,84
Kony Ealy	14	27,5	39	1,06

Auf den ersten Blick sind das erstaunliche Produktivitäts-Werte. J. J. Watt ging nach seinen zwei Jahren in Wisconsin mit einem Wert von 1,85 in den Draft. Damit stünde er an sechster Stelle dieser Liste.

Bedeutet dies, dass jeder aus dem 2014er-Jahrgang eine so illustre NFL-Karriere wie Watt haben würde? Natürlich nicht. Der Produktivitäts-Faktor ist eine Aufzeichnung der bisherigen Produktivität eines Kandidaten. Weder dieser noch der Explosivitäts-Faktor können Erfolg oder Misserfolg in der NFL sicher vorhersagen. Aber wenn man beide zusammennimmt – Ndamukong Suhs Explosivitäts-Wert war eine überragende 76,4 und seine Produktivitäts-Rate eine sehr ordentliche 1,47 – bekommt man eine Momentaufnahme von den physischen Waffen, die ein Spieler mitbringt, und einen Eindruck davon, wie er sie einsetzen kann.

Kernkompetenz Tackling

Ganz gleich, für was für ein grundlegendes Defensiv-System sich ein Team entscheidet: Beim Verteidigen geht es letztlich immer um eins – den

Spieler, der den Ball hat, zu tackeln. Diese für einen Defensivspieler eigentlich selbstverständliche Fähigkeit ist heute in der NFL zunehmend ein Problem.

Ironischerweise kann man den Verlust der Tackling Skills wahrscheinlich auf Ronnie Lott zurückführen – einen der größten Spieler aller Zeiten. In seinen 14 Spielzeiten mit den 49ers, Raiders und Jets war Lott ein guter Tackle-Techniker, aber er zog es vor, seine Schulter in die Ballträger zu rammen. Die Fans liebten diese Art von Körpereinsatz, und *SportsCenter* und andere Highlight-Sendungen zeigten ihnen jeden Sonntagabend solche Hits. Junge Spieler sahen Lott und wollten ihn nachahmen – nur besaßen sie weder seine Schnelligkeit noch seine Fähigkeit, ein Spiel zu analysieren. Wenn diese jungen Spieler einen »Ronnie Lott tackle« ansetzen wollten, verpassten sie ihren Gegenspieler.

Man kann die Situation ein bisschen mit jungen Basketballspielern vergleichen, die aufhörten, an ihren Jump Shots zu arbeiten, nachdem sie endlose Highlights von Michael Jordan beim Dunken gesehen hatten. Heute gibt es in der NFL viele Jungs, die zwar wie Lott angreifen wollen, aber nicht die Grundtechnik besitzen, um richtig zu tackeln.

Ich glaube, dass das Tackling einen großen Rückwärtsschritt machte, als das Salary Cap eingeführt wurde. Plötzlich war die Anzahl der Spieler, die ein Team zum Trainingscamp mitnehmen durfte, eingeschränkt, genauso wie die Größe des Kaders in der regulären Saison. Man muss nur rechnen: Ein Team nimmt 90 Jungs mit ins Trainingslager, 53 werden es in den Kader schaffen und acht kommen in den Practice Squad. Macht 61. Ein oder zwei werden während des Trainingslagers auf Injured Reserve gesetzt werden, macht 63. Bleiben also nur noch 27 Jungs, die es nicht ins Team schaffen. Das Resultat: Die Mannschaften können nicht so trainieren wie früher, weil sie es sich nicht leisten können, dass jemand verletzt wird. Der General Manager will nicht, dass sein Zwei-Millionen-Dollar-Safety seinen Zwei-Millionen-Dollar-Runningback beim Training angreift. Also setzen die Coaches mehr Trainings in halbem Tempo und Walkthroughs an. Hinzu kommen die Einschränkungen, die Teams durch das Collective Bargaining Agreement von 2011 auferlegt wurden (und die zum Beispiel das zweimalige Training an einem Tag verbieten). All das macht sich auf dem Platz bemerkbar – in Form eines Rückgangs grundlegender Fähigkeiten, zu denen in erster Linie das Tackling gehört.

Das Aufkommen von komplexeren Offensiv- und Defensivstrategien zwingt Coaches auch dazu, mehr Trainingszeit auf die Taktik zu verwenden und nicht genug auf diese Grundlagen. Die Trainer trichtern den Spielern Seite um Seite des Playbooks ein, sie lassen sie neun Millionen verschiedene Konstellationen lernen. Umso weniger Zeit bleibt, um das Tackling zu üben.

Ich bin der Meinung, dass jedes Team täglich einen Tackling-Technik-Drill ins Training integrieren sollte, gefolgt vom Einzel-Drill mit dem Sled (einem Trainingsgerät), Tackling-Drills im freien Feld und 9-gegen-7-Drills. Das wird nicht mehr oft gemacht, aber da, wo doch, merkt man gleich den Unterschied.

Das Problem ist inzwischen auch zu den Colleges und Highschools durchgesickert. Schon Anfang der 2000er-Jahre habe ich mit Bill Walsh an einer Lehr-DVD für das Ausbildungsprogramm der NFL gearbeitet, mit der wir Spielern in der Junior Highschool das Tackeln beibringen wollten, bevor es zu spät ist.

Es gibt noch weitere Faktoren, die dazu beigetragen haben, dass Spieler die Tackling-Technik heutzutage so schlecht beherrschen. So verteidigen die gegenwärtigen NFL-Teams meist zuerst gegen den Pass, die Offenses lassen den Ball also gegen Pass Defenses laufen. Dadurch hat der Ballträger mehr Zeit im Raum und je weiter er von der Line of Scrimmage entfernt ist, desto schwerer ist es, ihn zu tackeln. Außerdem werden die Receiver immer größer und kräftiger und die Tight Ends sind so athletisch wie nie zuvor. Linebacker und Secondary müssen also Ballträger tackeln, die größer und schneller als früher sind, aber sie trainieren es nicht.

Die Tatsache, dass die Verteidiger heutzutage kleiner und schneller sind, um gegen den Pass zu verteidigen und den Quarterback unter Druck zu setzen, macht die Sache nicht gerade einfacher. Wenn eine Defense Größe gegen Schnelligkeit eintauscht, bedeutet das einen Kraftverlust – und ein Kraftverlust führt dazu, dass der Verteidiger überrannt wird.

Wenn du dir in der Wiederholung ansiehst, wie ein Verteidiger einen Tackle in den Sand setzt, gibt es mehrere Dinge, auf die du achten kannst, um zu bestimmen, wo genau der Tackler versagt hat:

- Hat der Verteidiger die Lücke zum Ballträger geschlossen? Das nennt man »reducing the field«. Wenn sich ein Verteidiger nach dem Runner strecken muss, wird sich dieser vom Arm-Tackle befreien.
- Hat der Verteidiger guten Kontakt mit seinen Schulterpads erzielt? Ein Tackler muss die Knie beugen und den Kopf hochhalten. Zu oft

ist ein Spieler an der Taille gebeugt und hält Schultern und Kopf gesenkt – eine Position, die die aus Beinen und Po kommende Kraft verringert.

- Hat der Verteidiger während des Tackles seine Füße schnell bewegt? Sobald du den Kontakt der Pads hörst, müssen sich die Füße des Tacklers schnell nach vorne bewegen. Wenn sie stillstehen, maximieren sie nicht ihre Kraft. Achte auch darauf, ob die Füße des Tacklers zu dicht beieinanderstehen. Wenn dies der Fall ist, ist seine Basis zu klein und er verliert auch dort an Kraft.
- Wusste der Verteidiger, wen er tackelt? Verteidiger müssen für jeden Spieler, den sie tackeln, einen Plan haben. Einen 91 Kilogramm schweren Back wie Jamaal Charles können sie vielleicht mit einem hohen Tackle angehen, aber von einem 109-Kilo-Mann wie Le'Veon Bell würden sie dabei überrannt werden. Die besten Tackler greifen meistens tief an. Antoine Winfield, ein 1,75 Meter großer, 82 Kilogramm schwerer Cornerback, der 14 Saisons in der Liga spielte, sagte mir mal, dass er als kleiner Spieler lernen musste, tief zu tackeln, um größere Gegner außer Gefecht zu setzen. Die Konzentration auf die richtige Technik machte ihn über ein Jahrzehnt lang zu einem der besten tackelnden Cornerbacks in der NFL.
- Hat der Verteidiger eine schlechte Position zum Gegner eingenommen? Wenn ein Tackler den Ballträger erreicht und festhält, sich sein Kopf aber hinter dem Runner befindet, nimmt er eine schlechte Position ein, denn er tackelt dann nur mit dem Arm vor dem Runner. Wenn er aber seinen Kopf vor den Ballträger positioniert, kann er auch seine Hüften, die Beine und den unteren Körper zum Tackeln einsetzen.
- Hat der erste Verteidiger, der am Ballträger dran war, versucht, den Ball zu strippen anstatt zu tackeln? Der Strip wird heutzutage von den Coaches sehr gut vermittelt, aber er sollte nicht den Tackle ersetzen. Der erste Spieler am Mann ist der Tackler, erst der zweite setzt zum Strip an. Wenn der erste Verteidiger einen Strip versucht, hat er den Ballträger nicht gesichert. Wenn sich dieser Spieler dann freiläuft, ist der zweite Verteidiger nicht mehr in der Position zu tackeln.

Ray Lewis setzte im Laufe seiner 17-jährigen NFL-Karriere über 2000 Tackles. Er war einer der großen »Key and diagnose«-Spieler, was bedeutet, dass er schnell die Situation analysierte, wusste, wohin der Ball geht (dank seiner Instinkte und viel Videoanalyse), dann diesen Punkt attackierte und das Feld mit großer Geschwindigkeit aufrollte. Viele missglückte Tackles beruhen darauf, dass ein Verteidiger zu langsam analysiert und reagiert. Wenn ein Spieler nicht explosiv starten kann oder die Situation zu spät erkennt, kann er sich nicht rechtzeitig lösen und greift daneben.

Patrick Willis in San Francisco war ein weiteres Beispiel für einen mustergültigen Tackler. Er liebte Kontakt und beherrschte die Grundlagentechnik – hauptsächlich, weil Ed Oregorn, sein Trainer an der Ole Miss, viele Tackling-Drills laufen ließ. Außerdem konnte Willis sein Tempo gut kontrollieren. Er konnte die 40 Yards in 4,3 Sekunden laufen, wusste aber, dass man die nicht die ganze Zeit bei 4,3 bleiben kann. Schnelligkeit ist ein enormer Vorteil, wenn es darum geht, das Feld aufzurollen, kann sich aber gegen den Spieler wenden, wenn dieser übers Ziel hinausschießt und einen schlechten Winkel zum Gegner einnimmt.

Die besten Tackler sind nicht zufällig diejenigen, die schon im College echte Tackling-Maschinen waren. Weil die meisten Coaches in der NFL das Tackling nicht lehren und trainieren, müssen die Spieler diese Fähigkeit bereits erworben haben, *bevor* sie in die Liga kommen. Willis, Luke Kuechly, Brian Cushing, David Harris, C. J. Mosley und James Laurinaitis waren alle schon im College großartige Tackler. Als Profis lernen sie, Spielsituationen schneller zu analysieren, und sie spielen in Systemen, die ihnen die besten Möglichkeiten geben, an den Ballträger zu kommen. Das ist für eine Defense eine hervorragende Kombination, ganz egal, welches System sie spielt.

Die gute Nachricht ist, dass die Tackling-Technik inzwischen wieder etwas mehr Aufmerksamkeit bekommt, vor allem in Seattle, wo Pete Carroll einen anderen Ansatz verfolgt. Schon seit seinen Tagen an der USC lehrt Pete ein Tackling im Rugby-Stil, dass er »shoulder leverage tackling« nennt. Es dient dazu, den Kopf aus dem Tackle herauszuhalten – »Augen auf die Oberschenkel« heißt die Devise – und die Sicherheit des Spielers zu gewährleisten, während man gleichzeitig die Körperlichkeit des Spiels bewahrt.

Zusammen mit Seattles Passspiel-Koordinator Rocky Seto brachte Pete ein Lehrvideo heraus, das an über 20 000 Highschool- und Jugend-Footballprogramme im ganzen Land verschickt wurde. Das Video zeigt, wie Tackling heutzutage auf höchstem Niveau vermittelt wird.

Das Beste an Petes Tackling-Ansatz (abgesehen von den Sicherheitsaspekten und der Tatsache, dass seine Teams eindeutig lernen, wie man tackelt) ist, dass man ihn in Shorts und T-Shirts trainieren kann. Die Anzahl der Trainingseinheiten mit Pads ist ja stark reguliert, aber diese Technik kann man auch ohne Pads üben, ohne dass eine hohe Verletzungsgefahr besteht.

Das Beste aus beiden Welten

Trainer haben gern eine Basis-Identität – etwas, das sie am besten beherrschen und auf das sie in schwierigen Situationen zurückgreifen können. Letztendlich lassen sie sich einem von zwei Lagern zuteilen: dem 4-3 von Monte Kiffin oder dem 3-4 von Bill Parcells. Fast alles in der heutigen Liga basiert auf einem dieser zwei Spielphilosophien.

Fast alles.

Wir haben in den letzten Jahren nämlich den rasanten Aufstieg einer dritten Spielphilosophie beobachtet: Bill Belichicks hybride Front.

Die Entwicklung hin zu einem hybriden System begann, als Willie McGinest Belichick die ultimative Wild Card an die Hand gab. Mit 1,96 Meter und 122 Kilogramm war McGinest groß und schwer genug, um in einem Play mit der Hand am Boden in einer 4-3-Front Defensive End zu spielen und zudem auch noch so athletisch, um beim nächsten Play aufrecht zu stehen und den Quarterback in einem 3-4 zu rushen.

Und Belichick setzte ihn auch so ein. Er wechselte im Verlauf eines Spiels oder sogar innerhalb eines Ballbesitzes mehrfach von 4-3 zu 3-4.

Im Laufe der Zeit stellte Belichick einen Kader aus Spielern zusammen, die vielseitig genug waren, um von 3-4 zu 4-3 überzugehen, ohne jemanden auszuwechseln.

Schauen wir uns die zwei Defenses im Super Bowl XLIX an. Die Seahawks hatten Bruce Irvin, der, wie McGinest, von einer aufrechten Startposition aus oder mit einer Hand am Boden spielen konnte. Chandler Jones war der startende rechte Defensive End der Patriots. Aber beim letzten Spielzug des Super Bowls – dem wichtigsten Play des Jahres – deckte wer den Runningback? Jones.

Die hybride Defense ist aus vielen Gründen entstanden, nicht nur, weil Teams Probleme haben, schwere Jungs zu finden, die eine 5-Technique spielen können. Zuallererst müssen Defenses eine Antwort auf die Herausforderungen haben, die ihnen die hybriden Spieler der Offense stellen. Da gibt es den hybriden Runningback, der auch Receiver spielt, den hybriden Fullback, der auch als Tight End fungiert, den hybriden Tight End, der auch ein großer Receiver ist, Left Tackles, die Right Tackle spielen, Tackles, die Guard spielen. Defenses wissen nie, zu welcher Verwandlung die Offenses sie zwingen werden, deshalb brauchen sie flexible Einzelteile.

Einfacher ausgedrückt: Manchmal braucht man vier Jungs mit der Hand am Boden und manchmal vier, die als Linebacker aufrecht stehen.

Wie sähe also die Blaupause für die perfekte hybride defensive Front aus?

Die Top-Priorität läge bei zwei kräftigen, mindestens 135 Kilogramm schweren Defensive-Tackle-Typen. Du musst den Lauf stoppen können und weißt nicht, wann er kommt. Also musst du innen genug Masse haben, um bei jedem Down and Distance gegen den Lauf verteidigen zu können. Aber diese schweren Jungs müssen auch passrushen können. Sie müssen keine Sacks erzielen, aber in der Lage sein, zu schubsen und die Spitze der Pocket zum Einsturz zu bringen.

Dann bräuchte man jemanden in der Mitte, um die zwei Tackles zu ergänzen. Dieser Spieler muss sowohl die A- als auch die B-Lücke verteidigen und clever genug sein, die Defense blitzschnell umzustellen, so wie ein Mike das im 4-3 macht. Er muss aber auch decken können, weil er ab und zu auch allein vor einem Back steht (das will man zwar möglichst vermeiden, aber es passiert trotzdem).

Außerdem brauchst du noch hybride Randspieler (*edge player*). Die Begriffe »Defensive End« und »Outside Linebacker« sind passé. Die Randspieler sind eine Kombination aus Edge Rusher und Edge Dropper, und die Offense weiß nie, was sie wann vorhaben.

Diese Jungs sollten um die 120 Kilogramm wiegen und athletisch genug sein, um zu decken. Man denke nur an Connor Barwin, der als Tight End zum Senior Bowl ging und dann zu einem zweistelligen Edge Rusher wurde.

Weiter benötigst du zwei Safety/Linebacker-Hybriden, jemanden wie Levonte David oder Kam Chancellor. Dabei ist es egal, ob sie aus der Welt der Linebacker oder der Safetys kommen, da sie beide Rollen ausfüllen müssen. Carolina wählte Shaq Thompson – die Allzweckwaffe aus Washington – in der ersten Runde des Drafts 2015 mit der Absicht aus, ihn neben Thomas Davis einzusetzen. Die Panthers hatten Ende 2014 zwei

Linebacker mit Safety-Skills, und Ron Rivera sagte mir, dass er sich nun weniger Sorgen darüber mache, Defensive Backs austauschen zu müssen. In einer Welt der No-Huddle-Offenses ist es beim Verteidigen von hybriden Tight Ends und Pässe fangenden Runningbacks ein riesiger Vorteil, zwei solche Spieler zu haben.

Es wäre auch hilfreich, Cornerbacks zu haben, die Manndeckung spielen können, und einen hybriden Safety, der einen Tight End oder Slot Receiver allein in Schach halten kann. Sie müssen sich behaupten, während du mit einem Blitz Druck aufbaust.

Mit nur zwei schweren inneren Linemen ist deine Defensive zwar eher klein, dafür aber vielseitig und unvorhersehbar, zwei von Belichicks besten Eigenschaften.

Vergiss nicht, dass es einen großen Unterschied gibt zwischen einem hybriden Spieler und einem »Tweener«. Ein hybrider Kandidat hat bereits im College die beiden Positionen gespielt, in denen du ihn sehen willst. Wo der Tweener am besten reinpasst, weiß man nicht genau (zu oft passt er leider nirgendwo rein).

Ein einfaches Mittel, um herauszufinden, in welches System ein Kandidat am besten passt – 4-3, 3-4 oder hybrid –, wäre eine leichte Strukturänderung beim Senior Bowl. Anstatt nach Geografie könnte man die eingeladenen Spieler nach Systemen aufteilen. Es gäbe dann ein Team mit defensiven Spielern, die im College 3-4 spielten, und ein anderes mit auf 4-3 geeichten Spielern. Im Moment stehen beim Senior Bowl 32 NFL-Teams auf den Rängen und beobachten zwei 4-3-Defenses, obwohl die halbe Liga 3-4 spielt.

In diesem veränderten Szenario könnten NFL-Coaches mit einem 3-4-System eine bestimmte Gruppe von Spielern beobachten, während 4-3-Coaches Ausschau nach Spielern mit einem anderen Spielstil und Körperbau hielten. Und wenn du im anderen Team jemanden siehst, der in dein System passen könnte, umso besser. Dort kämen einige deiner neuen hybriden Spielertypen her.

Welches System funktioniert denn nun besser?

So lange ein Team das System einsetzt, das am besten zu seinen Spielern passt, kann man nicht sagen, dass eines der beiden Systeme besser sei.

Auch die Statistiken deuten nicht in die eine oder andere Richtung. So spielten die vier Teams mit der insgesamt besten Defense 2014 – Seattle, Detroit, Denver und Buffalo – alle auf der Basis eines 4-3-Systems, die nächsten fünf auf der Rangliste – San Francisco, New York Jets, Kansas City, Baltimore und San Diego – aber mit 3-4.

Unter den zehn besten Pass-Defenses waren fünf 4-3-Teams und fünf 3-4-Teams. Das gleiche gilt für die zehn besten Run-Defenses. Die Hälfte der zwölf Defenses mit den meisten Sacks spielte 4-3, die andere Hälfte 3-4. Sieben der zwölf Teams, die es in die Playoffs schafften, schworen auf 4-3, fünf auf 3-4.

Wie man unschwer erkennen kann, ist nicht das Spielsystem die Ursache für Effektivität und Erfolg. Natürlich könnte es ein Vorteil sein, in einer Division das einzige Team zu sein, dass in einem bestimmten System spielt. Von 2008 bis 2013 spielten alle vier Teams der NFC South – Carolina, Atlanta, Tampa Bay und New Orleans – 4-3. Das bedeutet, dass alle Offensive Linemen in dieser Division ihre praktischen Erfahrungen gegen dasselbe System sammelten. Eines dieser Teams hätte sich durch einen Wechsel zu 3-4 einen Vorteil verschaffen können, einfach weil die Gegner in der Division damit nicht so vertraut waren. (Tatsächlich wechselte Atlanta 2014 zum 3-4.)

Genau das tat Green Bay. Jahrelang waren die Packers das einzige Team der NFC North, das 3-4 spielte, was es für die Vikings, Bears und Lions schwerer machte. Und die Bengals waren das einzige 4-3-Team in der AFC North und das einzige Team in der Division, dass von 2011 bis 2014 in jeder Saison die Postseason erreichte.

Unterm Strich gibt es nichts, was darauf hindeutet, dass das eine oder das andere System im heutigen Spiel das ultimativ bessere ist.

Ein schneller Blick auf Super-Bowl-Champions der jüngeren Zeit (4-3-Teams wie die Patriots, Seahawks und Giants, 3-4-Teams wie die Ravens, Packers und Steelers) zeigt, dass beide Systeme funktionieren – so lange man Spieler hat, die dazu passen. Es geht nicht so sehr um das System, sondern um die Spieler in diesem System, wie Mike Tomlin sicher bestätigen würde.

9 Rush Hour

Den Quarterback unter Druck zu setzen und zu beschützen, ist der Schlüssel zum Erfolg

Von allen taktischen Scharmützeln, die sich im Laufe eines Footballspiels abspielen, ist eines der interessantesten das zwischen den zwei größten und schwersten Spielern auf dem Platz. Es geht um Körperfülle, Schnelligkeit, Kraft und Strategie – einen Zweikampf, bei dem die taktische Komponente oft unterschätzt wird. Wer gewonnen hat, lässt sich meist daran erkennen, ob der Quarterback aufrecht steht oder auf dem Rücken liegt, wenn der Schiri pfeift.

Es geht um den ständigen Kampf zwischen Druck (*pressure*) und Schutz (*protection*). Dass dieser Kampf der Titanen kurz bevorsteht, erkennt man an der Grundstellung des Offensive Tackles – wenn er eine Two-point Stance einnimmt, ist ein Passspielzug wahrscheinlich. Dann kannst du dich auf das entscheidende Matchup zwischen dem besten Pass Rusher des einen Teams und dem besten Pass Blocker des anderen konzentrieren.

Den Rand halten

Wenn du einen der Sherlock-Holmes-Filme gesehen hast, wirst du dich wahrscheinlich an die Szenen erinnern, in denen Robert Downey Jr. als Sherlock Vorahnungen in Zeitlupe hatte. Dabei sah er die Schwächen seines Gegners und entwickelte einen Schlachtplan, kurz bevor das Ereignis wirklich eintrat. Jeder Lineman, der sein Matchup gewinnen will, geht so ähnlich vor.

Unterschiedliche Offensive Tackles verlangen unterschiedliche Ansätze. Je enger ein Pass Rusher seinen individuellen Spielplan auf einen bestimmten Gegner abstimmt, desto effektiver wird er sein.

Wenn sich ein Defensive End (in einem 4-3-System) oder Outside Linebacker (in einem 3-4) zum Beispiel in der frühen Phase seiner Karriere Videos von Jets-Tackle D'Brickashaw Ferguson ansahen, konnten sie ausnutzbare Schwächen erkennen. Ferguson zeigte weder echte Kraft in den Beinen noch die Fähigkeit, sein Gewicht richtig einzusetzen, wodurch er anfällig für einen Bull Rush war. Seine Athletik und beweglichen Füße machten es jedoch schwer, ihn mit einem Speed Rush zu schlagen. Ferguson wurde schließlich ein guter und vielseitiger Pass Blocker, aber es brauchte Zeit – ein Gut, von dem Erstrunden-Picks mehr bekommen als Picks aus späteren Runden.

Natürlich muss ein Pass Rusher mehr als einen Move draufhaben. Er kann einen NFL-Tackle nicht nur mit einer Technik angreifen. Eindimensionale Rusher werden unweigerlich neutralisiert, egal wie gut sie in dieser einen Dimension sind. Du kannst in der NFL kein erfolgreicher Pass Rusher sein, ohne deinen Blocker auf mindestens zwei Arten überwinden zu können.

In der NFL gibt es heute vier grundlegende Pass-Rush-Techniken.

Speed Rush

Ein Pass Rusher muss schnell starten und seinen Blocker am Rand der Line (*edge*) schlagen. Diese Fähigkeit ist ein absolutes Muss, denn in der NFL ist ein Speed Rush auch ein Contain Rush. Dabei wird der End außerhalb des Tackles positioniert, was verhindert, dass der Quarterback am Rand ausbricht – eine Aufgabe, die zunehmend wichtiger wird, je athletischer und mobiler die Quarterbacks sind.

Bull Rush

Hier heißt es einfach Masse gegen Masse, Kraft gegen Kraft. Der Rusher muss seine Pads weiter runter bekommen als der Blocker und seine Hände zwischen die des Blockers. Dann kann er seinen Mann bis in den Quarterback reinschieben.

Crossing the Face

Ein Verteidiger fängt mit einem Speed Rush an, aber beim dritten Schritt wechselt er vor dem Gesicht des Blockers die Richtung und zieht nach innen. Damit verleitet er den Blocker dazu, nach außen zu gehen, um den Speed Rush zu verhindern, und wenn sich der Tackle seitwärts bewegt, läuft der Rusher wieder in die entgegengesetzte Richtung. Jevon Kears war zu Beginn seiner Karriere darin besonders gut. Diese Technik funktioniert aber nicht gegen einen disziplinierten Blocker, der auf seiner »imaginären Linie« bleibt, also einen Spieler, der gerade nach hinten geht, anstatt sich nach außen zu lehnen.

Conversion

Kraft in Geschwindigkeit oder Geschwindigkeit in Kraft umzuwandeln, ist die beliebteste und effektivste Technik des heutigen Spiels. Der erste Move stellt die Weichen für den zweiten. Die meisten Pass Rusher wandeln am liebsten Geschwindigkeit in Kraft um. Sie setzen zu einem Outside Speed Rush an, und wenn der Blocker sein Betätigungsfeld ausweitet, um den Rusher an der Pocket vorbei zu steuern, wechselt der Verteidiger an der Brust des Blockers die Richtung und schiebt ihn zurück zum Quarterback.

Jon Runyan, ein Tackle mit 14-jähriger Berufserfahrung in der NFL, erzählte mir ständig, wie viele Probleme er mit dem Hall-of-Fame-Defensive-End Michael Strahan hatte, der ein sehr talentierter multidimensionaler Pass Rusher war. Strahan konnte mit Tempo oder Kraft rushen oder von einer zur anderen Methode wechseln. Aber genauso wichtig wie seine individuellen Moves war die Tatsache, dass er Runyan im Ungewissen über seinen nächsten Schritt ließ.

Tim Ryan, mein alter Partner bei *Movin' the Chains*, liebte es, seine Gegenspieler zu verladen – eine Strategie, die er von Richard Dent lernte, seinem ehemaligen Mannschaftskameraden bei den Chicago Bears. Ein cleverer End kann zum Beispiel seinen besten Move bis zu einem kritischen Punkt im Spiel zurückhalten und ihn dann aus dem Hut zaubern, wenn er ihn am meisten braucht. So könnte er einen Tackle in trügerischer Sicherheit wiegen, indem er einen Speed Rush nach dem anderen ansetzt. Aber bei einem entscheidenden Third Down – wenn ein Sack den Gegner aus der Field-Goal-Reichweite bringen oder ihn dazu zwingen würde, aus der eigenen Endzone heraus zu punten – lässt er den Bull Rush von der Leine. Für ein ungeübtes Auge in den Rängen mag das so aussehen, als wenn der Tackle das ganze Spiel über die Oberhand hatte, aber in Wahrheit hat der End vielleicht nur mit ihm gespielt und auf den entscheidenden Moment gewartet, um seinen Trumpf auszuspielen.

Q: Würde ein guter Defensive Lineman einen guten Offensive Lineman abgeben und umgekehrt?

A: Die meisten NFL-Linemen haben in der Highschool auf beiden Seiten des Balls gespielt. Im College wurden die explosiven, aggressiven Typen dann in die Defense gesteckt und die anderen in die Offense.

Ein schnellerer Lineman geht meistens in die Defense, denn ein Defensive Lineman rennt im Laufe eines Spiels etwa dreimal so viel wie ein Offensive Lineman. Beim Pass Rush kommt es auch auf Schnelligkeit an und die Fähigkeit, die Richtung zu wechseln.

NFL-Scouts lieben es, einen potenziellen Guard oder Tackle zu finden, der ein paar Jahre zuvor noch auf der defensiven Seite der Linie stand, Spieler wie Lane Johnson oder Cameron Erving. Sie glauben, dass ein solcher Spieler besonders viel erwünschte Aggressivität mitbringt, vor allem beim Zone Scheme, und wahrscheinlich auch schnell ist.

Aber das Taktikspiel funktioniert natürlich in beide Richtungen. Auch der Tackle sieht sich Videos an, um die Stärken und Schwächen seines Gegners auszumachen, und auch er bastelt sich einen individuellen Game Plan zurecht. Wie viel Gewicht lastet bei einem Rusher in Three-point Stance auf der Hand? Sagt seine Starthaltung etwas darüber aus, welchen Rush Move er einsetzen wird? Ein Tackle kommt vielleicht zu der Überzeugung, dass ein kleinerer Speed Rusher nicht kräftig genug ist, um ihn zu bullrushen, weshalb er für den Speed Rush überkompensiert und versucht, den End dazu zu bringen, ineffektive Power Moves anzuwenden.

Blocker begegnen Rushern mit ihrer eigenen Variante an Protection-Techniken. Jeder Tackle hat seine eigenen Tricks: von dem Punkt, an dem er sich aufstellt, bis hin zum Timing beim Anpacken des Gegners. Auch er will unvorhersehbar bleiben. Paul Alexander, der langjährige Line Coach der Bengals, sagte mal, dass Willie Anderson, sein dreimaliger All-Pro-Tackle, niemals zwei Gegner auf ein und dieselbe Art geblockt hat.

Es gibt noch weitere Faktoren, die den Angriffsplan eines Rushers bestimmen. Einer davon ist die Beweglichkeit – oder Unbeweglichkeit – des Quarterbacks.

Ein mobiler Quarterback hilft, sich selbst zu beschützen, indem er die Optionen des Pass Rushers begrenzt. Gegen einen Spieler wie Russell Wilson oder Colin Kaepernick oder einen jungen Ben Roethlisberger muss ein End die Gefahr eines Scrambles einkalkulieren und wird deshalb bei einem Speed Rush bleiben, der meistens den Rand bewacht. So kann es sein, dass der beste Pass Rusher der Liga ein ganzes Spiel lang keinen Sack oder irgendeine andere Druck-Statistik vorzuweisen hat … aber das heißt nicht, dass er seinen Job nicht gemacht hat.

Wenn der gegnerische Quarterback ein Scrambler ist, wurde dem End vielleicht vom Trainerteam gesagt, dass er im ganzen Spiel speedrushen solle, um die Pocket zu verkleinern und den Fluchtweg des Quarterbacks zu blockieren. Als Resultat brachte der Quarterback vielleicht nur einen einzigen Pass durch Ausscheren auf diese Seite an. So etwas taucht nicht in den Statistiken auf, aber der Pass Rusher hat trotzdem gewonnen – ohne dass er einmal das Trikot des Quarterbacks berührte.

Und dann gibt es Quarterback-Statuen wie Peyton und Eli Manning, die nicht dazu neigen, aus der Pocket auszubrechen. Gegen einen stationären Pocket Passer werden Defensiv-Coaches die Contain-Optionen streichen und ihre Outside Rusher von der Leine lassen. Diese Taktik nennt sich »Two-way Go« und ist im Wesentlichen ein Freischein für den Verteidiger, den Quarterback mit seinem vollen Repertoire an Moves zu rushen.

Das erzeugt einen enormen Druck auf den Tackle. Er kann nicht vorhersehen, was kommt, und er kann sich nicht auf die Wahrscheinlichkeit eines bestimmten Moves in einer bestimmten Situation einstellen. Dadurch entsteht für die Defense ein Wettbewerbsvorteil.

Doch auch ein unbeweglicher Quarterback kann bei seiner eigenen Protection mithelfen. Er kann zum Beispiel einen Speed Rush neutralisieren, indem er innerhalb der Pocket nach vorne geht. Beispiel Peyton Manning, der vieles war, aber keine Laufbedrohung. Sobald ein Tackle den Speed Rusher weiter ins Feld hineingetrieben hatte als Peyton Mannings hinteren Fuß, ging dieser einfach einen Schritt nach vorne und nahm damit den Verteidiger aus dem Spiel.

Insider-Jobs

Ein Interior Lineman – ob Tackle in einem 4-3 oder Nose Tackle im 3-4 – hat eine Hauptaufgabe: die Pocket zum Einsturz zu bringen. Sacks sind für diese Jungs nur das Sahnehäubchen (Tim Ryan hatte als Senior an der USC 20 Sacks, aber die meisten davon bei Plays, in denen er als Defensive End aufgestellt war). Wenn sie die Pocket zum Einsturz bringen, kann der

Quarterback nirgendwo hin, was ihn länger der Gefahr des Speed Rushers aussetzt, dem er sonst ausgewichen wäre.

Hände hoch

Bei einem Passspielzug gibt es den Punkt, an dem der Rusher weiß, dass er den Quarterback nicht erwischen wird. Aber er kann trotzdem das Spiel beeinflussen, und du kannst von den Rängen aus leicht sehen, ob er sich dabei Mühe gibt.

Sobald der Quarterback seine Nicht-Wurf-Hand vom Ball nimmt, hat er sich entschieden, wohin er werfen wird. Ein Pass Rusher beobachtet beide Hände des Quarterbacks, während er gegen seinen Blocker kämpft. Sobald er sieht, dass die Hand den Ball verlässt, muss der Rusher innehalten und seine eigenen Hände hochhalten. In diesem Moment hört ein Verteidiger auf zu rushen und fängt an zu blocken. Er kann dann immer noch den Spielzug der Offense stören, indem er Wurfwege zustellt oder den Pass abfängt.

Wenn du siehst, dass die Spieler deines Teams nicht zum Quarterback vordringen, achte darauf, ob sie die Hände hochhalten, um ein Play zu machen.

Die Innenspieler haben keine so große Bandbreite an Pass Rush Moves wie die Außenspieler. Den Außenspielern stehen freie Körperteile zur Verfügung – so wird zum Beispiel ein rechter Defensive End, der an der Außenseite eines Tackles auf der Weak Side steht, keinen Blocker an seinem äußeren Arm oder Bein haben. In den ersten Schritten vor dem Kontakt hält er sich alle Pass-Rush-Optionen offen. Die Innenspieler stehen meist direkt gegenüber von ihren Blockern, ihre Körperteile sind also alle gedeckt. Das zwingt sie dazu, in erster Linie Bull Rusher zu sein. Defensive Tackles müssen ihre Gegenspieler mit voller Wucht angehen und diese rückwärts schieben, bis deren Fersen auf die Zehenspitzen des Quarterbacks treffen.

Aber auch als Bull Rusher müssen Interior Linemen im Vergleich zum College ihr Repertoire an Moves erweitern. Die meisten Spieler haben den »Swim Move« drauf. Aber in der NFL wartet ein Offensive Lineman nur darauf, dass ein Verteidiger seinen Arm in einer Schwimmbewegung hebt, um die Hände unter seine Achseln zu schieben und ihn auszuhebeln. Also muss der Interior Lineman einen »Rip Move« lernen. Mit seiner

Antrittsschnelligkeit (einer wesentlichen Eigenschaft von Defensive Tackles im 4-3) muss er seine Hände unter die Pads des Guards oder Centers bekommen, dem er gerade gegenübersteht. Sobald seine Fersen neben denen seines Blockers stehen, hat er seinen direkten Gegner besiegt und kann dem Quarterback zusetzen.

Manche Defensive Tackles sind so dominante Bull Rusher, dass sie in eindeutigen Pass-Rush-Situationen nach außen auf die Position des Defensive Ends verschoben werden können.

Häufiger kommt es jedoch vor, dass Defensive Ends nach innen gestellt werden, um bei Passing Downs Tackle zu spielen, wie die Giants es oft mit Justin Tuck machten. Anstatt sich direkt gegenüber von einem Blocker zu postieren und ihre Optionen einzuschränken, stehen diese konvertierten Ends etwas versetzt – an der Außenschulter des Guards anstatt frontal ihm gegenüber. Der Guard muss dann nach außen gehen, um die B-Lücke zu beschützen, durch die der End durchzubrechen droht, was wiederum zu einem »Crossing the Face«-Move einlädt.

Manchmal ziehen auch alle auf der Linie zusammen einen Line Stunt ab, was laut Tim Ryan im Hinblick auf Pass Rushing das beste Beispiel für Teamarbeit ist. Da macht zum Beispiel der Defensive End zwei Schritte nach vorne, um dem Offensive Tackle einen Outside Speed Rush vorzugaukeln. Das zieht den Tackle nach außen, wodurch der B-Gap größer wird und der Defensive Tackle Platz hat, um zwischen dem Guard und dem nach außen gezogenen Offensive Tackle durchzustoßen. Sobald der Defensive Tackle in der Lücke ist, rammt der End seine Stollen in den Boden, wechselt vor seinem Blocker die Richtung und schießt so eng wie möglich hinter seinem Mannschaftskameraden in die B-Lücke. Die Geometrie ist einfach: Die Verteidiger suchen immer die kürzeste Distanz zwischen zwei Punkten, also idealerweise eine gerade Linie. Je größer der zu laufende Bogen, desto mehr Zeit hat der Quarterback zu reagieren, sich zu erholen und den Ball loszuwerden. Es ist, wie Tim sagt, für den End entscheidend, den Bogen so klein wie möglich zu halten und den Quarterback auf direktem Weg anzusteuern; wenn dann der Guard reagiert und sich dem End entgegenstellt, öffnet sich dem Defensive Tackle ein schneller Weg zum Quarterback.

Ob Stunt oder gradliniger Rush: Die Grabenkämpfe, die bei jedem Passspielzug an der Linie stattfinden, gehören zu den besten Actionszenen auf dem Platz, die die meisten Fans nie sehen. Ein Pass Rusher bekommt im Laufe einer Saison vielleicht 500 Gelegenheiten, den Quarterback zu rushen; wenn er zehn Sacks schafft, ist er ein Star. Ein Pass Blocker bekommt 500 Gelegenheiten, den Quarterback zu beschützen; wenn er zehn Sacks zulässt, ist er weg vom Fenster. Bei jedem Pass Play steht viel auf dem Spiel – unmittelbar und langfristig.

Die Fire Zone: einfache Mathematik, große Probleme

Defenses suchen immer nach neuen Wegen, um Druck zu erzeugen, und niemand war auf diesem Gebiet einflussreicher als Dick LeBeau, der Erfinder des Fire-Zone-Blitzes.

Dieser unterscheidet sich von dem waghalsigen Blitzen der 1970er- und 1980er-Jahre, die Defenses für Big Plays verwundbar machten. Joe Namath schaffte es in die Hall of Fame, indem er den Blitz mit der Bomb (einem tiefen Pass) schlug. Heutzutage geht es nicht mehr darum, Chaos zu stiften, sondern Verwirrung.

LeBeaus Neuerung bestand darin, den Gegner dazu zu bringen, seinen besten Blocker zu verschwenden. In LeBeaus bevorzugtem 3-4-System blitzen die Outside Backers fast bei jedem Spielzug. Bei einer Fire Zone springt einer der Rusher den Tackle an, als wäre er ein Blitzer. Gleichzeitig blitzt ein anderer Linebacker oder Defensive Back von irgendwo anders. Dann stoppt der erste Rusher plötzlich seine Vorwärtsbewegung und lässt sich in die Coverage zurückfallen. Als Resultat hat der Tackle – oft der linke Tackle und beste Pass Blocker des Teams – niemanden zum Blocken. Der Mann, den er direkt blocken sollte, agiert nicht mehr als Rusher und es ist zu spät für ihn, den Mann zu attackieren, der dies stattdessen tut.

Dieses System paralysiert den besten Blocker einer Offense, erzielt Hits auf den Quarterback und lässt keinen tiefen Ball zu, weil es in einer Three-deep Zone Coverage gespielt wird. Kein Wunder, dass alle in der Liga es lieben und irgendeine Form davon verwenden.

Sogar 4-3-Teams.

Jim Johnson, der legendäre Defensive Coordinator in Philadelphia, der vor der Saison 2009 verstarb, fand einen Weg, um mit seinem Defensive End das zu machen, was LeBeau mit seinem Outside Linebacker tat. Der End, der jeden Spielzug mit der Hand am Boden beginnt, schubste den Tackle und ließ sich dann in die Coverage zurückfallen, wodurch der Tackle aus dem Spiel genommen wurde. Währenddessen brach ein Blitzer durch eine andere Lücke durch und wurde, wenn überhaupt, am ehesten von einem Runningback gestellt.

Weißt du noch, was ich über Teams gesagt habe, die bei offensichtlichen Passing Downs einen zusätzlichen Defensive End als Tackle einsetzen? Als Steve Spagnuola (ein Schüler von Jim Johnson) der Defensive Coordinator bei den Giants war, schickte er eine Kombination aus Strahan, Mathias Kiwanuka, Justin Tuck und Osi Umenyiora gleichzeitig aufs Feld. Spagnuola schob einen davon – meistens Tuck – auf die Position des Tackles, ließ diesen Tackle dann zurückfallen und stattdessen einen Linebacker blitzen, also einen Spieler, den der Guard meistens nicht auf dem Schirm hatte.

In seiner reinen Form ist ein Blitz simple Mathematik – die Defense schickt einen Spieler mehr raus, als die Protection blocken kann. Die Fire Zone geht einen Schritt weiter. Sie überzeugt einen Lineman, dass er den richtigen Mann blockt, und setzt dann einen anderen Mann Richtung Quarterback in Bewegung.

Auf dem Radar

In Green Bay nannte Defensive Coordinator Dom Capers es die »Psycho«-Defense. In den 1960ern, als das Team der Hofstra University dieselbe Defensiv-Formation (1-5-5: ein Lineman, fünf Linebacker und fünf Defensive Backs) verwendete, wurde sie »Radar« genannt (und der Hofstra-Trainer Howard »Howdy« Myers als verrückt bezeichnet). Zum Ende der Saison 2009 erlebte sie ein Comeback.

Die Radar-Defense ist nicht so sehr darauf ausgerichtet, Druck zu erzeugen, sondern sie will in erster Linie verwirren. Bei nur einem Mann mit der Hand am Boden und neun oder zehn in aufrechter Startposition, können die Offensive Linemen nicht vorab bestimmen, wen sie blocken. Alles, was die Defense signalisiert, ist ein One-man Rush, aber es können auch noch ein, drei oder fünf Mann blitzen oder niemand sonst und die Offensive Tackles wissen nicht, für wen sie als Blocker verantwortlich sind. Der Druck, der kommt, enthält auf jeden Fall ein Überraschungselement.

Das Comeback des Radar ist der Tatsache zu verdanken, dass die Protection Schemes der Offenses zu gut wurden. Viele Center sind heutzutage wahre Meister darin, die Defense richtig zu lesen und den Pass Rush blocken zu lassen. Der Radar zwingt Offensive Lines, unspezifisch zu sein, weil sie darauf warten müssen, woher der Rush kommt.

Auf den Radar griff man wieder zurück, weil man sich damit einen Matchup-Vorteil verschaffen konnte. Das Pendel war zu weit in Richtung der Offense geschwungen, die Defenses besannen sich also eines Old-School-Konzepts, um der offensiven Evolution etwas entgegenzusetzen.

Der Radar wird eher von 3-4-Defenses eingesetzt – zum Beispiel von den Packers im Super Bowl XLV –, da diese im Vergleich zu einem 4-3-Team bereits einen Mann weniger haben, der sich mit der Hand am Boden aufstellt. Ein 4-3-Team wie die Rams müsste lange überlegen, ehe es Robert Quinn bei einem offensichtlichen Pass-Down aufstehen lässt. Aber auch solche Teams ziehen den Radar ernsthaft in Erwägung.

Mathematik spielt vor jedem Spielzug eine Rolle. Zähl mal vor dem Snap die Anzahl der Verteidiger, die vielleicht rushen. Genau das machen Quarterback und O-Line. Die Defense strebt meist an, die Offense einen Mann mehr zählen zu lassen als sie Blocker hat. Das sieht man ständig:

RADAR DEFENSE

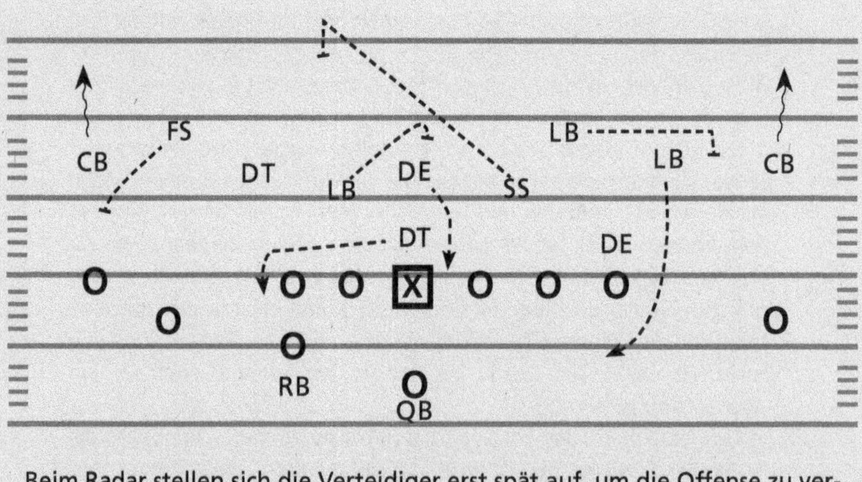

Beim Radar stellen sich die Verteidiger erst spät auf, um die Offense zu verwirren. Diese Defense eignet sich am besten für Third-and-long-Situationen.

Linebacker, die so tun, als ob sie blitzen wollen, sich dann aber zurückfallen lassen, oder Safetys, die sich in die Box schleichen, bevor sie zurück auf ihre eigentliche Position rennen. Diese Täuschungen dienen dazu, die Rechenspiele der Offense durcheinander zu bringen.

Die Fire Zone lässt sich nicht in die Karten gucken. Weil sie jeden Rusher ersetzen kann, kann sich die Offense nicht mehr darauf verlassen, dass die vier Linemen mit Hand am Boden in einem 4-3-System tatsächlich rushen. Trotzdem muss die Offense bereit sein, sie zu blocken, da sie sonst vielleicht einen Mann direkt in ihr Backfield lässt, mit freier Bahn auf den Quarterback.

FIRE ZONE BLITZ AUS EINEM 3-4-SYSTEM

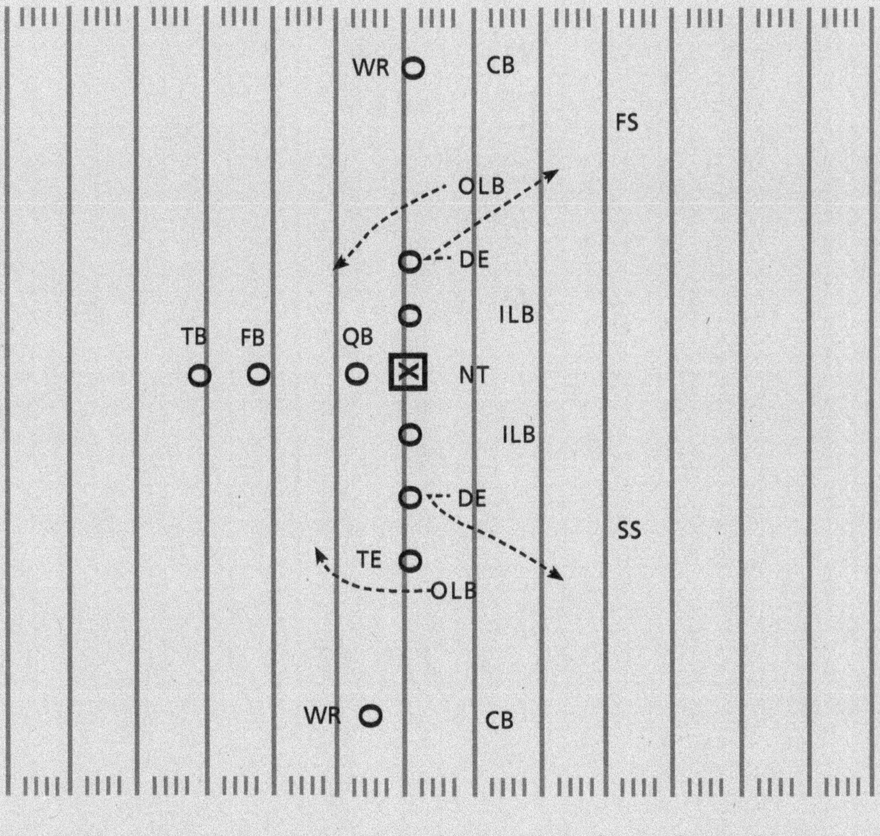

FIRE ZONE BLITZ AUS EINEM 4-3-SYSTEM

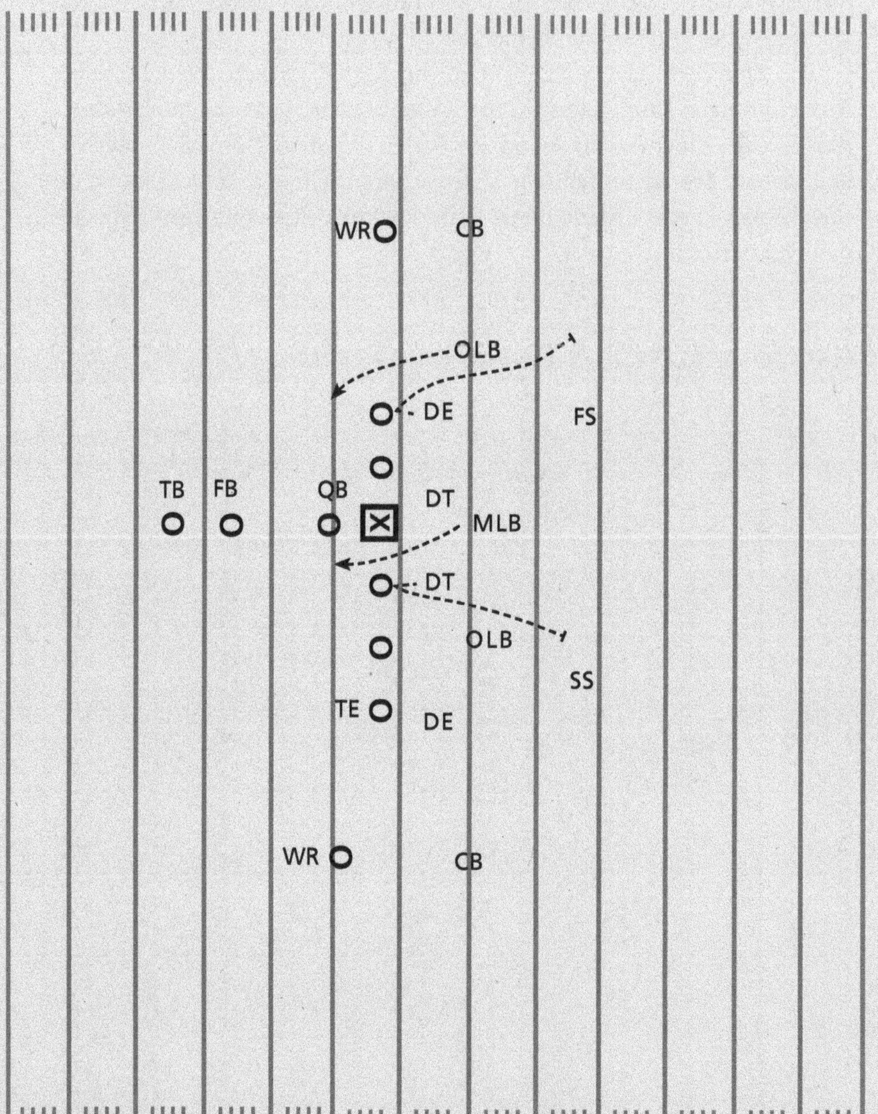

Wenn die Offense mit 11er-Personnel auf dem Platz steht, hat sie sieben Mann, um den Quarterback zu beschützen. Die Defense hat zwar vielleicht acht Mann in der Box, aber die Offense hat keine Ahnung, ob die auch alle vorpreschen. Wenn die Defense sie tatsächlich alle nach vorne schickt, ist einer davon nicht geblockt; und auch wenn dieser Druck nicht zu einem Sack führt, verleitet er den Quarterback vielleicht zumindest dazu, eine schlechte Entscheidung zu treffen, was genauso effektiv sein kann.

Wenn du zu Hause vor dem Fernseher oder im Stadion mit ansehen musst, wie dein Team von einer Fire Zone vernichtet wird, achte darauf, wo sich der »Dropper« befindet, bevor er sich in die Coverage zurückfallen lässt. In einer 4-3-Front ist das wahrscheinlich ein Lineman, Coverage ist also nicht eine seiner Stärken. Auch wenn er athletisch genug ist, um einen Receiver zu decken, wird er spät in seine Zone kommen; er muss ja zuerst den Tackle glauben lassen, dass er rusht, was automatisch bedeutet, dass er spät in die Coverage kommt. Wenn mir also aufgefallen wäre, dass die Raiders Tuck in die Hook Zone zurückfallen ließen, dann hätte ich mir gewünscht, dass mein Team einen Receiver direkt hinter ihm auf eine 15-Yard-Curl-Route schickt. Der Verteidiger konnte nämlich auf keinen Fall rechtzeitig zur Stelle sein.

Eine Secondary in Three-deep Zone verstärkt durch einen frei blitzenden Verteidiger macht ein Big Play gegen die Fire Zone fast unmöglich. Aber eine Offense kann gegen sie kurze Pässe anbringen, vor allem, wenn ein Receiver vor dem Dropper in dessen Zone läuft.

10 Rückendeckung

Wie Defensive Backs agieren

1994 war ich bei den Jets, als wir uns auf Pete Carrolls ersten Draft als Cheftrainer des Teams vorbereiteten. Pete glaubte an die Prinzipien der Manndeckung, also verwendeten wir viel Zeit dafür, nach Cornerbacks zu suchen, die sich vor einem Receiver aufstellen, ihn aus seiner Route zwingen und ihn auf dem Platz überallhin folgen konnten. Diese Press Cornerbacks müssen agil genug sein, um den plötzlichen Richtungswechsel eines Receivers mitzugehen, und schnell genug, um mit den schnellsten Spielern in die Tiefe des Raums zu laufen. Unser Job war es, einen solchen zu finden.

Mit dem zwölften Pick des Drafts hatten wir unseren Mann: Aaron Glenn. Er passte perfekt zum System, das Pete spielen wollte (und sollte dann auch tatsächlich eine solide 15-jährige Karriere in der NFL haben).

Fünf Jahre später, im Jahr 1999, waren sowohl Pete als auch sein Nachfolger Rich Kotite nicht mehr da. Bill Barcells arbeitete im dritten Jahr als Cheftrainer der Jets, der Defensive Koordinator war Bill Belichick. Glenn war nun ein alter Hase, der zweimal hintereinander zum Pro Bowl gewählt worden war, aber er verkörperte nicht mehr den idealen Cornerback für die Jets. Belichick mochte Aaron als Person und erkannte seine Fähigkeiten an, aber er suchte nach etwas anderem. Er bevorzugte den prototypischen »Cover 2 Corner« – in anderen Worten, jemanden, der größer und kräftiger war – und er war bereit, für einen Spieler, der besser für die Unterstützung des Laufspiels geeignet war, auf Schnelligkeit zu verzichten. Glenns Fall beweist: Ein Spieler kann in einem Defensiv-System der Eckpfeiler sein und in einem anderen nur ein kleiner Holzpflock.

Glenns Situation steht für den Unterschied zwischen den zwei grundlegenden Spielausrichtungen des Defensive Backs: Manndeckung (*man-to-man coverage*) und Raumdeckung (*zone coverage*). Wie bei den fundamentalen Unterschieden zwischen einer 3-4- und einer 4-3-Front diktieren die Prinzipien, an die ein Coach im Hinblick auf das Vier-Mann-Rückgrat seiner Defense glaubt, welche Art von Spielern er in seinem Team braucht.

Eckensteher

Schauen wir uns in den zwei Systemen die unterschiedlichen Arbeitsbeschreibungen für einen Cornerback an. Ein manndeckender Corner wird beim Snap dem Quarterback den Rücken zukehren und mit dem Receiver laufen. Die Unterstützung des Laufspiels (*run support*) ist zweitrangig; die Priorität liegt auf dem Ausschalten des direkten Gegenspielers. Bei der Raumdeckung – vor allem der Cover 2, die in den späten 1990ern von Tampa Bay verbreitet wurde – wenden sich die Corner immer dem Quarterback zu, damit sie stark in den Run Support einbezogen werden können. Der manndeckende Corner dreht sich um und rennt, während der raumdeckende Corner rückwärtsläuft, damit er schnell reagieren kann, wenn die Offense ein Laufspiel ansagt.

In der Man Coverage folgt der Cornerback seinem Mann, wo immer dieser hingeht, was vor allem in einer Ära, in der die Regeln kaum Körperkontakt zu einem Receiver erlauben, ganz besondere Fähigkeiten erfordert. Es ist schwer, ein Press Cornerback zu sein, wenn einem die Hände gebunden sind. Deshalb sind herausragende Spieler dieser Art sehr selten und auch sehr teuer.

Q: Ein Verteidiger darf einen Receiver nach 5 Yards nicht mehr berühren. Wie kann er mit dieser Regel leben, die die Receiver zu bevorteilen scheint?

A: Der Verteidiger muss diese 5 Yards zu seinem Vorteil nutzen. Er muss seinen Mann bedrängen, die Hände auf ihn legen, ihn blockieren und seinen Laufweg einschränken. Wenn ein Cornerback den Antritt eines Receivers stören kann, stört er das Timing zwischen Receiver und Quarterback und eliminiert außerdem einige Routen, die der Receiver potenziell laufen könnte. Sobald der Receiver nach außen abgedrängt wurde, braucht sich der Verteidiger nicht mehr um den Square-in, den Curl oder den Slant zu kümmern, sondern kann sich auf die Fade oder Out Route konzentrieren.

Lester Hayes und Michael Haynes spielten zu einer Zeit, als Corner den gegnerischen Receiver noch auf dem ganzen Feld anfassen konnten. Für einen Spieler wie Darrelle Revis sah die Sache schon ganz anders aus, weshalb Revis auch so viel verdiente. Seine Skills als Manndecker waren entscheidend für die Defense, die Rex Ryan in seinen Anfangsjahren bei den Jets aufbaute, und Revis war auch ein wichtiger Bestandteil von New Englands Championship-Saison 2014. Deshalb boten die Jets ihm 2015 einen Fünf-Jahres-Vertrag über 70 Millionen Dollar mit einer Garantiesumme von 39 Millionen Dollar, um nach New York zurückzukommen.

Zone Corners hingegen geben ihre Receiver weiter, entweder nach innen an einen Linebacker oder nach hinten an einen Safety. Das verwirrt viele Fans. Man sollte verstehen, welches System die eigene Mannschaft spielt – allein um zu wissen, wem man die Schuld geben muss, wenn der Gegner einen tiefen Pass anbringt.

Nehmen wir an, dein Team spielt eine Cover 2 Zone – was bedeutet, dass sich zwei Safetys tief hinten aufstellen und jeder von beiden für die Hälfte des Platzes verantwortlich ist. Der Corner hat das Gesicht zur Line of Scrimmage gewandt und läuft zusammen mit dem Receiver vertikal rückwärts, bis eine zweite Bedrohung im Flat-Bereich auftaucht. Dann lässt der Corner den Receiver in Ruhe, da er erwartet, dass sich nun der Safety um ihn kümmert, und läuft zurück, um die Flat zu covern. Wenn der Quarterback es nun schafft, den ersten Receiver anzuspielen, denken viele Fans, dass der Corner in der tiefen Zone geschlagen wurde. In Wirklichkeit hatte der den Receiver aber an den Safety weitergereicht, der die Lücke nicht schnell genug schloss, um gegen den Pass zu verteidigen.

Manche Trainer bevorzugen die Manndeckung, weil es in dieser leichter zu erkennen ist, welche Spieler Fehler machen. Bei der Manndeckung gibt es keine Grauzone wie bei der Zone Coverage; man weiß immer, wer geschlagen wurde.

Als Fan ist es gar nicht schwer, im Stadion oder zu Hause herauszufinden, welche Coverage ein Corner spielt, bevor der Ball gesnapt wurde. Man braucht nur auf die Hüften des Cornerbacks zu achten: Wenn sein Po zur Seitenlinie zeigt, spielt er Zone.

Zone Cornerbacks stellen sich an der Außenseite des Receivers auf und drängen ihn nach innen, wo ihn der Safety oder Linebacker übernehmen kann. Manndeckende Corner stellen sich an der Innenseite des Receivers auf und versuchen, ihn nach außen zu drängen. Sie benutzen die Seitenlinie quasi als zweiten Verteidiger und versuchen, den Quarterback dazu zu

COVER 2

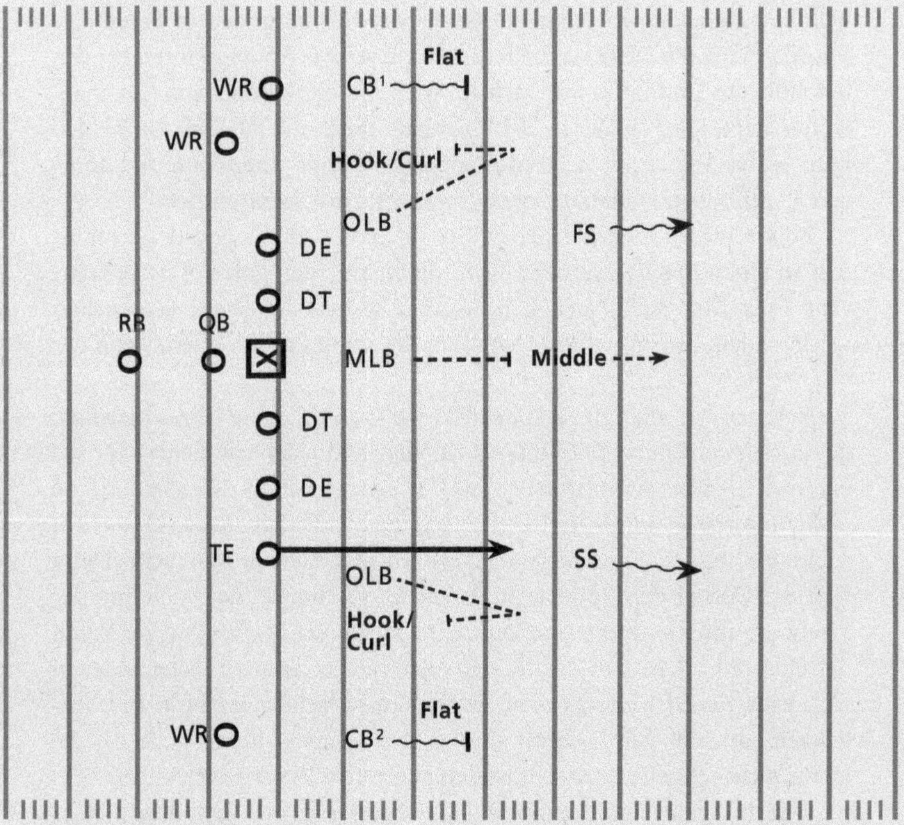

In einer Cover-2-Defense ist jeder der Safetys für eine Hälfte des tiefen Raums zuständig. Die zwei Cornerbacks und drei Linebacker sind verantwortlich für die fünf darunterliegenden Zonen (also die näher zur Line of Scrimmage). (In der Tampa-2-Defense lässt sich der mittlere Linebacker zurückfallen, um die tiefe mittlere Zone zu decken.)

verleiten, einen Deep Fade oder einen anderen weniger Erfolg versprechenden Pass zu werfen. Bei der Manndeckung gilt es als Todsünde, wenn ein Corner es zulässt, dass ein Receiver beim Snap vor ihm kreuzt und nach innen zieht, weil das die Coverage durcheinanderbringt. Dieser Receiver ist dann nämlich frei und es kommt keine Hilfe von irgendwo anders her.

Wenn Fans die Coverage so leicht lesen können, dann können Quarterbacks und Receiver das natürlich auch. Wide Receiver werden heutzutage schon in der Highschool darauf getrimmt, Coverages zu lesen, und sie haben Routen im Repertoire, die speziell darauf ausgerichtet sind, sowohl die Raum- als auch die Manndeckung zu schlagen.

Gegen eine Zone suchen Receiver nach Löchern in der Coverage; gegen eine Manndeckung ist das Ziel, sich freizulaufen. Oft stehen ihnen Option Routes zur Auswahl, die sie je nach der Coverage, die sie identifiziert haben, laufen. Wenn der Corner in der Flat hockt, laufen sie eine Slant; wenn der Corner rückwärts läuft, laufen sie eine 9-yard Stop Route.

Diese Option Routes sind der Grund, warum die meisten Teams in der NFL heutzutage eine Kombination aus Zone und Man Coverage spielen. Sogar Monte Kiffin, der legendäre Defensive Coordinator in Tampa Bay, spielte mehr Manndeckung mit seinen Cornerbacks, als viele Fans wahrhaben wollen. Diese setzte er zwar meist bei Run Downs ein, wenn die Wahrscheinlichkeit eines Passes eher gering war, aber die zusätzliche Möglichkeit in seiner Defense verkomplizierte die Lage für Receiver und Quarterbacks.

Coaches und Coordinators müssen sowohl Man als auch Zone Coverage spielen lassen – sie sollten nur darauf achten, dass die Spieler, die gerade auf dem Platz stehen, auch zur jeweiligen Coverage passen. Dan Marino hat mir mal erzählt, dass er immer darauf wartete, dass sich Star-Cornerback Ty Law in die Manndeckung begab. Marino versuchte, Laws Schwächen auszunutzen, wann immer er konnte.

Dieses Rasenschachspiel ist aber viel komplexer, als einfach von einem Spielzug zum anderen die Coverage zu ändern. Viel passiert schon vor dem Snap, wenn der Cornerback versucht, die Coverage zu verbergen, die er spielen wird. Vielleicht positioniert er sich mit dem Rücken zum Seitenrand und deutet Zone an, springt dann aber kurz vor dem Snap nach innen. Diese einfache Bewegung reicht unter Umständen schon, um den Receiver zu einer Route zu verleiten, die gegen die aktuelle Coverage nichts ausrichten kann.

CORNERBACKS: MAN COVERAGE

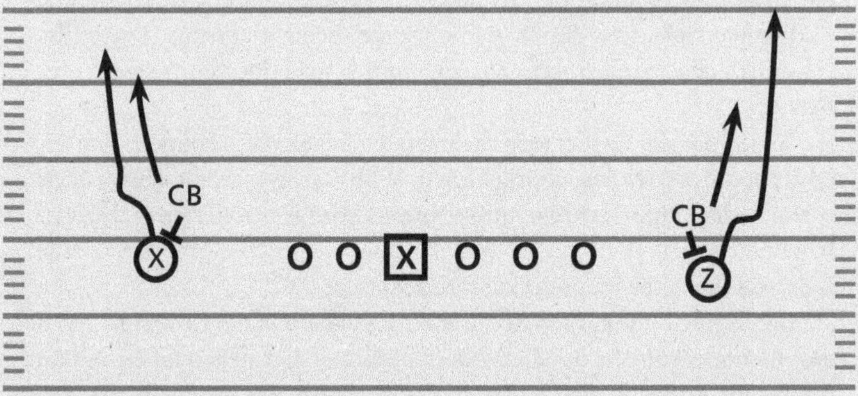

Man Coverage: Die Corner sind dem Receiver zugewandt, nicht dem Quarterback. Sie müssen den Receiver mit ihrer Innenhand nach außen drängen.

CORNERBACKS: ZONE COVERAGE

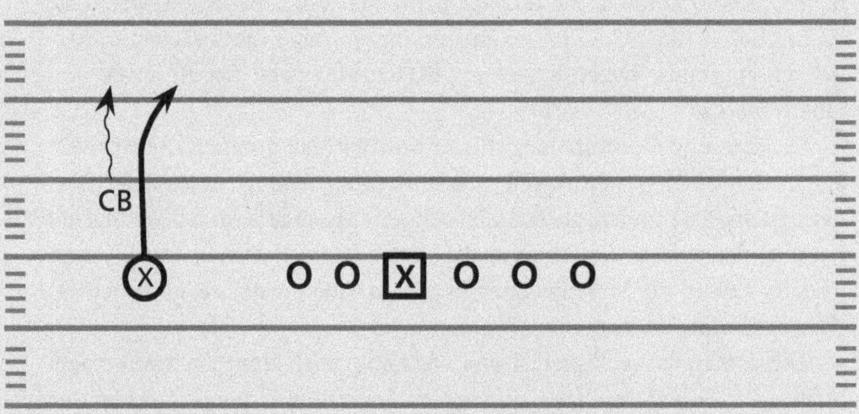

Zone Coverage: Die Corner sind dem Quarterback zugewandt, nicht dem Receiver. Meistens besteht ihre Aufgabe darin, die Receiver nach innen zu leiten, wo andere Verteidiger bereits warten, und dann den Raum zu decken, der ihnen zugeteilt wurde.

Letztlich bestimmten mehrere Faktoren, welche Art von Coverage die Defense bei einem bestimmten Play einsetzt. Ein Faktor, der oft übersehen wird, ist die Beweglichkeit des Quarterbacks.

Wenn ich früher einen Bericht für einen defensiven Coach erstellte, wurde ich immer zuerst gefragt, ob der Quarterback aus der Pocket ausbrechen könne. Handelte es sich um einen guten Läufer, der losrennen würde? Die Mobilität des jungen Donovan McNabb setzte den Coverages, die man gegen ihn spielen konnte, klare Grenzen. Er erkannte, dass die Corner unter zwei Safetys in einer Cover 2 Zone Manndeckung spielten, schickte seine Receiver auf Routen, die die Corner neutralisierten, und rannte dann selbst für einen First Down. Das können die athletischen Quarterbacks der heutigen Zeit – Russell Wilson, Colin Kaepernick, sogar Andrew Luck – besonders gut. Ben Roethlisberger ist eher ein Mover als ein Scrambler – er möchte dem Druck ausweichen, aber nicht die Line of Scrimmage überqueren; seine Priorität liegt immer darauf, den Ball zu werfen. Ein unbeweglicher Quarterback gibt der Defense mehr Coverage-Optionen, weil sie sich keine Sorgen machen muss, von seinen flinken Füßen geschlagen zu werden.

Weitere Faktoren, die über die Art der Coverage entscheiden, sind: Offensiv-Formationen (gegen eine I-Formation muss sich die Defense weder um den Fullback noch den Tailback als potenziellen Ballfänger kümmern); die Personnel-Aufstellung der Offense (das Pass-Run-Verhältnis eines Teams bei 21er-Personnel kann die Coverage beeinflussen); Down and Distance (ein Trainer entscheidet sich in einer 3rd-and-long-Situation vielleicht eher für Zone); und natürlich die Skills der Receiver (wenn die Offense einen Spitzenreceiver hat, könnte ein Double Team zu seiner Deckung nötig sein).

In jüngster Zeit ist ein Coverage bestimmender Faktor besonders prominent hervorgetreten: die potenzielle vertikale Bedrohung durch den Tight End.

Die Evolution des Tight Ends ist Grund genug, um Shannon Sharpe einen Platz in der Hall of Fame zu sichern. Er veränderte, wie diese Position gespielt wird und wie gegen sie verteidigt werden muss. Wenn heutzutage Tight Ends wie Jimmy Graham, Julius Thomas oder Rob Gronkowski auf dem Platz stehen, hat die Defense es zwar vielleicht offiziell mit einem 11er-Personnel zu tun, faktisch macht diese Art von Receiver-Tight-End es aber zu einem 10er-Personnel (ein Back, kein Tight End und vier Receiver). Die Defense muss also reagieren und gegebenenfalls Spieler auswechseln.

Q: Ist es genauso schwer für einen Cornerback, zwischen Man und Zone Coverage hin und her zu wechseln, wie für einen Lineman, zwischen einem 3-4- und einem 4-3-System zu wechseln?

A: Vielleicht sogar schwerer, denn ein Cornerback braucht für die beiden Systeme sehr unterschiedliche Fähigkeiten.

Zone Corner wie Richard Sherman operieren in der Flat, genau wie Ty Law, Ronde Barber und Asante Samuel vor ihm. Aber sich umzudrehen und mit einem Receiver zu laufen, ihn über den ganzen Platz zu verfolgen, ist ein völlig anderes Paar Schuhe. Anstatt den Quarterback im Auge zu behalten, müssen sie nun das Gesicht des Receivers beobachten. Alle Signale, deren Erkennen ihnen zuvor einen Vorteil verschafft hat, gelten nun nicht mehr.

In der Zone Coverage bespielt der Corner das ihm zugeteilte Gebiet und übergibt seinen Mann dann an einen anderen Verteidiger. Aber in der Man Coverage muss ein Corner einen Receiver wie DeSean Jackson decken, der ein Tempo von 4,35 draufhat. Wenn der eine 9er-Route läuft, muss der Corner ziemlich beschleunigen.

Die meisten Teams verteidigen ein 11er-Personnel mit einer Nickel Defense (fünf Defensive Backs) und ein 10er-Personnel mit einem Dime (sechs Defensive Backs). Ein Schlüsselfaktor für die Defense ist, ob sich der Tight End neben dem Tackle oder im Slot aufstellt. Wenn dein Team gegen einen Tight End mit Receiver-Qualitäten spielt, achte darauf, wo sich dieser aufstellt, und zähle dann, wie viele Defensive Backs dein Team auf dem Platz hat. Du solltest dann vor dem Snap einschätzen können, ob das Matchup zugunsten deiner Defense oder des Tight Ends ausfallen wird. Du kannst bei jedem Spielzug auf die Matchups achten und entscheiden, ob deine Defense die richtige Coverage benutzt.

Wenn der Gegner mit 21er-Personnel aufläuft, weißt du, dass dein Team nicht die traditionelle Tampa 2 Zone Coverage wählen sollte. Achte auch darauf, ob einer der Safetys in die Box vorgerückt ist (und damit praktisch zum achten Mann in der Defensive Front wurde), um gegen die erhöhte Wahrscheinlichkeit eines Runs zu verteidigen.

Sicherheits-Überlegungen

Das bringt uns zur Rolle der Safetys, einer Position, die sich seit ihren Anfängen radikal verändert hat. Früher hatten Teams vier Safetys im Kader – zwei Strong Safetys, die nach vorne kamen, um gegen ein Laufspiel zu verteidigen (zum Beispiel Ronnie Lott und John Lynch), und zwei freie Safetys, die in der Tiefe des Raums entweder allein in der Mitte spielen konnten oder in einer Cover 2 die Hälfte des tiefen Felds abdeckten (Spieler wie Ed Reed und Brian Dawkins).

Heutzutage muss eine Mannschaft ein ganzes Kontingent an Safetys im Kader haben, die als Gruppe die folgenden vier Funktionen erfüllen können: in die Box vorrücken, um gegen den Run zu verteidigen; die tiefe mittlere Zone abdecken (*deep middle coverage*); die Hälfte des hinteren Felds in einer Two-deep Coverage abdecken; blitzen.

Q: Nachdem Seattle mit seiner »Legion of Boom« den Super Bowl XLVIII gewonnen hatte, suchten alle nach großgewachsenen Cornerbacks wie Brandon Browner (1,93 Meter) und Richard Sherman (1,90 Meter). Aber das Angebot an solchen Spielern ist natürlich sehr begrenzt. Was also tun?

A: Ja, es gibt nur wenige so große Cornerbacks auf dem Markt. Bei der Scouting Combine 2015 waren nur vier 1,88 Meter groß. Und 2014 wurden nur drei Corner gedraftet, die über 1,85 Meter maßen.

Weißt du, wo ich nach ihnen suchen würde? Auf der anderen Seite des Balls.

Der Markt ist heutzutage überschwemmt von Receivern frisch aus dem College. Wenn ich ein 1,88 Meter großer Receiver wäre und man mich als Viertrunden-Draft einstufte, würde ich überlegen, die Position zu wechseln und als Cornerback zum Senior Bowl zu gehen. Vor allem, wenn ich diese Position schon mal gespielt habe.

Man nehme einen Spieler wie Tony Lippett. Ich weiß, dass er in seinem vierten (*senior*) Studienjahr Big Ten Receiver des Jahres wurde und einer der produktivsten Receiver überhaupt in der Geschichte von Michigan State war. Aber mich fasziniert besonders, dass er als Senior im Cotton Bowl auf beiden Seiten des Balls spielte. Gegen Baylor, der Top-Offense des Landes, startete er als Cornerback.

Lippett war bei der Combine in Indianapolis 1,88 Meter groß und wog 87 Kilogramm, was ihn dort zum größten Corner gemacht hätte. Ja, er besaß Qualitäten, die Offensive Coaches an Z-Receivern schätzen, aber ich würde liebend gern sehen, dass ein Team einen Kandidaten mit seinen Fähigkeiten nimmt und zum Cornerback umpolt. [Lippett spielte dann tatsächlich bei den Dolphins und Giants als Corner. Anm. d. Ü.]

Sherman vollzog den Wechsel bereits im College, nachdem er in seinem ersten Jahr in Stanford noch als Receiver ins All-America-Team gewählt wurde. NFL-Teams trauen sich nicht, tiefe Routen gegen Sherman zu laufen, weil er, wie mir ein Patriots-Spieler vor dem Super Bowl verriet, ein besserer Receiver ist als die eigenen Leute.

Man stelle sich einen Spieler wie Lippett vor, der in der End Zone Fade-Routen verteidigt. Er hätte genauso gute Chancen wie die meisten Receiver, gegen die er spielt (vor allem die jungen), den Ball zu fangen.

Bei anderen Positionen passiert so etwas ständig. Strong Safetys werden zu Will Linebackers gemacht. Linke Tackles, deren Beinarbeit nicht gut genug ist, um Speed Rusher in den Griff zu kriegen, werden auf die Position des rechten Tackles geschoben. Basketballspieler werden zu Tight Ends. Nate Solder kam als Tight End aus dem College, wurde zum Right Tackle umfunktioniert und stand dann schließlich als Left Tackle in der Startformation der Patriots.

In der NFL befindet sich der Ball heute 40 Mal pro Spiel in der Luft; das bedeutet viele verpasste Gelegenheiten für Interceptions. Die meisten College-Corner haben ihre Position sowieso nur, weil sie nicht gut genug fangen konnten, um Receiver zu spielen. Wenn ein großer Receiver-Kandidat mir zeigt, dass er zäh ist und bereit zu tackeln, würde ich ihm eine Chance geben, der nächste Cornerback-Superstar zu werden.

Wenn eine Mannschaft einen Spieler findet, der drei dieser Anforderungen erfüllt, wird sie wahrscheinlich versuchen, ihn mit einem Sieben-Jahres-Vertrag an sich zu binden. Ein Spieler, der zwei der Anforderungen erfüllt, ist immer noch sehr nützlich und wird wahrscheinlich immerhin noch einen Vier-Jahres-Vertrag erhalten.

Je vielseitiger der Safety – und je mehr dieser Aufgaben er erfüllen kann –, desto mehr Spielzeit wird er bekommen und desto effektiver wird er sein. Das Idealszenarium ist natürlich ein einzelner Safety, der alle vier Dinge tun kann, aber Ausnahmeathleten wie Troy Polamalu und Kam Chancellor sind selten. Ein Spieler dieses Kalibers wird niemals vom Platz genommen, unabhängig von der Spielsituation oder dem Personnel der Offense. Teams müssen die Augen offen halten nach solchen besonderen Spielern, auch wenn diese zurzeit auf einer anderen Position spielen. Zum Beispiel einer wie Malcolm Jenkins, den die Saints in der Draft von 2009 mit dem 14. Pick wählten. Er hatte als Cornerback in Ohio State den Thorpe Award gewonnen, kam aber mit 1,82 Meter und 92 Kilogramm in die Liga. Die Saints stellten bald fest, dass er einen Wide Receiver decken und entweder die Deep Middle Zone oder die Hälfte des Felds in einer Two-deep Zone verteidigen konnte, also machten sie ihn in seiner zweiten NFL-Saison zum Safety. Außerdem ist Jenkins stabil genug, um gegen den Lauf zu verteidigen – das bewies er sofort in Philadelphia, wo er 2014 als Free Agent unter Vertrag genommen wurde. In seiner ersten Saison bei den Eagles war er der führende Tackler des Teams. Jenkins ist der Prototyp der Art von Safety, von denen wir in der NFL zunehmend mehr sehen.

Das Gegenstück zum multidimensionalen Safety ist ein Spieler, der nur eine der Anforderungen erfüllt. Einen solchen Spieler wird kein Team halten, weil man ihn auf dem Feld zu leicht ausschalten kann. Roy Williams ist dafür ein gutes Beispiel. Er schaffte es bei den Cowboys zwischen 2003 und 2007 fünf Mal zum Pro Bowl und war einer der besten »In der Box«-Strong-Safetys der ganzen Liga. Als sie jedoch erkannten, dass er nicht zu blocken war, fanden die Teams der NFC East einen anderen Weg, ihn zu neutralisieren. Damals setzten alle Divisions-Rivalen von Dallas vertikal gefährliche Tight Ends ein – Jeremy Shockey (Giants), Chris Cooley (Redskins) und L. J. Smith (Eagles). Mit ihren Tight Ends zwangen sie Williams aus der Box und in die Coverage. So dominant er auch gegen den Lauf war: Seine Eindimensionalität zwang die Cowboys letztlich, ihn gehen zu lassen.

Eindimensionale Safetys werden auch von hybriden Runningbacks bloßgestellt, Spieler wie Matt Forte und Jamaal Charles, die genauso gut Pässe fangen wie mit dem Ball laufen können. Wenn ein Team einen Back mit den Fangqualitäten eines Reggie Bush hat, schickt es ihn in Motion auf die Tight-End-Seite. Ein »In the Box«-Safety wie Williams kann sich dann nirgendwo verstecken; er muss jemanden decken.

Glücklicherweise entwickeln Safetys heutzutage am College mehr Facetten als jemals zuvor. Die traditionellen Offenses, die man früher auf dem College-Level sah – das Spiel mit zwei Runningbacks bei der Big Ten Conference oder mit drei Backs bei der alten Big Eight Conference – förderte einen bestimmten Verteidigungsstil, aus dem Safetys hervorgingen, die nicht zur NFL passten. Seit aber die Spread Offense im College Fuß gefasst hat, brauchen auch College Defenses Safetys, die vielseitig sind.

Q: Kann man eine herausragende Secondary ohne guten Pass Rush haben und umgekehrt?

A: Jeder hat schon von Coverage Sacks gehört – wenn die Coverage in der Secondary verhindert, dass der Quarterback seinen ersten oder zweiten Read anspielt, und ihn zwingt, den Ball so lange festzuhalten, bis der Rush ihn erreicht. Aber das Gegenstück zum Coverage Sack ist der Pressure Pick. Manchmal weiß ein Quarterback, dass seine Offense den Pass Rusher nicht blocken kann, also macht er einen Three-stop Drop und wirft den Ball weg, bevor der Rush ihn erreicht. Der Cornerback antizipiert diesen schnellen Pass und springt in die Route – genau das passierte beim Super Bowl XLIV, als Tracy Porters Pick eines Wurfs von Peyton Manning den Sieg der Saints besiegelte.

Secondary und Pass Rush müssen Hand in Hand arbeiten. Auch wenn ich ein tolles Coverage-Team habe und den gegnerischen Quarterback zwinge, seinen dritten Read zu machen, muss der Rush trotzdem den Quarterback erreichen. Wenn nicht, wird dieser die dritte, offene, Option finden. So geschehen auf dem Weg der Giants zum Super Bowl XLII: Ihre Gegner deckten Plaxico Burress und schnitten die Routen von Jeremy Shockey ab, aber sie konnten nicht genug Druck auf Eli Manning aufbauen, der regelmäßig seine dritte Option Amani Toomer fand.

Natürlich gibt es keinen neuen Trend ohne Schattenseiten. Jeff Fisher sagt mir immer, das Problem mit Safetys, die decken können und sich einen Matchup-Vorteil verschaffen, sei, dass sie kleiner sind als ihre Vorgänger. Diese neuen Safetys sind schneller, aber weniger stabil; sie lassen sich leichter überwältigen und haben Probleme gegen die wenigen Teams in der NFL, die noch immer Power Football spielen. Als Tony Sparano Head Coach in Miami war, schickte er gerne sein 22er-Personnel raus – mit den 104 Kilogramm schweren Backs Ronnie Brown und Ricky Williams und den zwei Monster-Tight-Ends Anthony Fasano (116 Kilogramm) und Joey Haynos (122 Kilogramm) – und rammte den Ball an den kleineren Defensive Backs vorbei. Dasselbe machten die 49ers mit Frank Gore (98 Kilogramm) und Carlos Hyde (107 Kilogramm) und die Steelers Anfang 2014 mit Le'Veon Bell (109 Kilogramm) und LeGarrette Blount (113 Kilogramm).

Deshalb brauchen Teams eine ganze Reihe von Safetys, die sich in ihren Stärken und Schwächen ergänzen. Wenn ein Trainer ein 21er-Personnel mit einem Pässe fangenden Tight End und Runningback sieht, wird er den Strong Safety im Stil von Roy Williams sofort gegen einen kleineren, schnelleren Safety auswechseln, der gegen den Pass verteidigen kann. Wenn aber die Bengals ihr 22er-Personnel mit dem 115 Kilo schweren Fullback Ryan Hewitt und 107-Kilo-Tailback Jeremy Hill bestückten, wurde sofort ein traditioneller Strong-Safety-Bulle auf den Platz geschickt.

Safety war in der Vergangenheit keine Position, in der es viele situationsbedingte Auswechslungen gab. Defenses tauschen in Nickel und Dime Coverages Cornerbacks gegen Linebacker aus und setzen in Pass-Rush-Situationen die großen, langsamen Defensive Tackles auf die Bank. Aber je stärker sich Safetys passend zu den Offenses entwickeln, gegen die sie verteidigen, desto öfter werden wir sehen, dass spezifische Safetys gegen bestimmte Personnel-Konstellationen in bestimmten Down-and-Distance-Situationen eingesetzt werden.

Q: Wenn Prevent Defenses das Momentum der Offense nicht stoppen, warum werden sie dann so häufig eingesetzt?

A: Die Prevent Defense hat die Uhr auf ihrer Seite. Die Defense muss nur zusehen, dass der Ball nicht ins Aus geht und die Uhr weiterläuft. Die Coaches wissen, dass die Offense tiefe Pässe versuchen wird. Also verteidigen sie tief gegen den tiefen Pass, der zu schnellem Punktegewinn führen würde, und sie verteidigen auch die Seitenlinien, was möglich ist, weil sie in der Platzmitte nichts verteidigen müssen.

Viele Fans möchten, dass ihr Team auch in der Endphase eines Spiels einfach bei dem Defensiv-Konzept bleibt, das sie überhaupt in die Lage brachte, das Spiel gewinnen zu können. Aber man darf nicht vergessen, dass die gegnerische Offense bis dahin in einer anderen Situation war: Sie versuchte, mit dem Ball zu laufen. Nun, kurz vor Spielschluss, wird der Gegner aber wahrscheinlich das Laufspiel aufgeben und befindet sich in einer Four-Down-Situation. Was die Defense deines Teams bis dahin gemacht hat, gilt nun also nicht mehr.

11 Was ist das Besondere an Special Teams?

Die Strategie der Special Teams verdient deine Aufmerksamkeit

Für die meisten Footballfans sind die Special Teams alles andere als »special«. Das ist wie beim Reifendruck oder Cholesterinwert: Niemand achtet darauf, bis es ein Problem gibt.

Wenn die Special Teams den Platz betreten, sehen viele Fans das als gute Gelegenheit, zum Kühlschrank oder auf die Toilette zu gehen. Zu wenige wissen, dass die Plays der Special Teams – Kickoffs, Punts, Field Goals und Extrapunkte – im Schnitt 20 Prozent aller Plays eines NFL-Spiels ausmachen. Ein Team bringt in etwa so viele Special-Team-Plays auf den Platz wie Laufspielzüge.

Und nicht nur die Fans zollen den Special Teams nicht genug Respekt, sondern auch viele Coaches widmen ihnen nicht genug Zeit und Aufmerksamkeit. Man merkt gleich, welche Coaches es doch tun; das sind die, die mitten im allgemeinen Training auch mit den Special Teams trainieren und alle Spieler mit einbeziehen. Weniger erfolgreiche Teams halten ihre Special-Teams-Sessions eher vor oder nach dem allgemeinen Training ab und beziehen ihre offensiven oder defensiven Starter nicht mit ein.

Das liegt zum Teil daran, dass die meisten Special-Teams-Spieler keine Spezialisten mehr sind. Seit der Einführung des Salary Caps können sich Teams nicht mehr den Luxus leisten, Spieler zu beschäftigen, die in erster Linie Special Teamer sind. Abgesehen vom Punter, vom Kicker und vielleicht noch vom Long Snapper besteht der Rest des 53 Mann starken Kaders aus Spielern, deren Hauptaufgabe in der Offense oder der Defense liegt. Die Qualität der Special Teams in der Liga – vor allem bei den Cover Teams – spiegelt das wider.

Typischerweise bekommt der Special-Teams-Trainer eine Handvoll Rookies und unerfahrene Spieler vor die Nase gesetzt, die im College nicht Special Teams gespielt haben; Jungs, denen gesagt wurde, dass sie in Special Teams spielen müssen, wenn sie es in die NFL schaffen wollen. Der Special-Teams-Coach muss also bei Null anfangen und diesen Spielern in der Vorbereitungsphase der neuen Saison so viel wie möglich beibringen, gleichzeitig lernen sie aber auch ihre regulären Positionen. Da ist es unvermeidlich, dass die Spieler nicht auf alles vorbereitet sind, was in der Saison so auf sie wartet. Sie werden garantiert irgendwann von ihren zugedachten Routen abweichen, Returnern hinterherlaufen und grundlegende Tackling-Fehler machen. Deshalb sieht man in den ersten drei Wochen einer Saison viele Punts und Kickoffs, die beim Return in Touchdowns verwandelt werden.

Der Special-Teams-Coach arbeitet aber unverdrossen weiter mit seinen jungen Spielern, und im Oktober fangen sie an, Fortschritte zu machen. Im November haben sich allerdings erfahrungsgemäß schon einige Starter verletzt und diese jungen Spieler sind dann gezwungen, häufiger in der Offense oder Defense zu spielen. Entweder haben sie dann gar keine Gelegenheit mehr, in den Special Teams zu spielen, oder sie bekommen unter der Woche dort weniger Trainingseinheiten, weil sie nun hauptsächlich auf ihrer regulären Position trainieren.

Jason Pierre-Paul war 2010 dafür ein gutes Beispiel. Der Rookie bei den Giants lernte gerade, wie man Special Teams spielt, als sich Defensive End Mathias Kiwanuka verletzte. Pierre-Paul musste sich nun also auf die Position konzentrieren, für die die Giants ihn als Erstrunden-Pick ursprünglich vorgesehen hatten. Anstatt vom Special-Teams-Coach an der Seitenlinie aufs Blocken eingeschworen zu werden, stand er in der Defense auf dem Platz. Er war da draußen mitten im Gemenge, als die Defense der Giants einen Gegner zum Punten zwang, und dann musste er sich umdrehen und im Special Team den Punter rushen.

So bekamen die Giants einen Spieler, der physisch erschöpft, geistig gestresst und dadurch anfälliger für Fehler war. Schließlich setzten die Giants Kiwanuka auf Injured Reserve, stellten Pierre-Paul häufiger in der Defensive auf und ersetzten ihn bei den Special Teams. In solchen Fällen – die ständig vorkommen – ist der Ersatzmann meist ein Spieler vom Practice Squad oder ein Free Agent – und der Special-Teams-Coach kann wieder von vorne anfangen.

Wenig hilfreich ist auch, dass die meisten Spieler im aktiven 45-Mann-Kader nicht die Größe, Schnelligkeit und Skills haben, die die früheren Special-Teams-Spezialisten auszeichnete. Das Aussterben des traditionellen Fullbacks und die Entwicklung weg vom blockenden Tight End haben die Special Teams ihres prototypischen Spielers beraubt. Heutzutage sind sie vorwiegend mit Receivern und Runningbacks bestückt, die keine geübten Tackler sind, sowie mit Linebackern und Safetys. Vor allem Teams, die eine 3-4-Defense spielen, haben ein großes Kontingent an solchen Spielern.

Ein Team, das ein 4-3-System spielt, wird jedoch fünf Linebacker aufstellen anstatt acht. Wenn ein Team eine 4-3-Defense einsetzt, eine Spread Offense mit vorwiegend 11er-Personnel spielt und einen vertikal gefährlichen Tight End hat, kann man vorhersehen, dass es Special-Teams-Probleme bekommen wird.

Der Punt

Anstatt zum Bierstand zu stürzen, sobald das Punt-Team aufs Feld kommt, sollten Fans im Stadion sitzen bleiben und auf ein paar Dinge achten.

Achte zuallererst auf die grundlegenden Faktoren: Wind und Wetter. Ob die Witterung das Spiel beeinflussen wird, merkst du sofort.

Als Nächstes ist wichtig, wo sich der Returner beim Punt aufstellt. Normalerweise steht er so tief wie der tiefste zu erwartende Ball. In anderen Worten: Er bereitet sich auf den bestmöglichen Versuch des Punters vor, da er nicht rückwärtslaufen will, um den Punt zu fangen. Wenn also ein Team Shane Lechler gegenübersteht, der in den ersten 15 Spielzeiten seiner NFL-Karriere im Schnitt 47,5 Yards pro Punt gemacht hat, kannst du damit rechnen, dass sich der Returner etwa 55 Yards tief aufstellen wird (es sei denn, der Wind ist ein Faktor in die eine oder andere Richtung).

Richte deine Aufmerksamkeit jetzt auf die Spieler, die für das Punt Team an beiden Außenlinien des Felds positioniert sind, »Gunners« oder auch »Fliers« genannt. Stellt das Receiving Team (also das Team, das den Punt empfängt) jeweils zwei Spieler auf jeden Gunner ab oder nur einen? Wenn zwei auf jeden Gunner angesetzt sind, wollen sie den Return sichern; ist nur einer da, wollen sie wahrscheinlich den Punt blocken.

Zähl zum Schluss die Männer an der Line of Scrimmage. Wenn das den Punt empfangende Team vorhat, den Punt zu blocken, wird es acht Mann vorne postieren. Versuche herauszufinden, ob sie in zwei Vierergruppen aufgestellt sind (vier Mann an jeder Seite des Balls). Wenn dies der Fall ist, zielen sie wahrscheinlich auf einen Middle Return, da ein Rush mit zwei Vierergruppen keinen Sinn macht.

Bei einem geplanten Block wird eine Seite überladen sein. Du kannst auch nach dem besten Rusher Ausschau halten. Befindet er sich auf der überladenen Seite oder nicht?

Manchmal dient das Überladen dazu, den Snapper unter Druck zu setzen. Wenn ein Team rechts überlädt, muss der Snapper nach dem Snap nach links rutschen. Wenn dieser Spieler aber den Ball zuerst 15 Yards weit snappen und danach auch noch blocken soll, kann es leicht passieren, dass er vor lauter Druck den Punter komplett verfehlt.

All diese Informationen lassen dich den Punt besser einschätzen. Aber es gibt noch mehr, worauf du vor dem Snap achten kannst.

Zum Beispiel, wo die Line of Scrimmage ist. Wenn sich der Ball innerhalb der 14-Yard-Linie befindet, muss der Punter aus seiner Endzone heraus kicken, was seine Technik verändert.

Die meisten Spieler machen vor dem Punt drei Schritte. Das heißt, sie fangen den Ball, machen einen Schritt mit rechts, dann einen Schritt mit links und dann punten sie. Aber in der End Zone haben sie dafür nicht genug Platz und sind gezwungen, nur zwei Schritte zu machen: fangen, Schritt mit links, punten.

Wenn ein Team aus der Endzone heraus puntet, wird der Gegner wahrscheinlich versuchen, den Punt zu blocken, denn kein Team wird aus der eigenen Endzone heraus einen Punt vortäuschen. Das Punting Team wird seine Gunner zusammenziehen, um den Winkel der Rusher zum Punter zu verringern und sie leichter blocken zu können. Das bedeutet natürlich, dass sie den Kick nicht decken können, was meist zu einem Directional Punt, also einem gezielt platzierten Punt ins Aus führt.

Directional Punting wurde in der Saison 2010 zum strittigen Thema, vor allem nachdem DeSean Jackson und Devin Hester in Woche 15 an zwei Tagen hintereinander als Returner Punts in wichtige Touchdowns verwandelt hatten. Viele Trainer haben Probleme damit, den Ball ins Aus zu kicken. Komischerweise stört es sie kein bisschen, wenn ihr Quarterback den Ball wegwirft, anstatt gesackt zu werden. Aber sie sind zu stolz zuzugeben, dass sie Spieler wie Hester, Jackson oder Darren Sproles nicht decken können.

Und die Special Team Coaches unterstützen diese Haltung noch. »Natürlich können wir ihn decken«, sagen sie; genau das will der Cheftrainer hören. Es ist eben schwer für einen Assistenztrainer, seinem Chef zu sagen, dass die Einheit, für die er verantwortlich ist, der Aufgabe nicht gewachsen ist.

Ein weiterer Faktor, der die Sache verkompliziert, ist die Schusstechnik des Punters.

Es gibt zwei Arten von Puntern. Eine Art bevorzugt den klassischen Sean-Landeta-Stil – lange Strecke, kurze Flugzeit (*hang time*). Landetas Punts flogen 55 oder 60 Yards weit, hatten aber einen flachen Flugbogen. Solche Spieler neigen dazu, den Ball über ihre Coverage hinwegzuschießen, und geben Return-Touchdown-Spielern wie Hester damit Zeit, den Ball ohne Druck zu fangen, plus 10 zusätzliche Yards, um den Return vorzubereiten.

Der zweite Punter-Typus lebt von der Hang Time seiner Schüsse. Seine Punts fliegen höchstens 40 Yards weit, aber sie sind so hoch, dass es keine Chance für einen Return gibt. Diese Punter schießen den Ball nicht gern ins Aus.

Gegen solche Hang-Time-Punter setzt das Return Team jeweils zwei Mann auf die Gunner an und verhindert damit, dass diese das Feld runterlaufen. Die Jungs an der Linie werden dann zu Blockern an der Line of Scrimmage, anstatt den Punter zu rushen. Dadurch kann sich der Returner 40 statt 55 Yards entfernt aufstellen und ist somit in der Position, den Punt zurückzutragen, auch wenn dieser lange in der Luft hing.

Wenn sich ein Coach doch dazu entschließt, den Ball von bestimmten Returnern wegzukicken – wie es zunehmend zähneknirschend geschieht –, muss er einige Faktoren bedenken. Die meisten Teams punten den Ball gern in Richtung der eigenen Seitenlinie. Dafür gibt es mehrere Gründe. Einer davon ist, dass das Receiving Team den Ball lieber entlang der eigenen Seitenlinie zurückträgt, denn Coaches glauben, dass die Schiedsrichter seltener direkt vor der Bank des Return Teams ein Clipping pfeifen.

Aber was, wenn der Wind den Ball zurück in die Platzmitte weht, weg von der Seitenlinie des Punt Teams? Das macht es für den Punter schwieriger, den klugen konservativen Ansatz zu wählen.

Ein Team, das vorhat, den Ball ins Aus zu punten, muss möglicherweise ein bestimmtes Third-down Play ausrufen, um diesen Punt richtig zu positionieren, was Coaches aber ungern tun. Um dem Punter die beste Möglichkeit zu geben, den Ball ins Aus zu schießen, muss der Fourth-Down

PUNT BLOCK

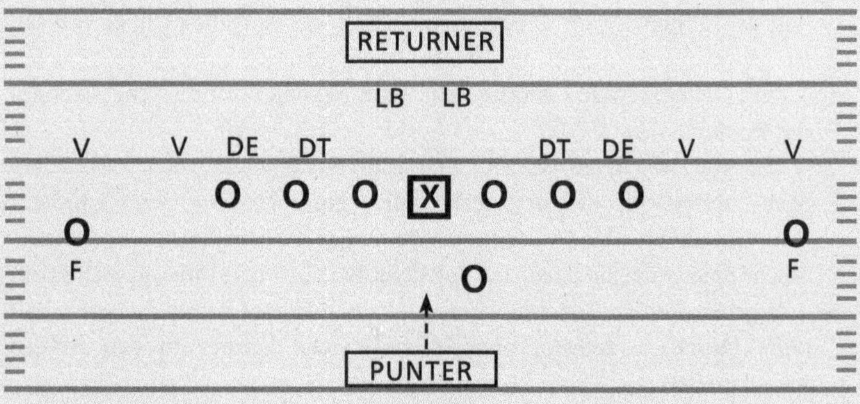

PUNT RETURN

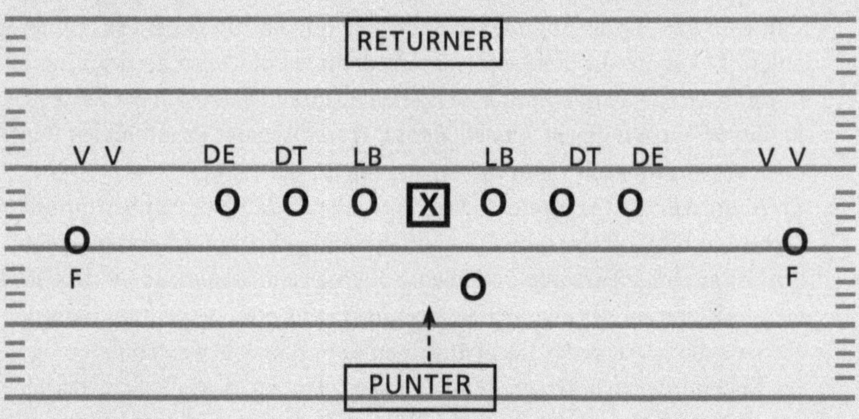

Wenn das Return Team zwei Verteidiger auf jeden Gunner ansetzt, wollen sie den Punt wahrscheinlich eher zurücktragen als ihn zu blocken.

Snap nämlich von einem ganz bestimmten Teil des Felds ausgehen. Das klingt wie eine ziemlich mutlose Offensivstrategie, aber warum solltest du als Trainer nicht so denken, wenn du im vierten Quarter mit einem Touchdown führst? Bill Parcells machte während seiner gesamten Laufbahn diese Art von Field-Position-Schachzügen.

Letztlich hängt es davon ab, ob ein Trainer seinem Coverage-Team vertraut. Gegen die meisten Punt Returner kann er dies ruhig tun, denn die Gefahr eines Touchdowns ist in der Regel gering. So wurden 2014 nur 13 Punts zu Touchdowns zurückgetragen. Von 2005 bis 2014 wurden insgesamt 152 Punts in Touchdowns verwandelt. Das sind über einen Zeitraum von zehn Jahren 15 pro Spielzeit – nicht mal einer pro Woche. Die Angst davor übersteigt also bei weitem die tatsächliche Gefahr.

Weitaus gefährlicher ist da schon der 20-yard Return. Dieser bedeutet für das Receiving Team bei Ballbesitz einen Raumgewinn im Wert von zwei First Downs. De'Anthony Thomas führte als Rookie bei Kansas City die Liga 2014 mit sieben Returns über 20 Yards oder mehr an. Sproles, Adam Jones und Tavon Austin hatten je sechs auf dem Konto, Frankie Hammond und Jacoby Jones je fünf. 2014 gab es insgesamt 112 Punt Returns, die mindestens 20 Yards lang waren, ihre Wahrscheinlichkeit liegt also neun Mal höher als ein Touchdown.

Trotzdem haben wahrscheinlich die meisten Coaches nicht vor, den Ball von Jones oder Julian Edelman wegzuschießen.

Obwohl beide im Schnitt 12 Yards pro Return erzielten. Alles über 10 Yards ist bemerkenswert. 2014 gab es 15 Spieler, die mindestens zehn Punts mit einem Schnitt von über 10 Yards zurücktrugen. Das ist ein schlagendes Argument dafür, dass Teams den Ball beim Punt öfter vom Returner wegschießen sollten.

Allerdings darf man auch nicht die Turnover-Tendenz mancher Returner außer Acht lassen. Austen machte im Schnitt zwar 11,2 Yards pro Return, ließ den Ball aber auch fünfmal fallen. Wenn ein Team zu einem Fumble-anfälligen Returner puntet, achte auf den ersten Spieler des Coverage-Teams. Wenn der Returner einen Fair Catch signalisiert, wird dieser Spieler in der Hoffnung auf einen Fumble direkt hinter den Returner laufen. Aber warum sollte man ein Risiko eingehen und den Ball ohne Not jemandem wie Hester geben, bei dem die Wahrscheinlichkeit, dass er punktet (14 Punt-Return-TDs insgesamt), fast so groß ist wie die, dass er den Ball verliert (21 Fumbles in neun Spielzeiten)?

Eine letzte Sache, auf die man beim Punt noch achten sollte, sind Anzeichen für einen Fake, also einen vorgetäuschten Punt. Natürlich ist ein vorgetäuschter Punt dann am erfolgreichsten, wenn der Gegner nicht mit ihm rechnet. Aber es gibt ein paar Signale, die ein Team aufhorchen lassen sollten.

Wenn ein Team den Ball in der Mitte des Feldes hat und es 4th-and-short heißt, muss die Defense auf einen Fake gefasst sein. Gary Zauner, der ehemalige Special Teams Coordinator für die Vikings, Ravens und Cardinals, stellt seine Teams in diesen Situationen noch nicht mal in Return-Formation auf. Zunächst einmal stehen die Chancen für einen guten Return nicht besonders gut. Stattdessen ist der Returner eher darauf fokussiert, seine Fersen auf die 10-Yard-Linie zu setzen und nichts über seinem Kopf zu berühren. Zauner ließ oft die reguläre Defense auf dem Platz, um gegen den Fake zu verteidigen.

Ein Fake wird noch wahrscheinlicher, wenn das Punting Team eine herausragende Defense hat. Ein Trainer wie Rex Ryan hat so viel Vertrauen in seine Defense, dass er sich eher als andere traut, einen Fake Punt zu versuchen. Er weiß: Auch wenn der Fake schiefgeht, wird seine Defense den Gegner stoppen.

Der Kick

Allgemein wird häufig angenommen, dass der Kicker der einsamste Spieler in einem NFL-Team ist. Weil sein Job so speziell ist, hat er nur selten Gelegenheit, mit seinen Mannschaftskameraden beim Training zu interagieren.

Außerdem werden 25 Prozent der Spiele in der NFL mit drei Punkten oder weniger entschieden. Kicker haben nicht allzu viele Gelegenheiten, auf den Platz zu kommen, aber wenn sie es tun, dann oft in einem kritischen Moment.

In Wahrheit sind Kicker aber keine zarten Seelchen. Man kann sie mit Golfspielern vergleichen: Sie halten sich sklavisch an äußerst präzise festgelegte Abläufe. Werden diese gestört, ist das Ergebnis meist enttäuschend.

PUNT RETURN AN DER SEITENLINIE

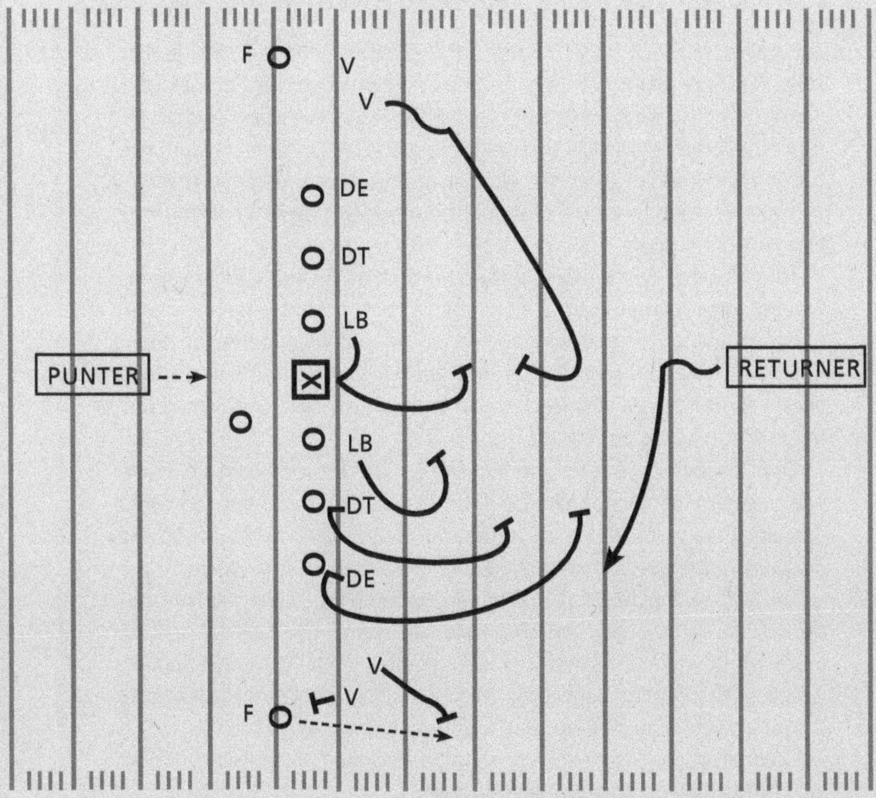

Teams laufen beim Punt Return soweit möglich lieber an ihrer eigenen Seitenlinie entlang, weil sie hoffen, dass die Unparteiischen vor ihrer Bank seltener einen Clip oder Block in den Rücken pfeifen. Die gegnerischen Coaches würden natürlich auf jede Regelverletzung hinweisen, wenn der Punt an ihrer Seitenlinie (also vor ihrer Nase) zurückgetragen wird. Beim Return fängt der Returner den Ball, läuft fünf Yards das Feld hoch, um einen Middle Return zu signalisieren, um dann hinter der von seiner Return-Einheit aufgebauten Mauer zur Seite zu schwenken.

Wenn sie am wenigsten damit rechnen: der überraschende Onside Kick

Die meisten Onside Kicks finden unter ganz bestimmten Umständen statt. Das Spiel neigt sich dem Ende zu und ein Team liegt zurück und hat nicht mehr genug Timeouts, um den Ball durch Plays der Defense zurückzubekommen. Die Linemen verlassen den Platz, das Hands Team betritt ihn und kündigt einen Onside Kick an, der niemanden überrascht.

Gäbe es einen besseren Zeitpunkt für einen Onside Kick? Ja: die vorherigen 59 Minuten.

Ich wünschte, wir würden mehr überraschende Onside Kicks sehen. Footballspiele bieten mehr Gelegenheiten dafür, als die Trainer wahrnehmen, unkonventionelle Momente, in denen der Gegner niemals damit rechnen würde. Sean Payton eröffnete die zweite Hälfte von Super Bowl XLIV mit einem überraschenden Onside Kick. Auch Andy Reid hat damit schon Spiele begonnen.

Der Onside Kick lässt sich perfekt tarnen. Das Kickoff-Team stellt sich wie zu einem regulären Kickoff auf, fünf Spieler an jeder Seite des Balls, dasselbe Personnel. Nichts deutet darauf hin, dass etwas im Busch ist, der Gegner bereitet sich also auf seinen normalen Return vor.

Die Gelegenheit bietet sich so häufig, weil sich viele Spieler eines Kickoff-Return-Teams umdrehen und loslaufen, bevor der Kick tatsächlich ausgeführt wurde. Oft handelt es sich um einen der langsameren Spieler, der einen bestimmten Punkt erreichen muss und deshalb früh lossprintet, um rechtzeitig in Position zu sein, um für den Returner zu blocken.

Wenn der Spieler seinen Platz räumt, entsteht ein freier Raum, in den ein Onside Kick geschossen werden kann.

Die Trainer entscheiden sich nicht spontan für einen Überraschungs-Onside-Kick, sondern integrieren ihn in ihren Game Plan. Der Head Coach wird im Verlauf der Woche zum Special-Teams-Coach sagen: »Rechne damit, dass ich in einem ungewöhnlichen Moment einen ausrufe.« Oder vielleicht ist dem Special-Teams-Coach bei der Videoanalyse aufgefallen, dass ein gegnerischer Spieler bei einem Spiel früh seine Position verlassen hat. Daraufhin hat er sich die Kickoff Returns dieses Gegners in mehreren anderen Spielen angesehen und festgestellt, dass dies kein Einzelfall war, sondern dass der betreffende Spieler dazu neigt. Der Coach legt seine Erkenntnisse dem Head Coach vor und gemeinsam beschließen sie vielleicht, den Onside zu versuchen.

Sobald sie ihr Ziel bestimmt haben, üben sie den Onside Kick beim Training. Sie wollen sicherstellen, dass der Kicker den Ball an diese bestimmte Stelle schießen kann, ohne seine Körperhaltung zu ändern.

Denn sobald ein Kicker dies tut, schreien alle im Receiving Team »Alert! Alert!« Sie haben den Bewegungsablauf des Kickers studiert, wissen sogar, wie er den Ball aufsetzt. Wenn er ihn normalerweise gerade aufsetzt, diesmal aber etwas neigt, wissen sie, dass ein Onside Kick folgen könnte.

Der Kicker muss auch entscheiden, ob er den Ball hoch in die Luft schießt (***pop***) – wie ein Wedge-Schlag beim Golf – oder ihn kurz und flach schießt, sodass er am Boden aufspringt (***squib***). Beim Pop trifft man den Ball an der Unterseite, beim Squib an der Oberseite. Der Kicker muss herausfinden, welche Technik ihm am meisten liegt und welche er ausführen kann, ohne seine Bewegungsabläufe zu verändern. Und dann muss er den Coach davon überzeugen, dass er das auch immer wieder schafft.

Der Cheftrainer beobachtet den Kickoff im Training und bewertet die Ausführung. Er wird keinen Onside in seinen Spielplan einbauen, wenn er nicht volles Vertrauen in seine Spieler setzt. So ein Call fällt nämlich immer auf den Head Coach zurück und nicht jeder hat das richtige Temperament dafür. Von offensiv ausgerichteten Trainern (wie Payton und Reid) ist er eher zu erwarten, weil sie gern etwas riskieren, um einen zusätzlichen Ballbesitz zu bekommen. Ein defensiv ausgerichteter Coach betrachtet Special Teams eher als Gelegenheit, den Kampf um die Field Position zu gewinnen; er möchte den Gegner lieber so oft wie möglich hinten ins Feld drängen.

Du kannst nach Situationen Ausschau halten, in denen ein überraschender Onside Kick eine hervorragende Idee wäre. Achte darauf, ob jemand an der Frontline seinen Platz verlässt. Das machen Spieler ständig.

Überprüfe dann, ob der Gegner ein »Wall return«-Team ist. Teams mit besonders schnellen Läufern stellen vielleicht eine echte »Return-Mauer« an ihrer Seitenlinie auf (wo die meisten Returns idealerweise entlangführen). Dir fällt vielleicht auf, dass der Spieler, der regelmäßig vorzeitig seine Position verlässt, ganz außen gegenüber der Seitenlinie seines Teams positioniert ist. Du weißt, dass er die weiteste Strecke zurücklegen muss, weshalb er dazu neigt, früh loszulaufen. Das ist die perfekte Gelegenheit für einen überraschenden Onside Kick – der idealerweise in Richtung der eigenen Seitenlinie geht.

Was man noch wissen sollte: Die Schiedsrichter pfeifen bei einem Kickoff selten ein Offside, obwohl das Kicking Team ziemlich häufig zu früh über die Linie tritt, auf der der Ball platziert ist. Wenn ich wüsste, dass ich ungestraft vor dem Kick über die Linie treten kann, während der Gegner gleichzeitig seine Position räumt, würde ich jede Woche einen Überraschungs-Onside-Kick ansetzen.

Zurück in die Vergangenheit

Es kommt nicht oft vor, dass eine fortschrittliche Liga wie die NFL einen Schritt rückwärts macht. Aber genau das geschah, als sie beschloss, Kickoffs auf die 35-Yard-Linie zu verschieben, dahin zurück, wo sie schon Anfang der 1990er-Jahre waren.

Damit machte die Liga einen der spannendsten Spielzüge im Football – den Kickoff Return – nahezu bedeutungslos.

Die Entscheidung wurde von Sicherheitsüberlegungen bestimmt, wogegen man natürlich nichts einwenden kann. Aber der spielentscheidende Return bekam dadurch Seltenheitswert.

2010 wurden 23 Kickoffs zu Touchdowns zurückgetragen. In den vier Spielzeiten nach der Regeländerung waren es insgesamt 35. Anstatt mindestens einmal pro Woche, bekommen wir das nun also höchstens alle zwei Wochen zu sehen.

Und wir haben nicht nur die Returns für Touchdowns verloren, sondern auch die, die das Return-Team direkt ins gegnerische Feld bringen. 2010 gab es 113 Kick Returns über 40 Yards oder mehr (alle 2,2 Spiele einen). 2014 waren es 70, über ein Drittel weniger als noch fünf Jahre zuvor.

Bejubelten Denver-Fans den Rekord von 76 Touchdowns, den die Broncos 2013 erzielten? Natürlich. Aber wie aufregend fanden sie die 81 nicht returnierbaren Kickoffs von Matt Prater? 2010 gab es in der gesamten Liga nur 360 Touchbacks. Heute zeichnet jeder der Top sieben Kicker allein für so viele verantwortlich.

Diese Regel veränderte die Rolle des Kickoff Returners drastisch. Teams können einen Spieler auf dieser Position inzwischen oft nicht mehr halten, wenn er nicht auch Punts zurückträgt oder auch in der Offense oder Defense spielen kann. Die Bears hielten noch nicht einmal an Devin Hester fest, der mehr Return Touchdowns (20) vorzuweisen hat als jeder andere Spieler in der Geschichte der NFL. Hester war 2013 immer noch ein Spitzen-Kick-Returner, führend in Kick Returns (52), Kick Return Yards (1436) und Returns von mindestens 20 Yards (43). Aber seine Produktion in der Offense war stark zurückgegangen – 2013 hatte er keine einzige Ballberührung. In einer Ära, in der der Return kaum noch Bedeutung hat, konnten sich die Bears den Luxus eines Return-Spezialisten nicht mehr leisten.

Die neue Regel zwingt einen Kick Returner auch zu entscheiden, wann er den Ball aus der Endzone trägt. Früher kniete der Returner ab, wenn der Kick zwei Yards tief in die Endzone ging. Heute müssen Returner bestimmen, ob es die Flugzeit des Balls zulässt, dass sie den

> Ball aus der Endzone tragen. Special-Teams-Trainer müssen viel Zeit für ihre Returner verwenden und sie von der JUGS-Maschine mit Bällen beschießen lassen, damit diese einzuschätzen lernen, welche Bälle sie heraustragen müssen und welche nicht.

Deshalb ist es so wichtig, dass Kicker, Holder und Snapper ein eingespieltes Team sind. Im Idealfall wirft der Snapper den Ball so, dass sich die Nähte an der richtigen Stelle befinden und der Holder den Ball ganz nach den persönlichen Vorlieben des Kickers aufsetzen kann. Das haben sie gemeinsam besprochen und tausende Male geübt: Der Kicker möchte »perfect laces« (Schnürung zeigt nach außen) und dass der Ball um sechs Grad nach außen geneigt ist. Wenn Teams ein Element dieser Snapper-Holder-Kicker-Formel verändern, kann es lange dauern, bis die Abläufe wieder perfekt eingespielt sind.

Den Ball snappen, aufsetzen und dann durch die Torstangen schießen – hört sich einfach an, ist es aber nicht. Ein winziges Detail kann alles durcheinanderbringen. Ob zum Beispiel der Snap zu hoch oder schlecht gezielt war, sieht man in der Wiederholung daran, dass der Holder den Aufsetzpunkt mit den Fingern markiert und sich der Punkt dann plötzlich verschiebt. Vielleicht ist der Snapper ja auch der Starting Center in der Offense und nach einem 10-Play Drive, der diesen Field-Goal-Versuch erst ermöglichte, müde. Jede Kleinigkeit, die die eingespielten Abläufe stört, kann zum Problem werden.

Wenn etwas schiefgeht, liegt das oft am Kopf des Kickers – nicht an dem, was in diesem vorgeht, sondern an seiner Haltung. Ein Kicker muss während des gesamten Beinschwungs den Kopf unten lassen, genau wie ein Golfer beim Rückschwung. Hebt er den Kopf zu früh, weil er besorgt der Flugbahn hinterherschaut, wird ihm meistens nicht gefallen, was er sieht.

Eine effektive und beliebte Methode, um gegen einen Kick zu verteidigen, besteht darin, den Kopf des Kickers (diesmal aber das Innere, sprich das Gehirn) zu manipulieren, indem man ihn verunsichert. Gegnerische Coaches rufen dafür genau in der Sekunde vor dem Snap (und nachdem der Kicker schon seine ganze Routine durchlaufen hat) ein Timout aus – das nennt man »icing the kicker«, man legt ihn quasi »auf Eis«. Man will damit erreichen, dass der Kicker über seinen Kick grübelt und unter Druck gerät. Das Problem ist nur, dass diese Psycho-Strategie längst nicht so oft funktioniert, wie man denken würde.

Aus und vorbei

Garrett Hartleys Field Goal über 40 Yards schickte die New Orleans Saints nicht nur zum Super Bowl XLIV. Sein spielentscheidender Kick in der ersten Possession der Verlängerung des NFC-Championship-Spiels 2009 brachte auch einen der ultimativen Albträume im Football auf den Platz: Ein Team flog (an der Schwelle zum Super Bowl) raus, ohne in der Verlängerung die Chance zu bekommen, den Ball überhaupt zu berühren.

Football, ein Spiel des Könnens, wurde in Form des Münzwurfs (***coin toss***) zu einem Glücksspiel reduziert. Ich kann gut verstehen, warum die Liga danach meinte, die Overtime-Regeln ändern zu müssen – was sie dann auch zwei Monate nach dem Sieg der Saints im Super Bowl tat. Aber mir wäre eine andere Handhabung der Verlängerung lieber, sowohl in der regulären Saison als auch in den Playoffs.

Warum nicht das Spiel da fortsetzen, wo es am Ende des vierten Quarters stand? Genau wie im zweiten und vierten Quarter die Action nahtlos weitergeht, könnte die Verlängerung auch eine nahtlose Fortsetzung des laufenden Spiels sein, nicht der Start eines neuen Spielabschnitts mit anderen Regeln und Strategien.

Die Verlängerung wäre dann einfach ein fünftes, entscheidendes Quarter. Es gäbe keinen Kickoff und keinen Kickoff Return, der der gefährlichste Spielzug im Football ist. Und noch wichtiger: Die Glaubwürdigkeit des Sports wäre gewahrt, denn ein Team könnte dann nicht länger die letzten Minuten der regulären Spielzeit einfach auslaufen lassen, indem es abkniet und danach neu anfangen darf. Stattdessen würde ein Team für die Arbeit belohnt werden, die es am Ende des vierten Quarters geleistet hat, indem in der Verlängerung der Kampf um die Field Position einfach weiterginge.

Neil Rackers, der in seiner zwölfjährigen Karriere 80 Prozent seiner Field-Goal-Versuche verwandelte, hat mir mal erzählt, dass gute Kicker das Icing sogar mögen. Wenn der gegnerische Coach kurz vor dem Snap ein Timeout ausruft, wird der Kicker häufig trotzdem seinen Kick zu Ende führen. Das gibt ihm die Gelegenheit, Informationen zu sammeln, die er vorher nicht hatte.

Gegen erfahrene Kicker wirkt die potenzielle Gefahr eines Icings mehr als das Icing selbst. Wenn ich Coach wäre, würde ich gegen bestimmte Kicker kein Timeout ausrufen, weil ich ihnen nicht die Möglichkeit geben wollte, Wind oder Platzzustand zu testen. Aber ich würde an der Seitenlinie herumwirbeln, den Schiedsrichtern etwas zurufen und so tun, als stünde ich kurz davor, ein Timeout anzusetzen. Vielleicht antizipiert der Kicker dann das Timeout und ist nicht ganz so gut konzentriert auf seinen Schuss.

Ich weiß, dass viele Fans das Icing hassen und am liebsten abschaffen würden. Ich denke aber, wenn es eine auch noch so kleine Erfolgschance gibt, sollte es ein Trainer ruhig in bestimmten Situationen einsetzen. Warum nicht, wenn es das letzte Play des Spiels ist und er noch ein Timeout zur Verfügung hat?

Ein Punkt oder zwei?

Um Trainer zu mehr Two-point Conversions zu verleiten, veränderte die NFL Anfang 2015 die Bedingungen für den Extrapunkt nach einem Touchdown drastisch. Bisher hatten Trainer die Wahl zwischen einem Spielzug von der 2-Yard-Linie für zwei Extrapunkte oder einem Kick von der 3-Yard-Linie (was einem 19-Yard-Field-Goal entspricht) für einen. Nun beschloss die Liga, den Kick auf die 15-Yard-Linie zurückzusetzen. Trainer können sich seitdem zwischen einem Spielzug von der 2 für zwei Punkte oder einem effektiven 33-Yard-Field-Goal für einen Punkt entscheiden.

Das ist nicht ganz so verlockend wie die Liga denkt. Ich behaupte, dass diese Änderung an der Zusatzpunkt-Entscheidung der Coaches nur wenig ändern wird.

Trainer stellen Wahrscheinlichkeitsrechnungen an, was bedeutet, dass sie immer den 33-Yard-Kick bevorzugen werden. Warum? Weil Kicker in den drei Jahren zwischen 2012 und 2014 33-Yard-Field-Goals in 94 Prozent aller Fälle verwandelten. In derselben Zeitspanne waren Two-point Conversions nur in 47,8 Prozent der Fälle erfolgreich.

Möglicherweise wird diese Änderung den Extrapunkt sogar unbeabsichtigt noch selbstverständlicher und leichter erzielbar machen als bisher. Mehrere Kicker haben mir gesagt, dass die PAT-Versuche (Point after Touchdown) ihrer Meinung nach aus mehreren Gründen demnächst zu annähernd 97 Prozent erfolgreich sein werden. Ein Grund ist, dass sie den Ball je nach Vorliebe auf beide Hash Marks oder in die Mitte des Feldes legen können; diese Auswahlmöglichkeiten haben sie bei einem Field Goal aus der Ferne nicht. Und man braucht für die neue Distanz nicht mehr Kraft als bisher. Der Kick ist immer noch kurz genug, dass man ihn nicht in einem flachen Bogen schießen muss, der lange Field Goals blockbar macht.

Die Liga hätte aus dem PAT einen 50-Yard-Kick machen und damit Trainer ins Grübeln bringen können. Aber 2014 verwandelten Kicker 61 Prozent der Field-Goal-Versuche aus mindestens 50 Yards und genau diese Kicker glauben, dass es eher 70 Prozent wären, wenn sie den Ball am bevorzugten Punkt aufsetzen dürften.

Die Two-point Option auf die 1-Yard-Line zu verschieben, ist auch nicht die Lösung. Das würde zu vielen Quarterback Sneaks führen, was die NFL nicht wirklich anstrebt.

Später im Jahr, wenn in manchen Landesteilen das Wetter zum Faktor wird, werden mehr Coaches die Two-point Option wählen, denn Teams, die ihre Heimspiele in der Halle oder im warmen Klima absolvieren, wollen ihren Kickern vielleicht nicht zumuten, unter schwierigen Bedingungen den längeren Kick zu versuchen.

Ich bin nicht gegen die Regeländerung, sondern finde, dass es ein erster (halber) Schritt in die richtige Richtung ist. Das Ziel sollte meiner Meinung nach sein, Trainern die Wahl zwischen einem 42-Yard Field Goal für einen Punkt und einem Play von der 1,5-Yard Line für zwei Punkte zu geben. Das würde mehr Trainer reizen, auf zwei Punkte zu gehen, was im Sinne der Liga wäre.

12 FBI: Football-Intelligenz

Das Spiel auf NFL-Niveau unterrichten

Inzwischen dürfte dir klar sein, dass Quarterback nicht die einzige Position auf dem Platz ist, die einen scharfen Intellekt erfordert. Linemen, Skill-Position-Spieler [darunter versteht man Quarterbacks, Receiver, Runningbacks, Corners, Anm. d. Ü], Defensive Backs und die gesamte Defensive Front müssen alle vor jedem Spielzug diverse Dinge bedenken. Ja, oft geht es im Football einfach nur darum, den Typen vor dir aufs Kreuz zu legen, wie Tim Ryan gerne sagt. Aber er wird auch als Erster zugeben, dass viele Spieler leichter ihren Job behalten würden, wenn es nur um bloße Kraft ginge.

Um es in der NFL zu schaffen, brauchen Spieler Football-Intelligenz – FBI – und Teams sehen sich regelmäßig gezwungen, großartige Athleten gehen zu lassen, die diese nicht besitzen. Deshalb möchte ich im Folgenden darauf eingehen, wie der mentale Teil der Vorbereitung den physischen Einsatz auf dem Platz beeinflusst.

FBI testen

Jeder weiß, dass Bill Belichick eine hohe FBI hat. Er ist einer der klügsten Köpfe der NFL und einer der größten Erneuerer des Sports. Aber er weiß so gut wie jeder andere, dass man mit Ideen allein keine Siege erringt. Es geht nicht darum, was Bill oder die anderen Trainer wissen, sondern darum, was die Spieler wissen. Deshalb legt Belichick so viel Wert darauf, Spieler zu finden, die intelligent genug sind, seine Konzepte in Taten umzusetzen.

Wenn Belichik Spieler aus dem College bewertet, unterzieht er sie gern einem Test. Er trifft sich dann mit dem jeweiligen Kandidaten in einem Seminarraum auf dem Campus oder im Rahmen eines All-Star-Spiels in einem Hotelzimmer. Dort lässt er den Spieler wie einen Schüler auf einem Stuhl platznehmen und beschreibt ihm dann fünf oder sechs oder zehn Dinge, die die Patriots so tun. Einem Defensive Linemen erzählt er zum Beispiel, dass er beim First und Second Down in einer Three-point Stance stehen wird und beim Third Down in einer Two-point Stance. Dann zeichnet er ein Diagramm an eine Tafel. Dann machen sie eine Pause. Nach der Pause setzt sich Bill, schickt den Jungen an die Tafel und sagt: »Jetzt erzähl mir alles, was ich dir gerade erzählt habe.«

Daraus kann er schließen, ob der Spieler die nötige FBI hat, um sich in seinem System zu bewähren.

Vor der NFL-Draft 2008 machte Belichick seine übliche College-Tour und unterzog dabei auch Jerod Mayo dieser Prüfung. Mayo ging zur Tafel und wiederholte fein säuberlich alles, was man ihm gesagt hatte. Er konnte sich in jeden Spielzug eindenken und seine potenziellen Aufgaben benennen. Gebongt: Belichick wählte Mayo in der ersten Runde mit dem zehnten Pick aus. Mayo wurde zum Defensive Rookie des Jahres gewählt, vor seiner zweiten Saison zum Defensive Captain der Patriots ernannt und war in allen seinen ersten fünf Spielzeiten der führende Tackler seines Teams.

Aber weit häufiger offenbaren Spieler während eines Belichick-Tests etwas, das sie in seinen Augen disqualifiziert. Ich weiß noch, wie ich während der Scouting Combine mit ihm zusammen in einem Hotelzimmer saß und auf die Bewerber wartete. Sobald ein Spieler ankam, bat Bill ihn mit einem knappen »Nice to see you, have a seat« ins Zimmer. Ohne dem Jungen die leiseste Chance auf Smalltalk zu geben, schaltete er danach sofort das Licht aus und ließ ein Video mit Aufnahmen des Spielers aus dem College laufen, meistens Filmausschnitte, in denen er nicht besonders gut spielte. Dann fragte er den Spieler: »Was war hier der Call?« Er testete damit die Fähigkeit des Spielers, sich an bestimmte Situationen zu erinnern, eine Eigenschaft, die in der NFL extrem wichtig ist.

Der Spieler hatte keine Zeit, sich vorzubereiten, er musste die Antwort aus dem Ärmel schütteln. Dann ließ Bill den nächsten Spielzug laufen und fragte: »Okay, was ist hier passiert?« Er versuchte damit herauszufinden, wie der Junge in einer unangenehmen Situation reagiert. Würde er zugeben, dass er einen schlechten Read gemacht hatte, oder würde er jemand anderem die Schuld geben?

Q: Wenn Football-Intelligenz so wichtig ist, warum wird dann so oft athletischen Spielern der Vorzug vor klugen Spielern gegeben?

A: Es gibt jede Menge Typen in der NFL mit Köpfchen, die nicht die physischen Voraussetzungen haben, um Football zu spielen. Man nennt sie Trainer.

Bevor aber ein Team einen Spieler gehen lässt, weil er zu dumm ist, sollte es überprüfen, was genau von diesem Spieler eigentlich verlangt wird. Ist vielleicht die Terminologie nicht eindeutig genug? Oder soll sich der Spieler 300 Spielzüge merken und ist damit schlichtweg überfordert?

Ich erinnere mich vor allem an einen Bewerber, der seinen Trainern die Schuld für einen seiner schlechten Plays gab. Sobald das Gespräch vorbei war und der Junge den Raum verlassen hatte, strich Belichick ihn von der Liste. Er wusste, dass er diesen Spieler früher oder später an der Seitenlinie oder in der Halbzeit in der Kabine würde korrigieren müssen, und er konnte sich denken, wie dieser dann reagieren würde.

Belichick ist nicht allein in seinem Bestreben, FBI zu testen. Jeder will schließlich schlaue Spieler. Nur sind manche eben besser darin, diese zu identifizieren, als andere. Ein guter Bewerter weiß allerdings auch, dass er die FBI in Relation zur Position des Spielers setzen muss. Ein Runningback muss kein Einstein sein, aber auf den Positionen des Quarterbacks, der Offensive Line und des Middle Linebackers zu spielen, ist schwerer, als es vielleicht aussieht. Wenn deine Defense unterschiedliche Zone-Formationen spielt, ist es durchaus hilfreich, Cornerbacks mit hohem Football-IQ zu haben. Aber wenn du bei jedem Spiel Press Coverage spielst – wie die Packers eine ganze Saison lang auf dem Höhepunkt von Charles Woodsons Karriere –, dann betrachtest du einen potenziellen Spieler mit anderen Augen. Dein Wunschkandidat braucht dann eher Schnelligkeit, lange Arme und die Fähigkeit, die Richtung zu wechseln, als FBI. Ein Coach braucht diesem Corner nur zu sagen: »Geh und deck diesen Spieler«; mehr muss er nicht wissen.

Aber in den meisten Fällen ist FBI ein wichtiger Faktor für jede Position, und das aus mehreren Gründen.

Da ist zunächst mal das 400 Seiten starke Playbook. Ist ein Spieler in der Lage, das, was seine Mannschaft taktisch vorhat, in Gänze zu lesen und zu verstehen?

Dann geht es um die Geschwindigkeit, mit der das Playbook vermittelt wird. An einem Tag wird ein Coach Cover 2 lehren, am nächsten Cover 3. Kann ein Spieler all diese Dinge in atemberaubendem Tempo lernen? Kann er die unterschiedlichen Konzepte miteinander in Verbindung bringen und sich dadurch leichter merken, was er zu tun hat?

Kann er einen Scouting Report lesen und behalten? Nehmen wir an, der Spieler bekommt Samstagabend einen Bericht, dem er entnimmt, dass der Gegner in 90 Prozent aller Fälle mit dem Ball läuft, wenn er mit 21er-Personnel in der I-Formation steht. Wird er sich am Sonntag in der Hitze des Gefechts daran erinnern?

Kann ein Spieler notfalls auch zwei Positionen lernen? Vielleicht steht er als Sam Linebacker in der Startformation, aber Verletzungen könnten erfordern, dass er rüber rutscht und den Will spielt. Oder kann ein Guard lernen, Tackle zu spielen, ohne es wirklich vorher zu trainieren?

Wie gut ist sein Gedächtnis? Vielleicht macht der Gegner im ersten Quarter etwas, für das das Team nicht speziell trainiert hat. Also sagt der Coach: »Wir machen das, was wir in Woche sechs gemacht haben.« Kann sich ein Spieler an diesen alten Game Plan erinnern? Bill Cowher hatte für kurze Wochen eine Strategie, die sich stark auf die Fähigkeit seiner Spieler stützte, Informationen wieder aus dem Gedächtnis hervorzukramen. Wenn seine Steelers am Donnerstagabend spielten, gab es seiner Meinung nach nicht genug Zeit, einen ganzen neuen Game Plan einzuüben. Stattdessen holte er also einen Game Plan vom Anfang der Saison raus und erwartete, dass die Spieler diesen noch parat hatten.

Der verstorbene Foge Fazio achtete als Defensive Coach besonders darauf, dass seine Spieler immer alles Nötige abgespeichert und abrufbereit hatten.

Er sagte zum Beispiel: »Ich weiß, dass der ‚Cat' Blitz diese Woche überhaupt nicht auf dem Trainingsplan steht, aber ich arbeite schon lange mit unseren Coaches zusammen und bin mir sicher, dass der Head Coach gegen diesen Gegner einen ‚Cat' Blitz ansagen wird.« Also frischte er die Erinnerung seiner Spieler auf. Ich warnte die Spieler der Jets immer, dass Foge nicht ewig ihr Coach sein würde und sie folglich nicht immer jemanden haben würden, der ihnen auf die Füße trat. Sie mussten anfangen, selbst wie Foge zu denken und sich fragen: »Was sollte ich für den Notfall nochmal vor meinem geistigen Augen Revue passieren lassen?«

FBI spielt heute eine viel größere Rolle als früher. Wenn man sich Filme aus den 1970ern und 1980ern ansieht, erkennt man einfache Offenses und noch einfachere Defenses. Heutzutage bringen Offenses in den ersten zehn Spielzügen zehn verschiedene Personnel-Varianten auf den Platz und stehen Defenses mit 9000 Variationsmöglichkeiten gegenüber – Base, Big Base, Nickel, Big Nickel, Dime, Fast Dime usw. Was früher ein Damespiel war, ist heute Schach und FBI ein notwendiger Faktor, wenn ein Team mithalten will.

Von Rookies hört man häufig, dass die größte Anpassung an die NFL eine Sache des Tempos ist. Dabei meinen sie nicht unbedingt die physische Geschwindigkeit, also dass ein Linebacker im College einen Gegenspieler hatte, der die 40 Yards in 4,6 Sekunden lief, und in der NFL in 4,4. Es ist eher das mentale Tempo – wie schnell sie reagieren müssen –, das jungen Spielern schwer zu schaffen macht. Und ein Spieler kann nicht physisch reagieren, bevor er nicht verstanden hat, was er sieht.

Der ehemalige Runningback Thomas Jones spielte zwölf Saisons in der NFL, aber er verriet mir, dass er erst in seinem dritten Jahr lernte, was es heißt, ein Profi zu sein. Dabei ging es nicht um Einsatz und Motivation, sondern er brauchte so lange, um zu verstehen, wie man das Maximum aus einem Scouting-Bericht rauszieht, Videos analysiert und Tipps gewinnbringend umsetzt.

Deshalb sind erfahrene Spieler so wichtig für die Entwicklung eines Teams. Die Patriots holten Junior Seau mitten in den Spielzeiten 2008 und 2009 wieder aus dem Ruhestand. Er war ihr Plan B, falls sich einer der jüngeren Linebacker verletzte. Aber seine Hauptaufgabe war, den jüngeren Spielern beizubringen, wie man richtig lernt und sich vorbereitet.

Q: Was machen Teams in der Bye Week?

A: Die Priorität liegt darauf, dass alle Spieler gesund werden. Die meisten Trainer geben den Spielern drei bis fünf Tage frei, vor allem dann, wenn die Bye spät in der Saison stattfindet. Wenn ein Spieler auch nur leicht verletzt ist, wird er sich komplett schonen. Manche Spieler nutzen die Bye Week für kleinere Operationen – sie gehen zum Beispiel für eine Gelenkspiegelung direkt nach dem Spiel am Sonntagabend ins Krankenhaus und haben dann zusätzliche Genesungszeit, ohne ein Spiel verpassen zu müssen.

Die Bye ist auch eine gute Gelegenheit, nochmal die Basics durchzugehen. Die meisten Trainer arbeiten in der Bye keinen neuen Game Plan aus. Wenn sie am Anfang der Saison liegt, gehen manche Coaches auf Dinge ein, zu denen sie in der Preseason nicht gekommen sind.

Nach der Bye Week starten die Teams direkt wieder in die reguläre Trainingswoche.

Das war vielleicht eine von Peyton Mannings meistübersehenen Fähigkeiten. Als Wide-Receiver-Veteran Marvin Harrison vor der Saison 2009 seinen Rücktritt bekanntgab, wusste Peyton, dass es nun auf die Entwicklung der jungen Colts-Receiver – Austin Collie und Pierre Garcon – ankam. Um sie an ihre Aufgaben heranzuführen, wurde Manning über seine Rolle als Quarterback hinaus auch zu ihrem Lehrmeister. Er war so etwas wie ein Privattutor, zu dem man nach dem regulären Unterricht geht, um den Unterrichtsstoff weiter zu vertiefen. Und als sich dann Anthony Gonzalez verletzte, waren Collie und Garcon dank dieser Privatstunden mit Peyton in der Lage, sich in die komplizierte Colts-Offense einzufügen. Der Einsatz machte sich bezahlt: Die Colts erreichten in dieser Saison den Super Bowl. Peyton machte dasselbe mit seinen neuen Receivern, als er 2012 nach Denver wechselte, und dann wieder mit Wes Welker, als dieser 2013 zu den Broncos stieß, und mit Emmanuel Sanders, der 2014 kam.

NFL-Spieler unterrichten

Es gibt jede Menge Studien über Lernstile, nicht nur in Bezug auf Footballspieler, sondern auch auf Schüler und Studenten allgemein. Wir nehmen Informationen hauptsächlich über drei sensorische Wege auf: auditiv (hören), visuell (lesen oder sehen) und taktil (anfassen oder praktische Vorführung). Mich wundert immer, dass sich Trainerteams nicht die Zeit dafür nehmen, um herauszufinden, wie ihre Spieler lernen.

Einmal leitete ich in Green Bay einen Workshop, auf dem ich alle Trainer bat, eine Liste der Spieler zu erstellen, für die sie verantwortlich waren. Neben die Namen sollten sie schreiben, was für ein Lerntyp der betreffende Spieler ist: ein auditiver, visueller oder taktiler. Es stellte sich heraus, dass keiner von ihnen dies wusste.

Ich sagte: »Ihr seid die Informationsvermittler und wisst nicht, wie eure Jungs lernen? Wie könnt ihr dann erwarten, dass sie das, was ihr ihnen erzählt, richtig aufnehmen und verarbeiten?«

Wenn sie den wöchentlichen Game Plan vorstellen, benutzen Coaches alle drei Methoden. Zuerst erklären sie den Game Plan (auditiv), dann zeigen sie Videos (visuell) und schließlich veranstalten sie Trainings und Walkthroughs (taktil). Den Trainern in meinem Workshop war gar nicht in den Sinn gekommen, dass es viele Menschen gibt, die besser auf eine der drei Methoden ansprechen als auf die anderen. Ein Spieler erscheint vielleicht zum Walkthrough und weiß immer noch nicht genau, was er zu tun hat. Daraufhin macht der Coach ihn rund – weil er nicht weiß, dass dieser Spieler kein auditiver Lerner ist.

Ich fragte die Coaches, wer gute Spieler habe, die bei der Videoanalyse regelmäßig einschlafen. Alle zeigten auf. Diese Spieler sind vielleicht eher auditive oder taktile Lerner, für die Videoanalysen weniger effektiv sind.

Vielleicht gibt es im Team eine Gruppe von Spielern, die im College einen guten Notendurchschnitt von 3,0 hatte. An der Uni lernt man in Vorlesungen und Seminaren vorwiegend auditiv. Eine andere Gruppe tat sich in Seminaren vielleicht schwer, war dafür aber gut im Labor. Das sind dann taktile Lerner.

Q: Wie setzen Teams neue Technologien ein, um ihren Spielern während eines Spiels Anweisungen zu geben?

A: Es gibt immer noch strenge Regeln hinsichtlich der technischen Geräte, die das Trainerteam an der Seitenlinie verwenden darf. Clevelands General Manager Ray Farmer wurde für vier Spiele gesperrt, weil er 2014 seinen Coaches während des Spiels Textnachrichten schickte.

Aber in derselben Saison fingen Teams an, Microsoft Surface Tablets zu benutzen, um sich Spielzüge anzusehen – so wie sie es früher mit den Schwarz-Weiß-Fotos gemacht hatten. Sie dürfen sich darauf allerdings nur Standbilder ansehen – keine Videos (zumindest bisher nicht). Die Bilder kommen so viel schneller an die Seitenlinie. Außerdem kann man sie auf dem Tablet vergrößern, Details heranzoomen und mit einem Stylus darauf rumkritzeln. Man könnte zum Beispiel den Fuß eines Offensive Tackles vergrößern und der Defensive Line zeigen, dass sich dieser Spieler immer, wenn sein Fuß beim Aufstellen nach außen gerichtet ist, auf einen Pass Block vorbereitet.

In der ersten Saison lief der Einsatz von Tablets noch nicht ganz reibungslos ab. Viele Jungs beschwerten sich, dass sie an sonnigen Tagen den Bildschirm nicht sehen konnten. Und nicht jeder Trainer mochte die Hilfsmittel oder nutzte sie optimal aus.

Die Coaches im Super Bowl XLIX waren allerdings zwei Typen in den Sechzigern, die so fortschrittlich denken wie technik-affine Zwanzigjährige. Die NFL möchte, dass sich alle mit der neuen Technologie vertraut machen, bevor sie den Coaches erlaubt, sich auf den Tablets an der Seitenlinie auch Videos anzusehen. Technisch möglich ist das bereits, aber man will halt vermeiden, dass ein technisch versierteres Trainerteam gegenüber einem eher altmodischen Team im Vorteil ist. Doch der Tag wird kommen, und zwar in nicht allzu ferner Zukunft.

Trainer sollten herausfinden, wie ihre Spieler lernen, und ihre Lehrmethoden darauf abstimmen.

Nehmen wir an, du bist ein Receivers Coach und stellst fest, dass deine fünf Jungs alle taktile Lerner sind. Warum dann nicht um 8.30 Uhr mit ihnen rausgehen und den Unterrichtsstoff praktisch vermitteln? Im 9-Uhr-Meeting haben sie dann eine viel größere Chance, den Game Plan zu verstehen.

Die meisten Spieler wissen selbst nicht, welche Lernmethode ihnen am meisten liegt. Und die meisten Trainer unterrichten so, wie sie selbst unterrichtet wurden. Sie verbringen vielleicht 15 Minuten in einem Meeting und sehen sich dann stundenlang Videos an, weil sie das so gewohnt sind. Diese Trainer können nicht wirklich effektiv sein, weil sie nicht alle drei Methoden anwenden.

Unterricht an der Seitenlinie

Coaches müssen natürlich auch wissen, wie sie ihre Spieler während des Spiels erreichen können. Es ist eine Sache, im Klassenraum oder im Trainingscamp Informationen zu verdauen. Aber wie kann ein Trainer seine Botschaft am besten rüberbringen, wenn der Spieler während des Spiels unter Adrenalin steht und an der Seitenlinie verstehen soll, welche Änderungen er vornehmen muss?

Wie bereits erwähnt, werden von jedem Spielzug zwei Fotos gemacht, und Fotos sind natürlich eine Form des visuellen Lernens. Spieler, die auf diese Methode anspringen, sollten ihre Anpassungen auf der Basis dieser Fotos machen können.

Häufig sieht man eine Gruppe von Offensive Linemen auf der Bank sitzen, während ihr Coach vor ihnen rumbrüllt und wie ein Wahnsinniger Diagramme zeichnet. Das ist dann sowohl visuelles als auch auditives Lernen.

Aber wie oft hast du schon gesehen, dass sich ein Coach einen Spieler greift und physisch mit ihm an der Seitenlinie arbeitet? Stell dir vor, du bist der Receivers Coach und dein X-Receiver hat sich gerade verletzt. Sein Ersatzmann ist auf dem Feld, der Cornerback presst ihn und der Receiver kommt nicht von der Linie weg. Wenn er ein taktiler Lerner ist, bringt es nichts, ihm Bilder zu zeigen oder ihm verbal zu erklären, wie er sich aus der Press Coverage befreien kann. Anstatt ihn zu beschimpfen oder anzuflehen, solltest du ihn so anpacken, wie der Corner es gemacht hat, oder einen anderen Receiver hinzuziehen, der vormacht, wie es geht.

Besonders gern habe ich an der Seitenlinie immer Offensive Line Coach Alex Gibbs zugesehen, dem vielleicht besten Line Coach überhaupt. Er stellte sich zum Beispiel vor einen Spieler und demonstrierte ihm, dass seine Hüften nicht richtig gebeugt waren. Er wusste, wie er zu seinen Spielern durchdringt.

Denk an deine eigenen Erfahrungen. Lernst du etwas von den Kommentatoren? Oder werden Spielzüge für dich erst klar, wenn der Analyst sie auf dem Telestrator skizziert? Ich bin ganz erstaunt, wie viele Fans ihr Footballwissen durch Videospiele wie *Madden NFL* erweitert haben. Sie verstehen vielleicht nicht, welche Strategien dahinterstecken, aber sie wissen, welche Plays gegen eine Cover 1 oder Two-deep Coverages funktionieren, weil sie sie im Spiel ausprobiert haben.

Wenn sich ein Spieler in deinem Team damit schwertut, Plays zu machen, solltest du dich fragen: »Wissen die Coaches, wie sie ihn am besten erreichen?«

Falls nicht, sollten sie das schleunigst herausfinden, denn ein NFL-Team kann es sich nicht leisten, seine Schüler durchfallen zu lassen. In der Welt des Salary Caps muss ein Team mit den Spielern auskommen, die es hat. Die Coaches sollten also wissen, wie man das Beste aus ihnen herausholt.

13 Organisation und Spielerakquise

Wer macht was in der Chefetage?

Als Mike Holmgren Ende 2009 seinen neuen Job als Präsident der Cleveland Browns antrat, dachten alle, dass seine erste Amtshandlung darin bestehen würde, Cheftrainer Eric Mangini zu feuern. Die vorherrschende Meinung war, dass ein Mann, der selbst so lange als Head Coach in der NFL gearbeitet hatte, einen Trainer seines Vertrauens einsetzen würde, um das Team nach seinen Vorstellungen umzuformen.

Wie die meisten voreiligen Schlüsse erwies sich auch dieser als falsch.

Holmgren verlängerte Manginis Vertrag für eine zweite Saison, damit er den Trainer selbst beurteilen konnte. Das unterstreicht, was ich schon seit Jahren sage: Der oberste Entscheidungsträger eines NFL-Teams muss aus der Football-Praxis kommen.

Wenn ein Mann in Holmgrens Position eine wichtige Entscheidung treffen muss – und was ist wichtiger als die Wahl des Cheftrainers? –, ist es von unschätzbarem Wert, wenn er versteht, was es bedeutet, Head Coach in der NFL zu sein. Holmgren trat seinen Posten mit 161 Siegen im Lebenslauf (darunter ein Super-Bowl-Ring) und dem dazugehörenden Selbstbewusstsein an. Er erkannte, was Mangini in seinem ersten Jahr bei den Browns zu bewirken versucht hatte, und er wusste, dass man seinem Plan mehr Zeit geben musste, bevor man ihn richtig bewerten konnte.

Als Holmgren seinen Trainer feuerte (was nach der Spielzeit 2010 geschah), hatte er die Sachlage gründlich analysiert. Es war eine Football-Entscheidung, getroffen von einem Football-Fachmann.

Der Präsident eines NFL-Teams muss keine so beeindruckende Football-Karriere wie Holmgren vorweisen (das kann ohnehin kaum einer). Aber wenn er sich nicht auf dem Trainingsplatz die Hörner abgestoßen oder als Coach kilometerlang an der Seitenlinie die Füße plattgelaufen hat, dann sollte er zumindest einen Cheftrainer einstellen, dem er alle fachlichen Entscheidungen anvertrauen kann.

Zwei weitere NFL-Teams vollzogen nach einer enttäuschenden Saison 2009 einen Führungswechsel. Beide stellten neue Cheftrainer ein – Washington holte Mike Shanahan, Seattle Pete Carroll – und gaben ihnen die Zügel in die Hand. Der Hauptgrund, warum Pete die USC verließ, um zur NFL zurückzukehren, war, dass Seahawks-Eigentümer Paul Allen bereit war, ihm die Kontrolle über alle fachlichen Belange zu überlassen. Pete hatte bereits zweimal in Systemen gearbeitet, die anders strukturiert waren und nicht funktionierten.

Über Petes Erfahrung mit den Patriots habe ich oft mit Patriots-Eigentümer Bob Kraft gesprochen. Bobs erster Trainer in der Liga war Bill Parcells, der versuchte, Kraft zu der Art Eigner zu formen, den alle Cheftrainer lieben: einem, der sich komplett raushält. Das ging nicht lange gut. Parcells warf das Handtuch – mit dem inzwischen berühmten Spruch, dass man als Koch auch das Recht haben müsse, die Zutaten selber einzukaufen. Als Ersatz für den grantigen Parcells holte Bob Kraft Pete Carroll ins Boot, einen Mann, den er persönlich mochte, der ihn an seinen Sohn erinnerte und mit dem er Spaß haben würde. Aber er überreichte Pete nicht die Schlüssel zum Königreich. Stattdessen schuf er ein dreiköpfiges Monster aus dem Cheftrainer (Carroll), einem Mann aus der Personalabteilung (dem Vizepräsidenten der Spieler-Abteilung Bobby Grier) und jemandem aus dem Finanzbereich (COO Andy Wasynczuk), zwischen denen die Macht gleichmäßig verteilt war. Wenn ein Cheftrainer in fachlichen Fragen mit 2 zu 1 Stimmen überstimmt werden kann, hat ein Team ein grundlegendes Problem.

Krafts strukturelles Experiment scheiterte, wie er selbst unumwunden zugibt. Aber er lernte daraus. Er holte Bill Belichick und gab ihm uneingeschränkte Entscheidungsgewalt. Sicher nicht seine schlechteste Entscheidung …

Dieses Modell halte ich persönlich für das Beste – überlass dem Cheftrainer das letzte Wort bei Entscheidungen, die die Mannschaft betreffen. Ganz gleich, ob der Präsident den Trainer einstellt und ihm die Zügel in die Hand gibt oder ob dieser direkt vom Eigentümer angeheuert wird (wie im Fall von Shanahan und Carroll): Der Head Coach muss in der Football-Nahrungskette immer an erster Stelle stehen.

Wenn man einen jungen, noch unerfahrenen Head Coach hat, ist es natürlich hilfreich, wenn der Präsident ein ehemaliger Trainer ist, wie

Holmgren in Cleveland. (In Green Bay, wo er als Head Coach den Super Bowl gewann, hatte Holmgren selbst nie die volle Entscheidungsgewalt; in Seattle, wo er nicht gewann, aber schon.) Um mich davon zu überzeugen, dass er bereit ist, die volle Verantwortung zu übernehmen, muss ein Coach vor allem ein leidenschaftliches Interesse an der Auswahl der Spieler haben. Viele Trainer betonen zwar, wie wichtig Personalentscheidungen sind, finden die Meetings dazu aber eigentlich lästig. Ich bin der Ansicht, dass ein Trainer verstehen muss, wie wichtig dieser Aspekt ist, und ihn mit vollem Engagement angeht. Und dann muss er auch noch in der Lage sein, den Scouts klar und unmissverständlich zu vermitteln, was für Spieler er sucht.

Beispiel Chip Kelly. Nachdem er registriert hatte, wie viel Verantwortung die zwei Coaches im Super Bowl LXIX (Carroll und Belichick) besaßen, marschierte er ins Büro von Eagles-Eigentümer Jeffrey Lurie und bestand darauf, dass Howie Roseman den Posten des General Managers räumt. Chip bekam seinen Willen. Roseman wurde versetzt (er wurde Executive Vice President of Football Operations) und der Head Coach rutschte auf den Fahrersitz.

Wenn ein Coach die Kontrolle hat, wird man im Bereich Spielerakquise tendenziell unkonventionellere Methoden sehen, vielleicht mehr Trades oder kreative Tauschhandel, um im Draft höher zu klettern – und das alles, um den einen Spieler zu bekommen, den der Coach unbedingt in seinem Team haben will. Ein GM, der aus dem Bereich des Personalmanagements kommt, wird vielleicht eher zögern, zum Beispiel den Erstrunden-Pick des nächsten Jahres aufzugeben, um in diesem Jahr einen Spieler zu verpflichten. Aber der Pick des nächsten Jahres hat für einen Coach keine Bedeutung, wenn er seinen Wunschspieler nicht bekommt.

Idealerweise unterstützt der General Manager den Cheftrainer. Sein Job sollte es sein, das Alltagsgeschäft des Unternehmens zu managen. Aber er sollte genug persönliche Football-Erfahrung mitbringen, um kompetent an der Vision des Cheftrainers mitzuwirken. Zu viele GMs kommen aus dem Finanzsektor und verstehen wenig von Football.

Der GM sollte sich um alles kümmern, was nicht in den Zuständigkeitsbereich des Head Coaches fällt, von Vertragsverhandlungen bis hin zur Einstellung der Mitarbeiter im allgemeinen Verwaltungsbereich (für die Einstellung seiner Assistenten und Koordinatoren sollte der Cheftrainer verantwortlich sein). Er darf nicht als dem Cheftrainer übergeordnet angesehen werden, vor allem nicht von den Spielern, da er sonst einen Autoritätsverlust erleidet. Die Spieler müssen wissen, wer der Boss ist.

Sobald die Hierarchiefrage in der Chefetage geregelt ist, muss ein Unternehmen seine Management-Philosophie festlegen. In meinen Augen gibt es drei Modelle, die sich in den letzten zehn oder mehr Jahren bewährt haben. Auch andere Teams gehen so vor, aber die im folgenden aufgeführten Teams liefern meiner Meinung nach die grundlegenden Modelle.

Das Eagles-Modell: früh und oft einkaufen

Vor der Ära von Chip Kelly in Philadelphia setzten die Eagles auf ein Modell, mit dem sie ziemlich gut fuhren. Sobald die Eagles sahen, dass sich einer ihrer Spieler gut entwickelte, banden sie ihn mit einem lukrativen Vertrag an sich. Sie entließen einen Spieler, der seine besten Jahre noch nicht überschritten hatte, nie auf den Free-Agent-Markt. Ein Spieler, der sich im zweiten Jahr seines vierjährigen Rookie-Vertrags befindet, hat noch nicht das große Geld bekommen, wird also aus Angst, sich zu verletzen und niemals groß abkassieren zu können, eher einer Vertragsverlängerung zustimmen. Diese ist zwar zunächst für den Verein teuer, macht sich aber zwei Jahre später bezahlt, wenn der Spieler immer noch an den Verein gebunden ist.

Die Eagles sind sehr gut darin, zu überschlagen, wie viel Cap Space sie in den nächsten Jahren übrighaben werden. Ich konnte Eagles-Präsident Joe Banner 2010 fragen: »Was glaubst du, wie viel Cap Space ihr deiner Meinung nach 2014 haben werdet?« und er antwortete: »Was heißt ›glauben‹? Ich weiß genau, wie viel wir haben werden.«

Was dieses Modell unter anderem so effektiv macht, ist, dass die Eagles meist keine Prämie bei Vertragsabschluss (*signing bonus*) zahlten. Stattdessen boten sie den Spielern höhere Gehälter und Boni, wenn diese zu einem bestimmten Datum noch im Kader standen (*roster bonus*). Das Grundprinzip dieses Modells lautet: Warum ein Auto auf Kredit kaufen und hohe Zinsen zahlen, wenn man die ganze Summe direkt in bar auf den Tisch legen kann? Mit anderen Worten: Lass dich nicht jedes Jahr von Signing-Boni belasten, die in den Salary Cap einfließen, sondern folge dem Beispiel der Eagles. Zahl den Roster Bonus und begleiche jährlich deine Rechnungen. Deshalb tappten die Eagles auch nie in die Cap-Falle.

Das Patriots-Modell: harte Entscheidungen treffen

Bill Belichick hat kein Problem damit, harte Entscheidungen zu treffen. Die Patriots verbieten sich, emotional an Spielern zu hängen. Sie treffen ihre Entscheidungen auf rein geschäftlicher Basis und lassen Spieler gehen, wenn sie glauben, dass diese keinen neuen Vertrag mehr wert sind. Geben sie einen Spieler manchmal zu früh auf? Natürlich. Ty Law wurde nach zehn Jahren in New England entlassen; fünf Jahre später war er immer noch in der Liga. Aber die Pats fanden, dass ein neuer Vertrag für einen alternden Spieler sie zu viel kosten würde; also verabschiedeten sie sich von einem produktiven und beliebten Mitglied ihrer Franchise. Genau wie sie es über die Jahre auch mit Richard Seymour, Wes Welker, Logan Mankins und Vince Wilfork taten.

Um solche harten Entscheidungen zu treffen und trotzdem erfolgreich zu bleiben, muss ein Team kontinuierlich herausragende Draft-Picks machen. Den Patriots ist es gelungen, als Ersatzleute für ihre Stars zukünftige Stars zu draften. Sie trainieren einen Neuling ein oder zwei Jahre, feuern dann den altgedienten Spieler und ersetzen ihn durch den inzwischen gut eingearbeiteten Neuling und draften schließlich auch dessen zukünftigen Ersatzmann.

Natürlich gibt es auch ein paar Spieler, von denen sich die Patriots nie verabschieden mussten. Tedy Bruschi spielte 13 Saisons in New England. Wie auch Kevin Faulk. Diese Spieler entgingen dem Schicksal so vieler ihrer Mannschaftskameraden, weil sie in ihren Gehaltsforderungen bescheiden waren. Belichick sagte ihnen: »Wir würden euch liebend gern behalten, aber nur zu diesem Preis.« Die Spieler verstanden, dass er es ernst meinte.

Das Ravens-Modell: Wir wollen dein Bestes

Wenn ein Spieler kurz davorsteht, auf den Free-Agency-Markt zu kommen, werden manche GMs ihm sagen: »Ich schätze deinen Marktwert auf X. Also bin ich bereit, dir X anzubieten.« Aber Spieler mögen es nicht, wenn man ihnen sagt, was sie wert sind; sie wollen das selbst herausfinden. Deshalb forderte Baltimores GM Ozzie Newsome seine Spieler immer auf, den Markt zu testen und ihren wirklichen Wert zu ermitteln. Er sagte: »Geh raus und finde den bestmöglichen Deal und gib uns dann die Chance, ein Gegenangebot zu machen. Wenn die Angebote identisch sind, gehen wir davon aus, dass du gern ein Raven bist und hierbleiben willst.«

Newsome erreichte damit, dass niemand beleidigt war. Im Grunde handelte er mit jedem Spieler, der auf den freien Markt kam, per Handschlag ein Vorkaufsrecht aus. Es funktionierte mit Ray Lewis, und danach glaubten alle Spieler, dass Ozzies Wort Gold wert war. Sie wussten, dass die Ravens einen verdienten Spieler zurückholen würden, aber nicht bereit waren, sich finanziell zu übernehmen, wenn ein anderer Verein eine unverhältnismäßige Summe bot. In einem solchen Fall gratulierte Newsome seinem ehemaligen Spieler und ging zur nächsten Vertragsverhandlung über.

Personalverantwortung

Die zwei wichtigsten Positionen nach dem Präsidenten, dem Cheftrainer und dem GM sind der Director of College Scouting und der Director of Pro Personnel. Diese zwei Jobs sind in jeder NFL-Organisation die wichtigsten und gleichzeitig die am meisten unterschätzen. Ein Cheftrainer hat vielleicht das letzte Wort, wenn es um Personalentscheidungen bezüglich der Spieler geht, aber diese zwei Personen sorgen dafür, dass er alle nötigen Informationen besitzt, bevor er seine Entscheidung trifft.

Der Director of College Scouting verbringt nicht viel Zeit auf dem Vereinsgelände. Als Phil Savage in Cleveland der GM war, sah man ihn oft in den Räumlichkeiten der Browns. Aber als Scouting Director der Baltimore Ravens hatte er seinen Hauptwohnsitz in Mobile, Alabama. Er verbrachte 250 Tage des Jahres unterwegs. Der örtliche Pizza-Lieferant war wahrscheinlich öfter im Gebäude der Ravens als Savage. Ein Director of College Scouting muss durchs ganze Land reisen, sich Spieler ansehen und Informationen sammeln, die seinem Chef die Entscheidungen erleichtern.

Er muss auch organisiert genug sein, um ein Team von etwa acht Scouts und die Unmengen an Informationen, die diese zusammentragen, zu koordinieren. Mir persönlich wäre bei einem Director of College Scouting wichtig, dass er die Footballerfahrung seiner Scouts schätzt. Zu viele Teams setzen zunehmend auf jüngere (sprich: preiswertere) Scouts. Die sind zwar motiviert, voller Energie und kennen sich mit moderner Technik aus, aber ein Scout muss mehr sein als ein reiner Informationssammler.

Zu viele unerfahrene Scouts haben die Einstellung: »Gib mir eine Stoppuhr und eine Kreditkarte und ich finde euch schon die richtigen Spieler.« Aber bloße Informationen sind kein Ersatz für Football-Fachkenntnisse und Erfahrung. Deshalb wäre mir wichtig, dass mindestens die Hälfte meiner Scouts einen Football-Hintergrund haben, vorzugsweise als Trainer. Wenn ein Team einen unerfahrenen Scout zu einem Campus schickt, wird der College-Trainer ihm sagen: »Hier sind die Videos, viel Glück.« Aber wenn ein Scout vom Football kommt und dieselbe Sprache wie der Coach spricht, wird er viel mehr über einen potenziellen Kandidaten erfahren, als man auf Film sehen kann.

Der Director of Pro Personnel spielt eine ähnlich entscheidende Rolle. Er muss demjenigen, der letztendlich die Entscheidungen trifft, etwas über so ziemlich jeden Spieler in der NFL sagen können. Als im März 2010 die Free Agency startete, waren über 500 Spieler auf dem freien Markt verfügbar. Der Pro Personnel Director muss sie alle kennen und darüber hinaus wissen, wer von ihnen wahrscheinlich heiß begehrt ist und bei wem man sich etwas mehr Zeit lassen kann.

Seine zweitgrößte Aufgabe besteht darin, eine Notfallliste zu erstellen. Er muss immer wissen, welche Spieler zur Verfügung stehen, falls sich einer seiner Spieler verletzt oder ein Trainer jemanden in der laufenden Saison feuern will. Es gibt einen Pool aus Free Agents, den nur wenige Fans auf dem Schirm haben – Spieler, die noch nie in einem NFL-Kader standen, Spieler, die mal im Trainingscamp eines Teams waren und dann entlassen wurden, und Spieler, die in Kanada, der Arena League oder in Europa gespielt haben. Letztlich entscheidet der Head Coach, wen man in einer Notfallsituation holt, aber der Director of Pro Personnel muss dafür sorgen, dass der Coach alle nötigen Informationen zur Hand hat.

Die Pro-Personnel-Abteilung war früher erstaunlicherweise ein Ein-Mann-Job. Als 1993 der Salary Cap eingeführt wurde, stellten die Teams eine zweite Person ein – den Assistant Director of Pro Personnel. Inzwischen beschäftigen alle noch eine dritte Person, die den Cap und den Marktwert der Spieler managt und (noch wichtiger) durchschaut. (Diese Rolle füllte ich in drei Jahren bei den Jets unter drei Head Coaches aus: Bruce Coslet, Pete Carroll und Rich Kotite.)

Q: Die Spielergewerkschaft NFLPA befürchtet immer, dass der Salary Cap ältere Spieler ihren Job kostet. Wie kann ein Team es vermeiden, einen wertvollen Spieler mit Erfahrung zu entlassen, wenn es einen Rookie billig einkaufen kann?

A: Tatsächlich können es sich Teams nicht immer leisten, einen erfahrenen Spieler zu halten, der eine Million Dollar im Jahr kostet, wenn sie einen Rookie schon für 450 000 Dollar kriegen können. Wenn sie drei von diesen Veteranen entlassen und drei Rookies unter Vertrag nehmen, haben sie bereits 1,5 Millionen Dollar an Cap Space dazugewonnen.

Deshalb liebt die Spielergewerkschaft eine Sonderregelung für altgediente Spieler, die »Veteran's Exemption«, die besagt, dass wenn ein Spieler mehr als vier Jahre Erfahrung und einen Einjahresvertrag von nicht über 650 000 Dollar (inklusive Roster- und Signing-Boni) hat, er in der Bilanz des Unternehmens nur mit 585 000 Dollar zu Buche schlägt.

Das passiert natürlich nicht mit den Top-Spielern, aber ein solider langjähriger Spieler kann so noch Arbeit finden, anstatt aus Kostengründen entsorgt zu werden. Der seit elf Jahren in der NFL spielende Defensive Tackle Colin Cole bekam zum Beispiel 2015 auf der Basis der Veteran's Exemption von den Panthers einen Anschlussvertrag. Cole hatte dadurch einen sicheren Job, und die Panthers verwendeten das eingesparte Geld für andere Deals.

Manchmal ist es auch Aufgabe des »Cap Guys«, die Spielerverträge auszuhandeln. In diesen Fällen denkt er dann nicht wie ein Football-, sondern wie ein Finanzexperte. Er weiß, wie groß das Interesse des Teams ist, einen bestimmten Spieler unter Vertrag zu nehmen (auf einer Skala von 1 bis 5 heißt 1, dass der Deal absolute Priorität hat). Er wird dann zum Beispiel zum GM sagen: »Der Marktwert für diese Position liegt bei X. Der Spieler verlangt 20 Prozent mehr als der Marktwert. Ist er noch eine 1?« Wenn der GM das bejaht, rechnet der Cap Guy aus, was getan werden muss, damit der Salary Cap nicht überschritten wird (zum Beispiel indem der Spieler einen höheren Signing Bonus und weniger Gehalt bekommt).

Drei Schlüsselpositionen in einer Football-Organisation, in denen man täglich mit den Spielern zu tun hat, sind Trainer, Equipment Manager und Konditionstrainer. Sie müssen den Spielern die Vision der Chefetage vermitteln und ihnen erklären, was sie konkret tun müssen, zum Beispiel 10 Kilogramm abnehmen oder auf eine andere Position wechseln.

Der Kraft- und Konditionstrainer ist besonders wichtig. Wenn die Spieler nicht von seinem Konzept überzeugt sind, kann dies das gesamte Footballprogramm eines Teams zerstören. Deshalb würde ich für diese Position niemanden einstellen, der sich nicht schon im Profibereich bewährt hat. Spieler müssen von Motivationstechniken überzeugt werden und das gelingt leichter, wenn der Trainer bereits einen Haufen All-Pros trainiert hat. Wenn die Spieler den Kraft- und Konditionstrainer mögen, trainieren sie auch in der Offseason öfter auf dem Vereinsgelände. Wenn nicht, trainieren sie bei sich zu Hause mit einem Freund, was oft zu Gewichtszunahme oder Verletzungen führt.

Wie man sieht, ist ein Aspekt für jede Hierarchieebene wichtig: echte Footballerfahrung. Wer ein Footballteam aufbauen will, braucht dafür Football-Fachleute.

Ist die Zusammensetzung deines Teams Erfolg versprechend?

Weiter vorne habe ich erklärt, wie du Spielzüge betrachten und aufzeichnen kannst, um ein Spiel aus der Trainerperspektive zu bewerten oder den Game Plan zu durchschauen. Ich habe Explosivitäts- und Produktivitäts-Faktoren aufgeschlüsselt, damit du Messwerte kombinieren kannst, um potenzielle zukünftige Spieler zu bewerten.

Im Folgenden möchte ich dir eine einfache Checkliste an die Hand geben, mit der du prüfen kannst, ob dein Team vor dem Start der neuen Saison eine solide Personalbasis hat.

Denk zuerst daran, dass jedes Team vor dem Start der neuen Saison am oder unter dem Salary Cap liegen muss. In den Wochen vor dieser Deadline arbeiten die Teams daran, unter diesem finanziellen Deckel zu bleiben, aber gleichzeitig genug Geld für die Free Agency und den Draft zu haben, um die spielerischen Bedürfnisse des Teams abzudecken.

Vor dem Start der NFL-Saison 2015 – die offiziell am Dienstag, den 10. März um 16 Uhr Eastern Time begann – stimmten die Eagles zu, Runningback LeSean McCoy an Buffalo zu traden. Sie trennten sich außerdem von Defensive End Trent Cole und Cornerback Cary Williams. Diese drei Spieler hätten Philadelphia 31,75 Millionen Dollar des Salary Caps (143,28 Millionen Dollar pro Team für 2015) gekostet.

McCoy war die größte Offensivwaffe der Eagles und sie konnten es sich nicht leisten, ihn zu behalten. So sehr er seinen Star-Runningback auch mochte: Chip Kelly war klar, dass er für das Geld, das man McCoy zahlte, zwei Impact Player (Spieler, die den Ausschlag geben können) bekommen konnte.

Solche harten Entscheidungen müssen Trainer und GMs ständig treffen, oft zum Unverständnis der Fans. Aber finanzielle Erwägungen sind bei diesen Deals oft der bestimmende Faktor, so zum Beispiel, als New Orleans Jimmy Graham gegen Center Max Unger und einen Erstrunden-Pick tauschte und Baltimore Haloti Ngata für zwei mittlere Picks Detroit überließ.

Kein Entschluss wird ohne triftigen Grund gefällt. Jede Aktion ist Teil eines übergeordneten Geschäftsplans, der die Gehälter von 53 Spielern im Kader (plus acht Spielern im Practice Squad und Spielern auf Injured Reserve) berücksichtigen und noch Geld übrighaben muss, um in der laufenden Saison neue Spieler einzukaufen, die verletzte oder gefeuerte Spieler ersetzen.

Wie ist dein Team in dieser Hinsicht vor dem Start der neuen Spielzeit aufgestellt? Stell dir die folgenden drei Fragen:

Wie viel Cap Space stehen dem Team voraussichtlich zur Verfügung?
Welcher Prozentsatz des Salary Caps ist an die drei teuersten Spielerverträge gebunden?
Wie oft standen in der vergangenen Saison Rookies in der Startformation?

Die Antworten sind wegweisend für die kommende Saison.

Im Idealfall hat dein Team vor dem Start der Free Agency 15 Millionen Dollar an Cap Space, gibt 30 Prozent oder weniger des Caps für die drei Spitzenspieler aus und liegt in Sachen Rookie-Starts im oder über dem Durchschnitt (2014 lag dieser bei 30).

Wenn man gewusst hätte, wie manche Teams nach dieser Formel dastanden, wäre man weniger überrascht gewesen von den drastischen Maßnamen, die sie ergriffen, als der NFL-Kalender am 10. März auf null gestellt wurde.

Sehen wir uns zum Beispiel an, wo die Saints eine Woche vor der neuen Saison 2015 standen. 37 Prozent ihres Caps war an Drew Brees, Junior

Gallette und Jimmy Graham gebunden, der zweithöchste Wert in der Liga. Nur sieben Mal standen Rookies in der Startformation, der zweitniedrigste Wert in der Liga. Und sie steuerten darauf zu, 23 Millionen Dollar über dem Cap zu liegen. Diese nackten Tatsachen hätten sogar die optimistischsten Saints-Fans deprimiert.

New Orleans musste handeln. Sie verkauften Graham an Seattle, Kenny Stills an Miami und Ben Grubbs an Kansas City. Sie entließen einige Spieler, restrukturierten die Verträge von einigen anderen und handelten mit weiteren Spielern Gehaltskürzungen aus. Mit dem Ergebnis, dass sie noch genug Cap-Spielraum hatten, um zwei preiswerte Free Agents, darunter C. J. Spiller, zu verpflichten.

Detroit stand vor anderen Problemen. Sie mussten entscheiden, ob sie es sich leisten konnten, mit Defensive Tackle Ndamukong Suh zu verlängern. Doch auch ohne das hohe Gehalt, das Suh verlangen würde, sah es für die Lions nicht gut aus. Aus der Entlassung von Reggie Bush ergab sich ein Cap Space von 17 Millionen, was in Ordnung war. Aber sie hatten nur elf Rookie-Starts, ein Wert, der weit unter dem Durchschnitt lag und bedenklich war für ein Team mit einem teuren Kader (vor allem an der Spitze), das seit 1993 nicht mehr seine Division gewonnen hatte.

31 Prozent (44 Millionen Dollar) des Salary Caps waren an Calvin Johnson, Matthew Stafford und Stephen Tulloch gebunden. Mit Suh wären es um die 46 Prozent gewesen. Kein Wunder also, dass die Lions Suh nicht denselben Deal wie Miami anbieten konnten. (Und bestimmt bereitete es auch den Dolphins Kopfzerbrechen, dass sie einen Defensive Tackle zum Gehalt eines Spitzen-Quarterbacks einkauften, wodurch sie in naher Zukunft viel Cap-Spielraum einbüßen würden.)

Warum konnte Dallas es sich vor der Saison 2015 nicht leisten, auf De-Marco Murrays Forderungen einzugehen? Kein Team hatte mehr Geld in ihre Top-3-Spieler eingebunden als die Cowboys: 37 Prozent (53,4 Millionen Dollar) für Tony Romo, Tyron Smith und Dez Bryant. Und alle drei standen auf derselben Seite des Balls. Dallas konnte auf keinen Fall auch noch für Runningback Murray so tief in die Tasche greifen.

Wenn du diese drei Kriterien betrachtest, kannst du vorhersehen, wie aktiv dein Team wird, sobald die Free Agency startet.

Die Saison beginnt im März

Neben Super-Bowl-Sunday und dem Wochenende des Saisonstarts sollte sich jeder Football-Fan ein Datum merken, das nicht während, sondern vor der Saison liegt: der Tag Anfang März, an dem die Free Agency und mit ihr die harte Arbeit am Aufbau eines NFL-Teams beginnt.

An diesem Tag fängt der Kader eines Teams offiziell an, Gestalt anzunehmen. Ab diesem Zeitpunkt können Fans verfolgen, wie die Ausrichtung ihres Teams leicht korrigiert, verfeinert oder komplett umgekrempelt wird. In gewisser Weise ist es der Start der neuen Saison. Dein Team wird besser oder schlechter, noch bevor es wieder die Pads anlegt. Und das alles fängt um den 1. März herum an.

März

Während der ersten Phase der Free Agency versuchen die Teams, so viele Positionslücken wie möglich zu füllen – sind aber durch den Salary Cap und eventuell das Interesse der Spieler eingeschränkt. Was ihnen dann noch fehlt, werden sie sich im Draft holen.

Fall nicht auf den Mythos rein, dass die Free Agency die Möglichkeit zerstört hat, in der NFL Dynastien aufzubauen. Teams, die gute Verträge aufsetzen und Free Agents richtig einschätzen, können ihre Spieler behalten und trotzdem die richtigen Free Agents verpflichten. So gelang es New England, zwischen 2001 und 2018 16 Mal ihre Division zu gewinnen, standen neun Mal im Super Bowl und gewannen sechs davon.

Es werden nebenher aber auch Pläne für alle Eventualitäten geschmiedet, falls es dem Team nicht gelingt, den erhofften Free Agent zu verpflichten und sie auch ihren Plan B im Draft nicht bekommen.

April

Man kann davon ausgehen, dass ein Team nicht jede Lücke im Draft füllen kann. Idealerweise wurden ein paar Schlüsselstellen besetzt, aber die Teams sind auch nach dem Draft, wenn die zweite Phase der Free Agency beginnt, noch auf der Suche nach Spielern.

Viele Spieler werden nach dem Draft entlassen. Viele Spieler werden auch wieder zum Training eingeladen, inklusive Spielern, die das Team vielleicht entlassen hat, nun aber eventuell erneut unter Vertrag nehmen will.

Mai–August

In Personalangelegenheiten passiert im Mai und Juni nicht viel. Sobald im Juli das Trainingscamp beginnt, hat der Trainer kein Ohr mehr für die Leute aus der Personalabteilung. Er weiß: Wenn er gezwungen ist, jemanden zu verpflichten, den er nicht im Trainingscamp trainieren konnte, bringt dieser Einkauf wahrscheinlich nicht viel oder höchstens dann, wenn der Spieler aus einem ähnlichen System kommt. Die Personalabteilung wird nur äußerst selten versuchen, einen Trainer im Juli oder August davon zu überzeugen, dass sie die Lösung für eine Problemzone des Teams gefunden hat – und zwar in der Person eines Spielers, der gerade von einem anderen Team entlassen wurde.

Während sich die Trainer und Spieler auf die bevorstehende Saison vorbereiten, schwärmen die College Scouts aus, um zukünftige Draft-Kandidaten in Augenschein zu nehmen, und die Pro Scouts besuchen Preseason-Spiele. Sie müssen die Spieler der gegnerischen Teams einschätzen, die möglicherweise entlassen werden, sowie auch solche, die das Team vielleicht durch einen Trade verpflichten will. Sie nehmen zudem die eigenen Spieler unter die Lupe, deren Vertragszeit nur noch ein Jahr läuft und die nach der Saison Free Agents werden.

September–Dezember

Während der Saison erstellt und pflegt die Abteilung für Spieler-Personnel eine Tafel – ähnlich der für den Draft – mit einem Ranking für jeden Spieler der Liga inklusive der eigenen Spieler. Darauf stehen zum Beispiel alle 32 Starting Center der Liga. Zu wissen, dass der eigene Center auf Position 12 in dieser Liste steht, ist eine wichtige Hilfe bei Entscheidungen, die vielleicht nach der Saison anstehen.

Januar–Februar

Falls es beim Trainerteam oder in der Chefetage einen Wechsel gibt, wird dieser wahrscheinlich direkt nach dem Ende der Saison vollzogen. Die neue Führung soll so früh wie möglich die Richtung vorgeben.

Zu diesem Zeitpunkt tragen der General Manager, der Director of Pro Personnel und wahrscheinlich der Head Coach alle Informationen aus den Berichten und Scouting Reports für College- und NFL-Spieler zusammen. Die zwei verschiedenen Seiten des Personnel Departments hatten das ganze Jahr über keine Berührungspunkte, aber jetzt fügt sich alles zusammen.

In den fünf Wochen vor dem Startschuss im März zurren die Teams ihre Prioritäten fest – sie legen fest, welche Spieler sie einladen wollen und mit welchen sie verhandeln wollen, sobald die Free Agency beginnt.

14

Die Qual der Wahl

Der Draft stellt die Weichen zum Erfolg

45 Millionen Zuschauer sahen den NFL-Draft 2014 – die größte Zuschauerzahl an drei Tagen in der Geschichte des Drafts. Rekordverdächtige 32 Millionen Menschen schalteten allein zur ersten Runde ein – auf so viele Zuschauer brachten es 2014 die NBA- und NHL-Finalspiele und die World Series [das Baseball-Finale] im Schnitt zusammen. Fast 10 Millionen Tweets wurden während des Drafts verschickt. Mit anderen Worten: Das Interesse an einem Football-Event außerhalb der Saison war größer als an einem Finale der anderen populären US-Sportarten.

Der erste Draft-Tag ist im Kalender jedes NFL-Fans rot angestrichen, aber für die NFL-Teams stellt er den Höhepunkt der Arbeit eines ganzen Jahres dar, das Ende einer intensiven Periode, in der die nächste Generation von Leistungsträgern gescoutet, beobachtet und analysiert wurde.

Die Vorbereitungen für einen Draft fangen an, sobald der letzte endet. Manchmal sogar noch früher. Ich kenne Teams, die ihre Scouts schon während des Drafts wieder losschicken, weil am selben Wochenende an College-Campussen Frühjahrswettbewerbe stattfinden. So richtig los geht es für die College Scouts aber spätestens zum Frühjahrstraining der Unis.

Die meisten Teams beschäftigen zwischen acht und zehn Scouts, die durchs ganze Land reisen und vor Ort recherchieren. Eine Handvoll Teams geht anders vor. So schicken die Bengals nur einen oder zwei Scouts los; sie bevorzugen es, wenn ihre Trainer nach der Saison das Scouting übernehmen, und wollen nicht, dass Nicht-Entscheidungsträger diese wichtigen Informationen sammeln. Aber das ist die Ausnahme.

Ein Scouting-Team besteht in der Regel aus drei übergeordneten Mitarbeitern mit jeweils über 20 Jahren Berufserfahrung und einem Haufen junger Mitarbeiter, die noch am Anfang ihrer Karriere stehen. Jedem Scout wird eine geografische Region zugeteilt. Die Bewertungen aller Scouts landen bei einem Super Scout – entweder der GM selbst oder sein Assistent –, der die 50 oder 75 bestbewerteten Spieler dann persönlich in Augenschein nimmt.

Die Scouts sind in der Regel zunächst von April bis Mai unterwegs (ihren Wohnsitz haben sie meistens in der ihnen zugeteilten Region, aber sie leben in dieser Zeit vorwiegend aus dem Koffer). Sie sammeln erste Informationen über die Top 100 draftbaren Spieler in ihrer Region. Die Namen dieser Spieler stehen auf einer Liste, die von diversen von der NFL beauftragten Scouting-Agenturen erstellt und im Frühjahr in Umlauf gehen wird.

Im Juni haben die Scouts meist frei – oder reisen zumindest nicht mehr. Im Juli erscheinen sie zum Trainingscamp, um die Spieler zu beobachten, die das Team gerade gedraftet hat, und zu lernen, in welche Richtung das Team in Offense und Defense steuert. Ein Scout kann keine wirklich relevanten und nützlichen Informationen sammeln, wenn er nicht versteht, wie die Mannschaft die Spieler auf jeder Position einzusetzen gedenkt. Als zum Beispiel die Atlanta Falcons und Tennessee Titans nach der Saison 2013 von einer 4-3- zu einer 3-4-Defense wechselten, änderten sich die Einkaufslisten für ihre Scouts radikal.

Ein Scout muss erkennen, welche Bedürfnisse sein Team hat und haben wird. Er wird eine Datenbank aufbauen und pflegen, die ihn zum Beispiel daran erinnert, dass sein Team drei Center im Kader hat, wie deren Vertragsstatus ist und was die Trainer und das Pro Personnel Department von ihnen halten.

Sobald die Colleges mit dem Training anfangen, beginnt für die Scouts die lange Phase des Herumreisens; bis Anfang Dezember, dem Ende des Semesters, bleiben sie auf der Jagd nach neuen Talenten. Sie haben eine umfassende Liste von draftbaren Spielern in ihrer Region und fangen bereits in den Saison-Vorbereitungslagern an, diese zu beobachten. So gut wie jeden Tag sind sie bei irgendeinem Training, und jeden Samstag besuchen sie ein Spiel. Sie erleben die potenziellen Kandidaten also sowohl beim Training als auch in echten Spielsituationen. Sie versuchen, jeden Spieler zweimal zu sehen: einmal am Anfang der Saison und das zweite Mal in der zweiten Hälfte. So können sie bewerten, wie sich ein Spieler entwickelt, wie er sich von einer Verletzung erholt und wie er auf Schwachpunkte reagiert, die vielleicht zuvor angesprochen wurden. Vielleicht hat ein Scout zum Beispiel beim Frühjahrstraining herausgefunden, dass sich ein bestimmter Spieler fast nie im Kraftraum blicken lässt. Im Herbst wird sich der Scout dann beim Krafttrainer erkundigen, ob sich die Arbeitsmoral des Jungen inzwischen verbessert hat.

Scouts treffen keine Entscheidungen, sondern sie sammeln Informationen. Ihre Aufgabe besteht darin, den Super Scout mit allen zur Verfügung stehenden Daten zu füttern, die er braucht, um zu bestimmen, welche Spieler er sich im Laufe der Saison persönlich ansehen will.

Nach dem Ende der regulären College-Saison müssen die Scouts bei zahlreichen Pokal- und All-Star-Spielen präsent sein. Der letzte Termin auf dem College-Kalender ist der Senior Bowl – die erste Gelegenheit für die NFL-Trainer, die Spieler zu sehen. Der Director of College Scouting wird für jeden Assistenztrainer ein Buch mit Scouting-Berichten zusammenstellen und diese fallen dann, bewaffnet mit Rankings und Bewertungen für alle Spieler, die das Team interessieren, auf die Trainingsplätze von Mobile, Alabama ein (wo der Senior Bowl alljährlich stattfindet).

Die Coaches sehen den Kandidaten bei Drills zu, die von denselben NFL-Trainierteams angeleitet werden, die auch die zwei Senior-Bowl-Teams trainieren. Früher waren das die Trainer der beiden Teams, die als letzte die Playoffs verpassten, heutzutage wird die Aufgabe an die Teams übergeben, die die niedrigsten Gewinnraten hatten und deren Trainer-Staff am intaktesten geblieben ist. In dieser Phase fangen die Coaches an, den Urteilen ihrer Scouts zu widersprechen. In den besten Organisationen gibt es in dieser Hinsicht weniger Diskrepanzen, weil die Scouts dort von den Trainern und Scouting Directors besser gebrieft wurden. Wenn in einer Chefetage oder im Trainerteam große Fluktuation herrscht, wissen die Scouts nicht mehr genau, wonach sie suchen sollen, weil sich die Prioritäten des Teams ständig ändern. In stabilen Franchises wie den Pittsburgh Steelers – wo GM Kevin Colbert immer wusste und weiß, wonach Bill Cowher suchte und wer auf Mike Tomlins Einkaufsliste steht – sind die Scouts hingegen besonders gut darin, Spieler aufzuspüren, die zum Team passen.

Nach dem Senior Bowl trifft sich der gesamte Scouting-Staff zum ersten von vielen Meetings, um die Analysen zu verfeinern. Die Trainer haben begonnen, sich auf der Basis der Senior-Bowl-Trainings eine Meinung zu bilden, und verfestigen diese durch Videoanalysen.

Es ist ein großer Unterschied, ob man einen Spieler beim Training oder in einem echten Spiel beobachtet. Zu sehen, wie er Plays macht, wenn es darauf ankommt, bedeutet wesentlich mehr als zu sehen, wie er in der Woche gegen Mannschaftskameraden antritt.

Einen Spieler unter echten Spielbedingungen zu erleben, macht es für das Trainerteam leichter, ihn mit jemandem zu vergleichen, den es bereits kennt. Der Film *Speed* wurde in Hollywood mit den Worten gepitcht: »Stellt euch *Stirb langsam* in einem Bus vor.« Genau solche Vergleiche werden auch für NFL-Kandidaten verwendet. Als er frisch von der Villanova University kam, sah ich Brian Westbrook als Kreuzung aus Tiki Barber und Warrick Dunn. Wenn ein Coach, Scout oder Mitarbeiter der Personalabteilung einen solchen Vergleich hört, weiß er gleich, was gemeint ist.

Die Combine

Anfang Februar kann dann jeder bei der Scouting Combine in Indianapolis seine eigenen Vergleiche anstellen.

Bei der Combine werden die Spieler oft auf einen Haufen Zahlen reduziert – auf ihre gemessenen Körper- und Leistungswerte oder »measurables«. Diese decken ein breites Spektrum ab, darunter Größe und Gewicht des Spielers, wie oft er 100 Kilogramm stemmen kann, seine Zeiten beim 40-Yard-Dash und beim Short Shuttle (der Beweglichkeit und Seitwärtsbewegung testet) sowie wie weit und hoch er springen kann. Die Armlänge und Handgröße der Spieler wird vermessen und sie machen alle den Wonderlic-Test. Anhand dieser objektiven Zahlen werden Kandidaten auf ein und derselben Position bis zum Draft gnadenlos miteinander verglichen.

Q: Welchen Wurf wollen alle Scouts von einem College-Quarterback sehen?

A: Der weite Wurf ist immer noch der, an dem man den Unterschied zwischen einem College- und einem NFL-Arm erkennt. Eine Defense kann nicht das komplette Feld absichern und gibt deshalb oft den Bereich hinter der 20-Yard-Grenze auf. Deshalb müssen NFL-Quarterbacks weit werfen können.

Man kann einem College-Quarterback diesen Wurf in der NFL beibringen, aber besser ist es, wenn er die nötige Armstärke und Wurfgeschwindigkeit bereits mitbringt.

Leider besteht das College-Spiel heutzutage größtenteils aus schnellen Slants und Smoke Screens. Nur drei der Top 20 Quarterbacks mit der höchsten Completion-Rate in ihrer gesamten College-Karriere spielten vor 2005 im College. Unter den Top Ten dieser Liste befinden sich so unbekannte oder letztlich wenig erfolgreiche Spieler wie Colt McCoy (zweitbester aller Zeiten mit einer Completion Percentage von 70,33 Prozent), Brandon Weeden (auf Nummer 5 mit 69,54 Prozent) und Johnny Manziel (neunter mit 68,95 Prozent). Die drei Spieler, die vor Andrew Luck (21. mit 67,01 Prozent) stehen? Geno Smith, Tim Couch und Robert Griffin III. Diese Quarterbacks profitierten davon, dass sie im College Routen warfen, die extrem einfach zu vollenden waren. Aber auf NFL-Niveau erwartet sie etwas anderes.

Ganz egal, wie beeindruckend die College-Statistiken eines Spielers sind: Man sollte sie ignorieren und sich stattdessen Videos von Spielen ansehen. Nur so erfährt man, ob ein Spieler die Würfe im Repertoire hat, die er auf dem nächsten Level (sprich: der NFL) braucht.

Scouts und Trainer verlassen sich auf Messwerte, weil sie dadurch die physischen Voraussetzungen eines Spielers mit denen erfolgreicher NFL-Spieler vergleichen können. Sie haben für jede Position eine Tabelle mit bestimmten Eigenschaften, auf deren Basis Punkte für die jeweiligen Maße verteilt werden. Wenn zum Beispiel ein Offensive Tackle 1,95 Meter groß ist, bekommt er in dieser Kategorie 10 von 10 möglichen Punkten. Wenn er über 135 Kilogramm wiegt, bekommt er auch dafür 10 von 10. Er ist also auf dieser Skala ein 20-Punkte-Kandidat. Ein Tackle, der 1,93 Meter groß ist und 130 Kilogramm wiegt, kommt in dieser Sparte vielleicht nur auf 18 Punkte, was ihn für ein Team möglicherweise weniger attraktiv macht.

Feuerprobe Combine

Nach 4,24 Sekunden begann der Hype. Das war die Zeit, die Runningback Chris Johnson benötigte, um in der NFL Scouting Combine von 2008 die 40 Yards zu laufen – die schnellste elektronisch gemessene Zeit in der Geschichte dieses Events. In weniger als fünf Sekunden wurde aus einem potenziellen Drittrunden-Kandidaten eine der interessantesten Waffen des Draft-Jahrgangs von 2008.

Seine Schnelligkeit allein war natürlich nicht dafür verantwortlich, dass Johnson in seiner zweiten NFL-Saison 2000 Yards für sein Team machte. Der 40-Yard-Dash ist nur ein Element in einer ganzen Reihe von Tests, die die rund 300 Kandidaten, die jeden Februar nach Indianapolis kommen, absolvieren, um Scouts zu beeindrucken. Neben den positionsspezifischen Drills soll jeder Spieler sich den folgenden Tests unterziehen:

Auf dem Feld

40-Yard-Dash: Viele Kandidaten verzichten darauf, in Indianapolis zu laufen, da die Bahn als langsam gilt. Wenn sie den Test aber machen, dann laufen sie drei Mal, wobei die Zeiten sowohl elektronisch als auch mit manuellen Stoppuhren gemessen werden. Scouts prüfen auch die Explosivität eines Spielers, indem sie seine Zeit bei 10 und 20 Yards messen. So bekommen sie eine Ahnung davon, wie schnell ein Spieler auf Maximalgeschwindigkeit beschleunigt – für Receiver zum Beispiel eine wichtige Information.

Strecksprung aus dem Stand: Bei dieser Übung geht es um Explosivität im Unterkörper. Wer hier schlecht abschneidet, stellt seine Antrittsgeschwindigkeit in Frage.

Weitsprung aus dem Stand: Auch hier geht es um die Explosivität im unteren Bereich des Körpers. Träge Spieler mit mangelnder Explosivität werden bei dieser Übung entlarvt.

20-Yard Shuttle: Der Spieler steht an einer Linie in der Mitte des Felds, läuft seitlich 5 Yards in eine Richtung, berührt eine andere Linie, läuft dann 15 Yards in die entgegengesetzte Richtung, berührt eine weitere Linie und sprintet zum Schluss durch die Startlinie. Dieser Drill offenbart die Kurzstrecken-Explosivität eines Spielers sowie seine Fähigkeit, die Richtung zu wechseln.

60-Yard Shuttle: Der Spieler startet an einer Linie, läuft 5 Yards, berührt eine Linie und läuft dann zurück. Er berührt erneut die Startlinie, läuft dann 10 Yards und kommt zurück, dann 15 Yards und wieder zurück. Dieser Drill ähnelt dem kurzen Shuttle, es geht dabei aber mehr um Ausdauer als um Explosivität. Er dient vor allem als Konditionstest für schwerere Jungs.

Three-Cone Drill: Der Parcours ist L-förmig angelegt, mit Kegeln im Abstand von 5 Yards. Der Spieler fängt in der Three-point Stance an, rennt zum ersten Kegel und dann zurück zum Start. Danach läuft er auf dem Weg zum dritten Kegel um den zweiten Kegel herum. Er umkreist den dritten Kegel und läuft zurück zum Startpunkt, dabei wieder den mittleren Kegel umrundend. Bei dieser Übung werden Spieler aussortiert, die zu steif oder gradlinig sind.

Flexibilitäts-Drills: Damit soll die Flexibilität der Spieler in kritischen Bereichen wie der hinteren Oberschenkelmuskulatur oder der Leiste getestet werden. Wer hier unbeweglich ist, könnte in der NFL verletzungsanfällig sein.

Bankdrücken: Dieser Test misst, wie oft ein Spieler 225 Pfund (102 kg) stemmen kann. Er ist vor allem für die Positionen für kräftige Spieler interessant, wo es auf Kraft im Oberkörper ankommt. Ein gutes Abschneiden hier erzeugt kaum Reaktionen, ein schlechtes aber schon.

Außerhalb des Felds

Größe und Gewicht: Etwas so Grundlegendes wie die Körpermaße eines Spielers kann zum Ende seiner Collegelaufbahn immer noch unklar sein. Wenn Spieler in Indianapolis gemessen und gewogen werden, unterscheiden sich ihre Werte manchmal deutlich von den Angaben in den Pressemitteilungen ihrer Hochschulen.

Wonderlic: Ein standardisierter IQ-Test, bei dem in 12 Minuten 50 Fragen beantwortet werden müssen. Sehr intelligente Spieler beantworten zwischen 25 und 35 davon richtig. Ich persönlich glaube nicht, dass dieser Test eine große Aussagekraft hat, vor allem nicht bei bestimmten Positionen. Aber er kann auf potenzielle Problemzonen hinweisen.

Psychologische Tests: Viele Vereine beschäftigen heutzutage eigene Psychologen. Die Giants lassen Kandidaten zum Beispiel einen Test mit 500 Fragen beantworten – er ist erheblich länger als die meisten Tests, und manche Spieler schaffen es nicht bis zum Ende. Die Giants ziehen daraus Schlüsse auf Persönlichkeit und Zielstrebigkeit der Kandidaten, und das Ergebnis wirkt sich unmittelbar auf ihre Draft-Entscheidungen aus.

Interviews: Der Cheftrainer, der General Manager und der Leiter der Personalabteilung unterhalten sich etwa 15 Minuten lang mit potenziellen Kandidaten und können ein paar grundlegende Fragen stellen. Die meisten Spieler studieren die Antworten im Voraus ein, aber es ist eine Gelegenheit für Trainer und andere Mitarbeiter, die Spieler persönlich kennenzulernen.

Medizinischer Check-up: Gründlicher als bei der Combine werden die meisten Spieler wahrscheinlich in ihrem ganzen Leben nicht mehr untersucht werden. Die Mannschaftsärzte machen jeden nur erdenklichen Test, von Blutanalysen bis hin zu kardiovaskulären Tests. Und natürlich überprüfen sie auch sämtliche Verletzungen, die ein Spieler im College erlitten hat.

Aber natürlich zählen nicht alle Messwerte bei jedem gleich viel.

Die Handgröße ist zum Beispiel für Receiver und Defensive Linemen wichtiger als für andere Positionen. Armlänge ist ein Schlüsselfaktor für Offensive Linemen. Und wenn ein Scout einen 1,83 Meter großen Cornerback findet, der die 40 Yard in 4,3 und den Short Shuttle in 4,0 Sekunden läuft, wird es ihm egal sein, ob der Spieler beim Wonderlic-Test nur im einstelligen Bereich lag.

NFL-Tabelle Größe (GR) /Gewicht (GW) /Schnelligkeit

	NFL-Durchschnitt			NFL-Minimum		
POS	GR	GW	40	GR	GW	40
QB	1,93 m	98 kg	4,94	1,83 m	88 kg	5,00
FB	1,83 m	107 kg	4,65	1,78 m	104 kg	4,80
RB	1,78 m	95 kg	4,55	1,73 m	88 kg	4,75
WR	1,83 m	82 kg	4,52	1,74 m	77 kg	4,65
TE	1,98 m	111 kg	4,80	1,88 m	109 kg	5,00
OT	1,96 m	138 kg	5,10	1,92 m	127 kg	5,30
OG	1,93 m	136 kg	5,15	1,88 m	127 kg	5,40
OC	1,91 m	132 kg	5,10	1,86 m	127 kg	5,30
DE	1,93 m	125 kg	4,80	1,88 m	116 kg	5,00
DT	1,92 m	134 kg	5,00	1,84 m	125 kg	5,20
MLB	1,86 m	109 kg	4,75	1,81 m	107 kg	4,80
OLB	1,89 m	190 kg	4,70	1,88 m	104 kg	4,85
CB	1,79 m	86 kg	4,50	1,73 m	77 kg	4,60
S	1,83 m	91 kg	4,55	1,78 m	86 kg	4,65

Alle kommen mit einem ganzen Berg an Informationen von der Combine zurück. Sie haben den Kandidaten bei diversen Drills und Tests zugesehen und mit Hunderten von Spielern Gespräche geführt. Eine solche Informationsflut kann leicht lähmend wirken, weshalb das Sortieren und Einspeisen der Infos in ein funktionales System genauso wichtig ist wie das Sammeln.

Einige Scouts sind zwar großartig darin sind, Informationen zusammenzutragen, aber weniger gut darin, diese zu präsentieren. Ihre Scouting-Berichte waren vielleicht überzeugend, aber in einem Meeting mit den Entscheidungsträgern können sie »ihre« Spieler nicht so gut verkaufen.

Manche Menschen bevorzugen eine bestimmte Art der Informationsaufbereitung. Mike Shanahan mochte zum Beispiel Highlight-Videos. Er sah sich Zusammenschnitte von 100 Plays eines bestimmten Spielers an und fällte dann sein Urteil. Wenn man nicht Shanahans Auge und Erfahrung besitzt, kann diese Methode jedoch gefährlich sein.

Und natürlich tragen die Scouts zu jedem Kandidaten auch Unmengen an persönlichen Informationen zusammen. Manche dieser Informationen beziehen sich auf nicht messbare Qualitäten wie Führungsstärke oder Benehmen. Ergänzt wird das Bild durch einen Background-Check, der den Charakter des Spielers beleuchtet.

Nehmen wir zum Beispiel an, ein Scout mag einen Spieler und dieser erreicht auch alle erforderlichen Messwerte, spielte aber an der Tulane University. Es könnte durchaus interessant sein zu wissen, warum er nach der Highschool dorthin ging anstatt zu renommierteren Unis wie Alabama oder der Louisiana State University. Vielleicht war er ja ein Spätzünder. Vielleicht entwickelte sich sein Körper erst mit 20. Jede Information kann sich als nützlich erweisen.

In meiner Zeit bei den Jets hatten wir im NFL-Draft 1996 den Nummer-1-Pick und Wide Receiver Keyshawn Johnson war einer unserer bevorzugten Kandidaten. Wir sprachen mit allen möglichen Leuten aus seinem Umfeld bis hin zu seinem Schulberater aus der Junior Highschool, um ein klareres Bild von einem Spieler zu bekommen, in den wir viel Zeit, Geld und Aufwand investieren würden. An der USC stach Keyshawn in allen messbaren Bereichen außer Schnelligkeit heraus. Er lief die 40 Yard in 4,6 Sekunden, was langsamer war, als es sich die meisten Teams von einem Nummer-1-Receiver wünschen würden. Aber bei unserer Recherche fiel uns auf, dass Jerry Rice ebenfalls 4,6 gelaufen war. Das beruhigte uns und wir ließen uns trotz dieses Mankos von Keyshawns anderen Werten – Größe, Gewicht, Handgröße, Armlänge und seinen Spielstatistiken am College – überzeugen. Außerdem wollten wir erfahren, warum er mehrere Colleges und Highschools besucht hatte (es stellte sich heraus, dass er ein Team mit einem Quarterback, der werfen konnte, gesucht hatte, denn er wusste, dass er nur mit so einem eine Chance auf die NFL haben würde). Wenn ein Team einem Spieler eine Erstrunden-Note gibt, sollte es auch bereit sein, dessen Hintergrund und Vergangenheit soweit wie nötig zu erforschen, um etwaige Bedenken zu zerstreuen. Und du kannst dir wahrscheinlich denken, dass der Charakter eines Spielers heutzutage mehr

Gewicht bei der Gesamtbewertung hat als jemals zuvor. Doch dazu mehr am Ende dieses Kapitels.

Q: Worauf sollten Fans im Hinblick auf NFL-Tauglichkeit achten, wenn sie einen College-Quarterback beobachten?

A: Pocket-Präsenz. In der NFL geht es darum, sich Zeit in der Pocket zu erkaufen. Der durchschnittliche College-Quarterback macht seinen ersten Read und dann vielleicht seinen zweiten. Dann legt er los (wenn er bis dahin nicht gesackt wurde). Sobald der Quarterback die Pocket verlässt, verkleinert er den Bereich, in dem er agieren kann. Und die Routen der Receiver sind dann hinfällig. Wenn ein Verteidiger einen Receiver in der Mitte einer Post-corner-Route deckt und sieht, dass der Quarterback in die andere Richtung rennt, warum sollte er sich dann noch die Mühe machen, auch die Corner-Route auf der entfernten Platzseite zu decken? Ein Quarterback, der in der Pocket bleiben und seinem Receiver Zeit für seine Route geben kann, könnte es auch schaffen, dem Druck in der NFL standzuhalten.

Nach der Combine stehen die Pro Days an, in denen die Spieler auf dem eigenen Campus trainieren. Wieder durchlaufen sie sämtliche Position-Drills und alle Tests, die relevante Messwerte ergeben – Short Shuttle, Bankdrücken, 40-Yard-Dash usw. Wenn es nicht um einen Spieler mit Erst- oder Zweitrunden-Note geht, schicken die Teams vielleicht nur einen Scout hin. Aber für manche Trainer sind die Pro Days entscheidend. Paul Alexander, der Offensive Line Coach der Bengals, erschien zum Beispiel einmal beim Pro Day von South Dakota State, weil er ein Video eines linken Tackles gesehen und nun einige seiner Fähigkeiten live überprüfen wollte. Wenn Trainer an Pro Days teilnehmen, sind sie daran interessiert, einem Spieler Anweisungen zu geben, um zu sehen, wie schnell er diese auf dem Platz umsetzen kann.

Beim Pro Day zeichnen die Teams ihre Gespräche mit den Spielern auf. Das kann dann bereits das dritte Interview-Video eines Spielers sein – das erste wurde beim Senior Bowl gemacht, das zweite während der Combine und jetzt das dritte beim Pro Day. Die Teams gehen alle stereotypen Antworten durch, die die Spieler für diese Interviews vorbereitet haben, in der Hoffnung, auf irgendeinen Informationsfetzen zu stoßen, der noch in die

Gesamtbewertung mit einfließen kann. Wir interviewen in unserer Radiosendung viele potenzielle Draft-Kandidaten – sehr zur Freude der Coaches in der Liga, weil sie wissen, dass wir das fragen, was sie wissen wollen. Und weil wir den Ablauf kennen, lassen wir uns nicht mit vorgefertigten Antworten abspeisen. Wir stellen Fachfragen und die Spieler wissen, dass ihre Interviews mit uns aufgenommen und an NFL-Vereine geschickt werden. Ich weiß, dass viele Trainer unsere Interviews im Auto hören; sie hoffen, etwas zu erfahren, was sie dem Spieler nicht selbst entlocken konnten.

Nach etwa fünf Wochen bei den Pro Days kehren die Trainer und Scouts zurück aufs Vereinsgelände. Zu diesem Zeitpunkt dürfen Spieler nicht mehr anhand von Workouts getestet werden, aber ein Team darf bis zu 30 Spieler für einen letzten Besuch einladen und diese ein letztes Mal von den Mannschaftsärzten untersuchen lassen. Der Spieler trifft dann auf die Trainer, den Eigentümer und möglicherweise den Mannschaftspsychologen.

Hier wird auch ein bisschen getrickst. Teams laden nicht nur Spieler ein, die sie eventuell draften wollen, sondern auch solche, von denen sie andere Teams nur glauben lassen wollen, dass sie diese zu draften beabsichtigen. Hier entsteht viel von dem Hype, der den Draft umgibt.

Schließlich bricht die letzte Woche der Vorbereitungen an. Der ganze Prozess startete im Frühjahr des Vorjahres mit ersten Einschätzungen, ging mit dem Beginn der NFL-Trainingscamps und der College-Vorsaison weiter, nahm mit Bewertungen zum Saisonstart und späten Scouting-Trips an Fahrt auf und gipfelte schließlich in College Bowls und All-Star-Spielen, Videoanalysen, Combine, Pro Days und vielleicht einem finalen Besuch beim Team. Nun geht es auf die Zielgerade. Alle Informationen, die man nur irgendwie sammeln kann, wurden gebündelt. Jetzt ist die Zeit gekommen, maßgebliche Entscheidungen zu treffen.

Es ist an der Zeit, dass die Teams ihren Draft Board finalisieren.

Jedes Team wählt dafür eine andere Methode, aber alle haben ein Bewertungssystem, anhand dessen der Cheftrainer und der GM die Kandidaten in eine Rangordnung setzen können. Die Draft Boards bilden das Fundament der Entscheidungen am Draft Day. Deshalb wird viel Aufmerksamkeit auf jedes Detail gelegt, das den Ausschlag geben könnte.

Jeder Kandidat bekommt eine Endnote, die sich aus seinen Bewertungen in verschiedenen Kategorien zusammensetzt: von den messbaren Werten bis hin zur College-Performance. Die Notenskala geht von 0 bis 10, wird aber bis auf Hundertstel hinterm Komma verfeinert, um die Spieler voneinander abzugrenzen.

Eine 10 wäre ein garantierter Superstar, ein sicherer zukünftiger Hall of Famer. Wie selten solche Spieler sind? Ich persönlich habe noch nie einen gesehen. Aber das ist die hypothetische Spitze der Liste.

Eine 9 würde einen sicheren Impact Player signalisieren, jemanden, der es zu vielen Pro Bowls schafft und dein Team zur Meisterschaft führt. In diese Kategorie gehören auch Ausnahmeathleten wie Bo Jackson.

Alles im 8er-Spektrum wäre ein akzeptabler Erstrunden-Pick. Ein solcher Spieler hätte alle gewünschten Maße und Leistungswerte, eine überzeugende College-Performance und keine besorgniserregenden persönlichen Baustellen.

Q: Wie sehr fließen die Pro Days in die Bewertung ein?

A: Die Pro Days haben sich zu sehr in ein künstliches Event verwandelt. In ihrer derzeitigen Form fallen sie bei der Bewertung eines Kandidaten nur wenig ins Gewicht.

Sie werden entweder von dem Agenten oder dem Tutor eines Spielers begleitet. NFL-Trainer leiten noch nicht einmal mehr die Drills.

Trotzdem besuchen NFL-Mitarbeiter diese Pro Days. Wenn ein Johnny Manziel dort in Helm und Schulterpads raustrabt und 96 Prozent seiner Pässe gegen nichts weiter als den Luftwiderstand anbringt, wimmelt das Stadion nur so von Head Coaches und GMs. Angesichts einer solchen Resonanz hat wohl kaum noch irgendjemand Lust, in der Combine anzutreten, in der man das Umfeld nicht zu seinem Vorteil manipulieren kann.

Der beste Weg, um diese zur reinen Show verkommenen Veranstaltungen loszuwerden, wäre, die Scouting Combine auf Anfang April zu verlegen. Zwei Wochen oder einen Monat vor dem Draft würden sich alle darum reißen, zu werfen oder die 40 Yards zu laufen.

Im Moment gibt es zu viele Jungs, die im Februar nicht in der Lage sind, ihre besten 40 zu laufen. Vielleicht hatten sie im Januar ein Bowl-Spiel oder haben am Senior Bowl teilgenommen und hatten deshalb keine Zeit, sich auf die Tests in Indianapolis vorzubereiten.

Auch die Leute, die den Senior Bowl organisieren, wären über eine Verschiebung der Combine froh, weil im Moment Teilnehmer ihren Event ausfallen lassen, um für die Combine zu üben. GMs wären ebenfalls begeistert, denn dann würden sie nicht einen ganzen Monat lang herumreisen müssen, um zu den Pro Days die Uni-Campusse im ganzen

Land anzusteuern. Aber bis sie klare Kante zeigen und sagen: »Dieser Zeitplan funktioniert für uns nicht«, wird sich nichts ändern.

Und vielleicht ändert sich sowieso nichts, weil es einer externen Macht nicht in den Kram passt – dem Fernsehsender NFL Network. Dieser könnte am lautesten gegen jede Veränderung protestieren, weil er das Sendeprogramm für Februar braucht.

Nehmen wir an, ein Team hat einen Quarterback im Visier, der nach allen mathematischen Berechnungen unterm Strich auf eine Note von 6,0 kommt. Ein anderer heißer Kandidat, ein Guard, kommt ebenfalls auf 6,0. Die Bewertung der beiden ist also gleich gut. Aber es gibt auf dem Draft Board eine Linie, die »Bedarfsbereiche« spezifiziert. Und immer mehr Personaler in der Liga geben zu, dass der Bedarf heutzutage zunehmend die Entscheidungen bestimmt.

Bill Kuharich, langjähriger Personaler und GM in der NFL, warnt vor dieser Denkweise. Er plädiert dafür, Emotionen aus den Entscheidungen rauszuhalten und das Board nicht auf aktuelle Bedürfnisse auszurichten. Sonst droht nämlich die Gefahr, dass ein Team einen Haufen Spieler bekommt, die zwar bestimmte unterbesetzte Positionen ausfüllen, aber nicht gut genug sind, um maßgeblich zu Siegen beizutragen. Green Bay brauchte keinen Quarterback, als sie 2005 in der ersten Runde Aaron Rodgers wählten. Packers-Fans und die lokalen Medien verstanden diese Entscheidung zunächst nicht – doch als Rodgers Green Bay sechs Jahre später zum Super-Bowl-Gewinn führte, ging auch dem Letzten ein Licht auf.

Wenn Eigentümer jedoch ungeduldig sind und kurzsichtige Coaches um ihren Job bangen, kommt es vor, dass der aktuelle Bedarf eines Teams die Draft-Entscheidungen beeinflusst. Nehmen wir an, unser Team hat bereits zwei erfahrene Guards, aber der Quarterback ist schon 36 – das könnte in den Augen mancher Leute Grund genug sein, um den 6.0-Quarterback auf dem Board vor den 6.0-Guard zu setzen. Oder vielleicht hat ein Team ursprünglich gar keinen Bedarf auf einer bestimmten Position gesehen, aber im März einen Spieler in der Free Agency verloren. Dadurch verändert sich der Blick auf Spieler unterschiedlicher Positionen, die alle ähnliche Noten haben.

Und dann sind da auch noch subjektive Faktoren, basierend auf der persönlichen Erfahrung von Entscheidungsträgern, die wissen, was man braucht, um in der NFL zu gewinnen. Bei den Jets hatte ich das Vergnügen, für den inzwischen verstorbenen Dick Steinberg zu arbeiten. Dick verstand, was es bedeutete, in der NFL zu spielen, und spürte mehr Jungs auf, die das Zeug dazu hatten, als die meisten Menschen.

Ein anderer Mann, der Informationen optimal verarbeitete, war Dick Haley, der einen maßgeblichen Anteil am Aufbau der Steelers hatte. Vor allem kleine College-Spieler konnte er gut einschätzen. Als wir Cornerback Aaron Glenn ins Visier nahmen, wollten einige Coaches im Team ihn nicht, weil er nur 1,73 Meter groß war. Aber Dick erkannte, wie wichtig Glenns 1,07 Meter hoher Hochsprung aus dem Stand und seine Laufzeiten waren, und er wusste, dass Glenn einem 1,93 Meter großen Receiver würde Paroli bieten können. Dick sollte Recht behalten: Wir entschieden uns für Glenn, und er spielte 15 Jahre lang in der NFL.

Irgendwann ist das Board schließlich fertig. Es gibt vielleicht ein paar Anpassungen in letzter Sekunde (ich habe schon viele Geschichten über GMs gehört, die sich in der Nacht vor dem Draft in den Besprechungsraum schlichen, um noch etwas zu verändern). Aber am Draft Day steht das Board unwiderruflich fest und es ist endlich an der Zeit, Spieler auszuwählen.

So wie es viele Arten gibt, Informationen zu sammeln und zu sortieren, so gibt es auch zahlreiche unterschiedliche Philosophien hinsichtlich des Ablaufs des Drafts im Besprechungsraum (dem »War Room«), in dem die Entscheidungen getroffen und per Telefon an einen Vertreter des Teams vor Ort übermittelt werden. Dick Steinbergs Türen standen immer weit offen. Er selbst postierte sich ganz vorne, direkt vor dem Board, und sah zu, wie im Laufe des Drafts Namen wegfielen. Manchmal lud er mich ein, mich neben ihn zu setzen und über Spieler zu diskutieren. 1994 plädierte ich zum Beispiel dafür, Glenn Foley, einen Quarterback vom Boston College, in der siebten Runde zu nehmen. Ich verwies darauf, dass Foley eine draftbare Endnote hatte, dass sich acht andere Teams für ihn interessierten und dass wir uns keine Sorgen machen müssten, ihn zu verlieren, wenn wir ihn sofort nähmen. Am Ende entschied sich Dick tatsächlich für Foley.

Bill Parcells hingegen wollte nicht, dass irgendwelche Informationen seinen War Room verließen. Direkt vor dem Draft gingen alle auf die Toilette. Als wir zurückkamen, schloss er uns ein; nichts sollte nach außen dringen.

Letztendlich ist der Draft ein Glücksspiel. Niemand hat eine weiße Weste: Jeder lag schon mal richtig und jeder lag schon mal falsch. Man kann nur hoffen, dass das eigene Team öfter richtig liegt – vor allem bei den frühen Picks, weil Fehler einen hier teuer zu stehen kommen.

Q: Was sollte die Draft-Entscheidungen eines Teams stärker beeinflussen: Team-Bedarf oder Spieler-Wert?

A: Wenn die Teams ihre Draft Boards finalisieren, platzieren sie jeden Spieler auf jeder Position in die Runde, die seine Note rechtfertigt. Alle Runningbacks, die sie möglicherweise in der ersten Runde nehmen würden, stehen auf der Tafel zusammen, darunter die Backs mit Zweitrunden-Noten usw. bis runter zur siebten Runde. Es gibt auf dem Board sogar einen Platz für Backs, deren Noten sie als ungedraftete Free Agents klassifizieren. Das nennt man »stacking the board«, also »die Tafel auffüllen«, und es fokussiert Teams darauf, die wertvollsten Spieler zu finden, anstatt die Lücken im Bedarf zu füllen.

Nehmen wir an, wir befinden uns in der Mitte der vierten Runde. Alle paar Minuten fliegen Namen von der Tafel. Wichtige Entscheidungen werden in Hochgeschwindigkeit unter Hochdruck getroffen. Ein Team braucht vielleicht einen Quarterback und es stehen Quarterbacks mit Viertrunden-Noten zur Verfügung. Das könnte leicht zu einem klassischen bedarfsorientierten Pick verführen.

Aber vorher sollten die Entscheidungsträger im War Room einen kritischen Blick aufs Board werfen und prüfen, ob es nicht bessere Spieler gibt, die sie übergehen würden, wenn sie den Quarterback nehmen. Vielleicht ist ja noch ein Defensive End mit Zweitrunden-Note im Angebot. So gern das Team auch die Position des Quarterbacks besetzen würde: Es ist immer schlauer, sich für den wertvolleren Spieler zu entscheiden.

Es kann schwer sein, mit klarem Kopf zu entscheiden, wenn die Uhr tickt, aber genau deshalb verbringen die Teams ja so viel Zeit damit, in den Tagen vor dem Draft in aller Sorgfalt ihr Board zu erstellen.

Deals beim Draft

Was den Draft immer besonders spannend macht, ist, dass die Teams untereinander Tauschgeschäfte (*trades*) aushandeln.

Die Bereitschaft, NFL-Spieler zu traden, ist in jüngerer Zeit gestiegen, vor allem seit 2010 das dreitägige Draft-Format eingeführt wurde. Das liegt zum Teil daran, dass die kontinuierliche Steigerung des Salary Caps den Teams mehr Spielraum lässt, um schlechte Verträge aufzufangen. In der Vergangenheit gab es Spieler, deren Verträge zu kompliziert waren, um den Spieler zu tauschen. Vor allem die Signing-Boni (die bei Vertragsunterschrift fälligen Boni) wurden auf die gesamte Vertragsdauer umgelegt, blieben also in den Bilanzen des Vereins stehen und zählten auch gegen den Cap, wenn der Spieler zu einem anderen Team wechselt.

Im Laufe der Zeit wurden die Vereine in ihren Vertragsentwürfen kreativer, vergaben mehr Roster-Boni (die im Jahr der Vertragsunterzeichnung fällig werden und auf den neuen Verein übergehen, wenn ein Spieler wechselt) und weniger Signing-Boni.

Die Fluktuation von Trainern und GM innerhalb der Liga trägt auch dazu bei, dass es mehr Trades gibt. Früher wurden der GM und Präsident eines Teams niemals gefeuert. Trainer kamen und gingen, aber die Besetzung der Chefetage blieb stabil. Heutzutage arbeiten diese Leute im Laufe ihrer Karriere für zahlreiche Teams. Bill Devaneys Lebenslauf ist dafür das beste Beispiel. Er fing als Scout bei den Redskins an. Früher hätte er dort irgendwann Bobby Beathard als GM ersetzt und wäre bis zur Rente in Washington geblieben. Aber in der modernen Football-Ära wechselte Devaney von Washington nach San Diego, arbeitete danach eine Weile in den Medien, um anschließend in Atlanta und St. Louis wieder im Football-Geschäft zu landen. So knüpfte er viele Kontakte in der ganzen Liga. Und wenn er sich mit diesen Kontakten austauschte, kamen natürlich auch mögliche Trades zur Sprache.

Noch Jahre nachdem ich die Jets verlassen hatte, unterhielt ich mich regelmäßig mit Bruce Allen, dem GM der Tampa Bay Buccaneers, über tradebare Spieler in seinem Kader. Vor dem Draft 2009 diskutierten wir zum Beispiel über Jay Cutlers Unzufriedenheit in Denver, obwohl keiner von uns zu diesem Zeitpunkt in der Chefetage oder Personalabteilung eines NFL-Teams arbeitete. Wir stellten uns vor, wir säßen in Denver mit einem unglücklichen Quarterback, der getraded werden wollte, und fragten uns, was wir in so einem Fall tun würden.

Zu einem Trade gehören natürlich immer zwei, aber heutzutage gibt es keinen Mangel an tauschbereiten Partnern. Trade Talks finden ständig statt und beim Draft werden sie noch präsenter.

Ich hatte früher ein Buch, in dem ich mir potenzielle Trade-Partner notierte. Die Erstgespräche fanden an der Seitenlinie des Senior Bowls statt – das ist Phase 1, das gegenseitige Sich-Abtasten. Wenn ich mich mit einem Kollegen aus einem anderen Team unterhielt, erkundigte ich mich unverbindlich nach Jungs auf seinem Roster, die vielleicht zum Tausch zur Verfügung standen. Zu diesem Zeitpunkt wurde aber noch nicht über einen konkreten Deal gesprochen. Warum? Weil Informationen schnell durchsickern. Außer man hat es mit jemandem zu tun, den man wirklich gut kennt und dem man vertraut – für mich waren das Leute wie Bruce Allen, Bill Kuharich und Bill Devaney. Wenn potenzielle Trade Talks durchsickern, erfährt es über kurz oder lang auch der Spieler, und bevor du dich versiehst, hat dein unbedarftes Geschwätz eine Cutler-Situation heraufbeschworen. Eine einfache Anfrage könnte also dazu führen, dass du einen schwer beleidigten Spieler im Team hast.

Was man in dieser Phase aber tun kann, ist, vorsichtig vorzufühlen und ganz allgemeine Andeutungen zu machen, nach dem Motto: »Falls bei euch mal ein Defensive End zur Verfügung steht, könnte es sein, dass wir einen suchen.« Oder: »Ihr seht aus, als könntet ihr einen Corner gebrauchen, und wir hätten da vielleicht einen.«

Rund um die Combine finden weitere Gespräche statt. Die Free Agency beginnt Anfang März am ersten Tag der neuen Saison. Zu diesem Zeitpunkt haben die Teams langsam eine klarere Vorstellung davon, was sie brauchen. Jetzt werden die Unterredungen also schon ernster. So könnte ein GM zum Beispiel zu jemandem sagen: »Da gibt es einen Spieler, den wir gerne draften würden, aber ich weiß nicht, ob er noch zur Verfügung steht, wenn wir an der Reihe sind« und dann fragen, was er anbieten müsste, um mit dem anderen Team Draft-Plätze zu tauschen. Sein Gegenüber könnte dann erwidern: »Wir wollen dieses Jahr einen Zweitrunden- und im nächsten Jahr einen Viertrunden-Pick« – und schon haben sie einen potenziellen Deal.

Dieser GM wird dieselbe Unterhaltung an unterschiedlichen Stellen des Drafts noch mit zwei oder drei anderen Teams führen, um so viele Optionen wie möglich zu haben.

Das Knifflige an einem Deal sind natürlich die konkreten Bedingungen. Genau dafür wurde die Trade Value Chart erfunden, und zwar von Jimmy Johnson, als er Head Coach bei den Cowboys war. Johnson wollte ein Instrument haben, mit dem er quantifizieren konnte, was ein fairer Tausch war. Die Chart funktioniert so: Jedem Platz im Draft wird ein nummerischer Wert zugeordnet. Zwei Teams, die einen Deal eingehen, müssen also nur unterm Strich beim Trade die gleiche Punktzahl erreichen. Dann ist der Deal fair.

Ein Beispiel: Nehmen wir an, ich habe den 14. Pick in der ersten Runde – mit einem Wert von 1100 Punkten auf der Trade Value Chart. Und du hast den zehnten Pick (1300 Punkte). Es gibt zwischen unseren beiden Picks also eine Differenz von 200 Punkten. Um mit dir zu tauschen und den höheren Pick zu bekommen, muss ich dir noch 200 Punkte geben – was dem Wert eines mittleren Drittrunden-Picks entspricht.

Die Chart hat in letzter Zeit wegen der explodierenden Gehälter von Erstrunden-Picks etwas an Relevanz verloren. Die 3000 Punkte, die dem ersten Pick zugesprochen werden, entsprechen nicht mehr der Realität, denn es ist inzwischen so teuer, einen Nummer-1-Pick unter Vertrag zu nehmen, dass viele Teams nie auf die Idee kämen, auf diesen Platz hochzutraden.

Trotzdem gibt dir die Chart ein Gefühl dafür, wie jeder Platz im Draft bewertet wird und wie eine Unterhaltung über einen Pick-Tausch anfangen könnte. Die Teams benutzen vielleicht nicht mehr die Chart als Referenzpunkt, aber sie wissen: Wenn sie in der ersten Runde von 14 auf 10 springen wollen, kostet sie das wahrscheinlich einen Drittrunden-Pick. Hat ein Team keinen Drittrunden-Pick, könnte es einen Fünft- und Sechstrunden-Pick oder vielleicht einen Zweitrunden-Pick im nächsten Jahr oder einen Spieler zum Tausch anbieten. Das Problem bei diesem Trade ist, dass das Team, das nach unten fällt, genauso viele Wunschkandidaten haben sollte wie die Anzahl der Plätze, die sie nach unten fallen. In anderen Worten: Wenn ein GM in Betracht zieht, von 10 auf 14 zu fallen, muss es fünf Spieler geben, mit denen er bei 14 zufrieden wäre. Wenn es nur vier sind, dann muss er darauf hoffen, dass mindestens einer von ihnen auf seinen neuen Draft-Platz (also die 14) fällt, oder auf den Deal verzichten.

Was ist ein Deal wert?

Die Trade Value Chart dient nicht als Basis, um einen Deal abzuschließen. Aber sie kann helfen, ein Gespräch in Gang zu bringen.

Nehmen wir an, ein Team möchte vom 27. Pick in der ersten Runde auf Platz 20 steigen, so wie New Orleans es 2014 tat. Sieben Plätze höher zu springen hat natürlich seinen Preis. Anhand der Trade Value

Chart bekommen Fans ein Gefühl dafür, was ein angemessener Preis sein könnte. In diesem Fall ergab sich aus der Chart, dass die Saints den Cardinals Kompensationen im Wert von etwa 170 Punkten anbieten mussten. Das konnten ein Pick in der Mitte der dritten Runde oder ein hoher Viertrunden- und hoher Fünftrunden-Pick sein. Die Saints gaben Arizona den 91. Gesamtpick (136 Punkte – ein mittlerer Drittrunden-Pick), was den Cardinals reichte. New Orleans bekam Brandin Cooks, Arizona Deone Bucannon und einen zusätzlichen Top-100-Pick, der John Brown wurde. Ein für beide Seiten fairer Deal.

In den Chefetagen der NFL wird die Trade Value Chart nicht mehr so ernstgenommen wie zu Jimmy Johnsons Zeiten, aber für Fans ist sie ein gutes Mittel, um festzustellen, ob ein Trade im Wesentlichen fair war oder eine Seite übervorteilt wurde. Für den zweiten Gesamtpick (2600 Punkte auf der Chart) gab Washington St. Louis im Draft 2012 seinen Zweitrunden-Pick in diesem Jahr (der 39. insgesamt: 510 Punkte) plus seine Erstrunden-Picks für 2013 (22. insgesamt: 780 Punkte) und 2014 (zweiter insgesamt: 2600 Punkte).

Rechnet man nur die Chartpunkte zusammen, dann gaben die Redskins für einen potenziellen Franchise-Quarterback an der Spitze des Drafts viel zu viel auf. Aber würden Redskins-Fans das auch so sehen, wenn sich Robert Griffin III so entwickelt hätte, wie Washington gehofft hatte? Oder wenn Indianapolis Robert an erster Stelle gewählt hätte und die Redskins an Nummer 2 Andrew Luck bekommen hätten?

Die Chart bestimmt nicht, wer bei einem Draft-Pick-Deal letztlich gewinnt oder verliert. Es kommt halt darauf an, auf welchen Spieler ein Team diese Picks verwendet.

RD 1		**RD 2**		**RD 3**		**RD 4**		**RD 5**		**RD 6**		**RD 7**	
1	3000	33	580	65	265	97	112	129	43	161	27	193	14,2
2	2600	34	560	66	260	98	108	130	42	162	26,6	194	13,8
3	2200	35	550	67	255	99	104	131	41	163	26,2	195	13,4
4	1800	36	540	68	250	100	100	132	40	164	25,8	196	13
5	1700	37	530	69	245	101	96	133	39,5	165	25,4	197	12,6
6	1600	38	520	70	240	102	92	134	39	166	25	198	12,2
7	1500	39	510	71	235	103	88	135	38,5	167	24,6	199	11,8
8	1400	40	500	72	230	104	86	136	38	168	24,2	200	11,4
9	1350	41	490	73	225	105	84	137	37,5	169	23,8	201	11
10	1300	42	480	74	220	106	82	138	37	170	23,4	202	10,6
11	1250	43	470	75	215	107	80	139	36,5	171	23	203	10,2
12	1200	44	460	76	210	108	78	140	36	172	22,6	204	9,8
13	1150	45	450	77	205	109	76	141	35,5	173	22,2	205	9,4
14	1100	46	440	78	200	110	74	142	35	174	21,8	206	9
15	1050	47	430	79	195	111	72	143	34,5	175	21,4	207	8,6

RD 1		RD 2		RD 3		RD 4		RD 5		RD 6		RD 7	
16	1000	48	420	80	190	112	70	144	34	176	21	208	8,2
17	950	49	410	81	185	113	68	145	33,5	177	20,6	209	7,8
18	900	50	400	82	180	114	66	146	33	178	20,2	210	7,4
19	875	51	390	83	175	115	64	147	32,6	179	19,8	211	7
20	850	52	380	84	170	116	62	148	32,2	180	19,4	212	6,6
21	800	53	370	85	165	117	60	149	31,8	181	19	213	6,2
22	780	54	360	86	160	118	58	150	31,4	182	18,6	214	5,8
23	760	55	350	87	155	119	56	151	31	183	18,2	215	5,4
24	740	56	340	88	150	120	54	152	30,6	184	17,8	216	5
25	720	57	330	89	145	121	52	153	30,2	185	17,4	217	4,6
26	700	58	320	90	140	122	50	154	29,8	186	17	218	4,2
27	680	59	310	91	136	123	49	155	29,4	187	16,6	219	3,8
28	660	60	300	92	132	124	48	156	29	188	16,2	220	3,4
29	640	61	292	93	128	125	47	157	28,6	189	15,8	221	3
30	620	62	284	94	124	126	46	158	28,2	190	15,4	222	2,6
31	600	63	276	95	120	127	45	159	27,8	191	15	223	2,3
32	590	64	270	96	116	128	44	160	27,4	192	14,6	224	2

Trades müssen im Wesentlichen fair sein, um zu funktionieren, beide Teams müssen dabei also unterm Strich einen guten Deal abschließen. Das Entscheidende ist, miteinander im Gespräch zu bleiben, zuzuhören – und eine Portion Humor. Gegen ein bisschen Trickserei und Manipulation ist natürlich auch nichts einzuwenden.

1993 hatten die Jets den dritten Gesamtpick im Draft und die Cardinals den vierten. Nach einigen geschickten Schachzügen waren die Cardinals davon überzeugt, dass wir Runningback Garrison Hearst wählen würden. Wir besuchten den Jungen mehrfach, um unser Interesse an ihm publik zu machen. Gleichzeitig nahm ich Anrufe von Teams, die weiter unten standen, entgegen und signalisierte damit, dass wir für einen Pick-Tausch offen waren.

Am Abend vor dem Draft riefen die Cardinals an, um uns mitzuteilen, dass sie gern mit uns die Plätze tauschen würden. Da wir wussten, wie scharf sie auf Hearst waren, konnten wir die Plätze tauschen und dafür Runningback Johnny Johnson bekommen. Die Cardinals wählten Hearst und einen Pick später wählten wir Marvin Jones – den Spieler, den wir eigentlich von Anfang an im Visier hatten.

Die Cards hatten zwei mögliche Gründe, diesen Deal abzuschließen: Entweder sie glaubten wirklich, dass wir Hearst wählen würden, oder sie glaubten, dass wir den Pick tauschen und ihn dann ein anderes Team wählen würde.

In solchen Fällen können Teams auch geschickt die Medien vor ihren Karren spannen. Es gibt ein paar Leute in den NFL-Chefetagen, die regelmäßig anonym in meiner Radiosendung anrufen, um Trade-Möglichkeiten in Umlauf zu bringen, die sie niemals auszuführen gedenken. Das gehört alles zur Kunst, einen Deal zu machen.

Auch Agenten können dabei nützlich sein. Ich musste zum Beispiel mal einen Offensive Tackle loswerden, den der damalige Jets-Coach Rich Kotite nicht wollte. Der Agent des Spielers hatte viele gute Kontakte in der Liga. Also sagte ich ihm, dass ich seinen Klienten für eine angemessene Kompensation an einen Verein traden würde, zu dem dieser Spieler wechseln wollte. Tatsächlich rief mich der Agent zurück, um mir mitzuteilen: »Jimmy Johnson will ihn in Miami.« Der Spieler war bereit, nach Florida (einem Bundesstaat, der keine eigenen Einkommenssteuern erhebt) zu ziehen, im Wesentlichen hatte also der Agent den Deal ausgehandelt. Ich war den Spieler los, die Dolphins bekamen einen Spieler, den sie wollten, und der Agent hatte seinen Klienten zufriedengestellt.

(Als ich Jimmy anrief, um den Deal für einen Fünftrunden-Pick festzuzurren, meinte er: »Nein, ich habe sechste Runde gesagt.« Ich meinte: »Ich lege jetzt auf.« Jimmy lachte und sagte: »Nein, du hast Recht. Wir hatten die fünfte vereinbart.« Merke: Auch wenn ein Deal bereits unter Dach und Fach ist, kann man niemandem einen Vorwurf machen, der versucht, ein bisschen mehr für ein bisschen weniger zu bekommen.)

Das Geheimnis eines erfolgreichen Deals besteht darin, niemals in der Hitze des Augenblicks zu verhandeln, aber die Draft-Tage sind nun mal geprägt von Adrenalin, Ängsten, Druck und Egos. Und die NFL ist voll von Panik-Tradern, Leuten, die sich auf einen bestimmten Deal versteifen. Jerry Jones, Besitzer der Cowboys, ist zum Beispiel bekannt dafür, beim Draft schon mal zu viel für einen Spieler zu zahlen, den er unbedingt haben will. Die Picks des nächsten Jahres gegen etwas einzutauschen, was man dieses Jahr haben will, entspricht einer Kreditkarten-Mentalität. Ein GM sollte während des ganzen Drafts diszipliniert bleiben.

Wenn du den Druck ignorierst, können Draft-Deals einfach sein. Ein Beispiel dafür ist der Draft, den Charley Casserly 1999 als GM für Washington durchzog. Den Redskins stand der fünfte Gesamtpick zu.

Casserly handelte einen beispiellosen Deal aus: Er tauschte seinen Pick gegen jeden einzelnen Pick der New Orleans Saints. Für seine Nummer 5 bekam Casserly damit einen Erstrunden-Pick (Nr. 12) sowie Picks in der dritten, vierten, fünften, sechsten und siebten Runde plus je einen Pick in den Runden eins und drei im Draft 2000.

Doch damit nicht genug. Casserly nahm die getauschten Erst- und Drittrunden-Picks plus seinen eigenen vierten und fünften sowie einen dritten vom darauffolgenden Jahr und übergab dieses ganze Paket an Chicago, um wieder auf Platz sieben zu landen, wo er dann Champ Bailey wählte, den besten Defensivspieler des Drafts. Mit zwei Draft-Deals bekam er also seinen Wunschspieler, zwei zusätzliche Picks für das aktuelle Jahr sowie einen Erstrunden-Pick für das darauffolgende (der sich als der Gesamtpick Nummer 2 herausstellte und mit dem Casserly LaVar Arrington holte).

Glaubst du, dass ihm das gelungen wäre, wenn er diese Deals nicht schon Wochen und Monate vorher vorbereitet hätte?

Natürlich nicht. Deshalb tüfteln Teams immer schon vor dem Draft eine ganze Bandbreite an möglichen Trade-Szenarien aus.

Wenn du dich das nächste Mal fragst, warum der GM deines Teams nicht deinem Wunsch nach einem schnellen Deal nachkommt, denk an folgende Worte, die sich in der Vergangenheit schon oft bewahrheitet haben: Wenn ein General Manager wie ein Fan denkt, wie ein Fan redet und wie ein Fan handelt, wird er über kurz oder lang auch bei den Fans auf den Rängen sitzen.

Dein eigener War Room

40 Millionen Menschen spielen jedes Jahr Fantasy Football. Ein nicht unbeachtlicher Teil davon will damit die Erfahrung simulieren, ein General Manager zu sein.

Aber wenn du wirklich wissen willst, was es bedeutet, für ein NFL-Team Personalentscheidungen zu treffen, solltest du einen Draft aus dem Blickwinkel des GM erleben. Und dafür brauchst du ein Draft Board.

Natürlich hast du keinen Director of College Scouting, dessen Mitarbeiter im ganzen Land unterwegs sind, um Informationen für dich einzuholen. Du musst dir deine Informationen also selbst beschaffen. Aber keine Sorge: Es steht genug Material zu deiner freien Verfügung.

Fang mit den Football-Analysten an, denen du vertraust. Mike Mayock [ehemaliger Draft-Analyst für NFL Network, Anm. d. Ü.] analysiert zum Beispiel genau wie ein Scouting Director Videos der Spieler und weiß, worauf man achten muss. Mach dir die Recherche dieser Analysten zunutze, sieh dir ihre Kandidatenlisten Position für Position an und verwende sie als Ausgangspunkt deiner eigenen Liste.

Starte dann deinen eigenen Bewertungsprozess so, wie es auch die NFL-Coaches tun: mit dem Gucken von Footballspielen auf Video. Man muss einen Spieler in Aktion sehen, um sich ein echtes Urteil über ihn bilden zu können. Vor dem NFL-Draft 2011 riefen jede Menge Leute in meiner Radiosendung an und sagten: »Ich mag Nick Fairley.« Ich fragte nach, was ihnen denn ganz konkret an Fairley so gefiel, einem Spieler, der in den Mock Drafts (den hypothetischen Drafts im Vorfeld) als einer der vielversprechendsten Defensivspieler gehypt wurde – und das in einem Draft-Jahrgang, zu dem auch Von Miller, Marcell Dareus, Patrick Peterson, Aldon Smith, J. J. Watt und Robert Quinn gehörten. Die meisten Anrufer mussten dann zugeben, dass sie Fairley gar nicht genauer studiert hatten. Viele hatten ihn sogar noch nie spielen sehen. Sie hatten sich ausschließlich auf der Grundlage von Medienberichten eine Meinung gebildet.

Du würdest dich wundern, wie viele Footballvideos man im Internet findet. Vor noch nicht allzu langer Zeit waren Fans auf YouTube angewiesen, wenn sie nach Videos von College-Spielern suchten, die nicht zu den allerbekanntesten gehörten. Heutzutage gibt es Websites, die die Spiele von draftbaren Spielern archivieren. Vielleicht musst du ein bisschen stöbern, um Videos von einem Division-III-Kandidaten wie Hobart-Guard Ali Marpet zu finden, dem 61. Pick im Jahr 2015, aber seine Combine Drills findest du garantiert mit ein paar Klicks.

Natürlich gibt es nicht von jedem potenziellen Kandidaten, den du bewerten willst, technisch perfektes, professionell aufgenommenes Filmmaterial. Du wirst dich durch viele selbstgemachte und grobkörnige Videos durchkämpfen müssen. Und viele wild zusammengeschnittene Highlights, die nicht viel Aussagekraft haben.

Aber auch wenn du zu jedem Kandidaten nur eine Handvoll Plays findest, reicht das, um bestimmte Stärken – und noch öfter bestimmte Schwächen – zu erkennen. Dafür musst du die Filmaufnahmen natürlich unter bestimmten Gesichtspunkten betrachten.

Nehmen wir an, du recherchierst die Top-Kandidaten für 4-3-Defensive-Ends des Drafts von 2015 und findest ein Video von Missouris Shane

Ray. Richte dein Augenmerk nicht als Erstes auf das Ergebnis des Plays – das auf einem Highlight-Video wahrscheinlich entweder ein Sack oder ein Tackle zum Raumverlust (*tackle for a loss*) ist –, sondern auf den Anfang. Achte darauf, wem Ray gegenübersteht. Merk dir die Trikotnummer des Gegenspielers, schau dir dann den Kader des gegnerischen Teams an und finde heraus, ob der Spieler, den Ray gleich tackeln wird, ein unerfahrener Ersatzspieler oder ein All-SEC Senior ist. Das gibt dir den nötigen Kontext, um Rays Performance richtig zu bewerten.

Suche in den Videos, die du gefunden hast, auch nach anderen Dingen, die Ray einen Vorteil verschafft haben könnten, den er in der NFL nicht haben wird. Wie oft wurde er von einem Runningback geblockt, weil die Protection in die falsche Richtung gerutscht war? Wie oft stand er komplett frei? Solche Plays brauchst du in deiner Bewertung gar nicht erst zu berücksichtigen, weil das im Profi-Football einfach nicht passiert. Führte sein Team zur Halbzeit in jedem Spiel mit zwei Touchdowns? Das würde bedeuten, dass er die ganze Saison über aus einer eindimensionalen Situation heraus spielte. All diese Faktoren solltest du in deine Bewertung mit einfließen lassen.

Wenden wir uns den Quarterbacks zu. Man könnte online wahrscheinlich jeden einzelnen Snap finden, den Jameis Winston in Florida State oder Marcus Mariota in Oregon entgegennahmen. Wenn du dir die Videos ansiehst, zähl, wie oft die beiden ihren zweiten oder dritten Receiver suchten. Wenn einer von ihnen in Wurfposition geht, seinen ersten Receiver ansieht und dann den Ball unterklemmt und für 25 Yards läuft, gilt das als schlechtes Play. Oder ist er seine Wurfoptionen durchgegangen, hat alle drei Receiver überprüft und ist erst dann losgelaufen? In diesem Fall sieht die Sache anders aus. Wenn ein Quarterback beim Read auch den dritten Receiver berücksichtigt, ist es auf jeden Fall ein Plus, egal, wie viel Yards er durch seinen Lauf gewonnen hat.

Im Grunde genommen willst du sehen, wie gut ein Kandidat die Dinge macht, die man in der NFL von ihm verlangen würde. Schau dir 20 Fluchtwege eines Quarterbacks an – ging jeder davon zur rechten Seite? NFL-Defenses fällt so etwas sofort auf. Aber wenn fünf nach rechts gingen, sechs durch die Mitte und neun nach links, dann handelt es sich um einen unberechenbaren Spieler, der auch die beste Defense vor Probleme stellen wird.

Wenn du einen Quarterback bewertest, notiere dir, in welche Zonen er wirft. Wenn er zwei flache Cross-Routen, einen X-Screen, eine Skinny Post an der linken Seite und zwei Pro Outs wirft, ist das ein gutes Zeichen.

Über einen Quarterback hast du vielleicht gelesen, dass bezweifelt wird, ob er außerhalb der (seitlich auf dem Feld markierten) Zahlen sichere Pässe anbringen kann. Verlass dich nicht auf die Spekulationen anderer Leute, sondern überzeuge dich selbst davon. Wenn du auf Videos siehst, wie er sich schwer damit tut, einen Ball zwischen den Zahlen und der Außenlinie zu platzieren, kannst du davon ausgehen, dass er damit auch in seiner Rookie-Saison Probleme haben wird. NFL-Defenses werden diesen Teil des Felds nicht abdecken, wenn sie es nicht müssen. Stattdessen werden sie zwei zusätzliche Spieler nach innen postieren und die Zone abdecken, in die der QB mit größerer Wahrscheinlichkeit wirft.

Wenn du ein längeres aussagekräftiges Video findest, kannst du daraus wertvolle Informationen ziehen, die dir helfen, einen Spieler einzuschätzen. Du baust dir damit deine eigene Datenbank auf, die als Basis für deinen Mock Draft dient. Danach kannst du deine Scouting-Berichte mit anderen Informationsquellen ausstatten. Dabei wirst du unweigerlich auch auf Statistiken stoßen. Diese lügen zwar nicht unbedingt, aber sie erzählen auch nicht die ganze Wahrheit.

Nehmen wir zum Beispiel Mark Ingram, den Runningback aus Alabama, der 1658 Yards und 17 Touchdowns erzielte, als er in seinem dritten Uni-Jahr die Heisman Trophy gewann. In seinem vierten Jahr lief er aber nur für etwa die Hälfte bei 113 Carries weniger. Was kann man aus diesen Zahlen schließen?

Zunächst einmal nicht viel. Aber ein genauerer Blick verrät uns mehr. Er machte im Schnitt 5,5 Yards pro Carry – ein respektabler Wert. Aber zu diesem Schnitt trugen 151 Yards gegen Duke bei, deren Rush Defense an 113. Stelle von insgesamt 120 Teams lag. Wenn man dieses Spiel außer Acht lässt, kam Ingram im Schnitt auf 4,9 Yards pro Carry. Immer noch ein guter Wert, aber einer, der zu weiterer Recherche einlädt.

Als Nächstes siehst du dir also Alabamas Running Game insgesamt an. Trent Richardson und Eddie Lacy erzielten in dieser Saison jeweils mehr als 400 Yards und beide kamen auf über 6,0 Yards pro Carry. Das sagt dir, dass Alabamas Offensive Line ihre Gegner dominierte. Jetzt kannst du die Videos von Ingram in einem anderen Licht betrachten. Lief er durch Lücken, die sich in der NFL niemals auftun würden? Oder ließ er seine Verteidiger ins Leere greifen und verdiente sich die vielen Yards ganz allein aufgrund seiner individuellen Klasse?

All diese gesammelten und analysierten Informationen zeigen dir, wie viel Abstand zwischen Ingram und einem anderen Back liegt, der vielleicht als Fünftrunden-Pick gehandelt wird.

Auch aus der Combine kannst du jede Menge Informationen ziehen, du musst nur wissen, wie du sie verwendest. Finde heraus, welche Drills für bestimmte Positionen (zum Beispiel der Short Shuttle für Inside Linebacker) und welche physischen Merkmale (zum Beispiel Armlänge für Left Tackles) aussagekräftig sind.

Irgendwann hast du genug Informationen zusammengetragen, um für jede Position eine Rangliste zu erstellen. Ja, es gibt noch Einiges zu bedenken – wenn dein Team zum Beispiel eine 3-4-Defense spielt, ist dann ein Defensive Lineman wie Washingtons Danny Shelton (1,88 Meter, 154 Kilogramm) oder eher Ohio States Michael Bennett (1,88 Meter, 133 Kilogramm) die richtige Wahl? Aber du bist nun bereit, dein Draft Board aufzufüllen und deinen eigenen Mock Draft zu erstellen.

Zuerst muss dir klar sein, dass bestimmte Positionen eher in die erste Runde gehören als andere. Quarterback, Edge Rusher (ein DE in einem 4-3-Konzept, ein OLB bei 3-4), linker Tackle, Cover Corner und möglicherweise noch X-Receiver haben Priorität. Dein Team braucht vielleicht am dringendsten einen Center, aber das bedeutet nicht, dass du schon in der ersten Runde einen nehmen solltest. Falls nicht ein Spieler auf einer anderen Position absolut herausragt, solltest du dich in der ersten Runde auf eine dieser Elite-Positionen konzentrieren.

Als Nächstes musst du für die Elite-Positionen das Angebot des jeweiligen Draft-Jahrgangs bewerten. Vor dem Draft 2015 hättest du feststellen können, dass es sieben Edge Rusher mit Erstrunden-Noten gab, aber nur zwei Quarterbacks. Wenn die Auswahl für eine Elite-Position so groß ist, wissen die Teams, dass sie keine höhere Draftposition anstreben müssen, um einen Edge Rusher zu bekommen. Aber wenn ein Team einen Quarterback braucht, müsste es versuchen, höher zu rutschen, um Winston oder Mariota zu bekommen.

Alles, was du jetzt noch wissen musst, ist, welche zwei oder drei Bereiche bei jedem anderen Team in der Liga in Sachen Dringlichkeit ganz oben stehen. Das bestimmt den Fortlauf jedes Drafts. Vergiss aber nicht, dass sich diese Bedürfnisse ändern, sobald die Free Agency beginnt, da die Teams Spieler verpflichten, die Löcher im Kader stopfen, und andere Spieler verlieren, die neue Löcher hinterlassen.

Wenn du zum Vergleich andere Mock Drafts heranziehen willst, solltest du wieder auf zuverlässige Quellen zurückgreifen. Vertraue keinen Mock Drafts, die vor der Combine veröffentlicht werden. Leute fangen an, über den Draft zu spekulieren, sobald die NFL-Saison endet, aber zu diesem Zeitpunkt gibt es noch nicht genug Informationen, um relevante Mock Drafts zu erstellen. Die Teams sammeln auf der Combine und den Pro Days noch Informationen und haben zum Saisonende ihre Draft Boards noch nicht bestückt. Diese frühen Mock Drafts sind unterhaltsam, aber mehr auch nicht.

Wenn du soweit bist, deinen Mock Draft zu erstellen, mach nicht das, was die meisten machen: nur die erste Runde erraten. Diese Leute spielen Bingo.

Stell stattdessen einen Mock Draft mit drei Runden auf die Beine. Dann macht die Sache nämlich erst richtig Spaß und baut auf deiner Vorbereitung auf. Und spiel möglichst nicht allein. Tim Ryan und ich hatten jedes Jahr einen Mock Draft in unserer Radiosendung und jetzt machen Jim Miller und ich einen – er hat drei Picks, dann ich drei und so geht es drei Runden lang immer abwechselnd. Ich kenne auch eine Gruppe von Fans, bei der 32 Leute per Konferenzschaltung den Draft simulieren. Jeder repräsentiert ein Team und dann spielen sie drei Runden durch.

Wenn du wissen willst, wie es einem GM beim Draft geht, dann versuch, die spezifischen Bedürfnisse deiner Teams zu erfüllen und dich gleichzeitig an dein Draft Board zu halten und möglichst wertvolle Spieler zu akquirieren, während die anderen Teams ebenfalls Spieler auswählen.

Stell dir vor, du hättest den War Room der Buffalo Bills beim Draft 2011 geleitet. Du hast festgelegt, dass du am dringendsten einen Quarterback brauchst, danach einen Pass Rusher und danach einen linken Tackle. Die Bills hatten in diesem Draft den dritten Pick der ersten Runde, den zweite Pick der zweiten Runde und den dritten Pick der dritten Runde.

Wie würdest du diesen Draft angehen?

Nehmen wir an, deine Recherche hätte ergeben, dass weder Cam Newton noch Blaine Gabbert die Lösung wären und keiner von beiden den dritten Pick wert sei. Es gab damals acht Pass Rusher und fünf Offensive Tackles, die in der ersten Runde weggehen konnten.

Du könntest dich also für den obersten Tackle auf deinem Board entscheiden und hoffen, dass dir einer der acht Pass Rusher mit dem 34. Pick zufällt. Und wenn keiner dieser Pass Rusher dann noch zur Verfügung steht, könntest du dich mit dem dritt- oder viertbesten Quarterback im

Draft zufriedengeben. Diese Strategie würde zwei deiner drei Baustellen im Kader mit Spielern schließen, die eine Erstrunden-Bewertung haben. In der dritten Runde einen guten Quarterback zu finden, wäre natürlich schwieriger, aber du würdest hoffen, dass Spieler wie Colin Kaepernick aus Nevada oder Andy Dalton von der TCU dann noch auf dem Markt wären.

Dein Drei-Runden-Mock-Draft ist nun vorbei, hat aber noch ein Nachspiel. Verwahre oder speichere alles und hol es dann im nächsten Jahr nochmal raus, um deine Arbeit im Rückblick zu bewerten. Wie hast du dich geschlagen? Wo hast du dich auf falsche Fährten locken lassen und wo hast du dein Ziel erreicht?

Stell deinen Bewertungsprozess und deine Picks über einen längeren Zeitraum auf den Prüfstand. Auch die NFL-Teams müssen das tun. 21 Teams übergingen Aaron Rodgers in der ersten Runde des Drafts 2005. 15 der Spieler, die vor Rodgers gewählt wurden, standen nicht mal im Kader der Teams, die sie gewählt hatten, als Rodgers Green Bay sechs Jahre später zum Super Bowl führte. Was sahen die Packers, das alle anderen übersahen? Was brachte sie dazu, einen Erstrunden-Pick für einen Spieler zu verwenden, der kein unmittelbares Bedürfnis abdeckte?

Was hättest du gemacht?

Auf den Charakter kommt es an

In der ersten Auflage dieses Buchs habe ich beschrieben, wie gründlich Vikings-Cheftrainer Brad Childress Wide Receiver Percy Harvins Hintergrund ausleuchtete, bevor er ihn 2008 draftete. Die Vikings brauchten einen spielentscheidenden Receiver und schwankten zwischen Harvin und Jeremy Maclin. Brad flog nach Florida, um mit Head Coach Urban Meyer über Harvin zu reden, dessen Benehmen ein paar Warnsignale aufblinken ließ. Dann besuchte er den Jungen zu Hause und lernte dort Harvins Großmutter kennen, die im Rollstuhl saß. Brad fragte sie, wie ihr Enkel ihrer Meinung nach auf strenge Disziplin reagieren würde. Ihre Antwort? »Man muss ihn in den Griff kriegen.« Das sollte sich als berechtigte Warnung aus zuverlässiger Quelle erweisen.

Der Charakter eines Kandidaten ist heutzutage wichtiger als jemals zuvor. Nicht weil die Kids von heute wilder sind als vor 25 Jahren, sondern weil sie leichter erwischt werden.

Auch im Draft 2015 gab es talentierte Spieler mit fragwürdigem Charakter. (Ist es ein Zufall, dass der erste Pick an Tampa Bay ging, einem Team mit einer roten Flagge als Logo?) Jameis Winston [den Tampa mit dem Erstrunden-Pick wählte, Anm. d. Ü], Marcus Peters, Randy Gregory, Dorial Green-Beckham – sie alle wurden wegen schlechten Benehmens und ihrer Unzuverlässigkeit zu Fällen für eine Risikoanalyse. Man darf nicht vergessen, dass die NFL in Sachen öffentlicher Wahrnehmung eine schwierige Saison hinter sich hatte. Ein Großteil der öffentlichen Berichterstattung konzentrierte sich nicht auf das Geschehen auf dem Spielfeld, sondern auf das Fehlverhalten von Spielern jenseits des Platzes. Am meisten Aufsehen erregten die Vorfälle von häuslicher Gewalt durch Ray Rice und Adrian Peterson (dass Aaron Hernandez zwei Wochen vor dem Draft wegen Mordes verurteilt wurde, tat sein Übriges).

Diese Ereignisse hätten täglich meine Radiosendung dominiert, wenn ich es zugelassen hätte. Aber ich rede über Football – im Gegensatz zu den Mainstream-Medien. Diese haben kein Interesse, über das Spiel zu sprechen (oder es fehlt ihnen das nötige Fachwissen), also darüber, warum ein Spieler eine bestimmte Route nicht laufen kann oder Pässe zu seiner Linken nicht fängt. Stattdessen halten sie ihr Publikum mit Skandalgeschichten bei Laune.

Was zur Folge hat, dass die Teams mehr denn je auf den Charakter eines Kandidaten achten. Was bleibt ihnen auch anderes übrig? Angesichts von Winstons fragwürdigem Image denkt natürlich jede Chefetage darüber nach, ob sie es riskieren kann, einen talentierten, aber problematischen 21-Jährigen zum Gesicht ihrer Franchise zu machen.

Wie reif und vernünftig ein Spieler ist, lässt sich zunächst einmal anhand seiner Social-Media-Aktivitäten beurteilen. Die Akte jedes Spielers enthält heutzutage Ausdrucke seiner letzten 500 Kommentare in den Sozialen Medien. Was sagt er damit über sich aus? Zeigen die Kommentare ein gutes Urteilsvermögen oder eine fragwürdige Haltung? Gibt es Bedenken im Hinblick auf das soziale Umfeld des Spielers, die Menschen um ihn herum?

Phil Savage, der Executive Director des Senior Bowls, der früher mal Director of College Scouting bei den Ravens war, erzählte mir, dass Baltimore immer eine ganze Truppe rausschickte, um Charakterfragen zu recherchieren. Diese Scouts sammelten alles, was sie finden konnten, um den Charakter eines Kandidaten auszuleuchten, und präsentierten ihre Erkenntnisse dann dem Eigentümer, dem GM, dem Cheftrainer und sogar den Koordinatoren. Ein Scout sagte dann zum Beispiel: »Spieler X hat folgende Probleme. Das ist in der Highschool passiert. Er hat dies oder jenes geklaut. Er ist ein Wiederholungstäter.« Und dann mussten die Entscheidungsträger überlegen, ob sie so einen Jungen in ihrer Kabine wollten oder nicht. Denn ein solcher Spieler kann und wird den Rest des Teams beeinflussen.

Vielleicht stellt sich heraus, dass ein Kandidat in seinem ersten College-Jahr beim Stehlen einer Jogginghose erwischt wurde. War ihm möglicherweise kalt, war er pleite? Das rechtfertigt zwar nicht die Tat, aber jede Geschichte ist komplexer als ein Einzeiler in einem Polizeibericht. Damit könnte ein Team vielleicht noch leben. Aber was, wenn jemand durch häusliche Gewalt oder Drogenkriminalität aufgefallen ist? Da wird es dann schon schwieriger.

Es geht nicht darum, den Entscheidungsträgern die 20 Spieler auszureden, die wegen ihres auffälligen Verhaltens abseits des Spielfeldes auf einer Liste stehen. Es geht darum, die Dinge in jedem einzelnen Fall in einen Kontext zu setzen. Jeder Fall ist anders. Dann sieht man sich alle Informationen an und wiegt sie gegen das Talent des Betreffenden auf. Bill Cowher rät: »Wenn die Bilanz nicht ausgeglichen oder positiv ist, lass die Finger von dem Spieler.«

Viele Eigentümer handeln so. Steve Bisciotti, Besitzer der Ravens, verkündete schon lang vor dem Draft, dass sein Team Green-Beckham, einen mehrfach straffällig gewordenen Jungen, nicht draften würde. Ein anderer Eigner könnte bei einem Kandidaten vielleicht sagen: »Auf keinen Fall. Meine Frau will nicht, dass ich Spieler einstelle, denen häusliche Gewalt vorgeworfen wird.« So sorgte Robert Krafts Frau dafür, dass sich ihr Mann von Christian Peter trennte, bevor dieser überhaupt sein erstes Rookie-Camp antreten konnte.

Manche Eigner nehmen Anregungen von den Fans auf. Als am Ende der Saison 2014 klar war, dass die Buccaneers den ersten Gesamtpick für 2015 hatten, startete ein Radiosender in Tampa eine Umfrage unter ihren Hörern, um herauszufinden, ob die Bucs mit ihrem Nummer-1-Pick Winston oder Marcus Mariota nehmen sollten. Mariota gewann haushoch. Der Verein entschied sich zwar letztlich für Winston, aber man kann sicher sein, dass die Umfrage nicht unbeachtet blieb.

Nochmal: Es ist wichtig zu verstehen, dass jeder Fall einzigartig ist und dass man nicht alle über einen Kamm scheren kann. Man kann ein Team von Detektiven anheuern, um die Vergangenheit eines Kandidaten zu durchforsten, aber nichts ist so aussagekräftig wie ein persönliches Gespräch.

Die erste Gelegenheit dazu bietet sich bei der Combine in Indianapolis, wo das Abschneiden eines Jungen im Interview alles toppen könnte, was sich mit Maßband oder Stoppuhr messen lässt. Aber die Teams müssen vorher ihre Hausaufgaben machen und die richtigen Fragen stellen. Auch wenn man die gesamten 15 Minuten des Interviews nur über Football spricht, kann man einen Eindruck vom Charakter des Spielers bekommen. Als die Colts im Draft 1998 den ersten Pick hatten, brauchte GM Bill Polian bei den Interviews mit zwei Quarterback-Aspiranten nicht allzu lang, um zu erkennen, dass Peyton Manning ein Offensive Coordinator in Pads war und Ryan Leaf nur eine unreife Eintagsfliege. Nachdem er mit beiden gesprochen hatte, wusste Polian genau, wen er an erster Stelle nehmen würde, auch wenn es in den Medien eine ziemlich aufgeheizte Debatte darüber gab.

Nach dem ersten Combine-Gespräch entscheidet man, ob man den Spieler weiter prüft oder ihn gleich vom Board entfernt. Wenn weiter Interesse besteht, lädt der Verein ihn ein. Jedes Team darf vor dem Draft 30 Spieler im eigenen Gebäude empfangen – eine gute Gelegenheit, um alle Fragen loszuwerden, ihn verschiedenen Mitarbeitern vorzustellen und ihn psychologisch begutachten zu lassen. Bei jemandem wie Winston lassen sich die Bedenken in zwei Kategorien einteilen: echte Probleme oder mangelnde Reife. Die Entscheidung fällt nach dem Besuch nicht unbedingt leichter, aber sie basiert zumindest auf mehr Informationen.

Aber auch nachdem man sich für einen Spieler entschieden hat, macht man sich manchmal um dessen Verhalten Sorgen. Als ich bei den Jets war, setzte Dick Steinberg schon mal einen Privatdetektiv auf einen Spieler an, und wenn er unseren Test bestand, drafteten wir ihn. Aber Dick ließ ihn auch nach dem Draft noch eine Weile weiter beobachten, um zu sehen, ob sich sein Verhalten ändert. Einmal bestellten wir einen frisch gedrafteten Cornerback zu uns ins Büro und teilten ihm mit: »Wir haben dich beschatten lassen. Du warst an diesem Ort, dein Auto hat zweimal an einer bestimmten Ecke gehalten. Einmal scheint es einen Austausch gegeben zu haben.« Der Spieler wusste nun Bescheid und konnte unsere Warnung auf eigene Gefahr ignorieren.

Vereine müssen ihre Investitionen beschützen. Ab dem Zeitpunkt, an dem sie einen Spieler draften, haben sie drei Jahre Zeit, um zu entscheiden, ob er es wert ist, dass man ihm einen Anschlussvertrag anbietet. Bei einem problematischen Spieler bedeutet das, zu entscheiden, ob sein Talent das Risiko seines Verhaltens überwiegt. Und nicht zu vergessen: In seiner zweiten Vertragslaufzeit wird er erheblich teurer. Lässt diese Tatsache das Pendel in die eine oder andere Richtung ausschlagen?

Irgendwann werden wir den Punkt erreichen, an dem GMs danach beurteilt werden, wie gut sie Spieler charakterlich eingeschätzt haben. Vielleicht muss Clevelands GM Ray Farmer dann erklären, was 2014 passiert ist [als die Browns Quarterback Johnny Manziel drafteten, Anm. d. Ü.]. Johnny Manziel war vielleicht nicht Farmers Entscheidung, sondern die des Eigentümers. Und Josh Gordon [wegen Drogen- und Alkoholmissbrauchs mehrfach gesperrt, Anm. d. Ü.] wurde gedraftet, bevor Farmer in Cleveland GM wurde. In Zukunft sollten GMs Auskunft darüber geben müssen, welche Spieler sie selber wollten und welche auf Wunsch des Team-Eigners gedraftet wurden.

Ich wünschte, die Liga würde ein System einführen, das Teams für bestimmte Picks bestraft. Wenn zum Beispiel ein Team einen Spieler draftet, der im College wegen illegalen Waffenbesitzes erwischt wurde und dieser Spieler dann in der NFL eine Straftat, die mit Waffen zu tun hat, begeht, sollte das Team meiner Meinung nach einen Draft-Pick verlieren.

Natürlich würde die Strafe nur im Falle von Schuldsprüchen verhängt werden, nicht auf bloße Verdächtigungen hin. Die NFL hat hier die Chance, Druck auszuüben, der Vereine entweder davon abhält, einen riskanten Spieler zu draften, oder sie dazu anregt, Programme ins Leben zu rufen, die einen solchen Jungen unterstützten, sobald er Teil des Teams ist.

15

Mit Verletzungen umgehen

NFL-Teams konkurrieren auch auf medizinischer Ebene miteinander

Sie verloren ihren besten Runningback im ersten Spiel der Saison. Sie verloren ihren besten Returning Tackle, ihren Right Tackle und ihren startenden Safety in Woche 4. In der darauffolgenden Woche verloren sie ihren Tight End.

Bevor die reguläre Saison 2010 vorbei war, standen bei den Green Bay Packers 15 Spieler auf der Verletztenliste (Injured Reserve). Sechs davon hatten in Woche 1 in der Startformation gestanden. Dazu kamen noch die zwei Gehirnerschütterungen (*concussions*) von Aaron Rodgers, die ihn zwangen, für anderthalb Spiele auszusetzen.

So ungefähr das Einzige, was die Packers in dieser Saison nicht verloren, war der Super Bowl – und im Finale selbst verletzten sich sogar noch weitere drei Schlüsselspieler.

Der Weg zu einer Meisterschaft ist schon steinig genug, ohne dass man mit so schwerwiegenden Verletzungen, die das Saisonende bedeuten, von so vielen wichtigen Spielern umgehen muss. Es gehört weit mehr als reines Glück dazu, um trotzdem konkurrenzfähig zu bleiben und es sogar, wie die Packers, zum Titelgewinn zu schaffen. Green Bay gelang es, als Team mit den meisten Verletzungen in der Liga Champions zu werden, weil sie von vorneherein darauf vorbereitet waren, die Ausfälle einer harten regulären Saison zu kompensieren.

Ihr Schlüssel zum Erfolg war einfach: ein gut besetzter Kader kombiniert mit gutem Coaching.

Cheftrainer Mike McCarthy und Defensive Coordinator Dom Capers ließen bewusst so trainieren, dass am Ende jeder alles spielen konnte. Nicht nur der Starter bekam seine Reps (Wiederholungen) im Training, sondern auch sein Backup bekam ein paar und dessen Backup ebenfalls.

Und beim Walkthrough gingen sie alle den Stoff nochmal gemeinsam durch. Green Bay holte sich kontinuierlich neue Spieler, bereitete sie vor und fügte sie ins bestehende System ein.

So konnte Erik Walden, den die Packers Ende Oktober als Free Agent unter Vertrag nahmen, in Woche 17 für Frank Zombo einspringen und beim Sieg über Chicago, mit dem sich Green Bay den verbliebenen letzten Playoff-Platz der NFC sicherte, zwölf Tackles und zwei Sacks machen. Und das, obwohl er vor diesem Alles-oder-nichts-Spiel in seiner Karriere noch keinen einzigen Sack zustande gebracht hatte.

Der Plan der Packers berücksichtigte eindeutig die unausweichliche Tatsache, dass sich viele NFL-Spieler im Laufe einer Saison verletzen. Das ist nichts Neues. Aber Green Bay bewies, wie wichtig es ist, sich davon nicht aus der Bahn werfen zu lassen. Sie begegneten dem drohenden Verletzungspech von vornherein mit geschicktem Coaching. Doch auch Teams, die auf medizinischer Ebene am besten in der Lage sind, Verletzungen zu erkennen, zu behandeln und zu vermeiden, können sich einen enormen Vorteil verschaffen.

Jährliche Check-ups

Die medizinische Abteilung eines Footballvereins hat großen Einfluss auf die Entscheidungen, die Head Coach und General Manager im Laufe des Jahres treffen. Die Mitarbeiter bewerten Draft-Kandidaten gesundheitlich und haben das letzte Wort darüber, ob Spieler unter der Woche trainieren oder am Sonntag spielen können. Weil ihre Rolle so entscheidend ist, sollte auch der medizinische Stab jedes Jahr geprüft werden, genau wie die Spieler und Trainer.

Ein Team kann es sich einfach nicht leisten, dass im medizinischen Bereich Fehler gemacht werden.

Ich arbeitete für die Jets, als Ronnie Lott 1993 als Free Agent verpflichtet wurde. Ich habe mich immer gefragt, was passiert wäre, wenn die Jets ihn 1981 mit dem dritten Pick des Drafts genommen hätten. Damals äußerten die Mannschaftsärzte medizinische Bedenken im Hinblick auf sein Knie, prophezeiten ihm nur eine kurze Karriere und kamen zu dem Schluss, dass er für einen so hohen Pick ein zu großes Risiko darstellte. Doch es kam ganz anders – natürlich ist Ronnie inzwischen ein Hall of Famer.

Es gibt in der Liga zahlreiche Beispiele von Spielern, deren besorgniserregende Krankengeschichte keinerlei Auswirkungen auf ihre Leistungen in der NFL hatte. Aber es gibt Methoden, um zu quantifizieren, ob Empfehlungen der medizinische Abteilung eines Teams zu den richtigen Entscheidungen führen.

Die Teams sollten ihre eigenen Ärzte auf den Prüfstand stellen.

Jedes Team sollte sich die Laufbahnen aller Spieler ansehen, vor denen die Teamärzte vor dem Draft gewarnt hatten. Wie viele davon hatten erfolgreiche Karrieren in der NFL? Weist eine medizinische Abteilung regelmäßig Kandidaten mit bestimmten Verletzungen ab, die dann problemlos woanders zum Einsatz kommen? In den Tagen vor dem Draft 2013 wurde berichtet, dass Dee Milliner während seiner Zeit in Alabama fünf Mal operiert worden war. Davon unbeeindruckt wählten die Jets ihn mit dem neunten Pick. Milliner humpelte mit einer Knöchelverstauchung in seine zweite Saison, verpasste zwei Wochen mit einer Oberschenkelmuskel-Verletzung und fiel für den Rest der Saison aus, als er sich (ausgerechnet beim Versuch, ein Field Goal zu blocken) Mitte Oktober die Achillessehne riss. War seine Verletzungsanfälligkeit vorhersehbar? Hätten die Mannschaftsärzte davor warnen sollen, ihn an so hoher Stelle zu draften?

Teams müssen überprüfen, ob ihre Ärzte bei dieser Frage zu nachlässig sind und zu risikoreiche Entscheidungen befürworten oder ob sie eher zu konservativ sind. Der Mannschaftsarzt der Dolphins überzeugte Cheftrainer Nick Saban, einen bestimmten Free-Agent-Quarterback im März 2006 wegen gesundheitlicher Bedenken nicht zu verpflichten. Vier Jahre, 18.000 Yards und null Schulterprobleme später war Drew Brees der Super Bowl MVP der Saints.

Vor nicht allzu langer Zeit entließ man einen Spieler noch, sobald man das Wort »Kreuzbandriss« (*ACL*) hörte. Die Behandlung und Reha für diese Verletzung hat eine enorme Entwicklung gemacht. Teams, die früher niemals einen Spieler mit einem Kreuzbandriss verpflichtet hätten, erwarten ihn heute im Idealfall schon sechs Monate nach der OP vollständig einsatzbereit zurück. Adrian Peterson riss sich das Kreuzband am Heiligabend 2011 und wurde am 30. Dezember operiert. Er stand nicht nur beim Eröffnungsspiel der neuen Saison für die Vikings wieder auf dem Platz, sondern brach fast Eric Dickersons Saisonrekord für Rushing Yards. Am 30. Dezember 2012, ein Jahr nach seiner OP, machte Peterson gegen Green Bay bei 34 Carries 199 Yards und beendete seine Comeback-Saison mit 2097 Yards – nur neun weniger als Dickerson.

Q: Wie wichtig sind die Gesundheitschecks, die alle Kandidaten bei der Scouting Combine durchlaufen?

A: Zwei der wichtigsten Bestandteile der Combine werden während der umfassenden Übertragung von NFL Network aus Indianapolis nie gezeigt: die Interviews und die medizinischen Untersuchungen.

Die Kandidaten werden für MRTs in Bussen ins Krankenhaus gekarrt und danach haben die Teams einen Haufen medizinischer Informationen.

Viel zu viele Spieler verbergen Verletzungen vor ihren College-Coaches, ihren Fitnesstrainern und sogar vor ihren Familien. Unseriöse Agenten flüstern ihnen als Freshmen ein, dass nicht zu viele Verletzungen in ihrem Lebenslauf auftauchen dürfen, wenn sie Profispieler werden wollen. Wenn sie zur Combine kommen, haben sie vielleicht schon einige nicht deklarierte Gehirnerschütterungen hinter sich. Es gab sogar Fälle, in denen sich die Spieler auf eigene Faust operieren ließen, ohne die Uni davon zu unterrichten, nur um eine saubere medizinische Weste zu haben.

Und wer weiß, was in der Highschool los war? Die Colleges untersuchen die Jungs nicht, bevor sie ihnen ein Stipendium anbieten. Ein Junge hat sich vielleicht in der Highschool das Knie verletzt, ohne jemandem davon zu erzählen, dann ein Stipendium bekommen und drei Jahre im College gespielt. Wenn er im Rahmen der Combine zum ersten Mal unters Mikroskop gelegt wird, stellt man zur Überraschung aller plötzlich fest, dass er kein vorderes Kreuzband mehr hat.

Im Jahr 2015 verkündete Runningback Todd Gurley, dass er bei der Combine keinen Medizincheck machen würde, so wie manche Quarterbacks beschließen, nicht zu werfen, oder andere Spieler nicht die 40 Yards laufen wollen. Er tat dies auf Anraten von Dr. James Andrews, dem renommierten orthopädischen Chirurgen, der Gurley während seiner letzten Saison in Georgia am vorderen Kreuzband operiert hatte. Dr. Andrews war der Meinung, dass es nicht sinnvoll sei, wenn Ärzte so kurz nach der OP schon in Gurleys Knie herumstocherten. Stattdessen schlug Gurley den 32 Mannschaftsärzten der Liga vor, ihn zeitlich näher am Draft zu untersuchen.

Ich wäre nicht überrascht, wenn dieses Vorgehen zur Gewohnheit werden würde. Schließlich wird sich kein Spieler mit gesundheitlichen Risiken bei der Combine freiwillig medizinisch untersuchen lassen.

Teams brauchen heute mehr denn je fortschrittliche Mannschaftsärzte, die auf der Höhe der medizinischen Forschung sind.

Und um neue Gesundheitstrends auch in die Praxis umsetzen zu können, beschäftigt jeder NFL-Verein ein großes und vielseitiges medizinisches Team, um so ziemlich jedes gesundheitliche Problem abzudecken.

Geleitet wird dieses Team vom offiziellen Mannschaftsarzt. Mannschaftsärzte genießen das Vertrauen von Head Coach und GM, aber ihre Leistungen müssen genauso kritisch wie die der restlichen Belegschaft unter die Lupe genommen werden. Will sich der Arzt mit dem Head Coach gut stellen? Ist er ein Fan des Teams? Hat er eine eigene Agenda? Als orthopädischer Chirurg in der NFL untersucht er vielleicht 20 Knie pro Jahr. Denkt er dabei an seine Zukunft, in der er 200 Patienten pro Jahr hat, die ihren Freunden berichten wollen, dass sie von einem Mannschaftsarzt der NFL behandelt wurden?

Neben dem Mannschaftsarzt beschäftigt der Verein auch zwei Orthopäden (der Chefarzt ist im Idealfall ebenfalls einer). Einer von ihnen muss ein Spezialist für Knie und Schultern sein, der andere sich besonders gut mit Kopf-, Hals- und Rückenverletzungen auskennen.

Auch ein Allgemeinmediziner gehört natürlich zum Team. Die Spieler stehen rund um die Uhr unter der medizinischen Betreuung des Vereins – und es sind immerhin 60 an der Zahl. Diese Jungs werden auch mal krank und brauchen verschreibungspflichtige Medikamente. Zur Behandlung gehen sie dann bestimmt nicht in irgendeine Notaufnahme. Alle Behandlungen müssen auf dem Vereinsgelände stattfinden; schließlich gibt es jede Menge Dinge, die die Fans nicht übers Internet erfahren sollen.

Die Teams haben auch einen Zahnarzt – ein ziemlich wichtiger Job in einer Sportart, in der einem regelmäßig Zähne ausgeschlagen werden. Oder stell dir vor, du bist Quarterback und hast am Morgen des Spiels einen Abszess am Zahnfleisch.

Und dann gibt es noch den Athletiktrainer (Sportmediziner), der in vielen Vereinen nicht an den Arzt, sondern direkt an den Head Coach berichtet. Neben dem ganzen Tapen von Knöcheln hat der Athletiktrainer eine entscheidende Aufgabe: Er gibt grünes Licht, wenn ein Spieler wieder trainieren darf. Über den Einsatz bei Spielen entscheidet wahrscheinlich der Mannschaftsarzt, aber wenn ein Spieler unter der Woche an einer Verletzung laboriert, geht der Coach zum Athletiktrainer und fragt: »Kann der Junge morgen trainieren?« Die Antwort hat direkte Auswirkungen auf den Game Plan des Head Coaches und seinen Aufbau der Trainingseinheiten. Das macht den Job des Athletiktrainers so kompliziert.

Er muss ein Gespür dafür haben, ob ein Spieler im Hinblick auf Verletzungen ehrlich zu ihm ist. Dafür muss er das Vertrauen der Spieler genießen und sie individuell einschätzen können.

Athletiktrainer müssen auch die Nahrungsergänzungsmittel, die die Spieler einnehmen, im Blick haben. Kein Spieler sollte wegen dieser Mittel bei einem Dopingtest durchfallen. Wenn sich ein Spieler wirklich an die Spielregeln halten will, wird er alles, was er einzunehmen gedenkt, mitbringen und dem Athletiktrainer mit den Worten überreichen: »Das schlucke ich morgen, es sei denn, du verbietest es mir.« In den wirklich herausragenden Organisationen herrscht zwischen Spielern und Sportmedizinern ein sehr enges Vertrauensverhältnis.

Einer der wichtigsten Mitglieder der sportmedizinischen Abteilung ist der Krafttrainer, der oft auch als Reha-Trainer fungiert. Wenn sich ein Spieler den Knöchel verstaucht und der Mannschaftsarzt ihn für drei Wochen für nicht einsatzfähig erklärt, ist es der Krafttrainer, der die therapeutischen Maßnahmen überwacht.

Sportmediziner und Krafttrainer müssen sich auch damit befassen, wie Spieler psychologisch mit Verletzungen umgehen.

Stell dir vor, zwei Spieler erleiden dieselbe Art von Kreuzband-Verletzung und müssen sich derselben Therapie unterziehen. Spieler A stürzt sich voller Elan in die Arbeit im Kraftraum. Er hat in der Vergangenheit schon mehrfach sechsmonatige Reha-Phasen durchlebt und bereits 30 Sekunden nach der Entlassung aus dem Krankenhaus ist er bereit, loszulegen.

Spieler B hingegen war noch nie verletzt. Die Aussicht auf die lange Reha-Zeit deprimiert ihn und er ist voller Selbstmitleid. Auch als sein Knie in der Reha wieder voll belastbar ist, kann er sich nicht aus der Depression befreien. Physisch ist er wieder ganz der Alte, aber er kann nicht mehr schnell denken. Er ist noch nicht wieder bereit, sich mit vollem Körpereinsatz ins Spiel zu stürzen.

Es ist nun die Aufgabe des Kraft- und Konditionstrainers zu erkennen, wann Angst den Reha-Prozess behindert. Spieler sagen schließlich nicht frei heraus: »Hey, ich habe eine Heidenangst davor, wieder zu spielen.« Athletiktrainer und Krafttrainer, die solche Probleme bemerken, ziehen den Mannschaftspsychologen hinzu. Alle Teams haben einen – und sind damit vor Teams im Vorteil, die Spieler gleich als »Fall für die Klapsmühle« ausmustern.

Dauerthema Gehirnerschütterungen

In der NFL-Saison 2010 beherrschte das Thema Gehirnerschütterungen sämtliche Debatten über Verletzungen im Football.

Eine NFL-Studie, die in der Mitte der Spielzeit erschien, fand heraus, dass im Jahr 2010 20 Prozent mehr Gehirnerschütterungen gemeldet wurden als 2009 und 33 Prozent mehr als 2008. Man muss hier aber eine wichtige Unterscheidung vornehmen. In der Studie ging es um gemeldete Gehirnerschütterungen, nicht um erlittene.

Seit der ersten Ausgabe dieses Buchs wurde eine bahnbrechende Klage eingereicht und dadurch beigelegt, dass sich die NFL bereit erklärt hat, ungefähr eine Milliarde Dollar an etwa 20 000 ehemalige NFL-Spieler und die Familien von Tausenden verstorbener Spieler zu zahlen. Zur Einigung gehörte auch die Finanzierung von Basis-Tests sowie Aufklärungsprogrammen und Initiativen, die Spieler besser informieren und das Spiel sicherer machen sollen.

Der Rechtsstreit ist vielleicht vom Tisch, die Angelegenheit an sich aber mit Sicherheit noch lange nicht.

Die NFL steht bei der Behandlung und Vermeidung von Gehirnerschütterungen noch vor vielen Herausforderungen. Eine davon liegt im Generationskonflikt begründet. Viele ältere Spieler in der Liga – einige davon noch aktiv – haben früher mit Gehirnerschütterungen weitergespielt. Sie und auch einige Trainer älteren Jahrgangs zeigen manchmal Unverständnis (»Are you kidding me?«), wenn ein jüngerer Spieler von sich aus auf die Symptome einer Gehirnerschütterung hinweist.

Football ist traditionell ein harter Sport für harte Männer.

Aber die Zeiten ändern sich. Die Kids, die heutzutage in der Highschool Football spielen, haben von ihren Trainern, Eltern oder im Fernsehen eine Millionen Horrorstorys über Gehirnerschütterungen gehört. Sie wachsen in einer Ära auf, in der Gehirnerschütterungen endlich ernst genommen werden.

Die Liga geht das Problem entschieden an. Ronnie Lott, einer der härtesten Spieler aller Zeiten, ist zusammen mit John Madden Vorsitzender eines neuen Gremiums, das die NFL in Sachen Spielersicherheit berät. Ronnie ist der Meinung, dass man jungen Spielern beibringen muss, richtig und sicher zu tackeln – wie das Tackling im Rugby-Stil, das die Seahawks anwenden (siehe Kapitel 8).

Technik kann sicher viel dazu beitragen, Spieler vor Gehirnerschütterungen zu bewahren. Aber es gibt noch einen anderen Aspekt.

Wir müssen Wege finden, um die Spieler vor sich selbst zu schützen.

Es fängt schon in der Highschool an, wo viele Kinder Gehirnerschütterungen erleiden, die weder gemeldet noch irgendwo erfasst werden. Dann gehen sie aufs College, wo sie anfangen, auf eine Karriere als Profi-Footballer zu hoffen. Und plötzlich erleidet ein Freshman, der einen Kickoff covert, eine Gehirnerschütterung. Aber er meldet sie nicht. Er verlässt den Platz, geht nach Hause, sitzt in einem dunklen Zimmer und sagt seinem Coach, dass er einen Magen-Darm-Virus hat und nicht zum Training kommen kann.

Junge Spieler haben Angst davor, für den Rest der Saison krankgeschrieben oder als jemand abgestempelt zu werden, der sich leicht eine Gehirnerschütterung einfängt. Dafür steht für sie zu viel auf dem Spiel.

Q: Ist bei Donnerstagsspielen die Verletzungsgefahr wegen der kürzeren Vorbereitungszeit größer?

A: Die Sorge ist nicht, dass sich mehr Spieler an den Donnerstagen verletzen, sondern dass Spieler, die sich sonntags verletzten, vielleicht am Donnerstag noch nicht wieder einsatzbereit sind.

Weil der Kader am Spieltag auf 46 aktive Spieler begrenzt ist, müssen die NFL-Teams jede Woche acht Spieler deaktivieren. Ich plädiere dafür, den Kader für Donnerstagsspiele auf 50 aktive Spieler zu erweitern.

Nehmen wir an, ein Spieler hat sich am Sonntag an der Schulter verletzt. Wenn sein Team erst am folgenden Sonntag wieder auf den Platz müsste, wäre er einsatzbereit. Am Donnerstag ist er aber erst bei 80 Prozent.

Das Fragezeichen hinter seiner Gesundheit führt dazu, dass ihn viele Teams für ein Donnerstagsspiel deaktivieren und durch einen gesunden Spieler ersetzen würden. Wenn der Kader aber um nur vier Mann erweitert würde, könnte dieser Spieler auf der Bank Platz nehmen und in kurzen Einsätzen alles geben. Auch wenn er nur an einem Dutzend Plays beteiligt ist, sind das immerhin zwölf mehr als wenn er gar nicht spielen würde.

Viele Eigentümer würden es begrüßen, wenn die Liga den aktiven Kader auf 50 – oder sogar 53 Spieler – erweitern würde. Vor allem Stephen Jones, der Executive Vice President der Dallas Cowboys, setzt sich dafür ein.

Wenn die NFL die Donnerstagsspiele so sicher wie möglich machen will, sollte sie mit größeren Kadern experimentieren. Und wer weiß, vielleicht können Teams ja irgendwann sogar bei jedem Spiel auf den kompletten Kader von 53 Spielern zurückgreifen.

Und dieses Verhalten setzt sich in der NFL fort. Spieler werden nicht die Wahrheit sagen, wenn es ihre Karrieren und ihre Gehälter gefährden könnte, auch wenn gesundheitliche Langzeitschäden drohen. Ein erfahrener Spieler mit lukrativem Vertrag und bereits einkassierten Boni wird wahrscheinlich eher dazu neigen, den Mannschaftsärzten reinen Wein einzuschenken. Aber ein Spieler im zweiten Jahr mit Rookie-Vertrag oder ein Backup-Tight-End, der Kicks covert und Angst hat, dass man ihn entlässt, halten lieber den Mund.

Ein weiterer nicht zu unterschätzender Faktor ist das Gefühl von Unbesiegbarkeit, das man beim Football auf jeder Position braucht. Wie willst du zu einem Punt Return rausgehen, wenn du dich nicht unangreifbar fühlst? Sobald man anfängt nachzudenken und sich klarmacht, dass elf Typen einen gleich ungespitzt in den Boden rammen wollen, würde ein rational denkender Mensch wahrscheinlich sagen: »Nein danke, ich passe.«

Aber diese Jungs kommen nicht zu dir. In dieser Hinsicht sind Footballspieler wie Bankräuber. Niemand, der eine Bank ausrauben will, denkt: *Heute erwischt es mich*. Sie ignorieren das Risiko nicht bewusst, sondern blenden es einfach völlig aus.

Deshalb sollte man nicht davon ausgehen, dass Footballspieler wahrheitsgemäß ihre Verletzungen schildern. Wenn du wirklich wissen willst, ob jemand eine Gehirnerschütterung hatte, darfst du nicht den Spieler selbst fragen.

Die NFL hat in den letzten Jahren viel dafür getan, dass Gehirnerschütterungen festgestellt werden, auch wenn ein Spieler seine Symptome nicht öffentlich macht. Heutzutage beobachtet ein Sportmediziner aus einer oberen Loge das Spiel nur unter medizinischen Gesichtspunkten. Wenn ihm etwas auffällt, das auf eine Kopfverletzung hindeutet, wird der Spieler sofort an der Seitenlinie untersucht. Um wieder auf den Platz zu dürfen, muss er ein sogenanntes Concussion Protocol bestehen. Jeder Spieler, der Symptome einer Gehirnerschütterung zeigt, wird vom Platz geschickt.

Wenn bei einem Spieler eine Gehirnerschütterung diagnostiziert wird – ob während des Spiels oder in den Tagen danach – muss er sich im Laufe der Woche einer ganzen Reihe von Tests unterziehen. Er darf weder spielen noch trainieren, bis er gemäß bestimmter NFL-Richtlinien das Okay dafür bekommen hat.

Dies alles geht in die richtige Richtung. In der Saison 2014 lag die Zahl der Gehirnerschütterungen um 36 Prozent niedriger als 2013. Ich würde aber noch einen Schritt weitergehen und wöchentliche obligatorische Basis-Tests für jeden Spieler einführen. Jeder, der am Sonntag gespielt hat, müsste sich dann am Montag testen lassen. Wer besteht, darf erneut spielen.

Eine neue Regel, die vor der Saison 2015 von den Eignern verabschiedet wurde, ist die Option eines medizinischen Timeouts (*medical timeout*). Wenn der Sportmediziner, der das Spiel von oben beobachtet, einen Spieler bemerkt, der desorientiert wirkt oder wacklig auf den Beinen ist, informiert er den Schiedsrichter an der Seitenlinie, sodass dieser ein Medical Timeout ausruft. Der Spieler wird dann zur Untersuchung vom Platz genommen.

Diese Vorsichtsmaßnahme der Eigner war vorwiegend eine Reaktion auf das, was die Welt während der größten Super-Bowl-Übertragung aller Zeiten sah. In Super Bowl XLIX wirkte New Englands Receiver Julian Edelman wacklig, nachdem er an der 50-Yard-Linie von Kam Chancellor attackiert worden war – und zwar ironischerweise direkt auf dem NFL-Logo in der Mitte des Spielfelds. Nach der neuen Regel würden medizinische Beobachter entscheiden, ob Edelman untersucht werden muss, und wenn ja, das Spiel unterbrechen und Edelman rausnehmen, ohne dass das Team dadurch ein Timeout verliert (was den Patriots bei zehn Punkten Rückstand am Anfang des vierten Quarter wehgetan hätte).

In derselben Eigentümerversammlung wurden aus Sicherheitsgründen noch einige weitere Regeln geändert. Eine Änderung sieht vor, dass ein Back keinen Cut Block mehr ansetzen darf, wenn der geblockte Verteidiger oberhalb der Taille bereits mit einem anderen Blocker beschäftigt ist. Das ist meiner Meinung nach halbherzig. Warum nicht Cut Blocks komplett verbieten, sodass ein Spieler nicht mehr auf die Beine eines Verteidigers zielen darf? Cut Blocks werden weder am College beigebracht noch in der NFL geübt. Was bedeutet, dass Spieler sie nicht wirklich gelernt haben und sie deshalb sowohl für den blockenden als auch für den geblockten Spieler ein gesundheitliches Risiko darstellen.

Natürlich kann das Regelwerk nicht für die Sicherheit der Spieler garantieren. Auch wenn man darauf hinweist, dass auf dem Parkplatz ein

Tempolimit von 10 km/h gilt, wird noch lange nicht jeder nur noch 8 km/h fahren.

Den Schutz des Quarterbacks kann man ebenfalls mit Regeln festschreiben, aber das wird ihn nicht schützen. Die Liga kann nicht davon ausgehen, dass der Quarterback sicher ist, nur weil sich das Competition Committee der NFL irgendeine neue Regel ausgedacht hat. Ich habe noch keinen Verteidiger getroffen, der an das Regelwerk denkt, wenn er den Quarterback plattmacht. Ray Lewis sagte mal zu mir: »Ich verstehe, was sie mit diesen Regeln bezwecken. Aber ich muss hier meinen Job machen.«

Die Liga hat begriffen, dass sie andere Wege finden muss, um das Spiel sicherer zu machen. Ich habe mit Commissioner Goodell über eine von Concussion-Experten verfasste Studie gesprochen, die empfiehlt, die Three-point Stance abzuschaffen. Ein Offensive Lineman, der in einer Three-point Stance steht, kann beim Snap nicht anders, als mit dem Helm nach vorne zu gehen. Damit knallt er 65 Mal pro Spiel mit dem Kopf voran gegen den Spieler, der vor ihm steht. Die Studie lässt den Schluss zu, dass die aufsummierte Wirkung dieser Stöße eher zu einer Gehirnerschütterung führt als einige der Zusammenpralle, die wir auf dem offenen Feld sehen.

Und es ist an der Zeit einzusehen, dass einige grundlegende Elemente des heutigen Spiels dazu beitragen, dass sich Spieler verletzen.

Ein gutes Beispiel dafür ist der Zone Blitz. Dieser legt es darauf an, die Offensive Line zu täuschen und dazu zu bringen, die falschen Verteidiger zu blocken. Dadurch ergibt sich ein freier Blitzer, den das Protection Scheme nicht berücksichtigt, was das Verletzungsrisiko des Quarterbacks dramatisch erhöht.

Cheftrainer und Offensive Coordinators müssen lernen, Verletzungsrisiken und spielerische Chancen beim Playcalling noch besser gegeneinander abzuwägen. Am besten wird der Quarterback natürlich geschützt, wenn der Spieler auf dieser Position clever ist und den Ball rechtzeitig loswird. Zu oft sind Mannschaften jedoch gezwungen, einen Quarterback rauszuschicken, der seine Offense noch nicht voll beherrscht. Wenn ein Quarterback Dinge tun muss, bei denen er sich nicht wohlfühlt, wenn er sich schwertut, die Defense zu lesen und zu verstehen, was er sieht, und er einer aggressiven, blitzenden Defense ausgesetzt ist, dann steigt sein Verletzungsrisiko.

Das könnte dazu führen, dass Coaches ihre Playbooks begrenzen. Ja, ich weiß, dass man so viele Optionen wie möglich braucht, um eine

Defense zu überrumpeln. Und ich weiß, dass man Risiken eingehen muss, um Spiele zu gewinnen. Aber ist das Risiko nicht zu groß, wenn der Quarterback verletzt vom Platz muss?

Es gibt noch weitere Faktoren in einzelnen Spielsystemen, die dazu beitragen, dass mehr Spieler Kopfverletzungen erleiden. Die Cover 2 Defense bietet zum Beispiel eine hervorragende Gelegenheit für die Art von Helm-gegen-Helm-Hits, die oft zu Gehirnerschütterungen führen.

Bei der Manndeckung jagt ein Verteidiger seinem Mann hinterher und versucht, ihn zu tackeln. Zwischen dem Verteidiger und seinem Ziel befindet sich nur ein geringer Abstand und ohne großen Abstand kann ein Hit nicht so stark ausfallen.

Aber in einer Cover 2 Defense kann der Defensive Back abwarten und die Cross-Route lesen, in der der Receiver auf ihn zuläuft. Dadurch hat der Verteidiger die Chance, seinen Hit genau in dem Augenblick anzubringen, in dem der Receiver am verwundbarsten ist: wenn er auf den Ball und nicht auf den Kontakt fokussiert ist.

Vergiss nicht: Die Aufgabe des Verteidigers besteht darin, zu verhindern, dass der Ball gefangen wird. Und wenn er gefangen wurde, dann ist es sein Job, ihn mit Gewalt wieder loszueisen.

Man kann ihm keinen Strick daraus drehen, dass er seinen Job macht – vorausgesetzt er verletzt dabei keine Regeln und attackiert einen ungeschützten Spieler nicht besonders brutal. Ich schlage ja auch nicht vor, die Zone Defense abzuschaffen.

Die Offensive Coaches müssen sicherstellen, dass ihre Receiver wissen, wie man vermeidet, sich in Gefahr zu bringen. Das fängt mit dem Lesen von Coverages an. Wenn ein Receiver eine flache Cross-Route gegen eine Manndeckung läuft, kann er sich vom Verteidiger entfernen. Aber wenn er dieselbe Route gegen eine Cover 2 läuft, muss er wissen, dass er nicht in die Gefahrenzone laufen darf, in der ein Cornerback schon darauf wartet, ihn zu pulverisieren. Er muss lernen, sich »hinzusetzen« – in der Zone einen Punkt zu finden, anzuhalten und sich dann zum Quarterback umzudrehen.

Verringert das den potenziellen Raumgewinn? Wahrscheinlich. Aber ein Coach braucht seine Spieler für 16 Spiele oder mehr. Die langfristigen Ziele können nicht immer den kurzfristigen geopfert werden. Ein Coach muss sicherstellen, dass sein Receiver eine Zone erkennen und aushebeln und sich dabei auch noch schützen kann. Wenn nicht, muss der Coach entweder den Spieler auswechseln oder seine Taktik ändern.

DIE GEFAHRENZONE: FLACHE CROSS-ROUTE GEGEN COVER 2

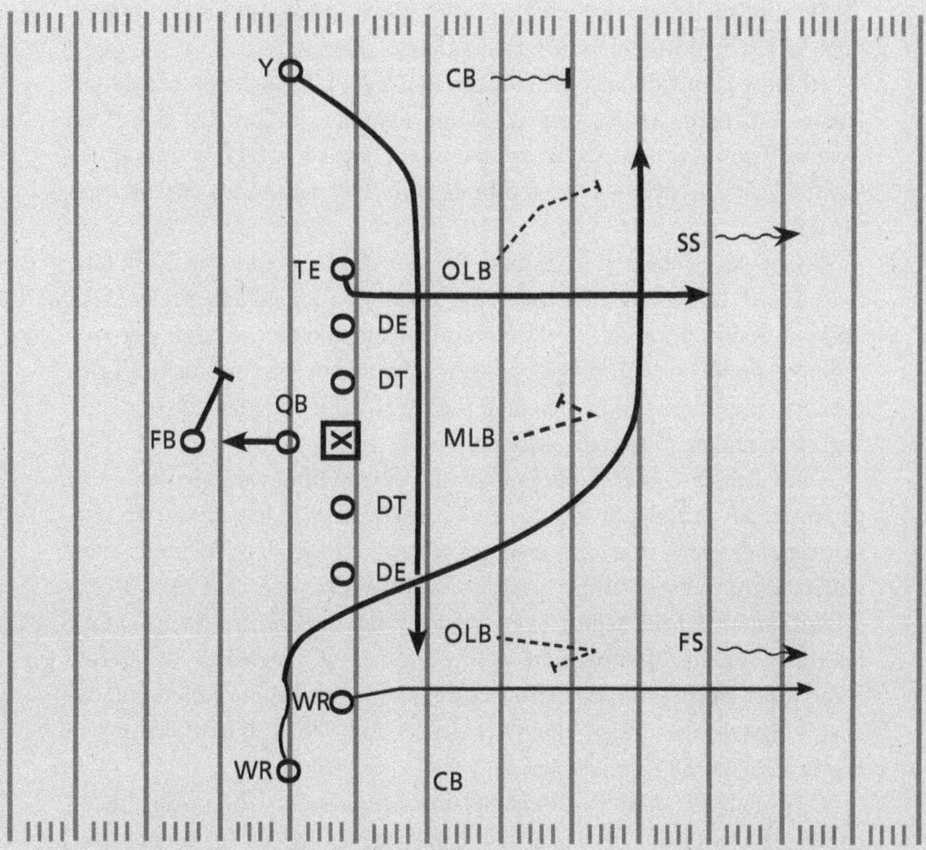

Der auf der Strong Side aufgestellte Y-Receiver läuft eine flache Cross-Route. Wenn er sich nicht vorher »hinsetzt«, wird er beim Laufen über seine Schulter nach dem Ball blicken, wodurch er verwundbar für einen gefährlichen Angriff des Cornerbacks ist.

Trainer, die verstehen, wo auf dem Platz potenzielle Verletzungssituationen entstehen, können Spielern besser helfen, diese zu vermeiden.

Sie sind auch diejenigen, die einfache Wege finden, um sich einen auch noch so leichten Konkurrenzvorteil zu verschaffen.

30 Jahre lang aktivierte jedes Team in der NFL für jedes Spiel acht Offensive Linemen. Inzwischen aktivieren fast alle nur noch sieben. Und zwar weil aufmerksame Coaches erkannten, dass sie in 99 Prozent der gesamten Zeit nur sieben Linemen brauchten. Der achte kam fast nie zum Einsatz.

Ihnen wurde bewusst, dass diese Position aus medizinischer Sicht relativ stabil ist. Ja, diese Spieler haben bei jedem Play einen heftigen Kontakt, und wie weiter oben erläutert, deuten Untersuchungen an, dass der wiederholte Kontakt zu Kopfverletzungen führt. Aber sie sind nicht an den großen Zusammenprallen beteiligt, die sonst auf dem Spielfeld passieren. Sie haben andere Verletzungsrisiken.

Diese Erkenntnis erlaubte es Coaches, einen Offensive Lineman weniger auflaufen zu lassen und dafür einen zusätzlichen Safety mit ins Spiel zu bringen. Jeff Fisher und ich haben uns schon mehrfach lang darüber unterhalten, warum dieser fünfte Safety so wichtig geworden ist. Fisher, der in seiner Zeit als Spieler selber Safety war, verwies darauf, wie Teams auf die heutigen Spread Offenses und große Tight Ends reagieren. Sie draften Safetys, die eigentlich Cornerbacks sind, kleine Spieler, die laufen und decken können. Aber gegen eine Offense, die mit dem Ball läuft, kann sich dieser schnelle, 88 Kilo leichte Safety leicht verletzen.

Das ist etwas, worauf du bei Spielen achten kannst. Überprüfe anhand der Mannschaftsaufstellung, ob dein Coach sieben Offensive Linemen und fünf Safetys aufgestellt hat. Wenn ja, liegt die Vermutung nahe, dass er jemand ist, der Verletzungsrisiken studiert und mit einkalkuliert.

16 Schwierige Entscheidungen

Das NFL-Regelwerk macht Schiedsrichtern das Leben schwer

Für Nate Solder lagen über sieben Jahre zwischen zwei Receptions. 2007 fing er als Tight End an der University of Colorado in seinem Freshman-Jahr drei Pässe für 50 Yards. Doch schon in der nächsten Saison wechselte er die Position und wurde zum Starting Left Tackle der Colorado Buffaloes. Er wurde nun nicht länger von Quarterbacks angespielt, sondern sein neuer Job bestand darin, diese zu beschützen.

Diesen Job machte er so gut, dass die Patriots ihn in der ersten Runde des NFL-Drafts 2011 auswählten. Vier Jahre lang war er als Tackle ein Pfeiler von New Englands O-Line. Zuerst auf der rechten Seite, dann (nach Matt Lights Rücktritt) auf der linken.

Erst im dritten Quarter der AFC-Championship 2015 bekam Solder wieder die Gelegenheit, seine alten Fähigkeiten als Receiver unter Beweis zu stellen. Bei 3rd-and-1 an der 16-Yard-Line von Indianapolis meldete er sich beim Schiedsrichter als Eligible Receiver und stellte sich als Tight End an der linken Seite der Patriots-Line auf.

Beim Snap blockte Solder seinen Verteidiger erst, ließ dann von ihm ab und rannte auf eine Pass-Route. Tom Brady täuschte einen perfekten Play-action Fake an LeGarrette Blount an, drehte sich und sah, dass Solder in der linken Flat-Zone völlig frei war. Solder drehte sich um, fing den Ball, stolperte in die Secondary der Colts und hechtete von der 2-Yard-Linie in die Endzone, womit er die erste Reception seiner NFL-Karriere gleich in den ersten Touchdown seiner NFL-Karriere verwandelte.

Aber etwas stimmte an diesem Spielzug nicht. Er war nicht regelkonform.

Nicht wegen etwas, das Solder getan hatte. Ein anderer Tackle der Patriots, Cameron Fleming, hatte sich im vorherigen Play, einem Lauf von

Blount, als Eligible Receiver gemeldet. Im nächsten Play meldete sich Solder als *eligible*, also teilnahmeberechtigt, aber Fleming verließ nicht den Platz. Die NFL-Regel besagt jedoch, dass ein Spieler, der sich als eligible meldet, erst dann wieder *ineligible* wird, wenn er einen Spielzug lang ausgesetzt hat.

Die Schiedsrichter pfiffen nicht ab. Der Touchdown wurde anerkannt, obwohl Dean Blandino, NFL-Vize-Präsident für Schiedsrichter-Belange, später zugab, dass diese Entscheidung falsch war.

Teilweise ist daran Bill Belichick schuld. Mit einem ähnlichen Eligible-Ineligible-Manöver hatte er beim Sieg von New England über Baltimore in der davorliegenden Woche Unmut verbreitet – nicht beim sportlichen Gegner, sondern bei den Schiedsrichtern, die versuchten, korrekt zu pfeifen. Was ihnen nicht gelang.

Aber es gibt einen noch viel eindeutigeren Schuldigen für diese falsche Entscheidung.

Die Unparteiischen sind es nicht. Schuld haben vielmehr das Regelwerk der NFL und das Competition Committee, das dieses Regelwerk ständig ergänzt.

Das über 90-seitige Dokument war noch nie besonders verständlich, aber jährlich kommen etliche neue Regelungen hinzu, die es den Schiedsrichtern unmöglich machen, ihren Job richtig auszuüben, und es Coaches und Spielern unmöglich machen, zu verstehen, was erlaubt ist und was nicht.

Das wirkt sich negativ auf den Sport aus.

Ich habe mir alle Vergehen angesehen, die in der regulären Saison 2014 in 512 Spielen gepfiffen wurden. In den ersten Vierteln dieser Spiele wurden 51 verschiedene Arten von Penalty gepfiffen. Damit sollte klar sein, dass die Offiziellen einfach auf zu viele Dinge achten müssen.

2014 wurden pro Spiel 16,2 Penalties gepfiffen, insgesamt 550 mehr als im Jahr zuvor. Ein Penalty Call unterbricht das Spiel mit dem Diskutieren, Verkünden der Entscheidung und Markieren des Balls im Schnitt für etwa zwei Minuten. Das sind insgesamt 18 Stunden, in denen die Fans im Stadion und vor den Bildschirmen herumsaßen und sich fragten, warum das Spiel denn schon wieder unterbrochen wurde. Die Challenge eines Coaches bedeutet sogar eine Unterbrechung von fünf Minuten. Dadurch wird der Spielfluss gestört und die Partien überschreiten die angedachte Gesamtlänge von drei Stunden.

Besonders stören mich die immer wieder neuen Schwerpunkte im Regelwerk. Jedes Jahr kommt das Competition Committee zu dem Schluss, dass bestimmte Regelverstöße nicht konsequent genug geahndet wurden. Diese Regeln werden für die kommenden Spielzeit zu Schwerpunkten erklärt, also zu Aspekten, auf die die Schiedsrichter besonders achten sollen. Man ändert nicht die Regeln, sondern sagt den Referees nur: »Das pfeift ihr nicht oft genug.« Natürlich hat das unweigerlich zur Folge, dass die Übertretung dieser Regeln als Überreaktion nun viel zu oft gepfiffen wird.

2013 wurde »illegal contact by the defense« (regelwidriger Kontakt durch die Defense) 37 Mal gepfiffen. Dann machte man dieses Foul zu einem besonders argen Regelverstoß – mit dem Ergebnis, dass es in der folgenden Saison 102 Mal geahndet wurde. Das bedeutet nicht, dass es 2014 dreimal so viel regelwidrige Kontakte gab; es bedeutet nur, dass sie dreimal so oft gepfiffen wurden. Den Schiedsrichtern wird gesagt: Im Zweifel immer Flagge werfen. Deshalb sehen wir plötzlich eine Verdreifachung eines bestimmten Penalty. Und der Spielfluss wird zäher.

Die Begründung der Liga lautet natürlich, diese Priorisierung führe dazu, dass die Schiedsrichter korrekter pfeifen. Gleichzeitig begrenzt die NFL aber, was die Coaches anfechten (*challenge*) dürfen. Besonders Bill Belichick hat dies kritisiert. In der Eignerversammlung 2015 wurde der Vorschlag gemacht, dass jedes Play potenziell anfechtbar sein solle. Leute, die Videobeweise oder Challenges (oder Belichick) nicht mögen, mosern, dass Spiele dann vier Stunden dauern könnten. Aber Belichick hat Recht. Es geht gar nicht darum, alles anzufechten, denn ein Coach hätte ja immer noch nur maximal drei Challenges. Nur könnte er mit diesen eben alles anfechten. Die Eigner haben diese Debatte 2015 erst einmal zurückgestellt, aber das halte ich für einen Fehler.

Die Fans zu Hause sehen, wenn eine Fehlentscheidung getroffen wurde. Und zwar leider ziemlich oft.

Genau wie eine Gruppe von Schiedsrichtern in der Geschäftsstelle der NFL in der Park Avenue. Jedes Spiel wird per Live-Video von Blandino und anderen Offiziellen überwacht. Warum dann nicht jedem Spiel einen Unparteiischen in New York zuordnen, der dem Hauptschiedsrichter (dem *referee*) ein Signal geben kann, wenn er eine Regelwidrigkeit bemerkt? Die NFL scheut sich davor, den Unparteiischen auf dem Platz die Entscheidungsgewalt zu entziehen, aber wir sehen Woche für Woche, dass diese Männer überfordert sind.

Zum Beispiel beim Play von Dez Bryant.

In der Divisional Round der Playoffs 2015 machte Bryant scheinbar einen spektakulären Catch: Er sprang hoch und fing den Ball über dem Kopf und den ausgestreckten Armen von Green-Bay-Cornerback Sam Shields. Die Schiedsrichter platzierten den Ball innerhalb der 1-Yard-Linie, wodurch Dallas nun bei 1st-and-goal stand – und das in einem Playoff-Spiel mit nur noch vier Minuten auf der Uhr, in dem die Cowboys mit fünf Punkten zurücklagen.

Green Bay hat den Call natürlich sofort mit einer Challenge in Frage gestellt. Und nach weiterer Prüfung wurde die Entscheidung tatsächlich zurückgenommen.

Referee Gene Steratores Erklärung dazu lautete: »Der Receiver hatte den Ball während des Fangprozesses nicht die ganze Zeit unter Kontrolle. Der Ball löst sich und berührt den Boden. Deshalb gilt der Spielzug als nicht abgeschlossener Vorwärtspass [*incomplete forward pass*].«

Das Schiri-Urteil basierte auf der umständlichen Formulierung von Regel 8, Abschnitt 1, Artikel 3, Punkt 1 des NFL-Regelwerks, wo es heißt: »Wenn ein Spieler beim Akt des Ballfangens zu Boden geht (mit oder ohne Kontakt durch einen Gegner), muss er während des Vorgangs des zu Boden Gehens die Kontrolle über den Ball behalten, ob im Spielfeld oder in der Endzone. Wenn er die Kontrolle über den Ball verliert und der Ball den Boden berührt, bevor er die Kontrolle wiedererlangt, ist der Pass incomplete. Wenn er die Kontrolle wiedererlangt, bevor der Ball den Boden berührt, ist der Pass complete.«

Ein paar Zeilen darüber wird aber in Regel 8, Abschnitt 1, Artikel 3, Paragraf C erklärt, dass ein Pass als complete angesehen wird, wenn ein Spieler innerhalb des Spielfelds »lang genug die Ballkontrolle behält … um jegliche für den Sport typische Handlung auszuführen (i.e. den Ball zu werfen, damit zu laufen, einem Gegner auszuweichen oder ihn abzuwehren, etc.)«.

Die NFL liebt solche Definitionen. Sie glaubt, dass sie Schiedsrichterentscheidungen damit völlig objektiv macht. Was glaubst du? War Dez Bryants Play ein Beispiel für einen phänomenalen Athleten, der sich streckte, um die Endzone zu erreichen, während er versuchte, dem Verteidiger auszuweichen und im Spielfeld zu bleiben, wobei er den Ball komplett unter Kontrolle hatte? Führte er eine »für den Sport typische Handlung« aus? Oder gelang es ihm nicht, beim »Vorgang des zu Boden Gehens« den Ball zu kontrollieren?

Auch wenn man sich die Zeitlupenwiederholung ein Dutzend Mal ansieht, kann man sich nicht sicher sein. Nicht, weil das Video undeutlich ist, sondern weil die Regeln so umständlich formuliert sind.

Trafen die Unparteiischen gemäß dem Regelwerk die richtige Entscheidung? Ergibt das Regelwerk überhaupt einen Sinn?

Ein paar Jahre, bevor die Phrase »für den Sport typische Handlung« (»act common to the game«) eingefügt wurde, hieß es noch »football action«. Aber man konnte sich nicht darauf einigen, was genau unter Football Action zu verstehen sei. Also änderte man die Formulierung zu »für den Sport typische Handlung«.

Das machte den Sachverhalt aber anscheinend auch nicht klarer. Also änderten die Eigner den Wortlaut 2015 erneut. Jetzt muss ein Receiver den Ball kontrollieren, beide Füße am Boden haben und sich »klar als Läufer etablieren« (»clearly establish himself as a runner«).

Und das soll helfen? In Zukunft werden alle darüber debattieren, was genau es bedeutet, sich als Läufer zu etablieren. Was, wenn der Spieler, nachdem er den Ball kontrolliert und beide Füße am Boden hatte, 5 Yards nach vorne stolpert? Gilt das als »laufen«?

Und viel wichtiger: Würde nach dieser neuesten Umformulierung bei allen Schiedsrichtern Einigkeit darüber herrschen, was ein Catch ist?

Natürlich nicht. Mir tun die Unparteiischen leid, weil das Regelwerk immer umfangreicher und die Sprache immer schwammiger wird.

Alle vor dem Fernseher sehen, wie die Schiris bei dieser Art von Calls ständig danebenliegen. Kommt noch dazu, dass die TV-Sender Fox und CBS Mike Pereira (ehemaliger Vice President of Officiating) und Mike Carey (ehemaliger NFL-Referee) als Experten beschäftigen. Und wenn diese einer Schiedsrichterentscheidung auf dem Feld widersprechen, rasten die Fans vor den Bildschirmen aus.

Einige einfache Korrekturen des Systems sind schon lange überfällig.

Erstens sollten meiner Meinung nach alle Catches von Blandino und seinem Park-Avenue-Team geprüft werden. Ich hatte immer erwartet, dass diese Abteilung der NFL einschreiten würde, wenn sie sieht, dass die Unparteiischen Fehlentscheidungen treffen, aber das will sie offensichtlich nicht – mit der Begründung, dass die Autorität der Schiedsrichter auf dem Platz nicht untergraben werden soll (auch wenn durch falsche Entscheidungen in kritischen Momenten ihre Glaubwürdigkeit untergraben wird). Zumindest könnte man jeden fragwürdigen Catch von zentraler Stelle bestätigen lassen.

An dieser zentralen Stelle sollten ehemalige Schiedsrichter sitzen, Männer mit 30 Jahren Berufserfahrung auf dem Buckel, die wissen, worauf sie achten müssen, aber nicht mehr auf dem Platz hinter Topathleten herrennen können. Die NFL sollte sie in Vollzeit anstellen, um jedes Spiel live zu überwachen und sich in der Woche nochmal die Aufzeichnungen aller Spiele anzusehen. Dieses Team könnte analysieren, wie spezifische Vergehen in der Liga gepfiffen werden, bestimmte Schiedsrichter-Gespanne auf Probleme aufmerksam machen und Filmausschnitte von kniffligen Situationen für alle Schiri-Teams als Lehrmaterial zusammenstellen. So ließe sich Licht in das Dickicht des aufgeblähten Regelwerks bringen.

Und vor allem sollte eine solche Instanz die Befugnis haben, einzuschreiten, wenn auf dem Platz falsche Entscheidungen getroffen werden.

Das würde die Kompetenz des Schiedsrichter-Teams auf dem Platz nicht infrage stellen. Die Liga sollte ihnen vielmehr sagen: »Tut euer Bestes, aber wir sind da, um euch zu unterstützen.« Nach einem Penalty Call würde sich grundsätzlich die Zentralstelle melden. War die Entscheidung richtig, wird markiert, wo der Ball hin soll. War sie falsch, wird die Flagge wieder entfernt. Die Unparteiischen lernen dadurch, verbessern sich und mit der Zeit gewöhnen sich alle daran, dass die Männer in Zebrastreifen auf dem Platz nicht immer das letzte Wort haben.

Meine Forderung lautet: Setzt die vorhandene Technologie ein.

Und den gesunden Menschenverstand. Wenn ein Receiver und ein Verteidiger beide zu einem Ball hochspringen und Kontakt entsteht, gibt es keinen Grund, eine Flagge zu werfen. Wenn jeder Hand an den anderen legt – und keiner von beiden davon einen Vorteil hat –, ist das kein Penalty. Wenn der Kontakt von beiden Spielern ausgeht, dann lasst sie weiterspielen. Unterbrecht nicht das Spiel, um zu bestimmen, wer von beiden mehr Schuld hat.

Das gilt auch, wenn es um Kontakt mit dem Quarterback geht. Wenn ein Verteidiger ihn beim Vorbeilaufen mit dem Unterarm streift, ist das kein Penalty.

Wir sollten uns gut überlegen, wie wir definieren, was ein »defenseless player« (schutzloser Spieler) ist. Mit dieser Formulierung wurde ein Riesenfass aufgemacht.

In jedem Spiel ist jeder Spieler auf dem Feld irgendwann schutzlos. Am Anfang jedes Spielzugs stehen sich beide Teams gegenüber, aber das Spiel entwickelt sich auf dem offenen Feld. Nach dem Snap passieren viele Dinge, durch die sich jemand vom Ball abwendet. Früher bläuten wir Spielern immer ein, ihren Kopf hin und her zu schwenken, den Platz zu scannen und den Gegner zu finden, der einen angreifen will. Wenn ein Spieler heute zum Tackeln ansetzt und ein Gegner ihn aus einem Winkel blockt, wo er ihn nicht sehen kann, er ihn aber im letzten Moment sieht und den Kopf dreht: Ist er dann schutzlos? War er es je?

Die Liga sollte es mit ihrer Sicherheits-Agenda nicht übertreiben. Sie verändert das Spiel mit immer neuen Regeln schneller, als es verändert werden muss. Bestimmte Risiken gehören einfach zu diesem Sport und werden sich nie ganz ausschließen lassen. Und falls doch, wäre es nicht mehr Football.

Wenn der Quarterback aufrecht in der Pocket steht, nachdem er den Ball geworfen hat, und ein Verteidiger auf ihn zustürmt und ihm einen Kopfstoß verpasst, ist das klar ein Foul. Aber was, wenn ein Receiver den Ball in der Feldmitte fangen will und ein Safety direkt auf ihn zuläuft? Der Safety senkt die Schulter zum Angriff. Der Receiver senkt den Kopf. Dann prallt Helm auf Helm, was eine große Strafe nach sich zieht, auch wenn der Zusammenprall nur die unglückliche Konsequenz von zwei sich bewegenden Objekten war. Als der Safety sich für den Hit positionierte, zielte er auf eine regelkonforme Angriffszone. Regelwidrig wurde die Aktion nur, weil sein Ziel die Position veränderte.

Footballfans geben unumwunden zu, dass sie die Gewalt, die Zusammenstöße und die unterschwellige physische Gefahr mögen, die Football mit sich bringt. Aber heutzutage gibt es in manchen Spielzügen weniger Kontakt als beim Basketball. Im Basketball kann man bodychecken, die Hände auf den Rücken des Spielers legen, gegen den man verteidigt, und ihn schubsen. Das ist im Football verboten, obwohl Footballspieler Pads tragen und auf Gras spielen.

Wenn das Spiel fair und effektiv geleitet werden soll, müssen die Definitionen klarer sein. Was ist ein schutzloser Spieler? Was ist ein regelwidriger Hit? Was ist ein Catch?

Aber das Formulieren klarer Regeln ist leider nicht gerade eine Stärke der NFL.

Das Vermächtnis von Deflategate

Abgesehen davon, dass der unwiderstehliche Mix aus Sport, Promis und Verschwörungstheorien unzähligen Comedians und Talkshow-Moderatoren endlos Material bescherte: Was war eigentlich der Sinn von Deflategate?

In meinen Augen war diese aufgeblasene Story keine Verurteilung von Tom Brady, sondern ein weiteres Beispiel dafür, dass das Regelwerk der NFL nicht praktikabel ist. Ein Lehrstück, das demonstriert hat, wie eine scheinbar unwichtige Regel für alle Beteiligten zu einem großen, unschönen und völlig unnötigen Loch im Kopf werden kann.

Die Frage ist nun: Was hat die NFL aus Deflategate gelernt?

Ich hoffe, sie hat gelernt, dass sie ihre altmodischen Abläufe überdenken muss. Dass sie der Versuchung widerstehen muss, jedes Problem durch eine Erweiterung des bereits völlig aufgeblähten Regelwerks lösen zu wollen. Man kann nicht nach jedem Unfall an jeder Kreuzung ein neues Stoppschild aufstellen.

Die NFL ist eine Liga mit Weitblick, die Übertragungsrechte an eine reine Internet-Plattform verkaufen möchte. Wie kann es dann sein, dass sie nicht in der Lage ist, den Luftdruck von Bällen zu kontrollieren?

Sie setzen unzulängliches Equipment ein, wenn es darum geht zu messen, ob der Luftdruck eines Balls den offiziellen Richtlinien entspricht. Die Bälle werden in einem Raum gemessen, in dem eine Temperatur von 21 Grad Celsius herrscht, dann in einen Beutel gepackt und zum Beispiel an einem kalten Januartag in Foxborough 40 Minuten vor dem Kickoff draußen aufs Spielfeld gelegt. Ein Football ist eine Gummiblase mit Säumen, im Prinzip ein durchlässiges Sieb – natürlich ändert sich der Luftdruck unter veränderten Außenbedingungen. Man würde meinen, die Liga könnte eine klimatisierte Box bereitstellen, in der die Bälle an heißen und kalten Tagen gleich temperiert bleiben.

Das ist die Botschaft. Alles, was noch genauso gemacht wird, wie vor dem Jahr 2000, sollte überdacht werden. Wirklich alles, von den Abläufen am Spieltag bis hin zu den vom Competition Committee neu erlassenen Regeln, die wenig Chancen haben, effektiv angewandt zu werden.

Wir wissen, dass die Liga eine Lehre aus den Geschehnissen gezogen hat, wenn nicht mehr Balljungen die Bälle rein und raus werfen, sondern offizielle NFL-Mitarbeiter die Spielbälle verwalten. Diese sollten Luftdruck-Experten sein und wissen, ob ein Ball die festgelegten Werte über- oder unterschreitet, sobald sie ihn in Händen halten.

Ein simpler Anruf vom Büro in der Park Avenue an die Patriots am Tag vor dem AFC Championship Game 2015 mit dem Hinweis: »Wir haben Hinweise erhalten, dass die Spielbälle Unterdruck haben könnten, und werden sie morgen prüfen« hätte genügt, um der Liga den ganzen Skandal zu ersparen.

Alles, was wir in diesem Sport machen, sollte auf die richtige Art und Weise aus den richtigen Gründen gemacht werden. Und dazu gehört auch eine gründliche und grundlegende Prüfung des Regelwerks.

17

Sagen Zahlen die Wahrheit?

Warum Statistiken oft wenig aussagen und Analytics die Zukunft sind

Sammie Coates verließ Indianapolis mit vielen positiven Zahlen im Bewertungsbogen. Keiner der Receiver, die an der Scouting Combine 2015 teilnahmen, erreichte insgesamt so beeindruckende Messwerte wie er. Neben seiner ordentlichen Physis (1,85 Meter, 96 Kilogramm) zeigte er Schnelligkeit (4,43 Sekunden beim 40-Yard-Sprint, 4,06 Sekunden beim Short Shuttle), Kraft (23 Wiederholungen beim Bankdrücken) und eine gewaltige Explosivität beim Hochsprung (1,04 Meter) und Weitsprung (3,33 Meter) aus dem Stand.

Auch Coates' Lebenslauf deutete auf viel Potenzial für Big Plays (Coates machte im Lauf von drei Saisons in Auburn im Schnitt 21,4 Yards pro Catch) und bewies, dass er vor allem gegen starke Gegner zur Höchstform aufläuft (drei 100-Yard-Spiele machte er gegen LSU, Mississippi und Alabama – die drei besten Defenses, gegen die sein Team antrat). Nimmt man die Zahlen aus der Combine hinzu, kann man verstehen, warum manche Scouts in einem wieder mal Wide-Receiver-lastigen Draft ein Auge auf ihn warfen. Die Steelers wählten ihn in der dritten Runde mit dem 87. Pick.

Aber diese Zahlen erzählen nicht die ganze Geschichte.

Eine andere Zahl – die Drop-Rate (das Verhältnis von gefangenen und fallengelassenen Pässen) – deutet etwas anderes an. Coates ließ in seiner letzten College-Saison einen von neun Pässen fallen.

All die beeindruckenden Zahlen auf der Habenseite werden von dieser einen kleinen Zahl auf der Sollseite infrage gestellt. Zumindest in den Augen der Leute, die auf solche Informationen achten. Und deren Zahl wächst in der NFL ständig.

Personalentscheidungen werden niemals allein auf der Grundlage von Zahlen getroffen. Aber der Zugriff auf solche Informationen kann den Bewertungsprozess für Spieler und andere Aspekte des Sports bereichern.

Analytics ist ein Begriff, der viele in der NFL abschreckt. Aber es handelt sich dabei um mehr als reine Statistik – jene kalten, harten Zahlen, die mehr mit Fantasy Football als mit dem echten Sport zu tun haben. Analytics ist ein Ansatz, um Daten zu interpretieren; eine Methode, um die Informationen, die bei jedem Spielzug generiert werden, sinnvoll einzusetzen.

Für mich sind Analytics nur so glaubwürdig wie die Menschen, die die Daten produzieren. Deshalb schätze ich die Arbeit von John Pollard und STATS LLC, einem Unternehmen, das Mithilfe von ehemaligen NFL-Coaches und -Scouts sowie College-Trainern – also echten Footballexperten – Daten generiert, die für Menschen, die Football-Entscheidungen treffen, äußerst nützlich sein können.

Die Drop-Rate ist eine dieser Datenkategorien.

John und ich unterhielten uns über Drop-Raten, als wir die Wide Receiver durchgingen, die im Draft 2015 im Angebot waren. Laut STATS haben gute Receiver eine Drop-Rate von 1 pro 30 Würfen. Rashad Greene, Florida States bester Receiver aller Zeiten, kam nicht an Coates' Combine-Werte heran. Aber seine Drop-Rate im letzten Collegejahr betrug 1 pro 74 Würfen. Er wurde von Jacksonville erst in der fünften Runde gewählt.

Früher drafteten wir Receiver auf der Grundlage von drei Informationen: der Gesamtzahl der Receptions eines Kandidaten, seiner Größe und seiner Zeit beim 40-Yard-Sprint. Ich sage nicht, dass ich die Drop-Rate ganz oben auf die Liste setzen würde, aber sie sollte auf jeden Fall ein Faktor im Bewertungsprozess ein, weil es nun einmal die Hauptaufgabe eines Receivers ist, den Ball zu fangen.

Coates' schlechte Drop-Rate von 1-in-9 bedeutet nicht, dass ich ihn vom meinem Draft Board streichen würde. Sie bedeutet nur, dass ich ihn selbst im Workout testen würde, um mich von seinen Fähigkeiten zu überzeugen. Ich würde ihm 50 Bälle zuwerfen. Wenn er mehr als fünf fallen ließe – 1-in-10 – würde ich ihn nicht draften, ganz egal, wie schnell er läuft oder wie hoch oder weit er springt.

Wenn man Receiver voneinander abgrenzen will, die alle ähnliche Messwerte haben und alle aus College-Offenses kommen, die meist mit 11er-Personnel spielten, muss letztlich irgendein Faktor zur Entscheidung für oder gegen eine Verpflichtung des Spielers ausschlaggebend sein. Für einige Verantwortliche könnte das die Drop-Rate sein.

Bei Analytics geht es weniger um die nackten Zahlen und mehr darum, wie man Informationen maximiert und sinnvoll interpretiert. Wenn ich sehe, dass ein Junge eine Drop-Rate von 1-in-20 hat, ist das für mich ein Warnzeichen. Dann möchte ich mehr über die näheren Umstände dieser Drops erfahren. Also schicke ich meinen Quality Control Coach los, um alle Videos des Kandidaten durchzusehen und jeden einzelnen dieser Drops zu analysieren. Fanden alle Drops auf tiefen Routen statt? Falls ja, und ich gerne mit tiefen Pässen operiere, dann ist der Spieler für mich nicht interessant. Aber wenn ich eine West Coast Offense habe und er auf seinen kurzen Routen keine Drops hat, dann gefällt er mir möglicherweise schon besser.

Zahlen allein sagen einem gar nichts. Aber wir sind inzwischen an einem Punkt, an dem neue Kriterien zusammengetragen werden, um bei wichtigen Entscheidungen zu helfen. Es wäre fast schon fahrlässig, diese nicht zu benutzen.

Es kommt auf den Blickwinkel an

Pollard und STATS versorgen wahrscheinlich zwei Drittel der NFL mit ihrem Informations-Management-Service. Heute operieren schätzungsweise ein Dutzend Teams auf der Basis von Analytics. Weitere acht oder zehn haben bereits in Technologie und Informationen investiert, lernen aber noch, wie man diese am effektivsten einsetzt. Bleibt noch etwa ein Drittel der Liga, das sich zwar grundsätzlich für die neuen Informationen interessiert, aber noch nicht genau weiß, was man damit macht. Analytics haben momentan für diese Teams keine Priorität. Noch nicht.

Dabei sind Analytics im Football in vielerlei Hinsicht anwendbar.

Nehmen wir zum Beispiel an, ein Team möchte die Tendenzen eines bestimmten beweglichen Quarterbacks besser verstehen. Pollard und sein Team sammeln über 140 Datenpunkte zu jedem Spielzug und verfolgen, was passiert, wenn der Quarterback gezwungen wird, nach links beziehungsweise nach rechts zu laufen. Vielleicht ist er Rechtshänder und lässt, wenn er entgegen seiner Gewohnheit nach rechts gedrängt wird, den Ball in 83 Prozent aller Fälle laufen. Und wenn er doch passen will und dabei nicht die richtige Wurfhaltung einnehmen kann, neigt er dazu, seinen Zielspieler zu überwerfen.

Derselbe Bericht kann natürlich auch aufzeigen, was passiert, wenn der Quarterback nach links gedrängt wird. In dieser Richtung wirft er in 67 Prozent aller Fälle. Und ist dabei viel treffsicherer, als wenn er nach rechts ausweichen muss.

Hört sich doch nach genau der Art von nützlicher Scouting-Information an, über die wir in Kapitel 1 gesprochen haben, oder? Ein Trainer könnte diese Informationen an seine Spieler weitergeben, die sich auf die Begegnung mit dem betreffenden Quarterback vorbereiten. Man kann sich leicht vorstellen, wie ein Safety sie nutzen würde.

Wenn man eine glaubwürdige Quelle für solche Informationen besitzt, kann man sich einen Wettbewerbsvorteil verschaffen. Pollard ist spätestens seit dem Zeitpunkt glaubwürdig, an dem die ersten Kunden, die Saints, den Super Bowl gewannen, kurz nachdem er angefangen hatte, für sie zu arbeiten. Ich habe keine Verwendung für die traditionellen Statistiken eines College-Quarterbacks. Was ich wissen will ist, wie oft er bei den 100 Mal, die er mit dem Ball lief, losrannte, bevor er seinen zweiten oder dritten Read geprüft hatte.

Ich weiß, dass Geno Smith an der West Virginia über 11.000 Yards warf. Das ist beeindruckend, aber im Hinblick auf meine Bewertung seines Könnens eine nutzlose Statistik. Analytics würden mir mehr verraten, zum Beispiel, dass 80 Prozent seiner Passing Yards nach dem Catch herausgespielt wurden. Seine höchste Completion-Rate hatte er bei Pässen, die höchstens 5 Yards von der Line of Scrimmage entfernt waren. Dieses Wissen würde stark beeinflussen, wie ich mir seine Videos ansehe.

John hat mir auch von College-Trainern berichtet, mit denen er arbeitet, die Analytics zur Selbstanalyse einsetzen. Ein Coach hatte die Vermutung, dass sein Playcalling zu vorhersehbar geworden war. Also untersuchte STATS seine Playcalling-Tendenzen genauer und fand heraus, dass er stark zur Short Side des Feldes tendierte – eine Information, die der Gegner ausnutzen könnte, wenn er sie denn hätte.

Wir stehen gerade am Anfang einer Analytics-Welle, die die NFL im Hinblick darauf neu definieren wird, wie Spieler und Gegner gescoutet, Game Plans erstellt und Spieler geschult werden.

Fans finden bereits Gefallen daran. So können sich Baseball-Fans fünf Free Agents ansehen und anhand von Analytics ermitteln, welcher den richtigen Armschwung hat, um im Yankee Stadium zu spielen. Football-Fans haben noch keinen Zugang zu diesen Informationen. Aber das ist nur eine Frage der Zeit.

Schon bald werden sie Left-Tackle-Kandidaten vergleichen und sagen können, welcher besser zur Offense ihres Teams passt. Sie schauen sich nicht einfach nur die Anzahl der Sacks an, die der Spieler zuließ, sondern wollen wissen, was genau zu den Sacks führte. Wurde der Tackle allein gelassen und nach innen gedrängt? War er außen positioniert und dachte, er hätte Unterstützung, aber der Chip Block kam nie?

John meint, dass Analytics einem Kunstwerk ähneln, weil sie das sind, was die Nutzer daraus machen. Analytics geben keine Lösung vor oder beziehen Stellung. Sie befähigen Footballprofis und -fans, sich selbst anhand aller zur Verfügung stehenden Informationen eine fundierte Meinung zu bilden.

GLOSSAR

Football ist eine eigene Sprache

Hier werden einige Fachbegriffe erklärt

0-9-Technique beschreibt die genaue Position, auf der sich ein Defensive Lineman aufstellt. Steht er direkt gegenüber dem Center, spricht man von der »0-Technique«. Weitere Aufstellungsmöglichkeiten sind: 1-Technique gegenüber der Schulter des Centers, 2i-Technique gegenüber der inneren Schulter des Guards (z.B. rechte Schulter beim Right Guard, vom Verteidiger aus gesehen), 2-Technique gegenüber dem Guard, 3-Technique gegenüber der äußeren Schulter des Guards, 4i-Technique gegenüber der inneren Schulter des Tackles, 4-Technique gegenüber dem Tackle, 5-Technique gegenüber der äußeren Schulter des Tackles, 7-Technique gegenüber der inneren Schulter des an der Offensive Line postierten Tight Ends, 6-Technique gegenüber dem Tight End, 9-Technique gegenüber der äußeren Schulter des Tight Ends – oder weiter entfernt von der äußeren Schulter des Tackles, wenn kein Tight End an der Offensive Line postiert sein sollte.

Die ***Arrow Route*** ist eine der beliebtesten und häufigsten Flat Routes. Bei dieser stellt sich ein Receiver in unmittelbarer Nähe zum Offensive Tackle auf und läuft dann direkt in dieses Gebiet.

Mit einem ***Audible*** ändert der Quarterback einen bereits angesagten Spielzug. Das macht der Quarterback, wenn der angedachte Spielzug durch die Aufstellung der Defense nur wenig Aussicht auf Erfolg hat oder wenn der Quarterback eine Schwachstelle in der Verteidigung erkannt hat, die er ausnutzen will.

Der ***Back Judge*** ist ein Schiedsrichter, der sich ein paar Yards hinter dem letzten Defensive Back positioniert. Er beobachtet die Tight Ends und die Inside beziehungsweise Slot Receiver. Er soll entscheiden, ob die Pässe korrekt gefangen sind oder ob eine eventuelle Pass Interference vorliegt.

Bei einem ***Blitz*** versuchen Defensivspieler, die nicht zur Defensive Line gehören, zum Quarterback durchzubrechen, um ihn unter Druck zu setzen und bestenfalls mit einem Sack zu Boden zu bringen oder einen Fumble zu verursachen.

Der ***Bootleg*** ist ein Spielzug, bei dem der Quarterback die Übergabe des Balls an einen Mitspieler andeutet, ihn dann aber in die entgegengesetzte Richtung des vermeintlichen Ballträgers bewegt, um ihn dann entweder zu passen oder selbst zu laufen.

Bump and Run beschreibt eine Technik des Verteidigungsspielers, der dem Passfänger gegenübersteht. Innerhalb der ersten fünf Yards stößt der Abwehrspieler den Receiver aus seiner Bahn, um sein Tempo zu verlangsamen. Anschließend läuft er wie ein Schatten neben dem möglichen Passempfänger her.

Cadence beschreibt die Möglichkeit für den Quarterback, über den Rhythmus in seiner Stimme mit seinen Offensivspielern zu kommunizieren. Mit der Veränderung seines Stimmrhythmus' kann er seinen Mitspielern zusätzliche Signale für den nächsten Spielzug geben.

Ein ***Carry*** ist ein einzelner Laufspielzug. Typischerweise wird er häufig als statistischer Begriff in Bezug auf „Yards per Carry" verwendet, was Yards pro Versuch bedeutet, den Ball zu tragen. Die mit einem Carry gewonnenen Yards werden als Rushing Yards bezeichnet.

Center ist eine Spielerposition in der Offensive Line. Seine Hauptaufgaben sind es, den Spielzug mit dem Snap zu starten, zu blocken, um Lücken für das Laufspiel zu schaffen und den Quarterback zu schützen.

Ein ***Chip Block*** wird meistens vom Runningback oder Tight End ausgeführt, bevor er auf seine Route geht. Diese Technik wird normalerweise verwendet, um die Pass Rusher auf ihrem Weg zum Quarterback aufzuhalten. Da der Block für den Verteidiger oftmals unerwartet kommt, kann ein guter Chip den Pass Rusher aus dem Gleichgewicht bringen, sodass der Offensive Lineman nun bessere Chancen hat, den Block erfolgreich zu beenden.

Clipping ist das illegale Blocken in die Rückseite des Gegners unterhalb der Hüfte. Das Clipping wird mit einer Raumstrafe von 15 Yards belangt.

Die ***Coverage*** beschreibt die grundsätzlichen Arten der Verteidigung. Für die Spieler der Defense gibt es verschiedene Möglichkeiten, gegnerische Spieler wie zum Beispiel die Wide Receiver zu decken.

Cut-Blocking ist eine Blocktechnik, bei der ein Offensivspieler einen gegnerischen Verteidiger mit einem Schlag aufs Knie außer Gefecht setzt. Außerdem ist es für einen Offensivspieler verboten, einen Cut Block bei einem Defensivspieler auszuführen, der bereits von einem anderen Offensivspieler am Oberkörper geblockt wird. Dies wird als Chop Block bezeichnet.

Die ***Dime Defense*** beschreibt eine Aufstellungsvariante der verteidigenden Mannschaft, bei der sie mit sechs Defensive Backs gleichzeitig auf dem Platz steht.

Der ***Dime*** ist ein Cornerback oder ein Safety, der als sechster Defensive Back (vierter Cornerback, dritter Safety und in einigen seltenen Fällen auch ein vierter Safety) zur Verteidigung auf dem Feld steht. Die Dimeback-Position wird meistens von den Backup-Cornerbacks und -Safeties gespielt. Es sind in der Regel schnelle Spieler, da sie in der Lage sein müssen, gegen eine Offense mit drei oder mehr Wide Receivern zu verteidigen.

Mit einem ***Directional Punt*** versucht der Punter nicht, den Ball soweit wie möglich zu schießen, sondern ihn möglichst an eine Stelle auf dem Feld zu punten, von der aus der Punt Returner keine oder nur wenige Möglichkeiten für einen guten Return hat. Bei einem gelungenen Punt kann sich die Defense auf diesen Bereich konzentrieren und die Laufwege des Returners konsequent zustellen.

Beim ***Double Team*** blocken zwei Spieler der Offense einen Defensivspieler, um diesen besonders gefährlichen Verteidiger aus dem Spiel zu nehmen.

Ein ***Draw-Play*** oder einfach nur ***Draw*** genannt ist ein Laufspielzug, das als Passspiel getarnt ist. Es ist das Gegenteil von einem Play-Action-Pass, bei dem es sich um ein als Laufspiel getarntes Passspiel handelt. Der Draw wird oft in Situationen verwendet, wenn viel Raumgewinn erzielt werden muss.

Ein ***Dropkick*** ist eine Art von Kick, bei dem der Ball zunächst einmal auf den Boden fallen gelassen und erst dann getreten wird, ehe er erneut aufschlägt. Mit der Dropkick-Technik dürfen Field Goals erzielt werden.

Aufgrund der spitzen Form des Balls sind sie technisch anspruchsvoll und kommen daher äußerst selten vor.

Eligible Receiver sind Spieler der angreifenden Mannschaft, die bei einem Spielzug einen Vorwärtspass fangen dürfen. Das sind Wide Receiver, Running Backs, Tight Ends, Quarterbacks und vor dem Spielzug extra dafür angemeldete Offensive Linemen. Alle weiteren Spieler sind ***Ineligible Receiver*** und dürfen den Ball nicht fangen.

Der ***Fair Catch*** kann bei einem Punt vom Returner vor dem Fangen des Balls angezeigt werden, indem er deutlich sichtbar mit mindestens einer Hand über seinem Kopf winkt. In diesem Fall darf der Returner nicht mehr vom Gegner attackiert werden. Mit seinem Handzeichen signalisiert er, dass der Spielzug nach dem Fang beendet ist, sodass er selbst auch keine weitere Offensivaktion mehr durchführen darf. Die Offense startet den nächsten Spielzug an der Stelle, an der der Ball gefangen wurde. Wird der Spieler trotz eines angezeigten Fair Catch attackiert, wird dieses Foul mit einer Raumstrafe von 15 Yards belangt.

Die ***Flat Route*** erhält ihren Namen durch den Bereich des Felds, in dem sie gespielt wird. Dieses relativ offene Gebiet nennt man Flats oder ***Flat Zone***. Es beschreibt häufig den Bereich von den Hash Marks zu den Seitenlinien und 3 bis 5 Yards hinter der Line of Scrimmage in Richtung der Defense. Die Route selbst kann auf verschiedene Art und Weise gelaufen werden.

Die ***Four-Down-Situation*** beschreibt die Ausgangsposition des angreifenden Teams vor seinem letztmöglichen Spielzug, um ein neues First Down zu erreichen – und somit weiterhin im Angriff zu bleiben.

Der ***Franchise Tag*** gibt Teams die Möglichkeit, einen Leistungsträger zu halten, obwohl dessen Vertrag ausläuft und man sich mit ihm noch nicht auf einen neuen Kontrakt einigen konnte.

Das ***Hands Team*** ist die Besetzung des Special Teams, meist sind es besonders fangsichere Spieler wie Wide Receiver, die dafür zuständig sind, einen gegnerischen Onside Kick zu fangen.

Eine ***Hot Route*** ist eine kurze Passroute, die von der Offense gespielt wird, um dem drohenden Sack einer blitzenden Defense zu entkommen. Die Hot Route gibt dem Runningback eine zusätzliche Option zu seiner ursprünglichen Laufroute. Wenn die Defense nicht blitzt, läuft der Runningback seine angedachte Route. Sollte die Verteidigung jedoch blitzen, blockt der Runningback nicht den blitzenden Verteidiger, sondern weicht auf eine kurze Route aus, sodass ihm der Quarterback den Ball schnell zuwerfen kann.

Die ***Line of Scrimmage*** ist die gedachte Linie zwischen der Offensive und der Defensive Line direkt vor dem Start des Spielzugs. Sie verläuft parallel zu den Goallinien von einer zur anderen Seitenlinie. Sie hat keine feste Position auf dem Spielfeld, sondern wird bei jedem Spielzug neu festgelegt und darf vor dem Snap nicht überschritten werde.

Der ***Nickel*** ist ein zusätzlicher oder fünfter Defensive Back und wurde nach der Fünf-Cent-Münze benannt.

Die ***Nickel Defense*** beschreibt eine Aufstellung der verteidigenden Mannschaft mit fünf Defensive Backs gleichzeitig auf dem Platz. Sie wird häufig verwendet, wenn die Defense einen Passspielzug der Offense erwartet.

Der ***Nose Tackle*** ist ein Defense-Spieler, der dem Center der Offense direkt gegenübersteht. Im Gegensatz zu einem normalen Defensive Tackle ist er oft viel größer und kräftiger. Er soll die Verteidigung zusammenhalten und die Läufe des gegnerischen Angriffs durch die Mitte stoppen.

Die ***Off Coverage*** ist eine Art der Manndeckung, bei der sich der Defensive Back circa acht bis zehn Yards hinter die Line of Scrimmage stellt und zunächst abwartet, was der Receiver macht, um nach dem Wurf des Quarterbacks zu reagieren und den Ball im Idealfall abzufangen (Interception) oder wenigstens abzufälschen, sodass er für den Receiver nicht fangbar ist.

Der ***Off Tackle*** ist ein Laufspielzug, bei dem der Runningback nicht durch eine Lücke in der Offensive Line läuft, sondern knapp außerhalb am Tackle vorbeiläuft.

Bei einer ***Pivot Route***, die auch als Shark Route oder Zick Route bezeichnet wird, läuft der Receiver zunächst weg vom Quarterback über die Außenbahn, schneidet kurz in eine Richtung, ehe er sich dann um 180 Grad in Richtung der Line of Scrimmage dreht und in die entgegengesetzte Richtung läuft.

Ein ***Pulling Blocker*** ist ein Offensive Lineman, der aber mit Beginn des Spielzugs nicht den Spieler vor sich blockt, sondern von der Line of Scrimmage zurückweicht und losläuft, um einen anderen Verteidiger zu blocken.

Die ***Press Coverage*** ist eine Art der Manndeckung, bei der sich der Defensive Back an der Anspiellinie direkt gegenüber dem Receiver aufstellt und während des Spiels versucht, ihn mit Körperkontakt zu stören. Neben dem Kontakt zum Receiver ist es für den Verteidiger besonders wichtig, die Balance zu halten, damit ihm der Receiver nicht entwischt und den Ball ungehindert fangen kann.

Die ***Prevent Defense*** ist eine Defensivstrategie, bei der die Verteidigung versucht, einen großen Raumgewinn des angreifenden Teams zu verhindern. Die Defense lässt dabei jedoch kleine bis mittlere Raumgewinne zu. Diese Strategie wird meist nur von in Führung liegenden Mannschaften angewendet – bei nur noch wenig verbliebener Spielzeit vor Ende der ersten oder zweiten Hälfte oder bei einem großen Raumgewinn, den die gegnerische Offense für ein neues First Down benötigt.

Beim ***Quarterback-Sneak*** erhält der Quarterback den Snap under Center und versucht dann sofort, sich einige Yards nach vorne zu bewegen. Meist schiebt er sich hinter seiner Offensive Line soweit es geht nach vorne. Besonders bewegliche Quarterbacks versuchen auch gerne einmal, den kleinen Raumgewinn mit einem Sprung zu erzielen. Dieser Spielzug ist besonders beliebt, wenn nur noch wenige Zentimeter zum First Down oder zum Touchdown fehlen.

Die ***Read Option*** ist eine spezielle Art eines Laufspielzugs. Der Quarterback hat hierbei zwei Möglichkeiten. Entweder übergibt er den Ball wie gewöhnlich dem Runningback, oder er täuscht die Übergabe nur an, behält den Ball stattdessen und läuft selbst. Dafür muss der Quarterback die Defensive Line gut »lesen« und dann eine schnelle Entscheidung treffen.

Der ***Reverse*** ist ein recht einfacher Trickspielzug, bei dem der Runningback den Ball zunächst in eine Richtung trägt, ehe er ihn dann an einen Mitspieler (häufig einen schnellen Wide Receiver) übergibt, der dann mit dem Ball genau in die entgegengesetzte Richtung läuft. Die Idee dahinter ist, dass sich die Defense auf den Runningback konzentriert und somit die Seite für den Wide Receiver öffnet, der dank seiner Schnelligkeit einen großen Raumgewinn erzielen kann.

Der ***Roll Out*** beschreibt die Aktion eines Quarterbacks, wenn er sich aus seiner Pocket bewegt, um den Ball zu werfen. Bei den meisten Passspielen wird der Quarterback durch seine Offensive Line und andere Blocker geschützt. Dieser Bereich wird als Pocket bezeichnet. Ein Quarterback kann die Pocket verlassen, um einem Verteidiger zu entkommen oder um seine Receiver auf dem Spielfeld besser sehen zu können. Durch das Verlassen der Pocket verschafft sich der Quarterback mehr Platz für einen Wurf. Gleichzeitig erhöht sich aber auch das Risiko, dass er von einem Verteidiger getackelt oder sogar gesackt wird.

Die ***Route*** bezeichnet einen bestimmten, vorgegebenen Laufweg eines Receivers während eines Spielzugs. Einzelne Routen haben in verschiedenen Offenses spezielle Namen.

Die ***Run-and-Shoot-Offense*** ist ein Angriffssystem, bei dem großer Wert auf die Beweglichkeit der Receiver gelegt wird. Sie müssen dabei in der Lage sein, schnell auf das Verhalten der Defensive zu reagieren und ihre Laufwege dementsprechend anpassen zu können.

Der ***Salary Cap*** oder ***Cap Space*** ist die Gehaltsobergrenze, die vorgibt, wie viel Geld ein Team innerhalb einer Saison maximal für die Gehälter aller ihrer Spieler ausgeben darf.

Der ***Scramble*** ist ein ungeplanter Lauf des Quarterbacks. Eigentlich ist ein Passspielzug geplant. Da dem Quarterback aussichtsreiche Anspielstationen fehlen, entscheidet er sich dazu, selbst mit dem Ball zu laufen.

Der ***Screen Pass*** ist ein kurzer Pass des Quarterbacks zu einem seiner Receiver. Er wird vor allem gegen eine sehr aggressiv agierende Defense eingesetzt.

Die ***Seam Route*** bezeichnet einen Laufweg des Receivers und wird normalerweise gegen eine Zonenverteidigung gespielt. Die Route beschreibt die Ränder des Deckungsbereiches zweier Verteidiger, zum Beispiel zwischen Linebacker und Safety. Auf dieser Seam (Naht) treffen sich die Verantwortungsbereiche der beiden Verteidiger. Der Gedanke dahinter ist, dass die Möglichkeit, einen Pass zu vervollständigen, erhöht wird, weil die Verteidiger verwirrt sein können, welcher von ihnen für die Verteidigung des Spielers auf der Naht zuständig ist.

Bei der ***Shotgun*** steht der Quarterback nicht unmittelbar hinter dem Center, sondern ist zwischen fünf und sieben Yards entfernt. Diese Aufstellung wird oft bei Passspielzügen benutzt. Da der Quarterback zu Beginn des Spielzugs weiter hinten steht, hat er etwas mehr Zeit, seine freien Wide Receiver zu finden.

Beim ***Slant*** oder der ***Slant Route*** läuft der Receiver zunächst ein oder zwei Schritte nach vorne, dreht sich dann schlagartig und läuft diagonal nach innen, sodass er den Ball hinter den Linebackern, aber vor den Safetys fangen kann.

Die ***Slant-and-go-Route*** oder auch kurz »***Sluggo***« genannt, ist eine mögliche Laufroute eines Receivers. Sie ist eine Kombination aus Slant-Route und Go-Route. Der Receiver zieht den Verteidiger per Slant nach innen und biegt dann vertikal ab.

Beim ***Slide*** rutscht der Quarterback nach einem eigenen Lauf zu Boden und beendet damit den Spielzug. Mit dieser Aktion will er sich vor den nahenden Verteidigern schützen, die ihn nun nicht mehr attackieren dürfen. Das Spiel wird an der Stelle fortgesetzt, an der der Quarterback zu Boden gegangen ist.

Der ***Slot Receiver*** ist ein Passempfänger, der sich zwischen der Offensive Line und dem Outside Receiver aufstellt. Dieser Bereich des Feldes wird als Slot bezeichnet.

Smoke Screen ist eine Passroute, die in verschiedenen Situationen gegen eine Zonenverteidigung eingesetzt werden kann. Der Receiver macht zunächst einen Schritt nach vorne, dreht dann in die Mitte des Feldes ab und bietet sich dem Quarterback als Anspielposition an.

Mit dem ***Snap Count*** sagt der Quarterback seinem Team, wann (und auf welches Signal des Snap Counts hin) der Spielzug gestartet wird.

Der ***Split End*** ist ein Receiver, der sich an der Line of Scrimmage wenige Yard neben den Offensive Linemen aufstellt. Der Begriff wird nur noch selten verwendet, da er durch den Wide Receiver oder den Wideout ersetzt wurde und es keinen Unterschied gibt, ob der Receiver an der Line steht oder nicht.

Die ***Spread Offense*** ist ein Angriffsschema, bei dem sich der Quarterback normalerweise in der Shotgun-Formation befindet und die Defense-Formation auseinandergezogen werden soll, indem sich drei, vier oder sogar fünf Receiver auf dem Feld verteilen. Viele Spread Offenses verwenden hierbei auch das Laufspiel als Read Option, um Druck auf beide Seiten der Defense auszuüben. Spread Offenses nutzen auch tiefe Passspielrouten, um die Defense in der Vertikalen zu verteilen. Dabei entstehen immer wieder große Räume, die sowohl für Lauf- als auch Passspielzüge genutzt werden können.

Ein ***Stance*** beschreibt die Körperhaltung eines Lineman, die er zu Beginn des Spielzugs einnimmt. Es gibt Two-, Three- und Four-point Stances. Die Zahlen geben Auskunft, mit wie vielen Körperteilen – also mit wie vielen Füßen und Händen – der Lineman den Boden berührt.

Der ***Strip*** ist der Versuch eines Spielers, den Ball aus den Händen des Gegners freizubekommen.

Der ***Sweep*** ist ein Laufspielzug, bei dem der Runningback den Ball mit einem Pitch oder Hand-off vom Quarterback bekommt und zunächst parallel zur Line of Scrimmage läuft, sodass die Offensive Linemen und der

Fullback vor ihm die Verteidiger blocken können, bevor er in eine Lücke stößt und in die Tiefe startet.

Bei der ***Swing Route*** läuft ein Runningback zur Seitenlinie und bietet sich dort als Passempfänger entlang des Spielfelds an.

Tailback wird oft der Runningback genannt, der in der Aufstellung der Offense am weitesten hinter der Line steht. Ein Singleback wird ebenso häufig als Tailback bezeichnet.

Die ***Tampa-2-Defense*** ist ein Verteidigungsschema, das Mitte der 1990er- bis Anfang der 2000er-Jahre von den Tampa Bay Buccaneers populär gemacht und nach ihnen benannt wurde. Tampa-2 wird in der Regel in einer 4-3-Aufstellung gespielt. Zu dieser gehören vier Linemen, drei Linebacker, zwei Cornerbacks und zwei Safeties.

Der ***Toss*** ist ein Laufspielzug, der mit einem Pitch des Balls zum Runningback beginnt. Bei einem Toss Play versucht der Runningback häufig, über die Seitenlinien durchzubrechen und viel Raumgewinn zu erzielen.

Ein ***Touchback*** liegt vor, wenn der Ball bei einem Kickoff oder einem Punt in die Endzone fliegt oder rollt, beziehungsweise über die Endzone fliegt und nicht durch die gegnerische Mannschaft aus der Endzone ins Spielgeschehen zurückgetragen wird.

Mit der ***Two-Point Conversion*** erhält ein Team nach einem Touchdown die Möglichkeit, mit einem weiteren Lauf- oder Passspielzug zwei Zusatzpunkte – statt des einen Extrapunktes mit dem Kick – zu erzielen.

Der ***Umpire*** ist Teil des Schiedsrichter-Teams. Zu Beginn eines Spielzugs positioniert er sich ungefähr fünf Yards hinter der Line of Scrimmage auf der Seite der Defense.

Under Center beschreibt die Position des Quarterbacks, wenn er sich vor dem Snap unmittelbar hinter seinem Center aufstellt und den Ball zu Beginn des Spielzugs von ihm direkt übergeben bekommt.

Als ***Weak Side*** wird die Seite der Offense bezeichnet, auf welcher der Tight End nicht postiert ist.

Die ***Wishbone-Formation***, auch einfach als ***Bone*** bekannt, ist eine Angriffsformation, bei der sich drei Running Backs in der Form eines Y hinter dem Quarterback aufstellen. Diese Formation wird aufgrund der Ähnlichkeit mit einem Querlenker so genannt.

Mit dem sogenannten ***Wonderlic-Test*** soll die Intelligenz der Spieler vor dem Draft gemessen werden. Die Spieler müssen innerhalb von zwölf Minuten 50 Multiple-Choice-Fragen beantworten. Auf diese Weise sollen sie belegen, dass sie sich Spielzüge merken und Anweisungen innerhalb kürzester Zeit befolgen können.

Die **X-, Y- und Z-Receiver** bezeichnen die Positionen der möglichen Passempfänger zu Beginn des Spielzugs. Der X-Receiver steht an der Line of Scrimmage, der Z-Receiver typischerweise weiter entfernt von der Line. Der Tight End wird als Y-Receiver bezeichnet.

YAC (»Yards after Catch«) steht außerdem für »Yards after Contact«, also die Yards, die ein Spieler noch erläuft, nachdem er bereits vom ersten Gegenspieler berührt wurde.

In der ***Zone Coverage*** (Zonen-Verteidigung) sind die Defensive Backs oder Linebacker für die Absicherung eines bestimmten Gebiets und nicht für einen bestimmten Receiver verantwortlich. Diese Verteidigungsstrategie ermöglicht es ihnen, den Quarterback fortwährend zu beobachten und bestenfalls sogar den Ball abzufangen. Aus dieser Art der Verteidigung resultieren häufig Interceptions oder aber auch besonders harte Tackles, nachdem der Receiver den Ball gefangen hat.

ANHANG

So wirst du zum Experten

Play-by-Play-Bögen und Formations-Diagramme zum Selberausfüllen

Auf den folgenden Seiten sind eine Reihe von Bögen, Tabellen und Diagrammen abgedruckt, mit denen du ein Footballspiel wie ein Coach verfolgen kannst. Genau dieselben Listen habe ich benutzt, als ich für die Jets oben in der Presse-Box saß, und ich benutze sie noch heute, wenn ich Spiele analysiere. Du trägst damit genau dieselben Informationen zusammen, die auch die Entscheidungen der Coaches im laufenden Spiel diktieren und die Strategie für die kommenden Spiele bestimmen.

Wir haben alles zusammengetragen, was du brauchst, um die Action eines einzelnen Spiels auf jeder Ebene zu verfolgen – von einem NFL-Spiel bis zu einem High-School-Match. Am besten machst du dir Kopien, damit du mehr als ein Spiel eintragen kannst.

Am Anfang empfindest du es vielleicht als lästig und anstrengend, ein Live-Spiel anhand dieser Bögen zu protokollieren. Die meisten Footballfans sind es nicht gewohnt, sich nach jedem Spielzug Notizen zu machen. Es könnte also gut sein, dass du ein bisschen Zeit brauchst, bis du im Rhythmus bist. Die Bögen sind alle benutzerfreundlich. Tipp: Fang als Übung fürs Ausfüllen am besten mit einem aufgezeichneten Spiel an.

Archiviere die Spielbögen, nachdem du ein Spiel erfasst hast. So baust du dir allmählich eine ganze Datenbank an Informationen auf und kannst dich auf den Gegner der nächsten Woche genauso vorbereiten, wie dein Team es tut. Als Fan erreichst du damit ein ganz anderes Level.

So werden die Materialien benutzt:

Mit dem Play-by-Play-Bogen (S. 298–299) verfolgst du die Offense deines Teams. Du füllst zuerst SERIE# und PLAY# aus. Das erste Play des Spiels wäre Serie 1, Play 1. Wenn dein Team Three-and-out geht, also nach drei Spielzügen ohne First Down vom Platz muss, ist das erste Play der nächsten Serie »Serie 2, Play 4« – also der Start der zweiten Serie, aber der vierte Spielzug deines Teams insgesamt (Special Teams nicht mitgezählt). Ziehe unter jede Serie einen Strich, um die Serien voneinander abzugrenzen.

Die nächsten Spalten sind für Down and Distance und Field Position. Wenn dein Team auf Miamis 45-Yard-Linie bei 2nd-and-7th steht, schreibst du 2–7 in die D&D-Spalte und M45 in die POS.-Spalte. Notiere auch, wann ein First Down durch Wechsel des Ballbesitzes (*posession*) stattfindet (P1–10) und wann es sich um einen erspielten First Down handelt (E1–10). Trainer unterscheiden zwischen diesen beiden Arten von First Downs, wenn sie ihre Informationen erstellen, also solltest du es auch tun.

Die nächsten Spalten sind für PERSONNEL (wie in Kapitel 1 besprochen), MOTION (notiere jeden Receiver oder Back, der vor dem Snap in Motion ging) und FORMATION. Die PLAY-Spalte wirst du wahrscheinlich erst nach einer Weile ausfüllen können, wenn du die ausgerufenen Plays erkennst. Solange das noch nicht der Fall ist, lass sie einfach frei.

In die nächste Spalte – GAIN (= Raumgewinn) – trägst du Raumgewinn- oder -verlust des Spielzugs ein (zum Beispiel +3 oder -1). Wenn es ein Passspielzug war, trägst du die Trikotnummer des Receivers in die REC.-Spalte ein.

Die nächsten zwei Spalten halten zwei Aspekte der Defense fest, gegen die der Spielzug gemacht wurde. Wenn das Play zum Beispiel gegen eine 3-4-Front in Cover-2-Zone ging, schreibst du »3-4« in die FRONT-Spalte und »C2« in die COVER-Spalte.

Die letzte Spalte – BESONDERES – ist für alles, was dir sonst noch Besonderes auffiel. Vielleicht hat sich jemand bei diesem Play verletzt. Vielleicht hast du bemerkt, dass ein Receiver völlig frei war, aber nicht angespielt wurde. Oder dir fiel auf, dass dein Team in fünf Plays viermal den Ball geworfen hat und nur einmal mit ihm gelaufen ist (4P-1R).

Es gibt vier dieser Bögen, da du Platz für bis zu 80 Offensive Plays brauchst. Kreise oben auf der Seite ein, um welches Quarter es geht, sonst kommst du später leicht durcheinander.

Der Down-and-Distance-Bogen ist eine Kurzversion des Play-by-Play-Bogens. Am Ende einer Serie, eines Quarter oder einer Halbzeit überträgst du die Informationen aus deinem Play-by-Play-Bogen in diesen Bogen, um alles schneller im Blick zu haben.

Du kannst diesen Bogen auf zwei Arten ausfüllen, je nachdem, was dir leichter fällt.

Unter jeder Down-and-Distance-Kategorie (wieder wird zwischen einem First Down bei Beginn des Ballbesitzes und einem herausgespielten First Down im Laufe eines Drives unterschieden) kannst du entweder die Anzahl der Laufspielzüge (RUN) gegen die Anzahl der Passspielzüge (PASS) setzen – und damit auf einen Blick die Tendenzen deines Teams in verschiedenen Situationen erkennen. Oder du schreibst für jedes Play zusätzlich den tatsächlichen Raumgewinn oder -verlust auf. Dann siehst du zum Beispiel, dass dein Team bei Third Downs zwischen 3 und 6 Yards dreimal mit dem Ball gelaufen ist (+3, +4, -2) und ihn zweimal geworfen hat (INC, +19).

Als Nächstes kommt ein ausführlicherer Down-and-Distance-Bogen (S. 300–305), der demselben Zweck dient wie der vorherige Bogen, aber detailliertere Informationen enthält. Nimm wieder die Daten aus deinem Play-by-Play-Bogen und übertrage sie in die entsprechenden Kästchen. Du schreibst die spezifische Down-and-Distance-Situation auf (im »2nd and 7+«-Kästchen hast du dann zum Beispiel eine chronologische Liste wie 2-7, 2-7, 2-9, 2-8 etc.), die Feldposition, das angesagte Play, die Front und Coverage, gegen die das Play gespielt wurde, und das Resultat.

Bisher hast du nur die Offense protokolliert. In den nächsten Bogen (S. 306–309) kannst du die Fronts und Coverages deiner Defense eintragen, sortiert nach verschiedenen Down-and-Distance-Situationen. Trage im entsprechenden Kästchen 3-4, C2 oder 4-3 ein, je nachdem, was die Defense spielt. Dadurch erkennst du die Tendenzen deines Teams.

Als Nächstes folgen zwei Tabellen. Anhand der Two-Point-Conversion-Tabelle (S. 310) entscheiden Coaches, ob sie den Extrapunkt kicken oder auf zwei Punkte gehen sollen. Die Zeit-Management-Tabelle (S. 311) entschlüsselt das Playcalling in den letzten vier Minuten jeder Halbzeit. Wenn dein Team in der Schlussphase im Ballbesitz ist, achte darauf, wie viele Timeouts es noch hat und wie viel Zeit noch auf der Uhr ist. Und finde dann mithilfe dieser Tabelle heraus, wie viele Plays dein Team noch spielen muss, um die Uhr runterlaufen zu lassen. Wenn am Ende noch

Zeit übrig bleibt, weißt du, dass der Trainer kein gutes Zeitmanagement hatte.

Der Scouting-Bogen (S. 312–313) dient zur Bewertung von Kandidaten im Vorfeld des NFL-Drafts. In den Wochen vor dem Draft kursieren haufenweise Informationen über Hunderte von draftbaren Spielern. Fans, die diese Informationen seriös auswerten wollen, sollten sie so zusammentragen wie GMs es tun, und wie ich, wenn ich mich auf die dreitätige Liveübertragung des Drafts für Sirius NFL Radio vorbereite.

Die meisten Kategorien dieses Bogens sind selbsterklärend, aber achte darauf, dieselben Daten zu verwenden, auf die sich auch die Entscheidungsträger der NFL stützen: die Messwerte aus der NFL-Combine. Übernimm Größe und Gewicht eines Kandidaten – und vor allem seine Zeit beim 40-Yard-Sprint – niemals aus den für die Medien erstellten Unterlagen seines Colleges.

Diese sind nämlich fast immer übertrieben, veraltet oder einfach nicht korrekt. Zwei Kategorien des Bogens habe ich extra für Kandidaten der defensiven 7er-Front kreiert. In Kapitel 8 habe ich den Explosivitäts-Faktor (Bankdrück-Wiederholungen bei 102 Kilogramm + Hochsprung + Weitsprung aus dem Stand) und den Produktivitäts-Faktor (Sacks + Tackles für Ballverlust/Anzahl der Einsätze) erklärt. Für die erste Formel brauchst du die offiziellen Combine-Werte und für die zweite die online verfügbare Spiel-Statistik eines Kandidaten. Ich habe auch Spalten für Warnzeichen, Stärken und Schwächen eingefügt.

Auf den letzten Seiten dieses Anhangs kannst du selber Plays einzeichnen und dir Notizen machen. Viele Anrufer in meiner Sendung möchten bestimmte Plays, die sie gesehen haben, im Detail mit mir durchgehen und skizzieren dabei das entsprechende Diagramm. Die Vorlage fängt so an wie jedes einzelne Spiel der NFL: mit fünf offensiven Linemen. Alle anderen Spieler auf beiden Seiten des Balls kannst du selbst einfügen.

				PLAY-BY-PLAY			QUARTER: 1 2 3 4					
SERIE #	PLAY #	D&D	POS.	PERSONNEL	MOTION	FORMATION	PLAY	GAIN	REC.	FRONT	COVER	BESONDERES

				PLAY-BY-PLAY			QUARTER: 1 2 3 4					
SERIE #	PLAY #	D&D	POS.	PERSONNEL	MOTION	FORMATION	PLAY	GAIN	REC.	FRONT	COVER	BESONDERES

DOWN-AND-DISTANCE			
HALBZEIT: 1 2			
P 1ST AND 10			
RUN	DEF	PASS	DEF
E 1ST AND 10			
RUN	DEF	PASS	DEF

DOWN-AND-DISTANCE							
HALBZEIT: 1 2							
2ND AND 7+				3RD AND 7+			
RUN	DEF	PASS	DEF	RUN	DEF	PASS	DEF
2ND AND 3 TO 6 YDS				3RD AND 3 TO 6 YDS			
RUN	DEF	PASS	DEF	RUN	DEF	PASS	DEF
2ND AND 1 TO 2 YDS				3RD AND 1 TO 2 YDS			
RUN	DEF	PASS	DEF	RUN	DEF	PASS	DEF

DOWN-AND-DISTANCE			
HALBZEIT: 1 2			
P 1ST AND 10			
RUN	DEF	PASS	DEF
E 1ST AND 10			
RUN	DEF	PASS	DEF

DOWN-AND-DISTANCE							
HALBZEIT: 1 2							
2ND AND 7+				3RD AND 7+			
RUN	DEF	PASS	DEF	RUN	DEF	PASS	DEF
2ND AND 3 TO 6 YDS				3RD AND 3 TO 6 YDS			
RUN	DEF	PASS	DEF	RUN	DEF	PASS	DEF
2ND AND 1 TO 2 YDS				3RD AND 1 TO 2 YDS			
RUN	DEF	PASS	DEF	RUN	DEF	PASS	DEF

DOWN-AND-DISTANCE IM DETAIL

HALBZEIT: 1 2

P 1-10

D/D	POS.	PLAY	FRONT	COV.	R.

Run _____ Pass ____

E 1-10

D/D	POS.	PLAY	FRONT	COV.	R.

Run _____ Pass ____

2ND AND 7+

D/D	POS.	PLAY	FRONT	COV.	R.

Run _____ Pass ____

2ND AND 3-6

D/D	POS.	PLAY	FRONT	COV.	R.

Run _____ Pass ____

DOWN-AND-DISTANCE IM DETAIL

HALBZEIT: 1 2

2ND AND 1-2

D/D	POS.	PLAY	FRONT	COV.	R.

Run _____ Pass ____

3RD AND 7+

D/D	POS.	PLAY	FRONT	COV.	R.

Run _____ Pass ____

3RD AND 3-6

D/D	POS.	PLAY	FRONT	COV.	R.

Run _____ Pass ____

3ND AND 1-2

D/D	POS.	PLAY	FRONT	COV.	R.

Run _____ Pass ____

FRONTS & COVERAGES

HALBZEIT: 1 2

D/D-KATEGORIEN			
P 1st-10	E 1st-10	2nd 7+	2nd 3-6
(Man) (Zone) (Blitz) GESAMT:	(Man) (Zone) (Blitz) GESAMT:	(Man) (Zone) (Blitz) GESAMT:	(Man) (Zone) (Blitz) GESAMT:
2nd 1-2	3rd 7+	3rd 3-6	3rd 1-2
(Man) (Zone) (Blitz) GESAMT:	(Man) (Zone) (Blitz) GESAMT:	(Man) (Zone) (Blitz) GESAMT:	(Man) (Zone) (Blitz) GESAMT:

FRONTS & COVERAGES

HALBZEIT: 1 2

RED ZONE			
1st Down	2st Down	3st Down	4st Down
GESAMT:	GESAMT:	GESAMT:	GESAMT:

2 MINUTE & 2 MINUTE RED ZONE	
2 MINUTE	2 MINUTE / RED ZONE

FRONTS & COVERAGES

HALBZEIT: 1 2

D/D-KATEGORIEN			
P 1st-10	E 1st-10	2nd 7+	2nd 3-6
(Man) (Zone) (Blitz) GESAMT:	(Man) (Zone) (Blitz) GESAMT:	(Man) (Zone) (Blitz) GESAMT:	(Man) (Zone) (Blitz) GESAMT:
2nd 1-2	3rd 7+	3rd 3-6	3rd 1-2
(Man) (Zone) (Blitz) GESAMT:	(Man) (Zone) (Blitz) GESAMT:	(Man) (Zone) (Blitz) GESAMT:	(Man) (Zone) (Blitz) GESAMT:

FRONTS & COVERAGES

HALBZEIT: 1 2

RED ZONE			
1st Down	2st Down	3st Down	4st Down
GESAMT:	GESAMT:	GESAMT:	GESAMT:

2 MINUTE & 2 MINUTE RED ZONE	
2 MINUTE	2 MINUTE / RED ZONE

TWO-POINT-CONVERSION

VORSPRUNG		RÜCKSTAND	
1 Punkt	Auf 2 gehen	1 Punkt	Auf 2 gehen
2 Punkte	Auf 1 gehen	2 Punkte	Auf 2 gehen
3 Punkte	Auf 1 gehen	3 Punkte	Auf 1 gehen
4 Punkte	Auf 2 gehen	4 Punkte	Entscheidung
5 Punkte	Auf 2 gehen	5 Punkte	Auf 2 gehen
6 Punkte	Auf 1 gehen	6 Punkte	Auf 1 gehen
7 Punkte	Auf 1 gehen	7 Punkte	Auf 1 gehen
8 Punkte	Auf 1 gehen	8 Punkte	Auf 1 gehen
9 Punkte	Auf 1 gehen	9 Punkte	Auf 2 gehen
10 Punkte	Auf 1 gehen	10 Punkte	Auf 1 gehen
11 Punkte	Auf 1 gehen	11 Punkte	Auf 2 gehen
12 Punkte	Auf 2 gehen	12 Punkte	Auf 2 gehen
13 Punkte	Auf 1 gehen	13 Punkte	Auf 1 gehen
14 Punkte	Auf 1 gehen	14 Punkte	Auf 1 gehen
15 Punkte	Auf 2 gehen	15 Punkte	Auf 1 gehen
16 Punkte	Auf 1 gehen	16 Punkte	Auf 2 gehen
17 Punkte	Auf 1 gehen	17 Punkte	Auf 1 gehen
18 Punkte	Auf 1 gehen	18 Punkte	Auf 1 gehen
19 Punkte	Auf 2 gehen	19 Punkte	Auf 2 gehen
20 Punkte	Auf 1 gehen	20 Punkte	Auf 1 gehen

ZEITMANAGEMENT*

ALLE SEQUENZEN FANGEN BEIM FIRST DOWN AN

Verbleibende Zeit	3 timeouts	2 timeouts	1 timeout	0 timeouts
4:00	9 QB-Snaps	8 QB-Snaps	7 QB-Snaps	6 QB-Snaps
3:00	6 QB-Snaps (Punt möglich, dann verbleiben 6 Sek., 0 Timeouts)	6 QB-Snaps	6 QB-Snaps	5 QB-Snaps
2:00	6 QB-Snaps	5 QB-Snaps	4 QB-Snaps	

* Davon ausgehend, dass der Gegner seine Timeouts in den letzten vier Minuten früh verbraucht.

SCOUTING-BOGEN FÜR DEN DRAFT

Spieler	College	Position	Größe	Gewicht	Armlänge	Bankdrücken	40-Yard-Sprung	Vertikaler Sprung

Weitsprung	Explosivität	Short Shuttle	3-Kegel-Drill	Produktivität	Warnzeichen	Stärken	Schwächen

PLAY DIAGRAMME

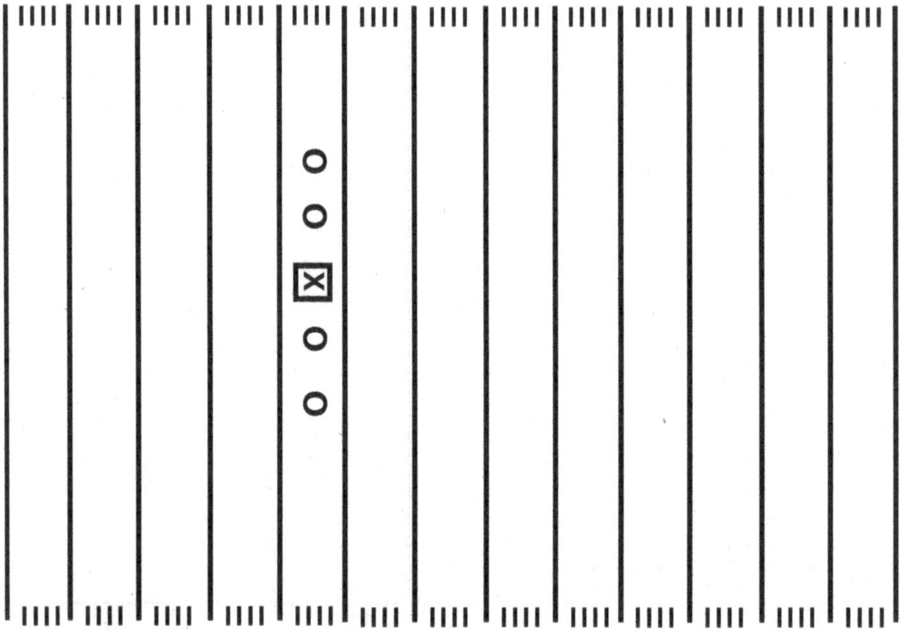

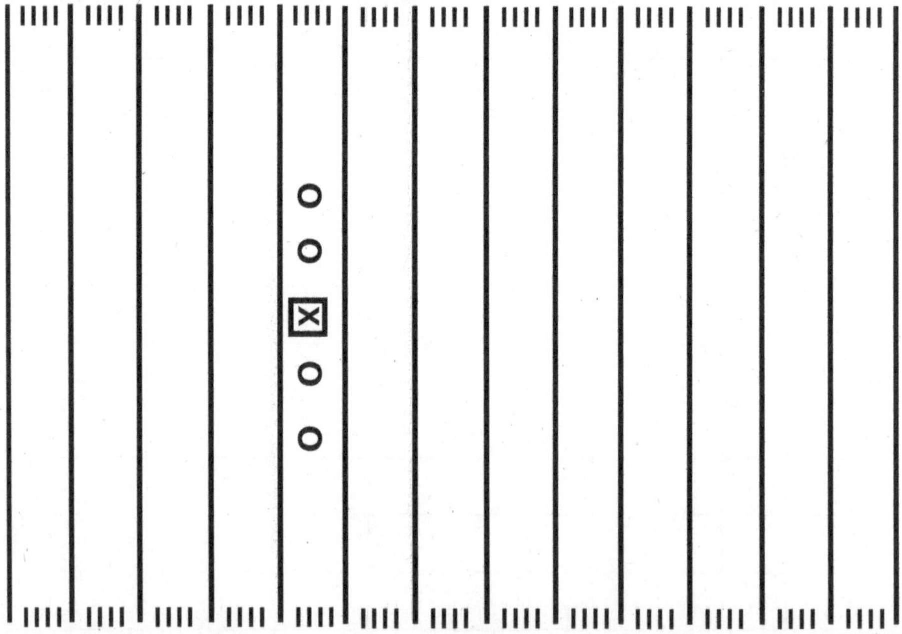

PLAY DIAGRAMME

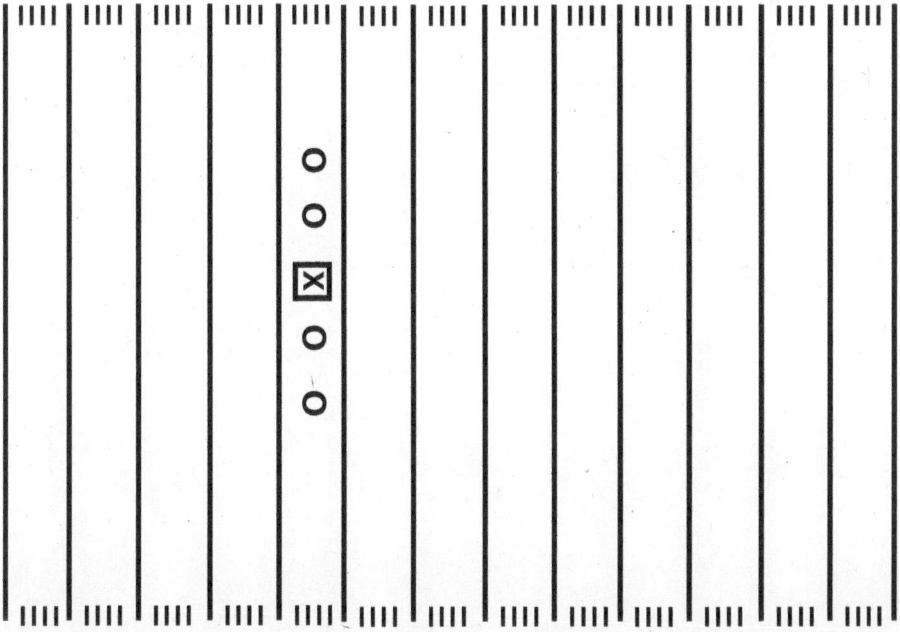

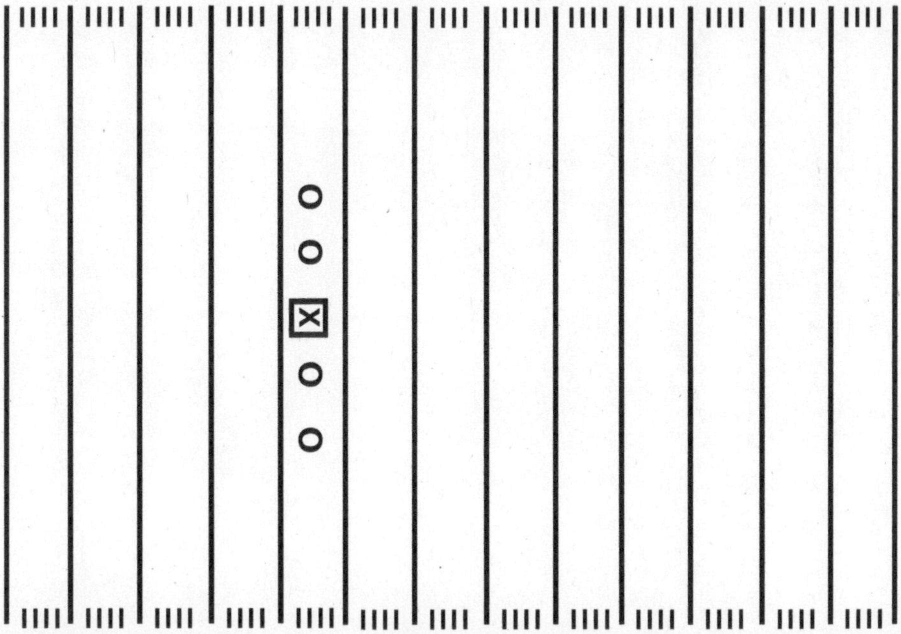

Dank

Wir möchten allen danken, deren Energie, Expertise und Enthusiasmus dazu beigetragen hat, eine launige Idee in dieses Buch zu verwandeln.

Unser besonderer Dank gilt Paul Alexander, Pete Carroll, Bill Cowher, Bill Kuharich, Mickey Kwiatkowski, Jim Miller, John Pollard, Tim Ryan, Bob Wylie und Gary Zauner, die uns ihre Zeit und Erkenntnisse zur Verfügung gestellt haben. Ebenfalls dankbar sind wir für die Betreuung bei Triumph Books, vor allem durch Tom Bast, Mitch Rogatz, Noah Amstadter, Paul Petrowsky und unserem unerschütterlichen und unendlich geduldigen Lektor Adam Motin (wir wünschen ihm alles Gute für seine geliebten Bears). Ein dickes Dankeschön auch an Craig Ellenport, Sean Butler, Ken Ilchuk, das gesamte Team von Real Football Network und vor allem an Bill Maier für seine ehrgeizige Vision und sein unermüdliches Engagement für dieses Projekt.

Natürlich danken wir auch unseren Familien für ihre Unterstützung.

Pat dankt Janet, Elizabeth, Sean, Anne, seinen Brüdern Bill, Jim und Kevin, seinen Schwiegersöhnen Derek Johnson und Kevin McGill, seiner Schwiegertochter Christie plus Brady, Colin, Emma, Declan, Patrick und dem neuesten Familienzugang Conor.

Über die Autoren

Pat Kirwan, einer der renommiertesten und beliebtesten NFL-Analysten, ist der Gründer von Real Football Network, Co-Moderator von *Movin' the Chains* bei Sirius NFL Radio und Kolumnist bei CBSSports.com. Seit 2003 liefert er redaktionelle Beiträge für *NFL Today* auf CBS und tritt häufig im Fernsehen und Radio auf, darunter bei ESPN, dem NFL Network und Sporting News Radio. Bevor er 1998 zu CNN/SI ging, war Pat 25 Jahre lang im Football tätig. Er arbeitete als Trainer in Highschools und Colleges und ging dann als Defensive Assistant Coach zu den New York Jets. Dort stieg er zum Director of Player Administration auf. Pat hat drei erwachsene Kinder und lebt mit seiner Frau Janet im Raum New York.

David Seigerman ist ein langjähriger Sportjournalist sowie Co-Autor von Ray Lucas' Football-Autobiografie *Under Pressure: How Playing Football Almost Cost Me Everything and Why I'd Do It All Again*. Am Anfang seiner Karriere schrieb er für Tageszeitungen (*Newsday, Jackson Sun*), später für Fachzeitschriften (*College Sports Magazine*). 1996 wechselte er zum Fernsehen, wurde Field Producer für CNN/SI und schließlich Managing Editor bei College Sports Television. Seit 2003 arbeitet er als freier Autor und Producer für verschiedene Print- und Digital-Plattformen, außerdem war er Co-Autor und Co-Produzent des spielfilmlangen Dokumentarfilms *The Warrior Ethos: The Experience and Tradition of Boxingat West Point*. David lebt mit seiner Frau Elizabeth und ihren zwei Kindern in Westchester County, New York.